La nuit de noces

Aïcha Limbada

La nuit de noces

Une histoire de l'intimité conjugale

La Découverte

La thèse de doctorat dont cet ouvrage est issu a été récompensée par le premier prix du Prix Ary Scheffer 2022.

Composé par Facompo à Lisieux
Création graphique de la couverture : Valérie Gautier
Dépôt légal : septembre 2023

ISBN 978-2-348-07316-8

Introduction

> « Les pratiques des couples, leurs gestes et leurs murmures, leurs désirs et leurs satiétés, leurs ardeurs et leurs lassitudes, nous échappent largement. »
>
> Michelle PERROT, *Histoire de chambres*, 2009[1].

Deux heures du matin. Dans une « chambre nuptiale, resplendissante de fraîcheur et de coquetterie », sous la mousseline et les dentelles du lit, « se cache une charmante jeune fille dont le frais visage montre des yeux légèrement voilés par la fatigue et le désir de l'inconnu. Sa tête doucement repose sur le léger duvet d'un splendide oreiller. À côté, un second oreiller attend une autre tête ». La jeune mariée est inquiète, et son cœur bat à tout rompre. Sa mère vient de quitter la pièce, après lui avoir donné les « dernières recommandations ». Le jeune homme qu'elle a épousé quelques heures plus tôt fait enfin son apparition. Il se rapproche et, après l'échange de quelques mots timides, « commence cette douce et tendre mélodie de baisers, de propos interrompus, d'entrelacements, de pressions cœur à cœur ». Une fois la lumière éteinte, « au souffle de ces deux haleines de feu, sous l'empire des caresses, des attouchements exquis du jeune époux, l'harmonie s'établit entre ces deux êtres » : la « symphonie de l'amour » a commencé[2].

C'est par cette scène de nuit de noces que débute *La Petite Bible des jeunes époux* (1885), un manuel d'« hygiène conjugale » qui dispense des conseils médicaux pour atteindre le bonheur dans le mariage. L'ouvrage connaît un grand succès, dont témoignent ses nombreuses rééditions dans les décennies suivantes. Son auteur, qui signe sous le pseudonyme de « Docteur Ch. Montalban », estime que c'est ainsi que devraient se dérouler les « préliminaires du premier acte conjugal intime », sans être pour autant explicite sur la façon dont les époux devraient ensuite procéder pour accomplir ce qui est attendu d'eux, à savoir la consommation sexuelle de leur mariage célébré quelques heures plus tôt à la mairie et à l'église : « la suite se devine », précise-t-il. Mais, en contre-exemple, il délivre dans le même chapitre un autre récit plus succinct, celui de l'« histoire si commune » que lui a confiée une jeune femme :

> Le jour de mon mariage, disait-elle, j'aimais mon mari ; le lendemain, je l'avais en horreur. Dès la première nuit, il foula aux pieds tout sentiment de pudeur. Il me traita comme la dernière de ses anciennes catins. Ne prenant en pitié ni jeunesse, ni innocence, ni douleur, il ne mit bas les armes qu'après avoir satisfait sa brutale passion. Il me fit peur et grand mal en même temps. Je n'ai jamais pu lui pardonner[3].

Rêve ou cauchemar : l'auteur propose ainsi à ses lecteurs deux visions antithétiques de l'entrée dans la vie conjugale.

Les propos du docteur Montalban peuvent surprendre : pour quelles raisons la « première nuit » devient-elle, au cours du XIXe siècle, un objet d'intérêt ou de réflexion pour les médecins, à l'instar de cet auteur, mais aussi, comme on le verra, pour les romanciers, les dessinateurs, les essayistes, les journalistes, les prêtres ou les juges ? Surtout, au-delà des discours formulés par ces personnes qui portent un regard extérieur sur la question, qu'en est-il des principaux intéressés, les époux ? Comment ces protagonistes silencieux, qui habituellement ne laissent pas de témoignages de ce moment particulier, imaginent-ils, vivent-ils et se remémorent-ils leur nuit de noces ? La dimension intime, voire secrète d'un tel événement a laissé peu de traces, ce qui la rend en grande partie inaccessible aux historiens et aux historiennes, qui s'appuient sur des sources écrites pour fonder leurs recherches. Ce livre a pour objectif d'éclaircir ces zones d'ombre[4].

Une pratique sociale à la fois exceptionnelle et ordinaire

La nuit de noces est un événement exceptionnel. En rupture avec le quotidien, elle est encadrée par des rites, des croyances et des pratiques particulières qui engagent le nouveau couple, mais aussi d'autres acteurs et actrices qui gravitent autour de lui, comme les membres de la famille, les amis ou les voisins. À l'échelle des individus, elle marque l'entrée dans la vie conjugale en rapprochant deux personnes qui désormais partagent leur intimité, y compris corporelle et sexuelle. Dans le cadre d'un premier mariage[5], elle concerne le plus souvent des époux âgés de vingt à trente ans[6] : elle consacre ainsi un changement de statut social et sexuel, qui fait passer les jeunes gens du groupe des célibataires à celui des personnes mariées. Mais ce moment paroxystique constitue une expérience relativement banale, en ce sens qu'au XIXe siècle et pendant la première moitié du XXe siècle il est vécu par la quasi-totalité de la population française : entre 87 % et 94 % des habitants se marient au moins une fois au cours de leur vie[7]. Pour la période allant des années 1800 aux années 1920, ce sont ainsi 200 000 à 300 000 mariages qui ont lieu en France chaque année[8], soit autant de nuits de noces.

Ce livre commence au début du XIXe siècle, marqué par des transformations profondes de l'institution matrimoniale. Depuis la période révolutionnaire, le mariage civil est le seul reconnu par l'État, avec la loi du 20 septembre 1792, qui accorde également le droit au divorce : l'union matrimoniale n'est plus indissoluble, tandis que le mariage religieux devient facultatif. Le Code civil de 1804 fixe ensuite durablement les relations entre le mari et la femme, et indique les droits et les devoirs – inégalitaires – de chacun[9]. À cette époque, on ne parle pas encore de la « nuit de noces », mais plutôt de la « première nuit des noces » : la disparition de l'adjectif « première » au mitan du siècle, au profit de la formulation simplifiée de « nuit de noces » en usage aujourd'hui, est peut-être le résultat de la singularisation progressive au cours du siècle de cette expérience, de moins en moins perçue comme la première d'une longue série de nuits conjugales, et davantage considérée comme un événement au caractère unique.

L'ouvrage prend fin avec les premières années de l'entre-deux-guerres, alors que la première « révolution sexuelle des années 1880-1930[10] », selon l'expression de Christine Bard, est largement entamée. Les années 1920 sont une période d'évolutions sociales, morales et religieuses notables :

sur le plan des mœurs familiales et sexuelles et celui de l'émancipation féminine, elle entérine « le recul des tabous gestuels, la tolérance envers les relations prénuptiales[11] », et ainsi la lente déconnexion qui a timidement commencé à s'opérer depuis la Belle Époque entre la « première fois » féminine et la nuit de noces.

La période inscrite entre ces deux bornes chronologiques est marquée par le triple contexte d'une sécularisation de l'institution matrimoniale, d'une reconstruction des morales et des normativités et d'une élaboration de savoirs médicaux sur les sexualités. Les débats sur le mariage et sur le droit au divorce, aboli en 1816 puis rétabli en 1884, révèlent l'intérêt des contemporains pour la question de l'institution matrimoniale et les pratiques qu'elle implique : la nuit de noces en fait partie. Tout au long de la période, pendant la première nuit qui suit le mariage, un même système de normes morales et religieuses s'impose aux jeunes époux : c'est seulement à ce moment qu'ils peuvent et qu'ils doivent se découvrir physiquement. Mais si la religion catholique, majoritaire en France, commande à l'homme comme à la femme de garder leur virginité jusqu'au mariage, c'est dans les faits une injonction sociale qui ne s'applique qu'aux femmes. L'importance de ce rite de passage pour chacun des époux, l'attente de la virginité féminine par le mari et l'obligation de consommer immédiatement l'union donnent une unité forte à cette séquence chronologique, qui est toutefois marquée par des inflexions et des innovations : la nuit de noces, loin d'être figée dans des pratiques traditionnelles immuables, est un miroir des évolutions de la société dans laquelle elle s'inscrit.

Le cadre géographique retenu correspond aux limites actuelles de la France continentale. La sécularisation à l'œuvre à partir de la Révolution française et le cadre législatif particulier qu'elle sous-tend en ce qui concerne le mariage présentent une chronologie spécifique qui singularise le terrain français par rapport aux pays voisins. La coexistence des mariages civils et religieux dès le début de la période et, à partir de 1884, la possibilité de divorcer sont des spécificités notables qui ont une incidence sur la façon de penser et de vivre la conjugalité. Par ailleurs, certaines préoccupations de la fin du XIXe et du début du XXe siècle à propos du mariage sont liées à des structures culturelles et démographiques propres à la France (évolution des mœurs, lent recul de la pratique religieuse, faible natalité), qui varient elles-mêmes selon les territoires et les milieux sociaux. Entre les années 1800 et les années 1920, la population est majoritairement rurale, mais la société française est marquée par l'essor de la bourgeoisie qui impose progressivement son modèle, y compris dans les pratiques matrimoniales. Certaines sources utilisées ici portent plutôt sur la France des campagnes, pour décrire les rites nuptiaux collectifs, tandis que d'autres portent davantage sur la France des villes, pour documenter la chambre nuptiale et l'intimité conjugale. Cette partition est le reflet de différences au niveau des pratiques, mais surtout au niveau des représentations sur ces espaces : à la distinction entre mariage citadin et mariage rural se superposent imparfaitement les oppositions entre mariage parisien et mariage provincial, mariage riche et mariage pauvre, mais surtout « mariage bourgeois » et « mariage traditionnel »[12]. On retiendra ici l'acception large qui prévaut habituellement quand on parle de « mariage bourgeois » au XIXe siècle, c'est-à-dire celle qui étend volontiers les considérations sur les noces bourgeoises, souvent urbaines, aux noces nobiliaires, pour le distinguer des noces paysannes traditionnelles et, à la marge, des mariages pratiqués dans les milieux populaires citadins, qui sont moins documentés.

Au cœur de l'intime et du genre

Cet ouvrage entend contribuer à écrire l'histoire des hommes et des femmes ordinaires, en essayant de retracer un des événements les plus intimes qui leur est donné de connaître au cours de leur existence. En dépit du fait que la nuit de noces soit une expérience vécue par des millions de femmes et d'hommes, son historiographie est singulièrement pauvre, et ne porte pas sur la France[13]. Ce vide historiographique est peut-être attribuable à la « conviction de la non-historicité du phénomène[14] », due au fait que la nuit de noces, tout comme le mariage, sont perçus comme des institutions anciennes, marquées par des traditions et des représentations ancrées dans un passé si lointain qu'elles semblent immuables, mais surtout à l'idée que les sources qui permettraient de les documenter sont insuffisantes, rendant son étude historique impossible. Le sujet n'a certes pas été totalement ignoré par les historiens et historiennes de la famille et de la conjugalité. Dans les années 1970 et 1980, les apports de Jean-Louis Flandrin et de Martine Segalen sont majeurs[15], mais, dans une démarche d'anthropologie historique, c'est plutôt la dimension publique de la nuit de noces qu'ils étudient, et non ce qui se passe une fois que les époux se retrouvent seuls dans la chambre nuptiale. Depuis, les thèmes de la virginité, de la primosexualité et de la sexualité conjugale ont fait l'objet de travaux importants : Laure Adler, Anke Bernau, Yvonne Knibiehler, Alain Corbin évoquent la nuit de noces, mais en ne s'attachant qu'aux discours savants, moraux ou littéraires qu'elle suscite.

Pourquoi tant de difficultés à accéder aux pratiques dans le cadre légitime du mariage ? Outre le sentiment de pudeur ou les convenances morales qui poussent les époux à garder le silence sur leur première nuit, il existe aussi une difficulté à décrire et analyser des sensations et des sentiments qui les submergent dans un moment particulièrement intense, où la peur, la joie, le dégoût, le désir, l'amour ou le désespoir s'expriment violemment. Savoir ce qu'ils ressentaient, éprouvaient, pensaient dans l'instant, mais aussi en amont, quand ils s'y préparaient – ou non –, et en aval, quand ils se le remémoraient, est un des défis de cette recherche.

Parmi les expériences sexuelles, la nuit de noces est celle dont on parle à la fois le plus et le moins. Le plus, car c'est l'acte sexuel qu'il semble le plus légitime d'évoquer en ce qu'il suit la cérémonie solennelle du mariage. Le moins, car son caractère initiatique requiert le silence : Michel Foucault montre qu'au XIXe siècle le discours sur le sexe prend la forme de l'aveu, quand l'initiation reste « pour l'essentiel pratique muette[16] ». Le caractère éminemment ambivalent de la dimension sexuelle de la nuit de noces s'explique par le contraste violent entre la dimension publique qui l'entoure, surinvestie par un grand nombre d'acteurs et d'actrices au cours de la cérémonie du mariage – l'État et l'Église, la famille et l'entourage –, et sa dimension privée, réduite au seul couple, qui devient alors dépositaire du secret sexuel sur lequel sa relation se construit. La tension entre sphère publique et sphère privée, entre fait social et expérience personnelle, est un levier qui fait de la nuit de noces un lieu privilégié de la réflexion sur l'intimité.

Durant la première nuit, la relation amorcée par les époux est surdéterminée par la différence des sexes. La dimension genrée de l'acte sexuel, qui s'inscrit dans un ordre hétérosexuel androcentré constitutif de la société du XIXe siècle et du début du XXe siècle, est en effet essentielle. Le caractère obligatoire et inégal de cet échange est entériné par les lois, les normes morales, l'éducation et les représentations, y compris scientifiques, des identités masculine et féminine. Le Code civil n'exige pas la consommation sexuelle de l'union matrimoniale, mais l'usage est de valider le mariage par une relation sexuelle car c'est à travers elle que les époux sont reconnus comme devenant pleinement mari et femme ; c'est également à partir de celle-ci que l'Église catholique considère l'union comme indissoluble. Mais cette injonction pour les époux de consommer l'union n'est symétrique qu'en apparence. Un des objectifs de cet ouvrage est de mettre en évidence les raisons et les modalités qui font de la nuit de noces une épreuve avant tout pour les femmes. Seule la virginité féminine est véritablement exigée, et seules elles subissent la « défloration[17] ». Ce simple terme charrie la misogynie des représentations sur la primo-sexualité et introduit des différences de perception entre les femmes et les hommes dans l'imaginaire et les pratiques de la première expérience sexuelle. C'est à la lumière de ces normes et de ces représentations genrées, qui exercent une contrainte forte et décisive sur les relations concrètes et symboliques entre mari et femme, que sera étudiée ici l'intimité nuptiale. Ce travail espère contribuer tout autant à l'histoire des femmes qu'à celle des hommes, pour mieux cerner les rapports de pouvoir et de domination entre eux, et en considérant le nouveau couple non seulement comme un réceptacle de normes de genre diffusées dans la société et qui s'imposent à lui, mais aussi comme un lieu de production de ces normes[18].

Comment écrire l'histoire de la nuit de noces ?

Comment écrire l'histoire d'un événement qui se déroule portes closes, toutes lumières éteintes, et qui ne laisse habituellement pas de traces écrites ? Est-il possible de mettre au jour ce que les femmes et les hommes du XIXe siècle se sont évertués à cacher par pudeur, par gêne, par devoir, au nom de la morale, ou pour ne pas contrevenir à la censure ? Contre toute attente, les sources qui documentent la nuit de noces sont nombreuses et variées : études médicales, écrits juridiques et religieux, manuels conjugaux, essais, productions fictionnelles, écrits personnels, archives judiciaires, articles de presse… La production de ces documents connaît un développement important entre les années 1860 et les années 1915, période qui voit s'épanouir les premières formes de la culture de masse[19] et qui est marquée par un intérêt plus grand pour les questions de sexualité. Mais cet important volume de sources est contrebalancé par l'apport minime des mentions sur la nuit de noces dans chacune d'entre elles : elles sont souvent courtes – quelques lignes, parfois quelques paragraphes – et allusives, et surtout, si elles nous font connaître les normes et les représentations du fait nuptial, elles sont beaucoup moins disertes sur les expériences et contiennent peu de témoignages produits par les époux eux-mêmes. « Surabondantes et lacunaires, bavardes et muettes », mais surtout « fermées sur les secrets de l'intérieur »[20] : ce que Michelle Perrot écrivait à propos des sources de l'histoire de la vie privée ne pourrait pas mieux s'appliquer qu'à celles qui évoquent la première nuit.

Les sources fictionnelles racontent la nuit de noces. Les évocations littéraires, les chansons, les pièces de théâtre, les récits de faits divers dans la presse, les images, qui se comptent par centaines, ne sont pas utilisés ici prioritairement comme des indices de pratiques sur lesquelles d'autres types de sources restent muettes, par exemple à propos de la relation sexuelle : elles permettent plutôt de saisir les visions qu'en donnent leurs auteurs et autrices, et de cerner à partir de quelles productions culturelles l'imaginaire nuptial des lecteurs et des lectrices se nourrit, donnant ainsi à connaître les représentations collectives.

Les écrits savants et les essais abordent la nuit de noces bien différemment : ils échappent en grande partie à la censure, car ils prétendent décrire le fait nuptial non pas à partir de l'imagination, mais grâce à l'observation de faits réels appréhendés scientifiquement[21]. Ce statut à part leur permet de « contrevenir subtilement aux interdits[22] », comme le fait remarquer Alain Corbin, et de traiter plus directement les questions en rapport avec la sexualité. Parmi eux, on compte, également par centaines, des écrits médicaux, des manuels conjugaux qui vulgarisent les connaissances scientifiques, des essais sur l'institution matrimoniale ou l'éducation, et des études folkloristes qui offrent des analyses des rites nuptiaux. Ces écrits ont pour point commun de codifier la nuit de noces ; mais au-delà de leurs descriptions et de leurs prescriptions, c'est une conception du couple et de la société qu'ils proposent. Les étudier permet de comprendre les normativités du fait nuptial à travers les préconisations que leurs auteurs, presque toujours masculins, adressent aux lecteurs et parfois aux lectrices.

Distinguer de façon tranchée ces documents selon qu'ils pourraient faire émerger les représentations de la nuit de noces, d'une part, ou ses normativités, d'autre part, a toutefois quelque chose d'artificiel : un manuel conjugal qui délivre des recommandations aux futurs époux nous en apprend autant sur les normes que l'auteur souhaite ériger que sur les représentations qui le traversent et l'influencent ; un romancier décrit autant qu'il déchiffre et critique la société ; un caricaturiste divertit son lecteur ou sa lectrice en faisant reposer le ressort comique de son image sur une inversion des normes, qu'il révèle ainsi. Raconter, prescrire, penser sont donc les buts – non exclusifs les uns des autres – des auteurs et des autrices qui écrivent sur la nuit de noces. L'ensemble de ces sources construit le cadre normatif mais aussi l'imaginaire nuptial des hommes et des femmes : il façonne tout autant qu'il reflète ou déforme les expériences vécues.

Les sources qui permettent de saisir les expériences des époux sont quant à elles beaucoup plus rares. Comment lever le voile sur ce qui se passe concrètement dans la chambre nuptiale ? Il arrive que les époux se confient à des proches, mais habituellement ils ne laissent pas d'écrits sur ce qui s'est passé entre eux. La sexualité conjugale ne s'écrit ni ne se livre au grand jour, et parler de *sa* nuit de noces demeure un tabou. Les traces de ces expériences personnelles relèvent de l'exception et ne sont produites que lorsque l'expérience s'est particulièrement mal passée. Pour les trouver, je me suis dirigée dans plusieurs directions : la recherche d'éventuels écrits personnels, la quête d'informations dans les sources imprimées et les témoignages produits par les époux au cours de procédures judiciaires.

La lecture de récits personnels, dont l'écriture peut être encouragée par les médecins ou les confesseurs, donne de maigres résultats en ce qui concerne l'événement qui nous intéresse. Comme le souligne Anne-Claire Rebreyend, jusque dans les années 1930, les pratiques sexuelles n'y apparaissent que « de manière très éparse, et rarement à propos de la nuit de noces[23] ». Ainsi, les jeunes mariées achèvent bien souvent leur journal à la veille de convoler et, lorsqu'elles en prolongent l'écriture, rares sont celles qui osent y noter leurs impressions nouvelles. Si le journal est personnel, il est, au XIXe siècle, rarement « intime » : il peut être montré aux proches, et même quand il reste confidentiel, une part d'autocensure existe, ainsi que le risque qu'il soit découvert. Les mémoires, qui sont rédigés dans la perspective d'être lus par d'autres, ne s'attardent pas non plus sur la nuit de noces et, en dépit du « pacte autobiographique[24] » qui impose à l'auteur ou l'autrice une certaine sincérité, l'autocensure, la distance entre le temps de l'événement décrit et celui de l'écriture, la recomposition de l'expérience à l'aune d'autres récits nuptiaux ou les heurs et malheurs de la vie conjugale introduisent des distorsions dont il n'est pas possible de mesurer l'ampleur.

Les sources imprimées permettent également d'accéder parfois aux expériences des couples. Des ouvrages contenant des récits de nuits de noces anonymisés sont écrits par des personnes que leur métier amène à recueillir certaines confidences : « Comment cet instant auguste se passe parfois, seuls le savent les médecins, les hommes de loi, les prêtres, ceux qui par leur profession sont des confidents de ces secrets redoutables qui engagent l'avenir d'une génération humaine tout entière[25] », note le médecin catholique Henri Abrand dans une brochure sur le mariage au début des années 1920.

Enfin, les archives judiciaires renferment des témoignages précieux dans lesquels l'historiographie de la famille a beaucoup puisé. Le tribunal est un lieu où les secrets de la vie privée sont non seulement dévoilés, mais aussi consignés. Ceux de la nuit de noces ne font pas exception : il en existe des traces dans les archives de la justice étatique et de la justice religieuse catholique, ainsi que dans d'autres sources juridiques et judiciaires comme les recueils jurisprudentiels, les cours de médecine légale, les chroniques judiciaires dans la presse, les revues juridiques spécialisées ou encore les factums[26]. Les archives de la justice étatique, civile (demandes de séparation, de divorce, de nullité de mariage[27]) et pénale (violences conjugales), donnent de faibles résultats : « les protagonistes ne parlent pas de ce moment décisif[28] », précise Anne-Marie Sohn qui, sur les milliers de procédures qu'elle a étudiées, n'a rencontré que cinq fois des mentions de nuits de noces. Mais dans les procès engagés par les époux auprès des tribunaux catholiques, la première nuit est plus fréquemment mentionnée. Depuis le Moyen Âge, des procédures matrimoniales canoniques exceptionnelles, également appelées « causes matrimoniales », leur permettent de se séparer religieusement, en dépit de l'indissolubilité du lien matrimonial, dans certains cas précis prévus par le droit canonique[29]. En particulier, l'instruction des demandes de nullité pour défaut de consentement à l'union et des demandes de dispense en raison de la non-consommation du mariage entraîne le recueil de témoignages précis sur les débuts du mariage[30].

Les conjoints malheureux s'adressent d'abord à l'officialité, c'est-à-dire la cour ecclésiastique compétente à l'échelle de leur diocèse pour instruire les procès matrimoniaux en première instance ; puis ils se tournent vers le tribunal d'appel du Saint-Siège quand l'affaire est portée en deuxième instance – ce qui, au XIXe siècle, se produit automatiquement dans le cas où la première sentence conclut à une nullité ou à une non-consommation[31]. Entre 1816 et 1884, période durant laquelle le droit au divorce civil n'existe plus en France, les procédures matrimoniales canoniques sont rares, car si leur mariage religieux venait à être reconnu comme nul ou à être dissous par l'Église, les époux n'en demeuraient pas moins irrémédiablement unis au civil. C'est la raison pour laquelle la grande majorité des procédures canoniques a été produite après 1884, date du rétablissement du droit au divorce en France, qui offre la perspective aux demandeurs de se remarier à la fois civilement et religieusement quand leur cause matrimoniale aboutit favorablement. Entre une vingtaine et une cinquantaine de procédures matrimoniales sont instruites chaque année par l'Église catholique pour les fidèles français après cette date.

Les causes matrimoniales canoniques constituent de loin la source la plus riche pour notre sujet. Elles offrent une diversité de points de vue, puisque le mari, la femme et leurs témoins – parents, voisins, médecins, prêtres – sont amenés à s'exprimer, apportant une mine d'informations sur la culture matérielle (lieux, mobilier, vêtements), les pratiques (détails sur les gestes effectués, leur durée, les paroles prononcées, les positions sexuelles), les interactions du couple et entre les mariés et leur entourage, les circonstances de la consommation ou les motifs de la non-consommation, les sentiments des époux avant, pendant et après la nuit de noces. Ces sources exceptionnelles permettent d'analyser les représentations et les pratiques nuptiales des époux à partir de leurs propres mots. Si elles n'ont jamais fait l'objet d'études historiques pour la France contemporaine, c'est notamment parce que les archives des tribunaux diocésains français ne sont pas consultables pour la période contemporaine[32]. Mais l'existence de trois fonds extérieurs aux archives des officialités françaises a permis de contourner cet obstacle : les archives du cardinal Caprara, conservées aux Archives nationales, pour la période 1801-1808, mais surtout les archives de la Congrégation du Concile et du Tribunal de la Rote romaine des Archives apostoliques du Vatican[33], qui conservent les causes matrimoniales envoyées en seconde instance par les officialités françaises et qui sont consultables pour les affaires antérieures à l'année 1922[34].

Comme pour toute source judiciaire, la lecture de ces témoignages doit tenir compte du cadre et des enjeux de leur production : l'espace du tribunal et le conflit qui s'y manifeste déterminent en partie leur contenu. L'Église garantit le secret de la procédure : les dépositions ne sont pas publiques et chacun rencontre personnellement les juges. En ce qui concerne leur forme, même si ce sont les mots des déposants qui sont retranscrits, une certaine uniformité de style ressort, en raison d'une simplification lors de leur mise par écrit par les greffiers et de l'intervention d'avocats qui conseillent une façon de s'exprimer et de présenter les faits. Sur le fond, l'écart entre ce qu'ont vécu effectivement les époux et la version qu'ils souhaitent donner aux juges est difficile à mesurer : même si les personnes doivent fournir des gages de la fiabilité de leurs témoignages (accomplissement du devoir pascal, bonne réputation…) et prêter serment en s'engageant à dire la vérité, ce qu'elles racontent ne peut jamais être considéré comme la vérité de l'intime, qui reste inaccessible. Les dépositions contradictoires de certains époux peuvent faire ressortir un désaccord profond sur la façon dont les choses se sont passées. Mais, à l'inverse, des témoignages concordants ne sont pas la garantie d'un récit fidèle à la réalité : chacune des parties a pu se concerter avec ses témoins avant le procès pour convenir de la version à délivrer, et les époux désireux d'obtenir la séparation ont également pu s'accorder sur un même exposé des faits pour mieux convaincre les juges.

Le prisme de l'exception

Les procédures matrimoniales canoniques permettent de documenter des situations qui, pour la première fois, sont étayées par un corpus conséquent de témoignages personnels : le cas de l'ignorance complète de certaines femmes – celles qu'on surnomme « oies blanches » – ou les contraintes sexuelles de la nuit de noces, désignées parfois par l'expression de « viol légal ». La nature et le contenu de ces archives exceptionnelles limitent cependant l'investigation car elles n'enregistrent que des situations jugées inhabituelles ou inacceptables, où prédominent l'échec, la déception, la frustration, la colère ou la tristesse. Il s'agit de récits de malheurs, produits dans un contexte de rupture du lien conjugal : cet ouvrage observe donc les pratiques nuptiales à travers le prisme des difficultés qu'elles ont suscitées. La confrontation de ces témoignages avec d'autres corpus ne change pas foncièrement la donne, car, plus largement, les sources fictionnelles, médicales et les essais sur le mariage évoquent aussi le plus souvent des nuits de noces insatisfaisantes, ratées, difficiles ou inaccomplies. Toutes opposent l'idéal de la nuit de noces harmonieuse à la déception qu'elle constitue trop souvent, comme le déplore Honoré de Balzac dans *Physiologie du mariage* (1829), où sont évoquées ces unions « dont le malheur a été décidé par la première nuit[35] ».

La question de la représentativité doit aussi être posée. Les discours associent généralement les classes sociales à des pratiques nuptiales différenciées : aux classes paysannes et populaires, majoritaires, les rites traditionnels, et à la bourgeoisie l'extrême ignorance virginale des jeunes filles et la nuit de noces repliée sur le couple conjugal. Si cette opposition affleure de temps à autre dans certains écrits, c'est la nuit de noces bourgeoise qui prédomine dans la majorité des sources, sans autre contrepoint : les essayistes, romanciers et médecins décrivent avant tout les évolutions sociales récentes qu'il leur est donné de constater, et qui touchent davantage le milieu bourgeois – dont ils sont par ailleurs issus. Le problème se pose aussi dans l'étude des écrits personnels qui, comme le souligne Alain Corbin, émanent surtout au XIXe siècle de l'« étroite élite formée d'individus capables de laisser des traces de leur existence intime[36] » ; il faut attendre le XXe siècle pour voir émerger quelques récits provenant d'époux des classes populaires. Il en est de même pour les procédures religieuses, qui concernent dans plus de 70 % des cas étudiés des personnes très aisées, issues des classes supérieures (grande bourgeoisie et noblesse), et dans 17 % des cas des personnes issues des classes populaires : barons, comtesses et grands industriels sollicitent bien davantage les officialités que les couturières, domestiques ou employés de magasin, quand bien même l'Église exonère les plus modestes des frais de procédure habituellement dispendieux[37].

Enfin, le problème de la représentativité des expériences que ces sources du malheur nuptial nous donnent à connaître est aussi chronologique et numérique. Si l'on dispose d'un grand nombre de sources imprimées tout au long du XIXe siècle, ce qui permet de repérer quelques évolutions dans les représentations du fait nuptial, les archives sur lesquelles je me suis appuyée n'existent en nombre significatif que pour les périodes pendant lesquelles le divorce est autorisé en France : une dizaine de cas pour les deux premières décennies du XIXe siècle, et environ 230 cas après 1884, au lendemain de la loi Naquet sur le divorce qui inaugure une « révolution sexuelle[38] » pionnière et le développement des premiers féminismes. Cette chronologie éclatée souligne les enjeux sociaux et politiques de la nuit de noces, ainsi que les liens étroits tissés entre la production de récits intimes et les cadres institutionnels et sociaux du mariage au XIXe et au début du XXe siècle. Même si, à ces quelque 250 affaires dans lesquelles la nuit de noces est racontée, on ajoute les écrits personnels, une quinzaine environ, et les témoignages indirects contenus dans les imprimés, plus nombreux, cela reste bien peu par rapport à la trentaine de millions de nuits de noces qui ont eu lieu entre les années 1800 et les années 1920. Face à l'impossibilité d'aboutir à des résultats qui offriraient une forme de représentativité des expériences vécues, j'appréhenderai ces cas comme des itinéraires individuels relevant de l'« exceptionnel normal » qui guide les études micro-historiques[39]. En dehors de toute représentativité statistique, ils sont dignes d'être étudiés pour les faits extraordinaires qu'ils documentent ; et leur caractère exceptionnel est malgré tout susceptible de révéler certaines configurations conjugales et familiales habituellement tues, en soulignant en creux les normes qui ordonnent le fait nuptial. Écrire l'histoire de ces configurations, même peu fréquentes, est à mon sens légitime et nécessaire, en ce qu'elles rendent compte de l'âpreté du début des relations matrimoniales et des rapports femmes-hommes, jusque dans les situations les plus douloureuses, comme celle du viol conjugal.

Ce livre prend pour point de départ l'idée la plus immédiatement associée à la nuit de noces, hier comme aujourd'hui : la première expérience conjugale est caractérisée par le *secret*. L'emploi de l'expression de « réalités du mariage », fréquemment utilisée pour désigner les relations sexuelles qui lui sont inhérentes, est éloquent : il suggère qu'entre les représentations que certaines personnes s'en font et ce que concrètement il implique en termes de pratiques, notamment sexuelles, le décalage peut être grand.

Le silence autour de ces « réalités », imposé par la morale, entre en tension avec leur dévoilement, encouragé par la curiosité du public ou par l'idée que l'élaboration et la diffusion de savoirs et de réflexions sur la nuit de noces sont utiles et nécessaires. Un panorama des productions culturelles sur la nuit de noces permet d'abord d'appréhender ce sur quoi l'imaginaire des contemporains se construit (chapitre 1). Mais une partie de la population semble cependant ne pas avoir accès à cette culture nuptiale : jusqu'au début du XXe siècle, certaines jeunes filles sont élevées dans l'ignorance de ce qui va leur arriver pendant la nuit de noces, dont le mystère est solidement maintenu par la famille jusqu'au soir du mariage (chapitre 2). Face au constat des dégâts que cette situation provoque, une littérature conjugale se développe à partir des années 1860 et propose de dévoiler les arcanes du mariage pour mieux préparer les futurs époux à ce qui les attend. Mais, pendant longtemps, les normativités construites s'ancrent dans une culture du secret qui s'applique différemment aux hommes et aux femmes (chapitre 3).

L'ouvrage se resserre ensuite sur les rites, les lieux et les temporalités de la première nuit. Pratiqués au nom de la *tradition*, les rites impliquent une multiplicité d'acteurs et d'actrices qui interviennent en amont du mariage, au moment de sa préparation et pendant la nuit même. Mais l'alcôve nuptiale se confond progressivement avec une chambre conjugale dont l'accès est réservé aux époux. Pour autant, la privatisation de la nuit de noces encouragée par les valeurs bourgeoises de pudeur et de discrétion ne semble pas toujours garantie (chapitre 4). Ce désir d'intimité s'explique par l'injonction de consommer l'union conjugale immédiatement. La date du mariage est fixée de sorte que les époux puissent accomplir le devoir conjugal dès le premier soir. L'impératif de la relation sexuelle laisse peu de place à la question du consentement sexuel, comme le montre l'emploi de l'expression « viol légal » pour désigner la nuit de noces (chapitre 5).

Les deux derniers chapitres se concentrent enfin sur la sphère conjugale. Ils suivent les époux au plus près, en retraçant ce qui se passe entre eux depuis le départ pour la chambre jusqu'à la fin de la nuit. Dans cet accompagnement pas à pas du couple sont d'abord observés les premiers rapprochements opérés avant la relation sexuelle, marqués par une forte intensité émotionnelle (chapitre 6). Enfin arrive le temps de la consommation du mariage, qui porte la nuit de noces à son paroxysme. L'injonction sociale du corps à corps nuptial le transforme en *épreuve* qu'il convient de réussir pour que les deux époux soient véritablement considérés comme mari et femme (chapitre 7).

Chapitre 1

Imaginaire de la nuit de noces

> « Une nuit de noces où rien n'est effeuillé, un jeune marié qu'un obstacle absurde mais impérieux oblige à l'abstention et une jeune mariée qui n'y comprend rien ; les ennuis et les tortures de l'un, la candeur étonnée de l'autre, c'est le sujet de toutes les opérettes depuis vingt ans [...]. »
>
> Jules LEMAÎTRE,
> « Feuilleton du *Journal des débats* du 23 avril 1888.
> La semaine dramatique[1] ».

Au cours du XIXe siècle, le thème de la nuit de noces se fait de plus en plus présent dans les romans, les essais, les chansons, les images ou sur les scènes de théâtre, dont le nombre s'accroît à la faveur des débuts de la culture de masse. Cette présence peut étonner, car si on assiste à cette période à une explosion discursive sur le sexe, mise en évidence par Michel Foucault dans *La Volonté de savoir*, elle s'accompagne toutefois d'une forme de répression morale qui en limite l'expression dans les productions qui ne relèvent pas du domaine du savoir et de la médecine. Les écrivains, journalistes et illustrateurs doivent ainsi composer avec les limites qui leur sont imposées par la censure s'ils ne veulent pas tomber sous le coup de la loi, surtout pendant la période d'encadrement de la librairie française, qui dure « de la publication du décret du 5 février 1810 au vote de la grande loi libérale du 29 juillet 1881[2] ». De plus, la loi du 17 mai 1819 sur l'« outrage aux bonnes mœurs », qui punit les évocations de la nudité[3] ou de l'acte sexuel dès lors qu'elles sont jugées obscènes, reste en vigueur même après 1881, et la « censure dramatique », qui concerne les œuvres scéniques, persiste jusqu'en 1906[4]. Quant à l'Église, elle condamne les productions scripturaires ou iconographiques impudiques, notamment par l'intermédiaire d'instances telles que l'Index (bien que les auteurs se montrent peu sensibles à ses menaces inefficaces[5]) et par l'encadrement des fidèles assuré par les prêtres. Pour les auteurs, autrices et artistes, il s'agit donc de raconter la nuit de noces sans trop en dire, même si s'opère au fil du siècle un relâchement du secret nuptial, qui suscite des évocations plus crues des réalités du mariage et un foisonnement de représentations légères sur le sujet.

L'étude de ces productions culturelles permet d'appréhender les représentations de la nuit de noces, qui construisent au moins autant qu'elles reflètent les pratiques : ce sont elles qui nourrissent les pensées, les croyances, les préjugés et les attentes des jeunes mariés qui arrivent dans la chambre nuptiale, de leur entourage, mais aussi des médecins qui les soignent et des hommes d'Église qui les écoutent.

La sexualité éludée

Au XIXe siècle, la plupart des fictions qui portent sur le mariage passent sous silence la nuit de noces : elles s'appesantissent sur la cérémonie mais éludent ce qui se passe juste après. Les écrivains qui poursuivent leur récit au-delà de la première journée recourent à des procédés narratifs ou stylistiques pour évoquer le sujet sans entrer dans des détails sexuels explicites. La ficelle la plus répandue consiste à trouver une péripétie qui empêche le couple de consommer la nouvelle union ; c'est un moyen de consacrer plusieurs lignes, voire plusieurs pages à la nuit de noces, tout en maintenant une forme de silence sur ce qui constitue son cœur. Les substitutions, obstacles et autres ellipses évitant le caractère sexuel de la scène – qui évidemment reste à l'esprit des lecteurs – émaillent la majorité des récits. Retour d'un premier mari pendant la seconde nuit de noces de son épouse[6], départ précipité de l'époux appelé à remplir son devoir militaire[7] ou professionnel[8], enlèvement du mari par sa maîtresse[9], naissance d'un enfant naturel[10], présence inopinée d'une ancienne amante[11] : la liste des ressorts narratifs pour retarder, perturber ou éviter la nuit de noces est sans fin. Parmi ces récits nuptiaux interrompus ou inachevés, le motif du surgissement

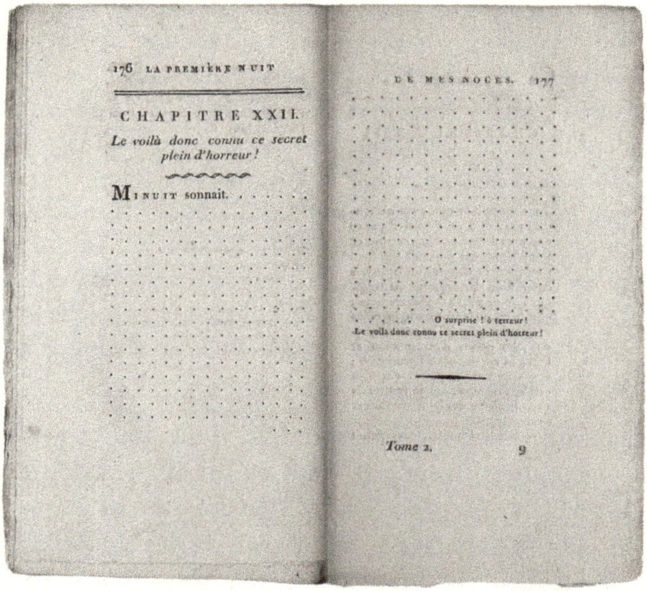
176 LA PREMIÈRE NUIT

CHAPITRE XXII.

Le voilà donc connu ce secret plein d'horreur !

MINUIT sonnait. . . . . . .

DE MES NOCES. 177

. . . . . O surprise ! ô terreur !
Le voilà donc connu ce secret plein d'horreur !

Tome 2. 9

SEWRIN [Charles-Augustin DE BASSOMPIERRE], ***La Première Nuit de mes noces,*** **1802, vol. 2, p. 176-177, chap. XXII, <https://c.bnf.fr/RUT>.**
« Le voilà donc connu ce secret plein d'horreur ! » : « Minuit sonnait. .... Ô surprise ! ô terreur ! Le voilà donc connu ce secret plein d'horreur ! »

de la mort à la place de l'amour est un des plus utilisés. C'est le cas dans l'ouvrage anonyme intitulé *La Première Nuit de mes noces*, qui paraît en 1802. De ce qu'annonce le titre alléchant, il n'est pas question avant la toute fin du roman. Le lecteur tenu en haleine, et en attente d'un dénouement croustillant, découvre finalement une double page couverte de pointillés, procédé typographique original pour matérialiser le « secret plein d'horreur[12] ». Le roman s'achève par un mariage non consommé, en raison du suicide de la mariée au cours de la nuit fatale.

Mais c'est surtout pendant la période romantique que les nuits de noces funèbres abondent, sans qu'elles détonnent dans l'économie générale du récit, souvent sombre. Dans les années 1820 et 1830, les romans fantastiques et de la veine frénétique[13] mettent en scène des nuits nuptiales horrifiques : meurtres commis par des époux pris de folie, apparitions, suicides… Népomucène Lemercier imagine dans son *Roman de moderne fabrique* (1826) un mari devenu cannibale après avoir été mordu par un loup-garou, et qui perce de ses dents la gorge de son épouse Gélatina. La scène est observée par un brigand qui épie le jeune couple à travers la fenêtre :

> Qu'aperçoit-il à travers les vitres de la croisée qui vibrent les derniers soupirs de l'agonie ? une femme nue et défaillie que déchirent les ongles et les dents sanglantes d'un jeune homme tout palpitant d'un accès d'aveugle furie !… C'est Gélatina sous la dent féroce de l'hymen et de l'amour égaré ! « Tai, toi, lui disait-il en mots entrecoupés, tai, toi, ô ma bien aimée ! ô ma Gélatine ! que je te mange, que je me rassasie de toi dans mes transports ! tu es la chair de ma chair… » Hélas ! elle expirait, et ses sanglots ne se faisaient plus passage à travers la suffocation des angoisses. Le lit du plaisir conjugal n'aura donc été pour elle qu'une bierre [*sic*] fatale ! et le linceul va devenir pour ce couple amoureux le voile des voluptés[14] !…

La rencontre d'*eros* et *thanatos* devient un topos des récits nuptiaux. Quelques exemples parmi tant d'autres : dans *Rose et Blanche* (1831) de George Sand, Blanche ne survit pas à l'effroi d'avoir dû épouser Horace – qui l'avait violée des années auparavant – et meurt au cours de leur nuit de noces ; dans *La Confession* (1832) de Jules Janin, Anatole fait mourir son épouse Anna, et les cris qu'elle pousse au moment du trépas n'alertent pas l'entourage qui les interprète comme une réaction à la douleur de la défloration ; dans *Le Ministère public* (1832) de Charles Rabou, un procureur tue sa femme dans le lit nuptial, croyant combattre le fantôme d'un homme qu'il avait condamné à mort. Les motifs très anciens de la « morte amoureuse » ou de la « morte fiancée »[15], sont également en vogue : la nouvelle *Die Todtenbraut* publiée dans le recueil *Fantasmagoriana*, traduit en français en 1812, inspire notamment à Prosper Mérimée sa fameuse *Vénus d'Ille* (1837), une statue qui prend la place de l'épouse et étrangle le jeune marié. D'autres créations sont inspirées de légendes semblables sur des spectres féminins qui hantent des nuits de noces comme la nouvelle *La Fiancée d'Asnières*, de Paul-Edmond Galeron, en 1853. La mort violente reste un ressort employé tout au long de la période. Dans *Thérèse Raquin* (1867) d'Émile Zola, la nuit de noces de Thérèse et Laurent est gâchée par le souvenir de Camille, le premier mari de Thérèse, que les deux amants avaient assassiné : ils ne parviennent pas à consommer le mariage, et Thérèse prend soin de défaire le lit « pour tromper sa tante [et] faire croire à une nuit heureuse[16] ». Prosper Mérimée met en scène dans sa nouvelle *Lokis* (1869) un mari mi-ours mi-humain qui dévore sa jeune épouse. Une femme retrouve le corps sans vie de son mari dans son lit ensanglanté dans *La Nuit de noces* (1870) de la comtesse Dash, et le spectre du premier mari d'une veuve vient la hanter lors de la première nuit de ses secondes noces avec Yvon le tailleur de pierre, dans un conte breton qu'Anatole Le Braz met par écrit (1893). Bien sûr, tous ces récits qui ne dépeignent pas l'acte sexuel le suggèrent néanmoins : la mort supplante l'amour en faisant couler un autre sang que celui de la défloration attendue, la lutte à mort décrit un autre corps à corps que celui de l'étreinte des amants.

Ces représentations participent à la représentation de la première nuit comme un moment crucial, dangereux et violent, au même titre que le trépas. Elles perdurent au XXe siècle, dans une littérature sentimentale bon marché destinée à un public féminin populaire. Dans ces nuits de noces teintées d'érotisme morbide, le rêve d'un bonheur à deux se transforme en cauchemar : les époux amoureux s'apprêtent à vivre une nuit romantique et inoubliable, quand un événement tragique survient. Les titres des romans de Marcel Priollet (ou d'Henry de Trémières, un de ses pseudonymes) publiés aux éditions Ferenczy sont évocateurs : *Chassée la nuit de son mariage ! Roman inédit d'amour et de douleur* (1913), *Infidèle sous le voile blanc* (1921), *Trompée... au seuil de la chambre nuptiale* (1921), *Enfin seuls ?... Non !...* (1929). Ils diffusent à la fois l'idée d'une érotisation conjugale de la nuit de noces et de la déception qui lui est toujours associée symboliquement. Ces lectures sont condamnées par les hommes d'Église qui, à l'instar de l'abbé Bethléem, s'inquiètent de la « diffusion croissante de la littérature sensuelle dans les familles chrétiennes[17] ».

L'émergence du thème du viol nuptial

Sur fond de silence relatif sur la sexualité nuptiale, des ouvrages mettent à partir des années 1820 davantage l'accent sur les « réalités du mariage », c'est-à-dire la nature sexuelle du rapprochement qu'implique la première nuit des noces. Cet intérêt nouveau trouve sa place dans un contexte plus général de critique de l'institution matrimoniale, alors que l'abolition du droit au divorce en 1816 réinstalle le mariage indissoluble au centre des relations entre les femmes et les hommes, et que, comme le montrent Patricia Mainardi et Andrew Counter, l'amour et le mariage sont présentés comme deux notions antithétiques[18].

Tout au long du XIXe siècle sont édités des ouvrages dans la lignée de l'ancienne tradition des « arts d'aimer » dont Ovide avait fourni un modèle en Europe occidentale et qui par la suite avaient proliféré au temps des Lumières. Jouant avec les codes du traité savant, parfois empreints d'une tonalité érotique, ils concilient conseils théoriques et pratiques qui suggèrent qu'on peut atteindre la réussite en amour si on acquiert le savoir approprié et les techniques afférentes ; ce qui semble d'autant plus indispensable que, depuis la Restauration, le mariage définitif constitue un horizon indépassable[19]. Essais, codes, grammaires, physiologies, guides, catéchismes : ces écrits, dont les formes et les intitulés diffèrent, participent de cette littérature « panoramique » décrite par Walter Benjamin, en ce qu'ils prétendent délivrer des observations sociales pertinentes[20]. Malgré la liberté et la légèreté de ton qui les caractérisent généralement, les évocations de la « nuit nuptiale » restent cependant rares et plutôt prudentes à l'image du *Conjugalisme, ou l'Art de se bien marier. Conseils aux jeunes gens d'épouser femme jeune, belle et riche ; aux demoiselles de s'unir à un joli homme, bien fait et fortuné. Code de leçons matrimoniales, appuyées de préceptes moraux, d'anecdotes très-curieuses touchant le lien si important du Mariage* (1823), dans lequel le « vicomte de S*** » (un pseudonyme de Pierre Cuisin) déplore timidement que la découverte de la nuit de noces risque d'être traumatisante pour la jeune épouse : « Le temps seul pourra lever ce rideau, plus diaphane bientôt que le voile de la future ; le temps seul dévoilera, mais trop tard, de douloureuses réalités[21]. »

Des critiques plus soutenues sont formulées à propos de la violence des mœurs nuptiales, en particulier pour les jeunes épouses, dans la *Physiologie du mariage* qu'Honoré de Balzac publie anonymement en 1829. Dans cet essai au ton ambigu, qui alterne propos graves et légers, il affirme que « le mariage est une science » et consacre de longs passages aux analyses des mœurs amoureuses, dans une perspective psychologique et sociologique. Constatant l'ignorance des jeunes filles, il revient à plusieurs reprises sur les enjeux de la nuit de noces : le vingt-sixième aphorisme, « Ne commencez jamais le mariage par un viol », ainsi que le vingt-neuvième, « Le sort d'un ménage dépend de la première nuit », constituent les deux formules les plus marquantes de l'ouvrage, lu par les hommes (à qui il s'adresse exclusivement), mais aussi par des femmes[22]. À la même époque, des propos semblables infusent dans des romans écrits par des auteurs et des autrices dont la fortune est durable tout au long du XIXe siècle. En 1831, Victor Hugo, dans *Notre-Dame de Paris*, campe une Esmeralda qui se marie pour sauver le poète Gringoire de la mort, tout en refusant les implications concrètes de son union : elle n'envisage la consommation du mariage qu'avec un homme qu'elle désire. Mais, surtout, George Sand dénonce dans plusieurs romans les violences de la cérémonie du mariage pour les femmes, moralement et physiquement en raison de la sexualité conjugale subie dès le premier soir, mais aussi symboliquement, à cause des rites nuptiaux qui ne respectent pas leur intimité. L'héroïne éponyme de *Valentine* (1832) est contrainte à se marier au comte de Lansac qu'elle n'aime pas ; le jeune Bénédict, amoureux d'elle, s'insurge en pensant à l'« odieuse et flétrissante tyrannie », à l'« opprobre légal, au dernier des opprobres qu'on puisse infliger à la femme, au viol » que constituera pour elle la nuit de noces : « Ô abominable violation des droits les plus sacrés ! s'écria-t-il intérieurement ; infâme tyrannie de l'homme sur la femme ! Mariage, sociétés, institutions, haine à vous ! haine à mort[23] ! » Ces critiques qui assimilent explicitement la première nuit du mariage à un viol rejoignent celles que formulent au même moment les femmes socialistes et saint-simoniennes, comme Claire Démar : dans *Appel d'une femme au peuple sur l'affranchissement de la femme* (1833) et *Ma loi d'avenir* (1834, posthume), elle pointe l'interdiction de la sexualité féminine avant le mariage et l'obligation de la relation sexuelle dès la nuit de noces, qu'elle compare à un asservissement des femmes, qui ainsi seraient réduites à une « prostitution légale » dans le cadre du mariage.

Les années 1830 sont ainsi des « années d'exception[24] » pour l'émergence des revendications féministes. Le second tiers du siècle est une période plutôt creuse, et c'est surtout à partir des années 1870 que les auteurs et autrices abordent plus fréquemment les thèmes de la découverte traumatisante des « réalités du mariage » pour les jeunes filles et du devoir conjugal. L'épanouissement du roman de mœurs et l'éclosion des genres réaliste et naturaliste font de la littérature le lieu privilégié de la critique des mœurs conjugales. En 1876, Clémence Badère met en scène dans *Une mariée de seize ans* Hélène Derbourg, une jeune fille poussée par sa famille à conclure un mariage de convenance avec Paul Darnilly. L'héroïne, qui n'ignore pas ce qui l'attend, consent à l'union à condition de vivre avec son époux « comme frère et sœur », affirmant ainsi son refus du devoir conjugal. Le jeune homme se désole de cette « triste nuit de noces, [...] loin d'être pour lui un lieu de délices » :

> Il eût certes pu jouir de ses droits, mais il était homme du monde et ne voulait pas, en un mot, violenter le cœur de sa femme.

> Elle était si jeune ! Il fallait que l'enfant devînt femme et qu'elle comprît l'amour.
> Si l'on force le bouton à s'ouvrir, on n'aura qu'une fleur imparfaite et l'on jouira mal de son parfum. Il la laissa donc à ses scrupules, se promit d'attendre tout du temps, espérant qu'elle ne tarderait pas à revenir de ses idées ultra-anti-matrimoniales[25].

Sa patience et le respect du choix de sa femme finissent par être récompensés, car les époux deviennent par la suite des amants heureux. Dans son roman *Chérie* (1884), Edmond de Goncourt expose quant à lui les difficultés que représente la première relation sexuelle pour le mari soucieux de ne pas brutaliser sa femme. Tourmenté par un tel enjeu, il perd d'abord ses moyens, ce dont son épouse s'amuse intérieurement, sans rien laisser paraître. Colette dépeint une Claudine qui fait bonne figure devant son mari, mais qui en réalité redoute la première fois et ne se fait que difficilement au devoir conjugal (*Claudine en ménage*, 1902). Quant à François Mauriac, il fait de la cuisante déception de Thérèse Desqueyroux après une nuit de noces bien morne le point de départ de sa chute (1927).

Le moment de la confrontation physique des époux n'est que rarement décrit frontalement. Parmi les exceptions notables, l'ouvrage licencieux *Souvenirs d'une cocodette*, qu'Ernest Feydeau publie anonymement en 1878, contient un récit nuptial qui se distingue du reste du roman par la gravité des propos de la narratrice :

> Il me semblait, dans ma naïveté, et il m'avait toujours semblé que le mariage était, avant tout, une chose sainte. Je me disais que mon mari aurait dû me respecter, me traiter comme la compagne de sa vie, et non comme le mâle, chez les animaux, traite sa femelle.
> Qu'est-ce que vous faites ? qu'est-ce que vous faites donc ? Vous me faites un mal affreux. Vous êtes un sauvage, disais-je à mon mari, en me débattant convulsivement pour échapper à son étreinte et me soustraire à sa violence.
> Je ne ressentis pas la plus fugitive sensation voluptueuse. Rien que de la douleur.
> J'ai oublié ce que mon mari me répondait.
> Je crois qu'il me disait qu'on se mariait pour avoir des enfants, et autres banalités auxquelles il ne croyait même pas. Je ne l'écoutais guère. J'étais entièrement absorbée par la chose elle-même. Je ne sais pas si je suis plus douillette, si je suis constituée autrement que le commun des femmes. Cela n'est pas probable. Ce que je

> sais très bien, c'est que je subissais une sorte de supplice des plus désagréables.
> C'était l'atroce et harcelante sensation d'un fer rouge mille fois enfoncé à coups précipités jusqu'au plus vif de mes entrailles[26].

Ce roman fait cependant moins de bruit que celui que Guy de Maupassant publie cinq années plus tard : la nuit de noces d'*Une vie* est la plus connue de la littérature française. Jeanne est heureuse de se marier avec Julien ; mais la nuit de noces est un moment de désillusion :

> Elle ne remuait pas, raidie dans une horrible anxiété, sentant une main forte qui cherchait sa poitrine cachée entre ses coudes. Elle haletait bouleversée sous cet attouchement brutal ; et elle avait surtout envie de se sauver, de courir par la maison, de s'enfermer quelque part, loin de cet homme.
> Il ne bougeait plus. Elle recevait sa chaleur dans son dos. Alors son effroi s'apaisa encore et elle pensa brusquement qu'elle n'aurait qu'à se retourner pour l'embrasser.
> À la fin il parut s'impatienter, et d'une voix attristée : « Vous ne voulez donc point être ma petite femme ? » Elle murmura à travers ses doigts : « Est-ce que je ne la suis pas ? » Il répondit avec une nuance de mauvaise humeur : « Mais non, ma chère, voyons, ne vous moquez pas de moi. »
> Elle se sentit toute remuée par le ton mécontent de sa voix ; et elle se tourna tout à coup vers lui pour lui demander pardon.
> Il la saisit à bras le corps, rageusement, comme affamé d'elle ; et il parcourait de baisers rapides, de baisers mordants, de baisers fous, toute sa face et le haut de sa gorge, l'étourdissant de caresses. Elle avait ouvert les mains et restait inerte sous ses efforts, ne sachant plus ce qu'elle faisait, ce qu'il faisait, dans un trouble de pensée qui ne lui laissait rien comprendre. Mais une souffrance aiguë la déchira soudain ; et elle se mit à gémir, tordue dans ses bras, pendant qu'il la possédait violemment.
> Que se passa-t-il ensuite ? Elle n'en eut guère le souvenir, car elle avait perdu la tête ; il lui sembla seulement qu'il lui jetait sur les lèvres une grêle de petits baisers reconnaissants.
> Puis il dut lui parler et elle dut lui répondre. Puis il fit d'autres tentatives qu'elle repoussa avec épouvante ; et comme elle se débattait, elle rencontra sur sa poitrine ce poil épais qu'elle avait déjà senti sur sa jambe et elle se recula de saisissement.
> Las enfin de la solliciter sans succès, il demeura immobile sur le dos.

> Alors elle songea ; elle se dit, désespérée jusqu'au fond de son âme, dans la désillusion d'une ivresse rêvée si différente, d'une chère attente détruite, d'une félicité crevée : « Voilà donc ce qu'il appelle être sa femme ; c'est cela ! c'est cela ! »[27].

L'assaut brutal du mari, sans égard pour son épouse totalement ignorante des réalités du mariage, est aussi un thème de prédilection chez les écrivains fin-de-siècle, comme Marcel Prévost et Catulle Mendès. Cet intérêt entre en résonance avec les constatations des médecins, qui à la même période recommandent la douceur et la patience aux maris dont l'impulsivité peut faire de la nuit de noces un traumatisme durable pour les femmes : comme le montre Alain Corbin, « la littérature de fiction vulgarise, à sa manière, le nouveau savoir[28] » médical. Mais, signe que cette situation perdure au-delà du XIXᵉ siècle, l'épreuve terrible que la nuit de noces représente pour l'épouse est encore un sujet chez Colette, dans *L'Ingénue libertine* en 1909, ou René Crevel, dans *La Mort difficile* en 1926.

La nuit de noces apparaît aussi dans les fictions diffusées sous forme de romans-feuilletons dans la presse, qui touche un public plus large que celui qui a accès aux romans. Le journal *Gil Blas* a ainsi publié sous le titre initial de *L'Humble Vérité* le roman *Une vie* de Guy de Maupassant ; mais il prend aussi l'initiative, plus rare, de publier le témoignage personnel d'une de ses journalistes, Séverine, qui raconte à deux reprises l'horreur de sa nuit de noces. En 1890, elle signe sous le nom de « Jacqueline » un article sur les questions de l'éducation sexuelle des jeunes filles et de l'inégalité entre les conjoints dans le couple, qui se manifeste de manière paroxystique dès le premier soir du mariage. La féministe brosse un long portrait psychologique de la jeune fille vierge avant, pendant et après sa nuit de noces, sans préciser explicitement cependant qu'il s'agit là de souvenirs personnels[29]. En 1892, elle publie à nouveau, en première page, un article intitulé « L'Éternel masculin. Journal d'une femme », et écrit à la première personne cette fois :

> Malgré moi, dans cette demeure étrangère, où l'on n'a même point songé à mettre mes bibelots de jeune fille, mes livres préférés, un peu de cette patrie qu'est le foyer maternel, dans cette demeure inconnue, je le revois, je le reverrai toujours, tel qu'il m'est apparu soudain, avec son rictus de bête et ses poings levés. Il était loin, le fiancé correct ! Et reprit-il son sourire béat, sa voix onctueuse – c'est fini ! L'image s'est figée dans l'horreur de mon âme, comme

on dit que reste reflétée, dans la prunelle des victimes, la vision de l'assassin !
Quand le sommeil l'a assommé, quand son souffle fort d'animal repu m'a rassurée, j'ai sauté à terre et ouvert la fenêtre sur l'espace. C'est haut ; dix fois l'envie de bondir dans le vide, dans l'ombre purifiante, m'a pliée sur la balustrade.
Je n'ai pas seize ans, j'ai eu peur[30].

Ici, Séverine prétend restituer « pour copie conforme » un journal personnel, en s'attardant sur un des moments les plus marquants de la vie d'une femme, qui doit subir cette « action infâme, cette meurtrissure, cette souillure, cet écrasement de la faiblesse par la force, de la volonté sous la violence, ce supplice, cette profanation de tout l'être physique » – qui renvoient à la première nuit de son mariage, en 1871, avec un homme du double de son âge. En révélant ainsi son expérience la plus intime au grand public, elle accomplit un acte militant qui s'inscrit dans son combat pour les droits des femmes.

Au même moment, des pamphlets de sensibilité socialiste, reprenant les arguments des saint-simoniennes des années 1830, émettent des critiques sur le double standard de la morale sexuelle qui pèse sur le couple légitime dès la nuit de noces. Le libertaire René Chaughi qualifie par exemple dans son *Immoralité du mariage* (1898) la nuit qui succède au repas de noces de « viol public préparé par une orgie » :

> Quoi ! vous livrez cette jeune fille à un individu quelconque, que vous connaissez à peine, peut-être hanté d'étranges vices, dont l'éducation charnelle a été faite dieu sait où ; vous la lui livrez, pour qu'il en fasse à sa fantaisie, et cela sans la prévenir ? Mais c'est monstrueusement abominable ! Mais c'est un esclavage pire que les autres, plus infamant et plus épouvantable que tout ! Que peut-il y avoir de plus outrageant pour une femme que d'être possédée malgré elle[31] ?

Quelques années plus tard, c'est Léon Blum qui réclame dans son essai *Du mariage* (1907) – qui fait scandale – que les jeunes filles aient la même liberté sexuelle que les jeunes hommes et qu'elles puissent multiplier les expériences pour apprendre le plaisir sexuel avant de se marier. Cela est nécessaire, selon lui, pour éviter la déception des nuits de noces et surtout le décalage entre un mari déjà rompu à l'exercice et une épouse qui a tout à découvrir :

> Notre erreur est de bâtir la communauté d'existence sur l'imparité des situations et des états ; notre folie, d'unir un homme à une

> vierge, et non pas un homme à une femme. [...] L'harmonie physique ne s'établit dans le mariage qu'à inexpérience égale, ou qu'à connaissance commune [...]. Mais au contraire, dans l'état présent des mœurs, [...] elles supposent nécessairement chez les hommes la parfaite connaissance de ces secrets qu'elles ignorent, et dont le mariage représente la révélation[32].

Il dénonce ainsi la croyance du mari qui pense que la « capacité de jouir ou d'aimer » de la femme apparaît brusquement « le jour ou la nuit de leurs noces »[33]. Les idées prônées par les socialistes et anarchistes en matière de morale sexuelle sont aussi diffusées dans des créations fictionnelles, comme dans *Berthe l'anarchiste*, un roman-feuilleton d'Élie Pratz publié dans le journal *L'Aurore* en 1913, qui revendique le droit à l'amour libre et au divorce. Il dénonce la nuit de noces comme un « viol légal », mais va plus loin en proposant une autocritique des milieux libertaires. Il montre ainsi l'écart qui peut exister entre les principes et leur mise en application concrète par ceux qui les défendent : Berthe n'éprouve ni désir ni joie durant sa nuit de noces qui s'avère bien décevante, malgré les effets d'annonce de son mari qui paraissait pourtant sensible à ces questions[34].

À partir des années 1920, s'il arrive que les jeunes filles attendent moins le jour du mariage, il s'agit surtout d'une légère avance sur une vie sexuelle qui reste partagée avec un seul homme, le mari, et non l'occasion de multiplier les expériences sexuelles avec différents partenaires. Dans *La Garçonne* de Victor Margueritte (1922), Monique Lherbier estime qu'attendre la nuit de noces n'est qu'une histoire de convenances dépassées : elle se donne à son fiancé sans attendre le mariage. Mais en découvrant son infidélité, elle rompt ses fiançailles et décide de mener en célibataire une vie très libre. Quand un de ses partenaires, Régis, se montre jaloux de son passé sexuel et déplore que les jeunes femmes ne gardent plus leur virginité jusqu'au mariage, elle s'écrie :

> Quand je te le disais, que tu étais un homme des cavernes ! La petite membrane, hein ? La tache rouge sur le drap de noces ! Et autour du lit, les sauvages célébrant le sacrifice de la virginité !... Va donc parler de ça aux jeunes filles d'aujourd'hui !... [...] Tu retardes, Régis ! Ah ! Ah ! Le mari propriétaire ! Le seigneur et maître[35] !

En plein cœur des Années folles, *La Garçonne* rencontre un vif succès – un million d'exemplaires auraient été vendus entre 1922 et 1929 –, mais scandalise une partie de l'opinion[36]. Si dans les faits la déconnexion de la nuit de noces avec la première expérience sexuelle féminine est un peu plus fréquente, son évocation reste subversive.

Le goût pour les anecdotes scandaleuses

Le XIXe siècle garde un goût hérité des siècles passés pour les anecdotes biographiques. Mais il ne s'agit plus seulement de rendre compte comme autrefois de la vie glorieuse et des hauts faits des hommes illustres : d'après Antoine Lilti, qui s'est intéressé à l'apparition de la figure de la « célébrité », une nouvelle écriture qui « multiplie les anecdotes privées, voire intimes[37] » voit le jour à partir des années 1750. Dans ce contexte, des récits sur la nuit de noces des hommes et des femmes du passé comme du présent circulent[38]. Leurs auteurs prétendent faire œuvre d'histoire lorsqu'ils divulguent des détails intimes, y compris dans leur dimension sexuelle. Cela se justifie pour eux dans la mesure où la consommation du mariage se déroulait quasi publiquement, en raison de ses implications politiques : de sa réussite ou de son échec dépendait la validité de l'union, elle-même garante d'alliances stratégiques. Ce qui se passait dans la chambre nuptiale des Grands était d'ailleurs rapporté et commenté par un grand nombre de personnes à la Cour, dans les ambassades, puis au-delà par le bouche-à-oreille. Ainsi, dans *La Duchesse de Châteauroux et ses sœurs* (1879), un roman historique qui se veut être ouvrage d'« histoire sociale », les frères Goncourt tiennent à référencer soigneusement leurs sources quand ils s'attardent sur la nuit de noces de Louis XV et de Marie Leszczynska, qui s'était déroulée le 5 septembre 1725 à Fontainebleau : « Sur cette nuit de noces, qu'on nous permette de citer une dépêche du duc de Bourbon au roi Stanislas, dont les détails, intimes et secrets, doivent être pardonnés comme des détails qui intéressent l'histoire[39]. » C'est en se fondant sur cette lettre, datée du 6 septembre 1725, conservée aux Archives nationales et publiée dans le tome XV de la *Revue rétrospective*, et sur le premier tome du *Journal* de Barbier, qui se rapporte lui-même à une lettre de Voltaire du 7 septembre 1725, qu'ils racontent que le roi aurait eu durant la première nuit sept rapports sexuels avec son épouse[40]. Les Goncourt s'adressent autant au public masculin qu'au public féminin, comme le suggère un passage du roman *Chérie*, d'Edmond de Goncourt, dans lequel Juliette raconte sa nuit de noces à son amie, sans donner trop de détails, mais en la renvoyant malicieusement à la lecture de *La Duchesse de Châteauroux*[41].

Ainsi, de manière tout à fait précoce, à travers les anecdotes qu'ils mettent au jour, des auteurs font de l'intimité et des pratiques matrimoniales un objet d'histoire. C'est aussi ce que prétend faire le médecin et historien de la médecine Augustin Cabanès, qui consacre en 1908 un chapitre de la cinquième série de ses *Indiscrétions de l'histoire* à la façon dont les rois se mariaient au XVIIIe siècle. Il y raconte en détail les difficultés de l'infant de Parme, Ferdinand de Bourbon, lors de sa nuit de noces le 27 juin 1769 avec l'archiduchesse Marie-Amélie, expliquant notamment que l'érection trop douloureuse du prince était due à la présence d'un amas de matière qui s'était endurcie entre le prépuce et le gland en raison d'une absence de « propreté intime ». Ce récit est aussi bien l'occasion de documenter la circulation de ces informations dans les ambassades et les enjeux politiques qu'elles recouvraient que de mettre en perspective historiquement les pratiques d'hygiène.

Mais on raconte aussi des nuits de noces pour nuire politiquement. Le recours aux anecdotes scandaleuses dans les libelles et les *vies secrètes* n'est pas nouveau au XIXe siècle, et s'inscrit dans une tradition que Robert Darnton a étudiée dans son essai *Le Diable dans un bénitier*[42]. Le récit de la première nuit du futur Louis XVI avec Marie-Antoinette en 1770 est un des exemples les plus fameux. Leur échec est documenté par des médecins et par des ambassadeurs qui rédigent des comptes rendus détaillés sur l'« imbécillité » (c'est-à-dire la faiblesse) du roi ou ses indispositions morales, qu'on explique par sa grande timidité et son jeune âge. Mais, au cours des années prérévolutionnaires de la décennie 1780, cette nuit de noces non consommée devient l'objet de moqueries, dans les chansons et les épigrammes qui la lisent à la lumière d'enjeux politiques : on y rapproche impuissance sexuelle et impuissance politique et on oppose ce qui est perçu comme une manifestation du déclin physique et moral de la royauté et plus largement de la noblesse à la virilité bonhomme de l'homme du peuple[43]. Par la suite, d'autres nuits de noces sont raillées par des auteurs qui laissent parfois libre cours à leur imagination : le but n'est pas de restituer un témoignage fidèle à la réalité, mais de diffamer en portant atteinte à l'image et à la crédibilité des puissants[44]. Ainsi, des anecdotes circulent à propos d'Isabelle II d'Espagne et François d'Assise de Bourbon, de François-Joseph d'Autriche et Élisabeth de Wittelsbach (la fameuse « Sissi »), de Victoria et Albert de Saxe-Cobourg-Gotha, de membres de la famille Bonaparte ou de la dynastie des Bourbons. Parmi les libelles offensants, une petite brochure intitulée *Les Amours scandaleuses de la famille des Bourbons*, publiée en 1830, au début de la monarchie de Juillet, s'intéresse à la nuit de noces de la « voluptueuse » Marie-Thérèse (seule enfant de Louis XVI et Marie-Antoinette à avoir survécu à la Révolution française) pour ridiculiser son époux, le duc d'Angoulême, fils de Charles X, et à travers lui une dynastie déchue. Des bruits courent également sur l'épouse de Napoléon III, Eugénie de Montijo. Une épigramme est composée à l'occasion de sa nuit de noces qui se déroule le 30 janvier 1853 :

> Montijo, plus belle que sage
> De l'Empereur comble les vœux.
> Ce soir, s'il trouve un pucelage
> C'est que la belle en avait deux[45] !

Ici encore, le souci de vérité sur l'absence de virginité de la future impératrice importe moins que la volonté, plus triviale, de se moquer de l'empereur et d'attenter à son honneur, qui dépend de celui de son épouse.

Cet intérêt pour la vie sexuelle des personnes célèbres ne concerne pas uniquement les souverains. Comme le montre Antoine Lilti, depuis le XVIIIe siècle, la biographie « n'est plus réservée aux grands personnages historiques, mais concerne toutes sortes d'individus dont la vie est susceptible d'intéresser le lecteur », comme les artistes, les écrivains ou les savants[46]. Ainsi, les *Mémoires d'une contemporaine, ou Souvenirs d'une femme sur les principaux personnages de la République, du Consulat, de l'Empire, etc.* (1828) donnent à lire un récit alambiqué de la nuit de noces non consommée de Lord Byron et « Annabella » Milbanke, en 1815[47]. De la même façon, en 1883, Olympe Audouard rapporte dans *Silhouettes parisiennes* (1883) le premier soir du mariage de Thomas Edison avec Mary Stilwell, survenu en 1871 : sa description du savant qui, trop absorbé par ses recherches, serait resté dans son laboratoire au lieu de rejoindre son épouse, participe avec humour de la construction de la figure du génie, en décalage avec les préoccupations plus banales d'un jeune marié. Mais c'est surtout la nuit de noces de Victor Hugo et d'Adèle Foucher qui retient l'attention. On raconte que l'écrivain, arrivé vierge au mariage, aurait connu une véritable révélation sexuelle, et que la jeune épouse aurait subi neuf fois les assauts enthousiastes de son mari au cours de cette nuit du

12 octobre 1822. Le succès de la légende nuptiale tient ici au caractère outrancier de la performance virile, à mettre en relation avec sa puissance artistique, mais aussi au regard décalé qu'elle jette sur la figure panthéonisée de l'écrivain.

Légèreté et lourdeurs des récits nuptiaux

Parallèlement à une production de textes graves qui mettent en avant l'aspect dramatique de la nuit de noces et à la veine libelliste ou portraitiste des *vies secrètes*, il existe une production de récits plus légers qui traitent le sujet par le prisme du rire. Dans le corpus de la littérature panoramique, souvent humoristique et caustique, certains « arts d'aimer » évoquent la première nuit au détour de quelques phrases ; surtout, une *Physiologie de la première nuit des noces, précédée d'une introduction philosophique, hygiénique et morale*, parue en 1842, se distingue par la place accordée à ce sujet dans l'ouvrage. Pour se prémunir de la censure, son auteur, Octave de Saint-Ernest, précise malicieusement que son ouvrage « ne doit être lu que par des personnes mariées, ou qui se destinent bientôt à l'être, [...] comme une espèce d'introduction au mariage[48] ». Le très populaire Paul de Kock met en scène avec humour le refus féminin de se livrer au devoir conjugal lors de la nuit de noces, par exemple dans *Le Cocu* (1831) ou, bien plus tard, dans *Les Demoiselles de magasin* (1863). C'est une situation similaire que décrit l'écrivain Gustave Droz en 1866 dans son fantaisiste et tendre *Monsieur, madame et bébé*. Le roman, aussi bien lu par les hommes que par les femmes, connaît un immense succès et est constamment réédité jusque dans les années 1920. Le cœur de l'ouvrage est constitué de deux chapitres qui proposent un double récit nuptial, et dans lesquels sont exposés successivement les points de vue du mari puis de la femme. L'épouse préfère repousser la consommation du mariage et le mari, prévenant, n'osant même pas la rejoindre au lit, passe la nuit tout habillé dans un fauteuil ; mais les époux s'aiment et leur nuit de noces contrariée est une perturbation passagère qui ne vire pas au tragique comme dans certains romans réalistes.

À partir de la loi de 1881 sur la liberté de la presse, le nombre de productions comiques et grivoises sur la première nuit augmente considérablement. Il y a là un tournant par rapport aux quelques écrits légers du premier XIXe siècle dont le discours était plus allusif et moins démonstratif à propos de la sexualité nuptiale. Parmi les romanciers les plus connus figurent Guy de Maupassant et Marcel Prévost, qui écrivent plusieurs nouvelles humoristiques sur des nuits de noces contrariées du fait de l'ignorance de l'épouse ou de l'impuissance du mari[49]. Octave Mirbeau s'essaie aussi à cet exercice dans *Nuit de noces*, un récit grivois dont le protagoniste doit affronter de nombreux obstacles et surmonter divers quiproquos. Selon Pierre Michel, ce conte léger qui semble relativement anodin est cependant plus subversif qu'il n'y paraît, dans la mesure où il propose, même si c'est par le rire, une critique des mœurs matrimoniales et des relations inégalitaires entre hommes et femmes[50]. Par ailleurs, des centaines de textes courts, écrits par des plumes souvent moins illustres, et destinés à un public masculin, fleurissent dans la presse : ces historiettes participent d'un certain « esprit gaulois[51] » qui profite de l'affaiblissement de la censure et du renouveau du contexte économique du monde de l'édition[52]. Parmi ces publications périodiques, la plus lue est *Le Rire*, un hebdomadaire de douze pages fondé en 1894 ; mais de nombreux autres titres publient des récits nuptiaux allant de la grivoiserie à la pornographie, comme *Le Journal amusant*, *Le Frou-Frou*, *La Petite Caricature*, *La Lanterne des demoiselles*, *Le Rigolo* ou *La Vie en culotte rouge*. Selon les auteurs, le comique repose surtout sur des inversions des normes (maris craintifs et peu entreprenants, épouses délurées) et des jeux de mots, et l'acte sexuel est suggéré avec plus ou moins d'élégance[53].

La chanson et les productions scéniques ne sont pas en reste. À la pratique traditionnelle d'un répertoire populaire de chants sur la nuit de noces entonnés à l'occasion des mariages s'ajoute la création d'œuvres contemporaines interprétées en dehors de tout contexte de cérémonie, sur les scènes de spectacle. Il existe des chansons romantiques sur le sujet, mais ce sont avant tout les chansons légères qui ont du succès[54]. Au début du XIXe siècle, l'illustre chansonnier Pierre-Jean de Béranger écrit « Un soir des noces » à propos de la déception de l'époux qui s'aperçoit que sa femme n'est pas vierge ; mais, comme dans le domaine de la littérature, c'est surtout à partir du dernier tiers du siècle que les chansons sur la nuit de noces connaissent leur essor. Comme le constate le critique Perdican, il n'est plus « d'opérette sans une nuit de noces contrariée[55] ». Retenons par exemple *La Grande-Duchesse de Gérolstein*, de Jacques Offenbach, créée au théâtre des Variétés en 1867, dans laquelle Fritz et Wanda entonnent un duo sur la peur de la première fois, avant d'être séparés sans avoir pu consommer leur union. Le répertoire du café-concert n'est pas en reste[56]. Parmi les centaines de chansons écrites sur le sujet figure la très populaire « Viens poupoule », créée par Félix Mayol à la Scala en 1902, dont plusieurs couplets sont consacrés à la nuit de noces :

> Deux vieux époux tout tremblotants, marient leurs petits enfants
> Après le bal vers les minuits, la bonne vieille dit
> À sa petite fille tombant de sommeil : Je vais te donner les conseils
> Qu'on donne toujours aux jeunes mariés, mais le grand-père plein de gaieté
> Dit doucement : Bonne maman, laisse donc ces deux enfants
>
> Viens, Poupoule ! Viens, Poupoule ! Viens !
> Les petits polissons, n'ont pas besoin de leçons. Ah !
> Viens, Poupoule ! Viens, Poupoule ! Viens !
> Je suis bien certain ma foi, qu'ils en savent plus que toi
>
> Les jeunes mariés très amoureux, viennent de rentrer chez eux
> Dans leur gentil petit entresol, ils crient : Enfin seuls !
> Madame se met vite à ranger, sa petite fleur d'oranger
> Pendant que Monsieur bien tendrement, dit amoureusement
> Pour tâcher de s'épancher, montrant la chambre à coucher :
>
> Viens, Poupoule ! Viens, Poupoule ! Viens !
> Les verrous sont tirés. On pourra se détirer. Ah !
> Viens, Poupoule ! Viens, Poupoule ! Viens !
> Viens chanter mon coco, la chanson des bécots

L'engouement pour le thème nuptial perdure jusque dans les années 1930, sur les scènes de music-hall et dans les opérettes : par exemple, la chanteuse Pauline Carton décrit une scène nuptiale épiée, à la faveur d'un trou d'une serrure, dans la chanson « Par le trou » (1925), et s'amuse des dernières recommandations faites à une jeune fille pour qu'elle réussisse sa nuit de noces dans « Puisque vous vous mariez (derniers conseils d'une gouvernante) » (1933). Ces chansons ne sont pas seulement écoutées passivement par le public, qui se les procure pour les chanter à son tour. Tout au long du XIXe siècle, et encore au XXe siècle, elles sont publiées sur des feuillets vendus à la pièce, notamment par le biais du colportage, ou dans des recueils de chansons[57], comme celui d'Eugène Lemercier qui, ainsi que le montre Alain Viala, propose dans *La Joie des noces* (1925) « des textes à chanter sur des airs connus et des blagues à débiter lors des mariages. On s'y moque de la loi que récite le maire (*Les Naïvetés du Code*), du personnage hautement populaire de *La Belle-mère à la page*, des nouveaux mariés et de leur *Galant garçon d'honneur* qui lorgne la jarretière[58] ».

Très présente également au théâtre, c'est surtout dans le genre du vaudeville que la nuit de noces s'épanouit. Le public n'est pas uniquement masculin, mais comme le rappelle un critique, pour assister à des pièces qui emploient du vocabulaire « un peu… nuit de noces », qui déclenchent des « oh ! oh !… » dans l'assistance, la bienséance veut que les spectatrices soient mariées et accompagnées[59]. Parmi les dizaines de pièces qui mettent la première nuit du mariage au cœur de l'intrigue, *Une nuit de noces* d'Henri Kéroul et Albert Barré, créée en 1904, reste dans les annales, avec plus de deux cents représentations consécutives aux Folies-Dramatiques, avant une reprise dans d'autres salles parisiennes et une tournée[60]. La nuit de noces est aussi un prétexte pour justifier la présence de Marcelle Yrven en chemise sur scène : les affiches mettent en avant sa « nudité » en faisant figurer un sein apparent. De façon générale, dans ces vaudevilles, le comique repose sur des jeux de mots de nature sexuelle et des intrusions (d'amants et de maîtresses, de la belle-mère, etc.) dans la chambre nuptiale. Les intrigues de nuits de noces contrariées et les quiproquos nuptiaux constituent par leur récurrence un *topos* dont se lassent les critiques dramatiques dans leurs comptes rendus[61].

Une offre de propositions scéniques plus osées, à destination des hommes uniquement, existe également[62]. À la fin du XIXe siècle, des salles parisiennes proposent des scènes de mariées qui se déshabillent, comme, en 1895, à l'Olympia, ce *Coucher de la mariée* écrit par Gaston Pollonais, Félix Cohen et Oscar de Lagoanère, et interprété par Louise Willy[63]. Le spectacle fait salle comble, notamment en raison de l'effeuillage, qualifié d'« intégral », de l'actrice, qui joue « nue », c'est-à-dire en maillot de corps. Des revues mettent également en scène des tableaux de nuits de noces, par exemple dans les salles du Bataclan ou des Folies-Bergère.

Enfin, la culture nuptiale du rire dépasse le champ strictement fictionnel. Dans les journaux, où l'interpénétration entre fiction et réalité est constante[64], les chroniqueurs judiciaires couvrent des affaires dans lesquelles les détails sur la première nuit sont complaisamment relayés, quand ils estiment qu'ils peuvent amuser les lecteurs

E. Gros, *Folies dramatiques. Une nuit de noces*, vaudeville en 3 actes d'Henri Kéroul & Albert Barré, affiche en couleurs, 160 × 120 cm (collection particulière).

et les lectrices. Des malheurs conjugaux sont racontés dans la presse comme s'il s'agissait de vaudevilles. En 1893, une affaire de nuit de noces devient connue sous le nom de « la mariée d'Asnières » : au cours de son dîner de noces, la comédienne Juliette Baraton-Raynaud quitte l'assistance sans prévenir personne, et n'est retrouvée que tard dans la nuit par le mari éconduit, Aristide Geslin, dans une maison à Asnières où elle s'était réfugiée. De nombreux journaux rapportent cette singulière nuit de noces, publiant de fausses interviews de la mariée, et tournant en ridicule tour à tour la mariée indigne et le mari abandonné. Les époux finissent par divorcer, mais la médiatisation de leurs malheurs ne s'arrête pas là : la réalité, trop rocambolesque, inspire la fiction, puisque Henri Blondeau et Hector Monréal font jouer sur les planches une « mariée d'Asnières » dans leur *Revue sans-gêne*, en 1894, au Théâtre des Menus-Plaisirs. S'ensuit une nouvelle affaire, car Juliette Baraton-Raynaud poursuit alors les auteurs pour divulgation de sa vie privée[65].

Il arrive également que des affaires judiciaires n'ayant pas pour sujet principal une nuit de noces s'attardent sur ce moment particulier, car le récit devient plus plaisant à lire. Par exemple, un bulletin judiciaire du *Journal des débats* couvre en 1891 le procès d'un homme jugé pour délit d'entretien de concubine au domicile conjugal, mais s'attarde surtout sur la nuit de noces vaudevillesque du prévenu. Léon Bauduin, bachelier brillant, avait été envoyé chez des cousins afin de préparer dans de bonnes conditions le concours d'entrée de l'École normale supérieure. Sa cousine Gambettina Jeyler est bientôt enceinte de lui et un mariage est organisé promptement :

> Mais, le soir même des noces, après le repas, le beau-père, attirant traîtreusement son gendre, lui tenait le discours suivant : « Mon bon ami, tu vas travailler ; le mariage est une mauvaise chose pour les gens qui ont un examen à passer. Tu ne posséderas donc ta femme que lorsque tu auras été reçu. En attendant, tu vas me faire le plaisir de venir te coucher dans une chambre que j'ai préparée pour toi au sixième. » Et, ce disant, M. Jeyler conduisait le pauvre Léon tout déconfit à l'appartement indiqué, lui remettait en main une petite lampe, et lui souhaitait le bonsoir. Quant à Mme Bauduin, après une nuit blanche, elle partait le lendemain matin avec ses parents pour Nice [...][66].

L'article s'intéresse moins au fond du procès, portant sur l'adultère du mari qui, « las d'attendre sa première nuit de noces, fit la connaissance d'une jeune ouvrière qui se chargea de le consoler », et se concentre ainsi davantage sur la mésaventure nuptiale, « tellement comique que, rencontrée dans une comédie, elle ferait crier à l'invraisemblable ».

Une iconographie foisonnante à la Belle Époque

Pendant longtemps, l'iconographie nuptiale reste surtout circonscrite à des « couchers de la mariée » : c'est ainsi qu'on nomme le moment où la jeune épouse entre dans le lit nuptial, assistée de sa mère et de ses proches amies, avant que son mari ne la rejoigne[67]. Mais à partir de la Belle Époque, période durant laquelle, de façon générale, la production iconographique augmente considérablement, les images sur la nuit de noces se multiplient, sur des supports variés : estampes bon marché, images publicitaires à collectionner, affiches pour des pièces de théâtre, films, illustrations de livres ou de petite presse humoristique, photographies, stéréoscopies ou encore cartes postales. Les thèmes abordés se diversifient également, évoquant les coutumes nuptiales,

les émotions des nouveaux époux[68], l'environnement matériel de la nuit de noces, l'injonction à la virginité ou à la virilité, l'ignorance des épouses… En raison de la diminution des coûts de reproduction des images et de leur plus large diffusion, le public qui y a accès est beaucoup plus large qu'auparavant, même si les images grivoises restent plutôt destinées aux hommes.

C'est surtout sur les cartes postales, nouveau médium très prisé à partir de la toute fin du XIXe siècle, que la nuit de noces s'épanouit : des dizaines de versions de la scène intitulée « Enfin seuls » représentent le couple tout juste entré dans la chambre nuptiale (voir chapitre 4). Des personnes s'envoient de façon anodine des cartes postales sur la première nuit, tout à fait indépendamment du sujet de leur correspondance. Mais il arrive que l'expéditeur les choisisse à dessein : il puise dans un répertoire d'images stéréotypées pour formuler, comme le veut l'usage, des vœux de bonheur à l'occasion d'un mariage, ou faire une allusion à une nuit de noces passée ou à venir. Par exemple, sur l'une d'elles, un certain Léon adresse ses pensées à l'élue de son cœur, en s'identifiant au couple photographié devant le lit nuptial : « Il me semble que c'est nous deux/Pense à ce beau jour/Léon et Marie », lui écrit-il, en 1900. D'autres évoquent le souvenir de l'appréhension ressentie ou la façon dont l'épouse pourrait réagir le soir du mariage. Cet emploi des cartes postales montre que la nuit de noces était un sujet qui pouvait être abordé assez librement entre fiancés ou entre amis, au moyen d'images qui en facilitaient l'évocation.

C'est également dans les années 1890 qu'avec l'apparition du cinématographe les premiers films sur la nuit de noces sont réalisés. *Le Coucher de la mariée*, réalisé en 1896 par Léar (Albert Kirchner) et exploité à partir de 1899 par Eugène Pirou au Café de la Paix, est ainsi considéré comme le premier film « érotique » de l'histoire du cinéma. Dans cette reprise d'une pantomime jouée auparavant à l'Olympia, Louise Willy incarne une mariée qui pendant sept minutes dévoile progressivement ses charmes à son mari. Des dizaines d'autres « couchers de la mariée » sont réalisés dans les décennies 1890 et 1900[69]. Des « sujets grivois à caractère piquant », pour reprendre les formulations des catalogues des maisons Pathé et Gaumont, sont également diffusés dans des baraques foraines[70] : par exemple, *L'Indiscret mystifié*, produit par la maison Pathé en 1905, donne à voir un garçon d'hôtel qui, « après avoir accompagné un couple de jeunes mariés dans une chambre, va prévenir le voisin, l'assurant que s'il pouvait faire un trou dans la cloison, il ne s'embêterait

« Bretagne. – Le coucher de la mariée. » Carte postale n° 2013 [c. 1910] (collection particulière).
« Très émue, la jeune épouse n'ose se dévêtir devant son mari. » Correspondance au verso adressée à Mlle Germaine Rosey résidant à Nonancourt (Eure) : « Cela vous fera-t-il autant d'effet le soir de vos noces ? »

pas[71] ». Il y a également une offre de comédies[72], comme *La Nuit de noces du garde-chasse*[73], court-métrage produit par les frères Pathé en 1909, qui reprend la trame narrative de la nouvelle *Farce normande* de Guy de Maupassant, ou comme *Une nuit de noces*, réalisé par Marcel Simon en 1920 d'après le vaudeville à succès éponyme d'Henri Kéroul et Albert Barré.

Au-delà de la diversité des supports et des thèmes des images, fixes ou mobiles, deux tendances fortes sont repérables. La première est que la nuit de noces n'est traitée iconographiquement que sur un ton plaisant ou enjoué. Le plus souvent, des légendes contenant des sous-entendus sexuels accompagnent des images plutôt neutres, même s'il arrive que les femmes y apparaissent peu vêtues[74]. Ainsi, les images se caractérisent par leur légèreté et sont loin de recouvrir l'étendue du spectre des discours existant sur la nuit de noces à la même époque à propos de sujets graves comme celui du « viol

***Le Coucher de la mariée*, lot de photographies, 1897. BNF, Département des arts du spectacle (<https://c.bnf.fr/RVt>).**

légal ». L'évocation de situations inconfortables ou problématiques, comme la peur de la première fois ou l'impuissance masculine, est possible, mais uniquement par le prisme du rire.

Par exemple, dans une caricature parue dans *Le Rire* en 1911, Chas Laborde dessine une mariée qui bondit hors du lit, par peur de la souris qui s'y trouverait. En plus d'un titre explicite (« Nuit de noces »), le dessin comporte tous les éléments caractéristiques par lesquels on identifie une scène de nuit de noces : habits de cérémonie déposés sur une chaise, lampe à mèche et eau de fleur d'oranger sur la table de chevet. La soudaineté de la peur est un prétexte pour faire surgir une femme en tenue légère du lit à baldaquin. Le dessin est accompagné d'une légende tendancieuse qui évoque la peur d'une souris imaginaire, seule explication plausible pour l'épouse des mouvements inhabituels sous les draps, au lieu d'évoquer frontalement les préliminaires sexuels qu'elle n'identifie pas. Ce dessin sur la peur liée à l'organe sexuel viril s'adresse à un public masculin qui dans le même temps associe la musophobie aux femmes et rit de la naïveté des jeunes filles.

Chas LABORDE, « Nuit de noces », *Le Rire*, 29 juillet 1911.
« Si, si, Gaston, je te jure, il y a une souris dans le lit ! »

Un autre aspect important est le fait que ces images suggèrent l'action plus qu'elles ne la représentent véritablement. La nuit de noces est évoquée le plus souvent de façon détournée : l'illustrateur fait dialoguer une représentation sobre avec une légende plus suggestive, ce qui permet de donner du sens à l'image relativement anodine, sans en montrer trop. La scène nuptiale peut aussi être signifiée au moyen de la confrontation de deux images avant/après (voir chapitre 7) ou par la représentation du moment qui succède immédiatement à la consommation du mariage, laissant voir des traces séminales sur les draps ou des meubles esquintés par les ébats de la nuit, qui font deviner ce qui a pu se produire juste avant (voir chapitre 4). Il existe aussi de nombreuses scènes de voyeurisme nuptial (voir chapitre 4), qui exploitent le fantasme de la vision du jeune couple se croyant à l'abri des regards et épié à son insu par des domestiques ou des amis, et par ricochet par le détenteur de l'image[75]. Comme bien souvent, l'entière compréhension de ces images sur la nuit de noces n'est garantie que si l'on sait déjà ce qui est censé s'y produire.

Sous le manteau

En donnant à voir directement l'intimité sexuelle, les productions pornographiques sont interdites tout au long du XIXe siècle et circulent donc clandestinement[76]. Parmi les thèmes abordés par les fictions pornographiques qui évoquent la première nuit du mariage, le plus traité est celui de la virginité féminine. En 1844, dans *Le Tartufe libertin ou le Triomphe du vice*, Valentin administre un somnifère à sa cousine Eugénie, qui s'apprête à se marier, pour la déflorer pendant son sommeil : il jouit ainsi de la désolation du mari après sa nuit de noces, qui a constaté la non-virginité de son épouse[77]. Le roman épistolaire *Un été à la campagne. Correspondance de deux jeunes Parisiennes*, publié anonymement par Gustave Droz en 1868, s'achève par le double mariage d'Albertine et d'Adèle, deux amies de pension. Quand elles se racontent leurs nuits de noces, la première dit qu'elle n'a ressenti aucun plaisir, tandis que la seconde explique avoir réussi à faire croire à son mari qu'elle était encore vierge :

> Je suis mariée, chère Albertine, et tout s'est passé on ne peut mieux. Mes pudiques alarmes ont eu un tel cachet de naturel, j'ai si bien eu l'air de ne céder qu'à bout de forces, j'ai si habilement simulé la souffrance, que l'ombre même d'un soupçon n'a pas traversé l'esprit de mon mari. Mon triomphe a été si complet, que, dans un transport de joie tenant du délire, il s'est écrié, en me couvrant de baisers : « Adèle, mon cher ange, tu me rends le plus heureux des hommes ! » Pauvre ami, comme je le trompe ! Je t'assure que j'en ai des remords ; pourtant puis-je faire autrement ? Il le faut dans l'intérêt de son bonheur, car je l'aime, vois-tu, je l'aime véritablement. Aussi, de quelle résolution ai-je dû m'armer, lorsqu'il m'a fallu contraindre le sentiment qui m'entraînait vers lui, et feindre la résistance à des désirs que je partageais[78] !

Un autre roman met en scène des épouses vierges, mais loin d'être inexpérimentées : *Autour du mariage de Paulette ou un bon ménage moderniste*, écrit par la « vicomtesse de Saint-Luc » en 1893, débute par la première nuit d'un couple accompagné d'une femme de chambre délurée, dans un train qui les emmène en voyage de noces. La jeune mariée remplit parfaitement son rôle d'épouse vierge mais déjà lubrique, car elle s'est adonnée à des pratiques sexuelles lesbiennes avant le mariage[79]. Des romans évoquent aussi la nécessité de la préservation de l'hymen des jeunes filles dévergondées, comme *Le Mariage de Danielle* (1899) ou *Association de demi-vierges* (1900), écrits par Le Nismois. D'autres questions sont abordées : la douleur et la déception de l'épouse, par exemple dans *Voluptés bizarres* de Georges de Lesbos qui décrit les assauts d'un mari violant sa femme et la soumettant à un rapport anal (1893), ou l'impuissance masculine dans *Le Roman de mon alcôve. Confession galante d'une femme du monde* (1869) ou *Les Cousines de la Colonelle, par la Vicomtesse de Cœur-brûlant* (1880), dont l'autrice présumée, Henriette de Mannoury d'Ectot, consacre un chapitre à la nuit de noces d'un quinquagénaire ne parvenant pas à déflorer sa jeune femme qui, trop ignorante, ne comprend pas la situation. Le catalogue de la maison Richard, qui en fait la publicité, présente cet ouvrage comme un « roman galant naturaliste » qui propose non pas « des scènes fantaisistes, mais rien que des faits réels comme il peut s'en produire chaque jour »[80].

Dans l'iconographie pornographique, le thème de la première nuit du mariage est assez contraignant car il impose un décor spécifique de chambre nuptiale et des accessoires qui rendent la scène identifiable. Deux types d'images existent : celles où le couple est représenté en train d'avoir une relation sexuelle et celles où ne figure que l'épouse en train de se dévêtir. Le marié n'est jamais représenté seul. Les scènes typiques du « coucher de la mariée » sont déclinées dans des versions légères, avec une mariée peu habillée, mais rarement complètement nue. Parfois, des séries de cartes postales décomposant les différentes étapes de la nuit de noces proposent un déshabillage progressif de la mariée, pour susciter une montée graduelle de l'excitation. Dans d'autres séries, le couple est représenté dans diverses poses allant des préliminaires sexuels au coït. Le prix de ces images destinées au public masculin est accessible, car elles peuvent être vendues à la pièce. Elles sont distribuées par des camelots « en cachette aux terrasses des cafés, aux portes des usines et des ateliers, des lycées et des Grandes Écoles[81] », et sont également montrées aux clients des bordels pour leur suggérer en images les services offerts par les prostituées[82].

Notons que la première nuit du mariage ne représente cependant qu'une part très réduite des textes et des images pornographiques. Alors que le sujet pourrait s'y prêter, en raison de l'acte sexuel qui lui est associé, l'évocation du cadre légal de l'union et de l'aspect solennel de la cérémonie religieuse qui l'entoure ne favorisent sans doute pas l'érotisme. Le contraste entre le caractère sacré de l'institution matrimoniale et sa désacralisation par la représentation obscène du rapport sexuel peut être néanmoins recherché, justement car il contribue à renforcer l'indécence du propos et le sentiment de

Le Coucher de la mariée. **Carte postale, s.d. (collection particulière).**

transgression. Comme le dit Annie Stora-Lamarre, « faire passer le frisson du désir dans le cadre du mariage, c'est rendre cette institution "cochonne". Par ce biais, la norme bourgeoise est détournée de ses fins premières[83] ».

En lisant des ouvrages, vendus en librairie ou mis à disposition dans les cabinets de lecture, en ouvrant le journal où elle est évoquée dans la rubrique des faits divers ou dans les romans-feuilletons du « rez-de-chaussée », en se rendant au théâtre où elle est le sujet de nombreux vaudevilles, en se promenant dans la rue où sont visibles des affiches sur le sujet, en recevant des cartes postales où elle apparaît en dessin ou en photographie, les occasions sont nombreuses pour les Français et les Françaises du XIXe et du début du XXe siècle de nourrir leur imaginaire sur la nuit de noces. La multiplication progressive de discours et de représentations sur le sujet coexiste néanmoins avec une forme de répression morale qui les encadre, et qui enserre également, en pratique, la sexualité conjugale, car si la censure se relâche à partir des années 1880, les dénonciations de l'immoralité des représentations nuptiales ne tarissent pas pour autant, et la loi du

17 mai 1819 pour « outrage aux bonnes mœurs » reste en vigueur. Il suffit toujours d'une simple évocation de la sexualité pour que des poursuites puissent être engagées : la nuit de noces demeure un sujet à manier avec précaution, et nombre de récits destinés à être publiés dans la presse ou de chansons pour « caf'conç' » sont censurés, y compris encore au début du XXe siècle.

C'est sans doute un fait significatif que les contraintes éditoriales et morales qui limitent la description de l'acte sexuel dans les ouvrages favorisent les récits de nuits de noces qui sont des ratages, des échecs ou des déceptions : la sensibilité des lecteurs et des lectrices est ainsi façonnée par des représentations négatives du premier soir. Dans la majorité des récits, ni l'homme ni la femme n'accèdent à la révélation. Ce que, dans *L'Harmonie des plaisirs*, Alain Corbin observe à propos du premier XIXe siècle, qu'il décrit comme une période de conjugalisation des plaisirs et de la sexualité, se vérifie en creux dans ces textes où les hommes et les femmes sont ainsi exclus *ensemble* de l'expérience nuptiale inaugurale. Cependant, les années 1830 voient aussi l'émergence de discours, certes minoritaires, qui décrivent les mœurs nuptiales comme des expériences vécues de façon très différente par le mari ou par la femme. Cette tendance ne cesse de s'accroître tout au long du siècle et culmine dans les années 1880 et 1890, période pendant laquelle la nuit de noces apparaît plus que jamais comme une confrontation des sexes.

De ce panorama sur l'imaginaire nuptial, il ressort qu'au XIXe siècle la nuit de noces n'est pas un thème tabou, même si elle est traitée comme un sujet sur lequel on devrait garder le silence. Elle s'affirme plutôt comme un secret à géométrie variable : secret de polichinelle pour les hommes, secret éventé pour les femmes déjà mariées, qui accèdent une fois la première nuit passée à des discours dont on préserve les jeunes filles, pour lesquelles elle reste un secret bien gardé. Car, aussi étonnant que cela puisse paraître à l'ère de la culture de masse, coexistent une culture gauloise de la nuit de noces largement diffusée et une morale étriquée qui fait perdurer pendant longtemps dans certaines familles l'ignorance des « oies blanches ».

Chapitre 2

La fabrique de l'ignorance

« Il est une autre cause aux fâcheux mariages d'aujourd'hui, sur laquelle je veux insister [...]. Cette cause est le fossé profond que l'éducation et l'instruction creusent chez nous, dès l'enfance, entre les garçons et les filles. [...] La question de cette double éducation est trop grosse pour un simple observateur ! Je me contente de dire ce qui est : nos fils savent tout, nos filles ne savent rien. [...]

Que sera-ce donc dans la grosse affaire du mariage ? Là, les deux mondes se rencontrent en un choc inévitable, et le heurt menace toujours de briser la femme ou l'homme. Pierre épouse Marie sans pouvoir la connaître, sans pouvoir se faire connaître d'elle, car il n'est pas permis de tenter un essai mutuel. La famille de la jeune personne est généralement heureuse de la caser enfin. Elle la remet au fiancé, en le priant de remarquer qu'elle la lui livre en bon état, intacte, telle qu'une mariée doit être. Maintenant, c'est l'homme qui veillera sur sa femme. Et voilà Marie jetée brusquement dans l'amour, dans la vie, dans les secrets si longtemps cachés. D'une minute à l'autre, l'inconnu se révèle. Les épouses les meilleures en gardent parfois une longue secousse. »

Émile Zola, *Comment on se marie*, 1893[1].

« Le jour de vos noces, en rentrant, si vous mettez votre femme à tremper, la nuit, dans un puits... elle

> est abasourdie. Elle a beau avoir toujours eu une vague inquiétude.
> “Tiens, tiens, se dit-elle, c’est donc ça le mariage, voilà pourquoi on en tenait la pratique si secrète. Je me suis laissé prendre en cette affaire.” Mais étant vexée, elle ne dit rien.
> Et vous pouvez l’y plonger longuement et maintes fois sans causer aucun scandale dans le voisinage.
> Si elle n’a pas compris la première fois, elle a peu de chances de comprendre ultérieurement et vous avez toutes les chances de continuer sans incident, la bronchite exceptée, si toutefois cela vous intéresse. »
>
> Henri MICHAUX, « Nuit de noces », 1935[2].

Pour le couple qui vient de s’unir légitimement, la nuit de noces est une première fois. Mais les époux n’entrent pas avec les mêmes armes dans la chambre nuptiale. Les jeunes hommes ont généralement eu des expériences sexuelles avant, et leur imaginaire s’est nourri de discussions, d’images ou de lectures. Les jeunes femmes, pour la plupart, arrivent vierges au mariage et ne savent pas à quoi s’attendre précisément. À la Belle Époque, l’expression péjorative d’« oies blanches[3] » apparaît pour désigner celles qui sont si « innocentes » qu’elles ignorent complètement en quoi consiste une relation sexuelle : dans ces conditions, la nuit de noces constitue une épreuve particulièrement brutale. Cette ignorance ne concerne pas seulement les jeunes filles qui subissent un mariage arrangé, voire forcé : parfois, celles qui sont enthousiastes à l’idée d’une vie commune avec leur époux, y compris jusque dans le partage du lit, ne se doutent pas de ce que les relations conjugales impliquent concrètement. Et même pour les jeunes filles plus amplement informées, le rapport inaugural n’en est pas moins inégal, en raison de leur manque d’expérience sexuelle.

S’il n’est pas possible de savoir combien d’épouses étaient concernées, ni d’évaluer ce que savaient au juste celles qui n’étaient pas complètement ignorantes, il faut néanmoins tenter de comprendre la façon dont cette « innocence » féminine est organisée et quels en sont les effets immédiats. Car il ne s’agit pas d’une simple négligence due à la passivité ou à l’inertie de la famille : l’ignorance nuptiale est le fruit de la volonté délibérée d’acteurs et d’actrices qui l’instituent. Les études en agnotologie menées par Robert Proctor ou Nancy Tuana invitent à réfléchir à l’ignorance non comme une situation héritée d'une simple inaction, mais bien comme une production, qui au passage est révélatrice des inégalités sociales entre ceux et celles qui savent et ceux et celles qui ne savent pas[4]. La première nuit du mariage constitue un observatoire privilégié pour cerner la façon dont, au XIXe siècle, la maîtrise ou non de savoirs sur la sexualité détermine en partie la place que les individus occupent dans le couple et dans la société. À une époque où la sexualité devient un lieu privilégié de la construction de la subjectivité[5], les conséquences directes de ce système pour celles à qui a été interdite toute forme de savoir, théorique et/ou pratique, sont terribles.

Les travaux importants consacrés à l'éducation sexuelle des jeunes filles au XIXe siècle se sont surtout appuyés sur des discours de portée générale et sur des fictions, faute de sources qui éclairent concrètement les pratiques de diffusion des connaissances sur l'anatomie, la physiologie et la reproduction humaine, ou qui apportent des témoignages de première main sur la façon dont ces informations étaient au contraire mises hors d'atteinte des jeunes filles[6]. L'étude des causes matrimoniales conservées aux Archives apostoliques du Vatican apportent un nouvel éclairage sur cette ignorance nuptiale. Les procédures judiciaires que les époux engagent afin d'avoir le droit de se séparer religieusement permettent, à partir de l'évocation de centaines de nuits de noces survenues entre 1865 et 1921, d'accéder à la parole des principales intéressées et d'entrevoir, de façon exceptionnelle, l'état de leurs connaissances sexuelles à l'arrivée au mariage. Pendant l'instruction, les juges ecclésiastiques doivent déterminer si le sacrement matrimonial, qui repose sur un plein consentement, est valide ou non. Ils ne se préoccupent pas tant du consentement à l'acte sexuel que du consentement à l'union au moment de l'échange des vœux ; mais évaluer ce que les mariés ont dans le cœur au moment de la cérémonie religieuse est un exercice particulièrement délicat. Voilà pourquoi, si le consentement à l'acte sexuel n'est pas l'objet principal de la procédure, il est toutefois observé avec attention par les canonistes qui le considèrent comme un indice précieux de la disposition d'esprit et de corps des époux face à l'engagement matrimonial. Les juges scrutent donc le moment de la nuit de noces comme le révélateur éventuel d'un défaut de consentement et interrogent l'épouse (et non l'époux, à qui on prête d'office la maîtrise de ce savoir) pour comprendre si elle était, au soir du mariage, « bien fixée sur la nature des rapports conjugaux[7] » : « Connaissiez-vous alors [le jour du mariage] la nature les relations conjugales[8] ? » ; « Saviez-vous en quoi consiste le devoir conjugal ? Comment s'est passée la première nuit de vos noces[9] ? » Dans la négative, ils attendent des éclaircissements sur la façon dont elle a été éduquée et dont elle a reçu ou non des instructions juste avant le mariage.

L'ignorance des jeunes filles bourgeoises élevée au rang de vertu

La virginité féminine est une vertu particulièrement estimée au XIXe siècle[10] : elle « inspire de nouvelles formes de profession religieuse, ainsi que de nouvelles dévotions, très populaires[11] », encouragées par l'essor de la mariophanie à partir des années 1840. Le culte marial fournit aux jeunes filles un idéal virginal de pureté et d'humilité. Selon Gabrielle Houbre, c'est « le premier XIXe siècle qui a conceptualisé et mis en œuvre [le] modèle éducatif » de l'ignorance sexuelle des jeunes filles jusqu'à l'arrivée au mariage : il semble qu'au XVIIIe siècle elles « étaient élevées avec moins de pudibonderie » et que les années postrévolutionnaires marquent une rupture qui replace plus fortement les demoiselles à marier sous l'autorité de l'Église et de leurs parents[12]. L'« innocence », terme autrement plus positif que celui d'ignorance pour désigner l'absence de connaissances, permettrait d'éviter les mauvaises pensées et garantirait une pureté non seulement de corps mais aussi d'esprit. Cette éducation restrictive concerne avant tout les classes les plus favorisées, c'est-à-dire environ un tiers des femmes ; elle culmine pendant le Second Empire et se poursuit dans une moindre mesure jusqu'au début du XXe siècle[13]. Elle s'attache à empêcher l'éveil des jeunes filles par la surveillance de leurs fréquentations, de leurs lectures et de leurs sorties. Deux témoignages à propos d'unions contractées dans les années 1860 et 1870 insistent sur l'isolement social et culturel qui ne rend que plus abrupte la découverte des « réalités du mariage » pendant la nuit de noces. À l'occasion d'une demande de nullité menée dans les années 1880 à propos d'un mariage célébré en 1868, Marie de T. explique :

> Je ne savais même pas qu'on dût partager la chambre de son mari, mes parents et mes grands-parents ayant eu toujours des chambres séparées... je n'avais jamais été dans une pension, même comme externe ; on m'avait élevée à la campagne, sans une amie de mon âge, et par nature, je n'ai jamais eu de curiosité : je passe pour un

> peu sotte, car maintenant encore il m'arrive de ne pas comprendre ce qui fait rire les autres. Bien des jeunes filles, quoique très innocentes, se doutent qu'il y a un secret que l'époux devra leur révéler… Pour moi l'époux devait rester un étranger qui vivait près de moi sans droits sur ma pudeur[14].

De même, la journaliste Séverine, restée complètement ignorante jusqu'au soir de son mariage en 1871, précise qu'elle avait été « élevée presque toujours à la maison, sans sœurs, sans amies, n'ayant rien entendu, rien lu, rien appris », et que c'est la raison pour laquelle elle arrivait « trop pure au lit conjugal »[15]. Ces deux cas mettent en lumière ce que Gabrielle Houbre appelle la « pédagogie de l'ignorance[16] ». Les jeunes filles catholiques de la bourgeoisie urbaine sont les plus susceptibles de correspondre à ce profil de la demoiselle sage et pure. Il en est de même pour les filles de familles plus modestes mais catholiques très pratiquantes ; *a contrario*, les rares familles qui n'élèvent pas leurs enfants dans la foi catholique et les familles protestantes seraient des milieux où l'ignorance des filles n'est pas maintenue avec autant d'application[17].

Dans son texte sur le « tabou de la connaissance sexuelle » écrit en 1929, Bertrand Russell souligne le rôle déroutant de ces mères qui participent activement à consolider ce système patriarcal en organisant elles-mêmes au détriment de leurs filles une « ignorance profitable à la domination masculine ». Dans les milieux bourgeois catholiques, le respect des convenances invite les autres femmes qui savent – mariées ou veuves – à ne pas partager non plus leurs connaissances avec leurs amies restées jeunes filles. Honoré de Balzac décrit cette situation dans son roman *La Femme de trente ans* (1842), dans lequel Julie d'Aiglemont, après quelques mois de mariage, écrit à son amie Louisa, encore jeune fille, une lettre qui lui raconte comment s'est déroulée sa nuit de noces :

> Ma chère Louisa, pourquoi réclamer tant de fois l'accomplissement de la plus imprudente promesse que puissent se faire deux jeunes filles ignorantes ? Tu te demandes souvent, m'écris-tu, pourquoi je n'ai pas répondu depuis six mois à tes interrogations. Si tu n'as pas compris mon silence, aujourd'hui tu en devineras peut-être la raison en apprenant les mystères que je vais trahir. Je les aurais à jamais ensevelis dans le fond de mon cœur, si tu ne m'avertissais de ton prochain mariage. Tu vas te marier, Louisa. Cette pensée me fait frémir. […] Nous nous jurâmes que la première mariée de nous deux raconterait fidèlement à l'autre ces secrets d'hyménée,

> ces joies que nos âmes enfantines nous peignaient si délicieuses. Cette soirée fera ton désespoir. [...] Te dire combien j'étais fière, vaine et joyeuse d'épouser le colonel Victor d'Aiglemont, ce serait une folie ! [...] Ma contenance pendant la journée solennelle qui consacrait un lien dont l'étendue m'était cachée n'a pas été exempte de reproches. [...] Je faisais mille enfantillages avec ce voile nuptial, avec cette robe et ces fleurs. Restée seule, le soir, dans la chambre où j'avais été conduite avec apparat, je méditai quelque espièglerie pour intriguer Victor [...]. Lorsque mon mari entra, qu'il me chercha, le rire étouffé que je fis entendre sous les mousselines qui m'enveloppaient a été le dernier éclat de cette gaieté douce qui anima les jeux de l'enfance[18]...

Si Julie a hésité à tenir sa promesse et à partager le fruit de son expérience avec Louisa, c'est parce qu'elle pense que la teneur de la révélation ne ferait que la décourager de suivre la voie du mariage. Le contenu de la lettre montre qu'une jeune fille de bonne famille s'attend à ce que la nuit de noces soit un moment particulier, mais qu'elle en a une vision romantique, naïve et déconnectée de l'enjeu de la consommation sexuelle. Cependant, Honoré de Balzac n'offre pas plus avant à son lecteur la suite de la lettre, interceptée de justesse par Madame de Listomère, qui blâme Julie pour l'inconvenance des « bien tristes observations » qu'elle découvre :

> – Ma petite, dit-elle, une femme mariée ne saurait écrire ainsi à une jeune personne sans manquer aux convenances... [...] Si à table un mets ne nous semble pas bon, il n'en faut dégoûter personne, mon enfant, reprit la vieille avec bonhomie, surtout lorsque, depuis Ève jusqu'à nous, le mariage a paru chose si excellente[19]...

Le décalage entre ce qui va se passer et ce que la future mariée croit qu'il va se passer est un ressort dramatique qu'utilise l'écrivain pour donner de l'intensité à l'évocation de la première nuit et aux difficultés de la vie conjugale. Mais il pointe ici la réalité de cette pédagogie de l'ignorance, décelable dans un manuel de savoir-vivre qui lui est contemporain, *La Civilité des jeunes personnes* (1843). Son auteur, Jean-Baptiste de Chantal, aborde le problème des conversations entre jeune fille et jeune mariée et recommande aux femmes non mariées de ne pas questionner celles qui le sont déjà sur les premiers jours de la vie conjugale :

> Nous recommandons encore aux jeunes personnes sans expérience du monde de s'abstenir de toute question indiscrète.

> Quelle que soit l'intimité qui règne entre deux amies, il est des questions qu'on ne doit jamais se permettre. Une jeune personne, par exemple, ne doit pas demander à une de ses anciennes compagnes nouvellement mariée, quel est l'âge, comment est la figure de son mari, et encore moins s'il est bon, s'il est généreux pour elle. Ces dernières questions surtout sont embarrassantes pour une femme. Si par malheur elle avait à se plaindre de son mari, son devoir serait de se taire, et son silence, non seulement serait pénible pour elle mais encore pourrait donner lieu à des interprétations fâcheuses. Toutes ces questions et beaucoup d'autres procèdent de la curiosité, vice bas et déshonorant[20].

Le moraliste n'entre toutefois pas dans les détails et n'explicite pas ce que pourraient être les « interprétations fâcheuses » auxquelles il fait allusion.

Les jeunes femmes de la bourgeoisie sont ainsi tenues à l'écart à la fois des discours savants ou littéraires produits sur la sexualité conjugale, mais aussi des savoirs et des pratiques « vernaculaires », transmis par l'entourage et la famille. Un procès matrimonial s'attarde sur cette forme d'éducation rigide et étroite, décrite par un ami de famille de Pauline H., mariée en 1892 à l'âge de vingt ans :

> Madame H. m'avoua qu'elle n'avait rien appris à sa fille sur les devoirs du mariage. [...] On comprendra que ce n'était pas à moi à traiter ces questions délicates surtout avec madame H. et sa fille qui ne sont pas du tout des femmes modernes ; la preuve en est l'histoire de tout ce mariage. [...] Je me suis mis à réfléchir sur ce fait anormal et je suis arrivé à me l'expliquer d'une certaine façon : Pauline est une enfant qui a été parfaitement élevée par ses parents. Elle n'a jamais été dans aucun internat et n'a jamais quitté pour ainsi dire sa mère. Elle n'a eu qu'une seule institutrice, vieille demoiselle austère, qui certainement ne lui parla jamais de questions de mariage. [...] Elle n'a jamais eu l'occasion d'avoir des camarades ou des amies de cours ou de pension, et les amies qu'elle pouvait recevoir venaient avec leurs propres mères, en sorte que c'était une enfant qui n'avait jamais rien connu des choses du monde et à plus forte raison des choses du mariage[21].

Le roman *Sa fleur* (1898) de Félicien Champsaur évoque encore l'existence d'un « monde où l'on ne permet aucune liberté aux jeunes filles, [...] tissant entre elles et la réalité un voile, le plus épais possible, afin de leur interdire la vue de tout ce qui pourrait détruire les illusions de leur âge » : « Le grand souci des parents est, dans ce milieu, de garder les vierges pour le mariage, intactes physiquement et moralement, de leur éviter tout frôlement avec les gens et les choses qui pourraient ternir l'idéal qu'on souhaite leur créer, [...] qui pourraient, enfin, détruire leur ignorance voulue[22]. »

Alors que dans la seconde moitié du XIXe siècle, à l'ère de la culture de masse[23], les propos sur la sexualité sont plus largement diffusés et plus accessibles, le succès de cette éducation fondée sur le maintien de l'ignorance nécessite une surveillance de tous les instants mais également une censure qui s'étend jusqu'aux livres écrits par des ecclésiastiques. Pour illustrer la façon dont la religion catholique accompagne la rigidification de ce mouvement, Agnès Walch prend l'exemple du célèbre ouvrage de François de Sales, *Introduction à la vie dévote* (1608) : elle montre que, juste après la proclamation du dogme de l'Immaculée Conception de la Vierge par Pie IX en 1854, une nouvelle édition supprime les chapitres 38 et 39 intitulés « L'avis pour les gens mariés » et « De l'honnêteté du lit nuptial », et tronque l'« Avis pour les vierges ». Si auparavant seules les éditions destinées aux plus jeunes adaptaient leur contenu, la censure touche maintenant le lectorat adulte, et la possibilité d'aborder les difficultés de la sexualité conjugale ou de sensibiliser les futures mariées par l'intermédiaire des éducateurs et éducatrices (mères, prêtres) se restreint alors[24].

Les clercs qui instruisent les causes matrimoniales précisent quand les épouses proviennent des cercles les plus pratiquants, parce que c'est un indicateur à la fois de l'honorabilité de la demanderesse et de la façon dont elle a pu être élevée. Carolina de T., mariée en 1888 à l'âge de vingt ans, est ainsi décrite par le canoniste chargé de résumer l'affaire :

> Ce qu'on rapporte au sujet de la jeune fille est excellent : élevée de la meilleure des manières par des parents pieux et nobles, pure, très appliquée à la religion, en bonne santé, joyeuse, aucun éloge plus grand ne peut l'élever aux nues. Cela est assurément montré aussi par les faits : en effet, du côté de Dieu, elle était naïve et conforme à la morale, à tel point que déjà au début de son mariage elle savait qu'elle devait obéir à son mari, mais elle ignorait en quoi consistait l'acte marital et pensait qu'il suffisait d'une seule bénédiction de prêtre pour faire des enfants[25].

Cette remarque, formulée pour expliquer l'innocence de la jeune épouse, ne vise cependant pas à critiquer la nature de l'éducation qu'on lui a dispensée, bien au contraire.

Cette éducation corsetée des demoiselles de la bourgeoisie et du grand monde est ensuite donnée en modèle à l'ensemble des jeunes filles, qui, quelle que soit leur origine sociale, et indépendamment de la réalité des mœurs qui peut les exposer à des formes de sexualité avant le mariage, sont pour la plupart élevées dans l'exaltation des valeurs féminines chrétiennes. Dans les milieux populaires ruraux ou urbains, par respect de la religion ou plus largement de la morale, les jeunes filles peuvent également être éduquées de façon stricte. Martine Segalen, en prenant l'exemple de la municipalité de Nanterre, montre que l'institution des « rosières », qui depuis la Restauration récompensait pour ses vertus morales une jeune fille plutôt issue des familles de notables, préfère à partir des années 1880 élire une jeune fille issue des milieux très populaires, mais dont la demoiselle d'honneur est une jeune fille aisée[26] : c'est un signe de la diffusion d'un modèle bourgeois, qui magnifie l'innocence virginale de la jeune fille bonne à marier, à toutes les couches de la société et un indice de l'importance de l'éducation à la pureté dans tous les milieux.

Une ignorance moindre dans les milieux populaires ?

Les romans et les essais du XIXe siècle véhiculent pourtant une image des jeunes filles issues des milieux modestes urbains et ruraux comme étant moins ignorantes des choses du sexe que les jeunes filles bourgeoises : les campagnes seraient un environnement propice aux découvertes plus précoces des mystères de la génération, l'observation des animaux permettraient empiriquement d'apporter les rudiments des connaissances sur la reproduction des êtres vivants, et la promiscuité des corps inhérente aux petits espaces d'habitation expliquerait que les femmes pauvres en sachent davantage, au moins en théorie[27].

Il existe peu de témoignages provenant des classes populaires pour le début du siècle ; le mémoire de Pierre Rivière apporte cependant un bref éclairage sur le mariage de ses parents au début des années 1810 : « Le jour de leur mariage ils ne couchérent pas ensemble, parce que la réforme n'etant pas encore passée, ma mère disait : il n'à qua me faire une enfant et puis partir que déviendraije. Comme ceci pouvait être raisonnable, mon pére ne forçât pas a y coucher [*sic*][28]. » Il montre ainsi que sa mère associait la nuit de noces au risque d'une grossesse qu'elle ne voulait pas assumer seule si son mari était appelé à l'armée : ici, les époux ont tenu une discussion franche dans laquelle l'avis de la femme a été pris en considération, même si la décision finale est revenue au mari.

Au village, les gestes du quotidien sont saturés d'indices dont la portée n'est pas nécessairement explicite, mais qui favorisent la construction d'un imaginaire de la défloration nuptiale et préparent les jeunes filles à ce qui les attend. Yvonne Verdier a étudié pour le village de Minot en Côte-d'Or l'importance de la traditionnelle marquette, consistant à broder au point de croix avec un fil rouge le trousseau de mariage[29] qui selon elle renvoie au « destin biologique féminin », c'est-à-dire d'abord au sang des menstruations, puis à celui de la défloration[30]. De même, les temps de réjouissance collective comme les bals et les noces, auxquels assistent les filles à marier, sont l'occasion de gestes, de danses, de chansons et de plaisanteries saturées de connotations sexuelles qui les familiarisent avec l'idée des relations qui peuvent se nouer entre un homme et une femme[31]. Par opposition, la suppression des festivités après la cérémonie à l'église dans les milieux de l'aristocratie et de la haute bourgeoisie, au mitan du XIXe siècle, est révélatrice de la volonté d'éviter des divertissements trop symboliquement attachées à la future consommation sexuelle de l'union célébrée. Par ailleurs, dans certaines régions rurales, la fréquentation préconjugale est plus ou moins admise[32]. Par exemple, en Corse ou en Savoie, les jeunes gens sont autorisés à rendre des visites nocturnes aux filles en âge de se marier ; et, en Vendée, la pratique du maraîchinage permet aux jeunes filles et aux jeunes gens célibataires de se dissimuler derrière de grands parapluies disposés dans l'espace public pour se livrer à des privautés[33]. Ces fréquentations sont tolérées car elles sont intégrées à des dispositifs qui ne remettent pas en cause le contrôle social. Les relations hors mariage sont aussi importantes dans les grandes villes et dans le milieu ouvrier des régions industrialisées, où les taux de prénuptialité et d'illégitimité sont en hausse : si en principe l'injonction de la virginité vaut pour tous les milieux, dans la pratique son maintien est moins fort dans les milieux modestes[34]. À l'image de la blanchisseuse Gervaise, qui a vécu avec Auguste Lantier avant de se marier à Coupeau, dans *L'Assommoir* (1877) d'Émile Zola, les travailleuses sont en effet nombreuses à vivre en concubinage, faute d'argent suffisant pour s'établir : quand elles accèdent finalement au mariage, elles ont donc déjà parfois une expérience des relations sexuelles[35].

Tout cela fait encore dire à Léon Blum, dans son essai *Du mariage* publié en 1907, que ses considérations sur la virginité imposée aux jeunes filles jusqu'à la nuit de noces, dont il se désole, décrivent surtout les « mœurs de l'élite » et de la « classe riche ou moyenne » : selon lui, « ni dans les faubourgs populeux des villes, ni dans les campagnes, le mariage ne suppose nécessairement la virginité de l'épouse »[36]. Il est vrai que celles qui correspondent aux dénominations de « filles séduites », de « filles mères » et de « filles avec tache », ainsi que les grisettes et une partie des prostituées proviennent plus souvent des milieux populaires. Mais, en dépit de ces remarques générales, il faut se garder d'opposer de façon tranchée les classes bourgeoises et les classes populaires sur la question de l'éducation sexuelle ou des expériences prénuptiales. Des romanciers associent également la bourgeoisie ou l'aristocratie urbaine à la décadence morale : dans *Les Demi-Vierges* (1894), Marcel Prévost oppose ainsi la figure de la jeune fille pure et provinciale, incarnée par Jeanne de Chantel, à celle de la demoiselle parisienne débauchée, incarnée par Maud de Rouvre, qui tient à préserver sa virginité physique pour la nuit de noces tout en ayant des expériences sexuelles. Le journaliste Gaston Deschamps, dans sa recension du roman pour le quotidien *Le Temps*, résume, sans y souscrire, la « dure alternative » pour le mari : « Ou bien épouser avec des transes d'inquiétude une fiancée déjà piquée et gâtée comme ces beaux fruits tardifs que ronge un ver, ou bien faire venir de province une "petite oie blanche", qui passera, bien confessée, du dortoir des religieuses à la chambre du mari[37]. » La différenciation spatiale et sociale de cette moindre ignorance de la sexualité, entre les milieux urbains ou ruraux et modestes ou aisés, reste difficile à cerner. Comme le souligne Anne-Marie Sohn, les usages peuvent « varier d'un canton, d'une commune à l'autre[38] » : grande tolérance à la sexualité préconjugale ici, exaltation de la virginité ailleurs, à la campagne comme à la ville.

Les témoignages produits à l'occasion de procès matrimoniaux nuancent aussi l'idée d'une partition nette et montrent en fait des états de savoir très différents chez des personnes issues d'un même milieu. Dans un procès à propos d'un mariage conclu en 1886 chez des paysans de Steenwerck, dans le nord de la France, la belle-mère d'Adèle H. explique que celle-ci s'était mariée sans avoir la moindre idée de ce qui l'attendait : « Elle croyait que c'était simplement pour faire le ménage, ignorant les rapports qu'elle devait avoir avec son mari[39]. » La comparaison de plusieurs affaires concernant des couturières mariées au tournant du XXe siècle souligne les disparités au sein d'une même catégorie professionnelle. Dans le procès de Mathilde H., mariée en 1897 à l'âge de vingt-trois ans, un témoignage atteste de discussions libres entre les jeunes travailleuses des classes populaires qui savent parfaitement à quoi s'attendre pendant la nuit de noces :

> [Trois jours après le mariage] ma sœur m'a dit à l'oreille : « Tu sais, je suis encore demoiselle. » Je suis restée toute stupéfaite, et saisissant le premier prétexte, j'ai entraîné ma sœur dans le jardin. Là, elle m'a confessé que son mari n'avait pas tenté de remplir ses devoirs, parce qu'il ne voulait pas d'enfant et qu'il s'était livré sur sa personne à des plaisirs solitaires ; qu'il lui avait proposé de lui procurer du plaisir avec ses doigts, et qu'elle avait rejeté avec dégoût cette proposition. Ma sœur sentait que son mari l'avait outragée ; elle connaissait les devoirs qu'impose le mariage, nous avions travaillé toutes deux dans les ateliers, et elle avait entendu parler de toutes ces choses[40].

La sociabilité de ces salariées est ici caractérisée par une certaine liberté de parole au sujet de la sexualité, mais d'autres procès montrent que ce n'était pas toujours le cas. La couturière Eugénie P., mariée en 1903, à l'âge de vingt-trois ans, avec Marin F., un employé des grands magasins du Louvre, dit avoir été informée de ce qui allait lui arriver seulement peu de temps avant sa nuit de noces : « Ma mère, quelques jours avant le mariage, m'avait fait connaître d'une manière générale les devoirs d'une femme mariée. Je ne savais pas tout, mais je savais que je devais me prêter à ce que me demandait mon mari[41]. » Quant à la couturière Marie I., mariée à Paris en 1900 à Victor F., un employé d'octroi, elle correspond à la figure de l'oie blanche qui ignore tout des réalités du mariage :

> J'avais dix-huit ans, j'étais enfant. J'accueillis la proposition sans en comprendre la portée. [...] Nous avons fait chambre et lit communs la première nuit de notre mariage. Mr F. a été malhonnête à mon égard. Il n'a pas pris garde à mon âge, à mon inexpérience [...]. Personne ne m'avait instruite des devoirs du mariage. J'étais comme à l'époque de ma première communion. Mon mari pouvait user de son droit à mon égard ; mais il aurait dû le faire autrement. [...]
>
> Monsieur F. prit assez mal la chose, et au lieu de me traiter doucement en enfant que j'étais, il me déclara brutalement que tout cela c'était [*sic*] des manières, et que je devais bien savoir en quoi consiste le mariage. Ces paroles et ces procédés m'indisposèrent encore davantage ; je me levai immédiatement, et tout fut

> fini entre mon mari et moi. [...] Il est évident que si au début Monsieur F. avait eu quelques ménagements pour moi, s'il avait tenu compte de ma pudeur d'enfant et de mon ignorance, je me serais prêtée, et assez promptement, à ce qu'il était en droit de me demander[42].

Des sources encore plus tardives confirment qu'il n'y a pas nécessairement de corrélation entre ignorance du mariage, virginité et milieu social. Par exemple, dans ses mémoires, le serrurier Gaston Lucas déplore de façon allusive l'ignorance de son épouse à son arrivée au mariage, en 1920 : « Elle avait déjà été élevée à ça par sa mère qui venait du Limousin une femme avec des idées étroites comme tout [...] n'empêche qu'elle aurait quand même pu causer un peu à sa fille sur ce qui l'attendait[43]. » Ces regrets montrent que, même pendant l'entre-deux-guerres, certaines jeunes filles abordent encore la nuit de noces sans avoir reçu aucune information sur la consommation du mariage, ni de la part de leurs amies ni de celle de leur mère.

Des indications minimales au seuil de la nuit de noces

En l'absence d'éducation sexuelle institutionnalisée[44] et de livres – qui leur sont rarement accessibles, les jeunes filles bourgeoises reçoivent les informations théoriques sur les premières relations sexuelles avant tout au cours de conversations. Cette diffusion orale du savoir laisse peu de traces, de sorte qu'il est difficile de se rendre compte de la façon dont ce sujet pouvait être amené et évoqué. La transmission horizontale fondée sur l'amitié et la proximité en âge se traduit plutôt par des confidences et des échanges informels, mais ils sont fortement découragés. La transmission verticale, fondée sur une relation d'autorité, prend davantage la forme d'une explication sérieuse et est le plus souvent assurée par la famille. L'usage le plus répandu veut que ce soit la mère qui donne ses « recommandations » à sa fille juste avant de se marier : il s'agit d'un moment important de transmission des connaissances sur la sexualité, mais qui paraît le plus souvent trop tardif et insuffisant, puisqu'il a lieu quelques jours, quelques heures, voire quelques minutes avant la nuit de noces[45]. Le moment des dernières recommandations est un thème évoqué dans les écrits personnels. La reine Marie-Amélie raconte dans son *Journal* la façon dont elle a informé sa fille Louise, le soir de son mariage avec le roi belge Léopold Ier en 1832 :

> À onze heures le roi et moi avons conduit les nouveaux époux dans leurs appartements. Les deux rois se sont éloignés, tandis que je restais pour déshabiller Louise. Nous avons fait la prière ensemble et je l'ai couchée. Quand elle était au lit, je lui ai encore expliqué les devoirs de son nouvel état. Elle a beaucoup pleuré et ne voulait pas que je la quitte. Elle s'est enfin endormie à force de faiblesse et je suis passée dans la chambre voisine en attendant que son mari vienne se coucher. Je me suis alors retirée, accablée de corps et d'esprit[46].

Le lendemain, la reine a trouvé les nouveaux époux « en parfaite harmonie », mais précise que la jeune mariée était « douce et triste ». Dans ses mémoires rédigés en captivité après la condamnation pour le meurtre de son mari, Marie Lafarge revient sur les révélations qui ont suivi le déjeuner le jour de la bénédiction nuptiale à l'église, en 1839, et qu'elle décrit également comme un moment chargé en émotions. Puisqu'elle était orpheline de mère, ses tantes s'étaient chargées de l'instruire :

> [Elles] s'enfermèrent avec moi dans le petit salon, et commencèrent à m'initier dans les effrayants mystères de mes nouveaux devoirs. Elles disaient des paroles qui me faisaient si fortement rougir et trembler, que je les arrêtai par un petit mensonge en leur assurant que je comprenais ce qu'elles voulaient me faire comprendre. Cependant, comme je n'avais jusque-là cherché la vérité que dans les nuages, je gardai ma théorie, qui était innocemment stupide, mes frayeurs, qui étaient épouvantables [...][47].

D'autres encore évoquent la surprise mais également la gêne à recevoir de telles informations. Mireille de Bondeli restitue dans son journal personnel la teneur de la discussion confuse qu'elle a avec sa mère le 10 mars 1909, juste avant la nuit de noces :

> « Quand une fille se marie, une mère lui donne toujours des conseils. Tu sais qu'on ne se marie pas seulement pour être ensemble ; j'ignore si tu sais ce qui se passe ; en tout cas je ne peux pas te l'expliquer, il y a des choses que tu ne comprendrais pas. Je vais seulement te répéter ce que m'a dit ma mère : laissez-faire votre mari et faites ce qu'il voudra. » Naturellement, ces paroles m'ont troublée, je n'y comprenais rien du tout. Mais j'ai remercié Maman[48].

C'est aussi ce qu'on peut lire dans les romans qui s'attardent sur ces confidences trop sibyllines qui ne parviennent jamais à éclairer suffisamment la jeune épouse inexpérimentée. Honoré de Balzac évoque dans *Une fille d'Ève* (1839) cette « simple mais épouvantable recommandation d'obéir en toute chose[49] » à son mari. Dans *Monsieur, madame et bébé* (1866), de Gustave Droz, la mère de Valentine estime avoir « rempli un devoir [qu'elle] considère comme sacré » après lui avoir déclaré : « Aie confiance, accepte tout ce qui viendra de lui sans arrière-pensée et sans résistance. Ton titre d'épouse, ma Valentine, t'expose dès aujourd'hui... t'expose à... [...] t'expose à des étonnements... douloureux peut-être d'abord, mais qui laisseront dans ta vie autant de souvenirs délicieux[50]. » Le narrateur s'attarde ensuite sur les effets d'un tel discours de la mère sur sa fille :

> La mère dit quelques mots à l'oreille de sa fille, lui parle de sacrifice, d'avenir, de nécessité, d'obéissance, d'holocauste, et trouve moyen de mêler à ces paroles simples mais préparées l'espoir d'un patronage céleste et l'intercession d'une colombe ou deux, cachées dans les rideaux.
> La pauvre enfant ne comprend rien à tout cela, si ce n'est qu'il va se passer quelque chose d'inouï ; que ce jeune homme – elle n'ose l'appeler autrement dans sa pensée – va monter en vainqueur et lui adresser des paroles merveilleuses dont l'attente seule la fait frissonner d'impatience et de terreur. Des paroles ! ne sera-ce que des paroles ? La pauvre enfant ne dit mot ; elle tremble, elle pleure, elle frissonne comme une perdrix dans un sillon. Les derniers mots de sa mère, les derniers adieux de sa famille lui bourdonnent aux oreilles, mais c'est en vain qu'elle cherche à en saisir le sens ; son esprit, où est-il ce pauvre esprit ? – elle n'en sait rien vraiment, mais il n'est plus à elle[51].

Le moment de ces révélations devient une épreuve en soi, bouleversante pour les filles et désagréable pour les mères. C'est la raison pour laquelle la mère de Jeanne, dans *Une vie* (1883) de Guy de Maupassant, se soustrait à ses obligations en laissant à son mari la mission de prévenir sa fille juste avant qu'elle n'entre dans la chambre nuptiale :

> Mignonne, je vais remplir un rôle difficile qui devrait revenir à ta mère ; mais, comme elle s'y refuse, il faut bien que je prenne sa place. J'ignore ce que tu sais des choses de l'existence. Il est des mystères qu'on cache soigneusement aux enfants, aux filles surtout, aux filles qui doivent rester pures d'esprit, irréprochablement pures jusqu'à l'heure où nous les remettons entre les bras de l'homme qui prendra soin de leur bonheur. C'est à lui qu'il appar-

> tient de lever ce voile jeté sur le doux secret de la vie. Mais elles, si aucun soupçon ne les a encore effleurées, se révoltent souvent devant la réalité un peu brutale cachée derrière les rêves. Blessées en leur âme, blessées même en leur corps, elles refusent à l'époux ce que la loi, la loi humaine et la loi naturelle lui accordent comme un droit absolu. Je ne puis t'en dire davantage, ma chérie ; mais n'oublie point ceci, que tu appartiens tout entière à ton mari[52].

Rassemblant à la fois les thèmes de l'ignorance comme principe d'éducation, de l'effet traumatique qu'il engendre chez les jeunes épouses et du devoir conjugal comme règle absolue à laquelle on ne peut déroger, les paroles paternelles n'en demeurent pas moins énigmatiques pour la jeune mariée, et ne contribuent qu'à renforcer son angoisse. Dans un registre moins dramatique, une pièce de théâtre intitulée *Une nuit de noces*, écrite en 1886, s'amuse de l'inconséquence d'une mère de famille qui, constatant l'ignorance de sa fille, s'écrie, le premier soir de ses noces : « Pauvre enfant !... par quel hasard inconcevable, à l'époque et dans le milieu où nous vivons, a-t-elle pu rester aussi naïve, aussi ignorante des choses de la nature ? [...] Ah ! J'aurai bien de la peine à m'en faire comprendre. [...] Que vais-je lui dire ? je n'en sais vraiment rien ! Mon Dieu, inspirez-moi[53] ! » Les archives vaticanes attestent de la pauvreté de ces recommandations, qui sont moins des explications pratiques qu'une injonction d'effectuer son devoir d'épouse chrétienne en obéissant à son mari. Madame de P. se contente, en 1869, de dire à sa fille Marie, âgée de dix-sept ans, juste avant le mariage : « Tu as un mari chrétien, ne t'étonne donc pas de certaines choses et accorde-lui ce qu'il te demandera » et « Ton mari a désormais tous les droits sur toi, tu dois te laisser faire, tout ce qu'il voudra et ne t'effrayer de rien »[54]. La mère d'Anne G. raconte aux juges ce qu'elle a dit à sa fille juste avant la nuit de noces, en 1904 : « Avant le mariage de ma fille, je ne l'avais prévenue que vaguement sur les devoirs du mariage, l'avertissant de ne pas s'étonner de ce que son mari lui demanderait. Les premiers temps du mariage, je n'ai pas parlé à ma fille de ce sujet assez délicat[55]. » Les mères précisent habituellement que le devoir marital est nécessaire pour avoir des enfants : cette indication aide certaines d'entre elles à se résigner. Mais même dans le cas où les parents vont plus loin dans les explications, elles sont trop tardives et surtout trop sommaires pour que la future épouse prenne suffisamment la mesure de ce qui lui est révélé et puisse l'assimiler. Dans une procédure concernant une union datant de 1901, les juges apprennent de la part de l'instituteur Alexandre K. et de son épouse Céline qu'ils ont eu des conversations avec leur fille Marie sur les réalités du mariage plusieurs jours avant la cérémonie :

> [Céline K.] – Elle a dit plusieurs fois qu'elle accepterait un mariage comme Saint Joseph avec la Sainte Vierge. Je lui ai donné alors des instructions suffisantes pour l'éclairer sur ses obligations futures ; je lui ai dit en particulier, que quand on était mariée il y avait un acte à accepter de son mari autant de fois que celui-ci l'exigeait ; je ne suis pas toutefois entrée dans des explications plus précises.
>
> [Alexandre K.] – « Papa, qu'est-ce que j'aurais à faire ? Quels sont les devoirs que j'aurai à remplir ? » Je comprenais bien qu'elle connaissait très-mal les obligations essentielles du mariage ; j'étais embarrassé pour les lui expliquer ; je me contentais de lui répondre : « Il en sera de toi comme il en a été pour ta mère ; il y aura des rapprochements qui amèneront des enfants, comme pour les jeunes filles qui se sont mariées et que tu connais »[56].

Pourtant, lorsque le juge demande à la jeune Marie K. si elle connaissait les obligations essentielles du mariage, elle répond :

> Malgré les explications que m'avait données ma mère trois jours avant le mariage, je n'avais pas une idée nette ni complète des obligations essentielles qu'il impose. Je croyais que lorsqu'on avait dit « oui » devant le prêtre et qu'on avait reçu la bénédiction nuptiale, on était marié validement. Je me suis sentie éloignée de tout mariage dès qu'il en a été question pour moi ; mes répugnances venaient en partie de la crainte d'avoir à élever une famille, mais surtout et principalement de celle que j'éprouvais de me livrer à un homme[57].

Au cours des procès, d'autres femmes concèdent qu'elles n'étaient pas complètement ignorantes tout en expliquant que les informations reçues étaient trop souvent insuffisantes pour appréhender la nuit de noces dans de bonnes conditions. Elles paraissent ainsi soucieuses d'exposer la complexité de cette situation, soit par volonté de respecter l'engagement à dire la vérité devant les juges, soit par fierté personnelle : le rôle de l'oie blanche apparaît en effet inconfortable à endosser, même si cela peut être une stratégie payante pour obtenir plus facilement la nullité ou la dissolution d'un mariage.

Au début des années 1920, le médecin catholique Henri Abrand rappelle encore que l'ignorance affecte même celles qui croient savoir ce qui les attend :

> La plupart du temps, la jeune fille, même si elle se croit avertie, est d'une ignorance extrême du secret de la transmission de la vie. Il est souvent très difficile qu'il en soit autrement. Chez beaucoup de jeunes filles l'éveil sensuel est tardif et lent. [...] Il est à souhaiter sans aucun doute que la jeune fille sache à quoi l'engage le oui matrimonial, qu'elle entrevoie l'intimité physique qui peut modifier le choix qu'elle accepte d'un mari parfait[58]...

Cela s'explique notamment, comme il le suggère pudiquement, par le fait que les connaissances théoriques seules ne permettent pas d'appréhender complètement ce qui s'acquiert par une expérience pratique, et ne peuvent se substituer à un désir sexuel sans lequel les relations conjugales deviennent un devoir difficile à accepter.

L'absence totale de recommandations

Tout au long du XIXe siècle et encore au début du XXe siècle[59], bien des femmes racontent être entrées dans la chambre nuptiale sans avoir été aucunement prévenues de ce qu'il allait se passer. Il semble que le raidissement des mœurs opéré dès le début du XIXe siècle entraîne des difficultés de communication irréductibles entre les filles et leurs mères, qui finissent parfois par renoncer à dispenser les derniers conseils, préférant laisser cette charge au jeune époux, et se délestant ainsi d'une tâche qu'il leur est pénible d'accomplir. Les Archives apostoliques du Vatican documentent les manquements des mères qui, ne trouvant pas le courage d'affronter la difficulté de leur tâche, négligentes ou inconscientes des enjeux du début de la vie conjugale, ne remplissent pas du tout leur mission éducative. Madame W., à propos du mariage de sa fille Florence, célébré en 1891, déclare ne pas l'avoir prévenue : « Ma fille, je l'ai déjà dit, avait été élevée chrétiennement, c'était une enfant très bien conservée et qui ignorait complètement les choses du mariage. Je n'avais pas songé un seul instant à l'en instruire, convaincue qu'il appartenait au mari de faire, à ce point de vue, l'éducation de sa jeune femme[60]. » Une autre mère de famille, Berthe N., donne une explication similaire à propos du mariage de sa fille Marguerite en 1902 : « Ma fille, en se mariant, ne savait pas en quoi consistait le mariage. Je ne l'avais pas instruite, laissant ce soin à son mari. Mais, avec un gendre semblable à monsieur de G., d'une part, et une femme aussi candide que ma fille, je me demande si elle sait, même maintenant, en quoi consiste le mariage[61]. » Louise de l'Estang déplore cette démission des parents dans sa brochure *Le Voile de l'hyménée* (1903) :

> Cette lacune que nous avons maintes fois entendu déplorer, tant par les jeunes épouses, après l'initiation, que par les mamans ayant des filles à marier, vient de ce que chez les jeunes filles vraiment bien élevées on a, de parti pris, laissé dans l'ombre ce côté pourtant essentiel de la vie et que leurs parents, n'osant pas soulever pour elles le « voile de l'hyménée », s'en rapportent au mari pour les initier au mystère de l'acte de la conception[62].

Les mères qui affirment avoir gardé le silence, non par gêne ou par pudeur, mais parce qu'elles cherchaient délibérément à cacher la vérité, avancent différents arguments pour se justifier, comme la volonté de ne pas effrayer la jeune fille ou la crainte de la voir renoncer au mariage. Blanche V. pense épargner des tourments supplémentaires à sa fille Jeanne, contrainte par son père à se marier en 1902 : « Je n'avais pas prévenu ma fille des devoirs d'épouse qu'elle aurait à accomplir, ne voulant pas accroître son appréhension ni augmenter son chagrin. J'ignore comment les choses se sont passées ; elle a eu un enfant[63]. » Dans une autre affaire, une mère, qui a obligé sa fille Marguerite âgée de quinze ans à épouser en 1879 l'officier Auguste de F., de vingt ans plus âgé, reconnaît devant les juges, une vingtaine d'années plus tard, le soin particulier qu'elle avait apporté à la maintenir dans l'ignorance du devoir conjugal : « Oh ! absolument non ; elle ne s'en doutait certainement pas. Je me serais bien gardée de l'avertir d'avance, assurée qu'elle n'aurait jamais accepté le mariage[64]. » Il ne s'agit pas nécessairement de regrets sincères de sa part : la posture des parents qui endossent la responsabilité de ces mariages forcés peut relever d'une simple tactique judiciaire. Les années ont passé, les époux sont séparés, il s'agit alors pragmatiquement d'aider leur fille à obtenir la nullité du mariage pour qu'elle puisse se remarier, ou au moins être débarrassée d'une union qui, de toute évidence, est malheureuse. Quelques épouses affirment qu'elles auraient refusé le mariage avec plus de détermination si elles avaient su en quoi il consistait. C'est ce que déclare Marie de T. dans la supplique qu'elle adresse au pape une quinzaine d'années après son mariage célébré en 1868 :

> J'avais 14 ans quand ma grand-mère commença à me préparer à cette union qu'elle avait décidée. [...] Je fus donc mariée à 15 ans. Oh ! quand je pense à quel point le plus pur de mon cœur fut exploité ! Mais je le jure ! Ni violences ni grandes phrases, ni devoirs prétendus ou réels, rien ne m'aurait pu contraindre si j'avais connu la moindre loi conjugale, si j'avais soupçonné un mystère[65]...

Dans une autre procédure, Anne G., âgée de trente ans lors de son mariage en 1904, déclare avoir fait « une scène à sa mère, pour ne pas lui avoir expliqué la nature du mariage, car sans cela elle n'aurait jamais consenti à se marier[66] ». Ces réactions confirment le rôle absolument central et attendu des mères dans ces révélations à la jeune épouse, et le fait qu'elles surviennent habituellement juste avant le mariage. Laisser au mari le soin d'éduquer sa femme renforce la verticalité et l'inégalité de la relation dans le couple entre celui qui sait et celle qui obéit passivement.

Quand l'ignorance perdure après la nuit de noces

L'épreuve de la nuit de noces dissipe en principe définitivement l'ignorance et les incompréhensions les plus grandes à propos du devoir conjugal. Pourtant, il arrive que la révélation n'ait pas lieu et que l'innocence virginale des jeunes femmes perdure bien au-delà de la première nuit. C'est le cas quand le mariage n'est pas consommé sexuellement et que certaines épouses non seulement restent vierges, mais ne sont même pas en mesure de se rendre compte qu'elles le sont encore, faute d'un savoir théorique minimal. Selon le mot de Montaigne, « l'ignorance qui se sait » n'est pas une « entière ignorance », et la véritable ignorance est celle qui « s'ignore soi-même ». Des femmes mariées peuvent ainsi ignorer ce que recouvrent les réalités du mariage même après la nuit de noces. Voilà pourquoi, dans les demandes de dispense pour non-consommation du mariage en particulier, les juges se renseignent sur le moment précis où l'épouse dit avoir appris ce que signifie la « consommation du mariage » et sur ce qu'elle entend par là, exigeant parfois qu'elle définisse les termes employés afin de dissiper les méprises éventuelles. Ces vérifications portant sur le vocabulaire employé sont l'occasion de mettre au jour une ignorance parfois insoupçonnée. L'incompréhension des femmes est liée à deux méprises : elles ignorent ce que sont les relations charnelles et ne savent donc pas qu'elles ne s'y sont pas prêtées ; ou bien elles ont eu des relations sexuelles, mais qui ne correspondent pas au coït matrimonial tel qu'il est défini par l'Église. Marguerite J., mariée en 1879, affirme aux juges une première fois qu'elle a consommé son union, mais un an plus tard, au cours d'un second interrogatoire, elle rectifie ses propos :

> J'affirme au Tribunal sous la foi du serment que malgré une contradiction apparente peut-être entre ces dépositions il n'y a aucune contradiction réelle. En effet quand j'ai répondu [*il y a un an*] à la question posée sur la consommation, je croyais sincèrement (et si extraordinaire que cela puisse paraître) que l'accomplissement du devoir conjugal consistait dans les actes de simple rapprochement [...]. Je croyais donc avoir fait tout ce qu'il fallait faire, quand on était mariée. Ce n'est qu'[*un an après*] que soignée dans une maladie par [*son médecin*] Madame Frary-Gross j'ai appris d'elle ce qu'était une consommation réelle et alors seulement je me suis rendu compte que mon mariage n'avait pas été consommé[67].

Entre les deux dépositions, l'épouse a consulté une gynécologue qui au cours de l'auscultation l'a déflorée accidentellement avec son spéculum. Le saignement qui en a résulté a causé la surprise de l'épouse, mais aussi de la doctoresse qui ne pensait pas avoir affaire à une femme encore vierge : les éclaircissements sont alors arrivés. D'autres épouses, qui ne sont pas sûres de ce que recouvre la définition de « consommation conjugale » pour le droit canonique (c'est-à-dire l'éjaculation de l'homme dans le vagin de la femme), déclarent comme Berthe Z. dans les années 1890 : « J'ignore si la consommation a eu lieu ou du moins je ne vois pas exactement ce que l'on entend par consommation[68]. » De la même façon, Jeanne H. explique aux juges sa méprise sur son mariage, béni en 1899 : « La première nuit de notre mariage se passa à Toulouse. Mon mari s'approcha de moi et me tourna brusquement le dos. N'étant pas alors instruite, comme je l'ai été plus tard, je crus que ce simple contact de corps, sans tentative de pénétration, était l'accomplissement du devoir conjugal[69]. »

Ainsi, c'est parfois bien après la nuit de noces que certaines femmes sont informées de façon plus rigoureuse sur ce qu'on entend par

« consommation du mariage ». Elles acquièrent ces connaissances au cours de discussions avec des proches, pendant des consultations médicales, ou même au moment du procès en séparation : « Ah par exemple, qu'est-ce qu'ils entendent par là », s'exclame Jeanne P. quand le prêtre de sa paroisse l'informe que son mari Eusèbe P. entame une procédure de séparation parce que leur mariage, contracté en 1904, « n'a pas été consommé »[70]. Devant sa demande de précisions, on lui apporte une définition écrite en faisant venir de Paris une « page de M. Gasparri », un juriste de droit canonique[71]. Malgré tout, une fois au tribunal, elle ne se sent pas capable d'apporter des réponses fermes aux questions posées par les juges :

> – Y a-t-il eu tentative de consommation du mariage ?
> – J'ai fait tout ce que Mr H. a voulu. Je ne sais pas si le mariage a été consommé.
> – Vous devez savoir en quoi consiste le mariage, je vous prie de préciser s'il y a eu pénétration.
> – C'est à Mr H. à le savoir et à le dire, moi je n'en sais rien. Ma mère ne m'avait pas instruite, et encore à présent je ne sais pas en quoi consiste la consommation. Ce que je sais, c'est qu'il a été d'une brutalité excessive à mon égard dans les rapports intimes dans ces moments-là. Il me faisait souffrir.

En revanche, il est des épouses qui sont capables d'énoncer avec assurance ce qu'elles avaient ignoré pendant longtemps. C'est le cas d'Aurélie T., qui a rencontré son époux Louis T. lors d'un voyage au Caire, avant de l'épouser à Sartène, en Corse, en 1893. Lors des interrogatoires, les époux se contredisent. Louis « affirme sous la foi du serment que le mariage a été consommé » et qu'il « n'y a pas eu de simples rapports, mais véritable consommation », tandis qu'Aurélie, qui n'avait pas les idées très claires à ce sujet après la nuit de noces, nie la consommation avec énergie et en énonce la définition pour montrer qu'elle a appris entre-temps ce que ce terme recouvre précisément : « Je déclare comprendre très-bien que la consommation du mariage consiste dans l'introduction du membre viril dans le vagin de la femme, suivie par un épanchement d'humeur spermatique dans l'intérieur de cet organe[72]. »

Le conseil des mères engageant les futures épouses à obéir en tout point à leur mari sans s'étonner de l'étrangeté de ses actes, tout comme l'absence totale de conseils qui les place entièrement à la merci de leur époux, entraînent des situations dramatiquement surprenantes. Dans la mesure où ne leur est pas spécifiée la nature des actes attendus, certaines jeunes mariées ne sont pas aptes à discerner ce qui est acceptable ou non, normal ou non par rapport à la définition catholique de la sexualité conjugale. Elles découvrent parfois très tard que, depuis la nuit de noces, les pratiques sexuelles auxquelles elles se sont livrées – manuelles, buccales par exemple – ne correspondaient pas à ce qu'on entend habituellement par « acte du mariage » (voir chapitre 7). De telles situations se produisent parce que des maris ne prennent pas la peine d'expliquer à leur épouse ignorante ce qui doit se passer en principe pendant la nuit de noces et en profitent même pour les induire en erreur. Leurs motivations sont diverses : la volonté de continence liée à des préceptes religieux, l'impuissance, l'absence de désir pour leur femme ou encore leur homosexualité. Les jeunes épouses dépendent ainsi entièrement de leurs explications et de leur bon vouloir quand elles ne sont pas accompagnées par leur famille ou suffisamment entourées. Marie de T., mariée en 1868 à l'âge de quinze ans à un homme deux fois plus âgé qu'elle, qualifie son mariage de « simulacre », de « violence » et de « mensonge », et insiste dans sa supplique adressée au pape sur le temps pendant lequel son mari l'a laissée intentionnellement dans l'ignorance, ainsi que sur les raisons qui ont rendu cette situation possible :

> Pendant longtemps je me crus mariée… une vierge sage ne peut découvrir seule le mystère qui la doit faire épouse. Il faut, pour lui en faire connaître le secret, qu'elle y soit initiée par un mari ou par un amant… je n'avais ni l'un ni l'autre, je ne savais pas qu'il y eût des livres de médecine ou des livres inconvenants qui traitent ce sujet. […]
> Et il m'a fallu douze ans pour apprendre que je n'étais pas sa femme ! il m'a fallu une grave maladie, un médecin, des instruments de chirurgie, des questions qui m'ont paru inexplicables, la surprise de deux mères de famille… pour que je sache que je n'avais pas eu de mari ! pour savoir que ce mari imposé m'avait trompée en me demandant le mariage alors qu'il était impuissant et qu'il le savait[73] !

Parfois, le mari impuissant tente de faire croire à la normalité de la situation, comme Antoine G. marié en 1905 avec Madeleine A., qui, « élevée très-chrétiennement », était « restée dans l'ignorance absolue de ce qu'était le mariage ». Quand son épouse s'inquiète après la nuit de noces de l'état de son mari, semblant « très fatigué, très affaissé, marchant péniblement » et urinant au lit, il la rassure en disant que « tous les hommes étaient dans cet état pendant les premiers jours du mariage »[74]. Il arrive aussi que ces maris qui ne parviennent pas à consommer l'union fassent croire aux épouses que les difficultés viennent d'elles. La nuit de noces devient alors pour ces femmes, à tort, le moment d'une fausse révélation qui les plonge dans la honte et le désarroi. C'est ce qu'il arrive à Marie de G. qui se marie en janvier 1885 à Besançon à un professeur de philosophie de l'université de Louvain. Dès le début, son mari et sa belle-mère s'entendent pour lui annoncer qu'elle présente un « vice de conformation » et lui recommander de garder le silence sur cette situation inavouable. Malgré tout, elle se confie à ses parents deux mois après, évoquant des « difficultés » en pleurant, mais sans donner de détails. Ce n'est finalement qu'en septembre 1887 qu'elle est éclairée sur le déroulement de l'acte sexuel et qu'elle comprend alors que, depuis le premier soir, son union n'avait pas été consommée. Sa mère raconte :

> [À ma] question précise, si elle n'avait jamais senti un corps gros et dur pénétrer en elle, elle m'a répondu que certainement non, et qu'elle ne comprenait même pas ce que je lui demandais. Je fus obligée de prendre certaines comparaisons pour me faire comprendre. Et alors elle affirma plusieurs fois que jamais, très certainement, elle n'avait jamais absolument rien ressenti de semblable. [...] Lorsqu'elle s'est mariée, elle était complètement ignorante, et elle croyait qu'il suffisait de dormir à côté de son mari, et qu'il vous embrassât pour avoir des enfants. [...] Elle savait bien surtout, à cause de tentatives, que son mari avait faites en la mettant sur ses genoux, qu'il devait y avoir quelque chose ; mais elle ne savait pas au juste ce que c'était, elle ne l'apprit que par mes propres explications[75].

Une situation similaire est décrite par l'obstétricienne Jeanne Ludot à propos d'une de ses patientes, mariée en 1891 à un homme impuissant : « Elle m'a dit que [son mari] lui disait qu'elle n'était pas faite comme les autres. Et elle était venue à se persuader que c'était elle qui était la coupable et que son mari était très-malheureux d'être obligé de vivre avec elle[76]. » Des époux vont plus loin pour anticiper une potentielle découverte du mensonge par l'entourage, à l'instar de Pierre E., qui fournit dès le lendemain de la nuit de noces à sa femme Louise V. la version des faits qu'elle doit livrer à sa mère pour faire croire à la consommation : « Oui, pour ne pas faire de peine à ma mère, monsieur E. m'a engagé à lui dire un mensonge : au cas où elle me demanderait si mes vêtements de nuit étaient tachés de sang, je devais répondre que oui, quoiqu'il n'en fût rien. Et ce mensonge je l'ai dit [...], d'ailleurs j'ignorais complètement ce qui se passe en pareil cas[77]. »

Un malentendu fondé sur l'ignorance de l'épouse manipulée par son mari peut ainsi perdurer pendant plusieurs années. Dans une affaire de non-consommation d'un mariage contracté en 1892 dans le diocèse de Paris, un ami des époux avoue sa stupeur devant « ce fait si anormal d'une jeune femme mariée pendant sept ans et restant tout ce temps sans savoir ce qu'est l'acte conjugal », et la mère de l'épouse exprime également son incrédulité, ce qui surprend davantage dans la mesure où elle a elle-même contribué au problème :

> Les époux sont restés ensemble huit ans. Pendant tout ce temps ils ont fait chambre et lit communs. Au mois de janvier 1899 j'ai appris que le mariage n'avait pas été consommé. Voici en quelles circonstances : ma belle-fille et moi nous vîmes Pauline embarrassée, intriguée, n'ayant pas l'air de comprendre notre conversation. Nous lui posâmes en face de cet étonnement un certain nombre de questions pour justement nous rendre compte si elle savait ce que c'était que l'acte conjugal. Nous arrivâmes vite à la conviction qu'elle ne se doutait même pas de ce qu'un mari doit faire avec sa femme. C'est alors que je dis à ma fille : « Mais alors ton mari ne te demande donc rien ? » Elle me répondit textuellement : « Il ne me demande rien, rien. » « Comment, lui dis-je, il ne t'a jamais rien demandé ? » – « Non, jamais, il ne m'a rien demandé. » « Mais ce n'est pas possible, les premiers jours il ne s'est rien passé entre toi et lui ? » « Non, les premiers jours rien ne s'est passé entre lui et moi ». – « Comment, même le jour du mariage il ne t'a rien demandé ? » – « Non, même le jour du mariage, il ne m'a rien demandé »[78].

Les proches s'amusent parfois du grotesque de la situation sans daigner délivrer de son ignorance une femme mariée, comme le montre ce témoignage dans un procès du début du XXe siècle :

> Je crois que pendant plusieurs années, après que son mari l'eut quittée, elle ne connaissait encore que très imparfaitement les obligations d'une femme mariée. Au cours des nombreuses et longues visites qu'elle nous faisait à Saint-Cyr, où nous étions alors, il lui échappait des naïvetés qui nous faisaient sourire, mon mari, mon fils et moi, et nous nous disions ensuite qu'elle ne savait point encore en quoi consistait le mariage[79].

Ces cas d'innocence complète semblent si improbables que certaines personnes expriment leurs doutes quand une épouse affirme être arrivée ignorante au mariage, comme le fait par exemple ce témoin à l'occasion de la procédure matrimoniale entre son ami Émile F. et Marie K., qui s'étaient mariés en 1901 : « Sans qu'elle soit très-intelligente, on ne peut pas la regarder comme une simple d'esprit. Marie K. fréquentait les bals, comme les autres jeunes filles, elle s'y amusait […]. Il n'est guère possible qu'une jeune fille de son âge, dans le milieu où elle vivait, n'ait pas connu les devoirs à remplir quand on est mariée[80]. » Les juges ecclésiastiques eux-mêmes expriment parfois leur incrédulité, comme dans cette affaire portant sur un mariage conclu en 1904, dans laquelle le rapporteur du procès commente que, « pressée de questions, Madame H. refuse de mieux s'expliquer et affirme, ce qui paraît étonnant, qu'elle ne connaissait pas le mariage[81] ». Si l'ignorance complète des jeunes épouses au-delà de la première nuit n'est pas un fait absolument rare, ces expressions d'étonnement de la part des proches ou des professionnels (juges, médecins) montrent qu'elle n'est toutefois pas fréquente, à la différence de celle que connaissent les jeunes filles avant leur mariage.

L'extrême ignorance au masculin

L'ignorance masculine existe aussi, mais le spectre de ses configurations semble moins large car, chez les hommes, l'équivalent des « oies blanches » n'existe pas et même les plus ignorants d'entre eux, ceux qui n'ont jamais eu de relations charnelles avant le mariage, savent tout de même que le contact des organes sexuels des époux est requis pour consommer le mariage. Les sources qui évoquent les premières expériences d'hommes vierges au mariage sont excessivement rares, et d'ailleurs, au XIXe siècle, on considère que la virginité physique masculine ne correspond à aucun fait social, comme le suggère l'essayiste Alexandre Weill dans *Si j'avais une fille à marier*, en 1860 :

> Dans ce mystère [du mariage], l'homme paraît jouir d'un privilège de la nature. Son physique n'a pas changé. Aussi tous les peuples, sous le mot de mariage, entendent-ils un homme ayant déjà connu des femmes, qui épouse une vierge. Il n'entre dans les idées d'aucune nation, même chrétienne, de méconnaître le mariage, parce qu'avant cette cérémonie l'époux a déjà connu plusieurs femmes[82].

L'Église catholique exalte autant la virginité des hommes que celle des femmes, mais dans les faits, au XIXe siècle, cette exhortation à la pureté ne concerne en réalité que les futures épouses. Seuls les milieux les plus conservateurs l'encouragent à partir de la toute fin du siècle ; ailleurs, la virginité masculine est dénigrée, dans la mesure où on attend du mari qu'il soit suffisamment expérimenté pour initier sa femme. L'abondance des écrits fictionnels sur l'ignorance des jeunes filles pendant leur nuit de noces et la rareté de ceux qui portent sur l'ignorance des jeunes hommes suggèrent aux lecteurs que l'une est une réalité sociale banale qui s'inscrit dans la normalité des relations entre les hommes et les femmes, tandis que l'autre n'existe pas vraiment. Quelques récits satiriques imaginent des jeunes hommes qui doivent affronter le mariage sans avoir été « déniaisés », comme cette fiction grivoise parue en 1908 dans *La Vie en culotte rouge*, mettant en scène Nicodème des Andouillettes, qui, « à l'âge de vingt ans, était pur comme la blanche colombe et en était encore, à propos de l'œuvre de chair (en mariage seulement) et de la multiplication des êtres, à se demander comment il fallait s'y prendre ». Pendant sa nuit de noces, il n'ose pas déflorer sa femme :

> Celui-ci rougit d'abord, puis prenant son courage à deux mains, l'embrassa… sur le front. Sur le front ! Ah ! vraiment Gysèle s'attendait à autre chose ! sur le front ! elle ne put retenir une exclamation de mécontentement. – Zut !! j'ai été trop loin ! – se dit Nicodème. – C'est de la faute à grand-mère qui ne m'a rien dit !… Ayant fait des excuses à sa femme, il alla se coucher en lui souhaitant bonne nuit[83]…

L'épouse frustrée s'en va dès le lendemain chercher le bonheur dans les bras d'amants plus audacieux. L'innocence masculine est ici dépeinte comme une exception relevant de l'inversion des normes, qui suscite le rire ou la moquerie, en ce qu'elle renvoie à une inaptitude et une ingénuité toutes féminines. Ce sujet est également traité par Marcel Prévost dans *L'Homme vierge*, paru en 1929, à une période où la virginité masculine est promue comme nouveau modèle de virilité par la pastorale du mariage dans les milieux catholiques. Le chroniqueur Bernard Gervaise s'en amuse dans sa recension du roman pour *Le Journal amusant* :

> Il paraît que les jeunes gens d'aujourd'hui, les vrais jeunes gens, sont chastes à l'égal des petites oies blanches du temps jadis. Nouveaux Josephs, ils gardent soigneusement leur plumage de

> toute souillure [...]. Bref, « jeune homme » est appelé à fournir, dans la langue française, un pendant à « jeune fille » comme synonyme de pur, immaculé, intact, neuf. Décidément nous vivons en des temps bien étranges, en des temps où toutes les notions anciennement acquises s'écroulent les unes après les autres ! [...] Donc, le jeune homme moderne arrive vierge au seuil de l'hymen. Aussi est-il permis de se demander si, désormais, les nuits de noces ne sembleront pas inspirées d'un des plus touchants chapitres de *Daphnis et Chloé*[84].

Hors du domaine fictionnel, un témoignage aussi rare que connu existe, à propos de Victor Hugo, arrivé vierge au mariage ; mais l'exception confirme la figure du génie (voir chapitre 1). Le silence des archives est également éloquent[85]. Les archives religieuses documentent beaucoup de cas d'impuissance masculine, qui n'impliquent pas nécessairement une inexpérience des relations sexuelles, et les affaires évoquant spécifiquement la virginité masculine durant la nuit de noces sont très peu nombreuses. Robert de W., un capitaine d'artillerie qui se marie en 1895 à Paris à l'âge de vingt-huit ans avec Louise H., âgée de vingt et un ans, raconte aux juges son inexpérience lors de la première nuit et les difficultés qu'elle a occasionnées dans son couple :

> Les premières tentatives ont eu lieu dès la première nuit des noces. J'étais inexpérimenté ; par devoir et par esprit chrétien, je m'étais abstenu auparavant d'aucun rapport avec une femme ; j'appréhendais en outre cette première rencontre, à cause de la nature délicate, physiquement et moralement, de Madame de W. La première tentative fut maladroite et insistante pourtant ; son insuccès me fit douter de moi, et d'autres insuccès maintinrent ce doute. Je crus m'apercevoir de bonne heure que si je doutais de moi, ma femme doutait de moi. Selon moi, cette disposition me paralysait et accentuait la contraction de ma femme[86].

Le mari décrit le mécanisme en jeu quand c'est l'homme qui se montre ignorant : son épouse devient méfiante devant son inaptitude à prendre les devants, et lui-même perd confiance en lui, doutant alors de sa virilité. Ses proches évoquent son emploi de « termes peu clairs et qui paraissaient dénoter chez lui une grande inexpérience en ces matières ». Finalement, c'est en recourant aux services d'une femme expérimentée que le mari se rassure sur sa capacité sexuelle : « Après la séparation, rentrant seul à Paris, désolé, il m'est venu tout à coup l'idée de recourir à ce moyen qui m'avait répugné d'abord ! et promptement, doublement et péremptoirement, j'ai acquis la preuve que j'avais toute aptitude virile[87]. » L'affirmation de sa capacité sexuelle est importante car sans elle les juges auraient pu lui interdire tout remariage, et surtout elle lui permet de se réapproprier sa virilité mise à mal au cours de la procédure, même s'il doit pour ce faire assumer devant un tribunal ecclésiastique le recours à une prostituée. La nuit de noces de Germaine de P. et Alfred G. en 1895 est un échec pour ces mêmes raisons :

> Monsieur G. [...] voulait accomplir le devoir conjugal, mais il s'est montré d'une inexpérience absolue, ne sachant pas même où se trouveraient les organes sexuels de sa femme Madame de P., qui de son côté, inexpérimentée aussi, comme elle devait l'être, n'a pas rectifié les maladresses de son mari, et de tout cela est naturellement résultée une non consommation du mariage [*sic*][88].

En pareil cas, ni les juges ni les époux n'agissent de la même façon qu'à l'égard de l'innocence féminine : les juges ne demandent pas au mari s'il sait en quoi consiste la consommation du mariage.

Ainsi, la virginité masculine apparaît comme une anomalie qui touche des milieux variés, du simple paysan au médecin de ville, du professeur au militaire. Elle est perçue comme une difficulté exceptionnelle et étrange qui contrevient aux valeurs de l'homme viril en pleine possession de ses moyens, et qui est interprétée comme un manque de maîtrise de soi et une incapacité, sinon à dominer son épouse en lui imposant ses désirs, du moins à la guider dans des pratiques qu'il est supposé mieux connaître qu'elle. L'ampleur de l'ignorance masculine à l'arrivée au mariage est donc moins étendue et moins répandue que celle des femmes, mais quand elle se manifeste, elle est considérée comme beaucoup plus grave, et regardée, hormis de la part des juges ecclésiastiques qui la traitent parfois avec bienveillance, avec beaucoup de condescendance.

Des femmes qui assument leur savoir

Il arrive évidemment que des jeunes filles entrent dans le mariage en sachant très bien ce qui les attend pendant la nuit de noces, soit parce qu'elles ne sont plus vierges, soit parce qu'elles ont reçu les informations nécessaires. Mais, là encore, cette situation est mal documentée car les femmes s'expriment peu à ce sujet, n'osant pas revendiquer des connaissances qui jettent un doute sur leur pureté d'esprit, voire de corps.

Dans les procès conservés aux Archives apostoliques du Vatican, des épouses et des femmes citées comme témoins prennent le parti de ne pas dissimuler les connaissances qu'on pourrait leur reprocher de maîtriser. Au juge qui demande à madame de P. si sa fille Germaine comprenait bien lors de sa nuit de noces, en 1895, « en quoi consistait la consommation du mariage », elle répond : « Aujourd'hui les jeunes filles savent généralement en quoi consiste le mariage, et je crois que ma fille savait à quoi s'en tenir sur ce point[89]. » Charlotte de K., mariée en 1905, dit avoir « été pleinement au courant des devoirs de femme mariée vis-à-vis de son mari[90] » avant son mariage, sur demande de son fiancé le prince Alphonse de V. Certains dossiers font apparaître plus visiblement que les femmes tiennent à montrer qu'elles savent de quoi elles parlent, y compris quand elles ont été élevées très pieusement. Marie V., qui a épousé Camille W. en 1893, se décrit elle-même comme éduquée « dans l'observation et la pratique des devoirs les plus stricts de la religion ». Si elle a « été élevée par une mère extrêmement rigide en ces matières surtout, qui allait jusqu'à rayer le mot "amour" quand il se rencontrait dans une romance qu'elle avait à chanter », elle a cependant été, « tant par [sa] mère que par [son] oncle le Docteur, mise au courant, dès avant [son] mariage, de ce en quoi consiste l'acte conjugal »[91]. Dans une autre affaire portant sur un mariage contracté la même année à Hazebrouck, Lucie H. explique aux juges que, lors de la nuit de noces, son époux Justin F. comptait sur son ignorance pour lui cacher son impuissance et « prétendait que tous les hommes étaient ainsi faits et que les choses ne se passent jamais autrement », mais qu'elle savait que « la consommation du mariage, c'est que les deux corps auraient dû s'unir ensemble ». Sûre d'elle, elle affirme avoir « pris la position nécessaire » et fournit des détails indiquant ses connaissances anatomiques et physiologiques, relevant l'absence d'« émission de semence virile » et décrivant son mari comme dépossédé des « attributs virils ordinaires » : absence de barbe, testicules de la taille de « haricots » et un « organe [...] très court » ne permettant pas selon elle la pénétration[92]. Marguerite Z. qui épouse en 1904, à l'âge de vingt-huit ans, l'inspecteur d'assurances Henri H., multiplie elle aussi les formules qui montrent qu'elle comprenait très bien que la nuit de noces ne s'était pas déroulée normalement :

> Monsieur H., très-froid, m'a donné quelques témoignages d'intérêt, mais il ne m'a rien demandé, et cependant nous occupions le même lit. Par ailleurs j'ai été instruite des devoirs que le mariage m'imposait vis-à-vis de mon mari, et j'étais disposée à ne rien lui refuser. Je répète que Monsieur H. est resté à côté de moi absolument indifférent. [...]
> Comme je l'ai dit, j'étais instruite des devoirs d'une femme mariée, j'avais la conscience précise de mes obligations, je suis certaine de n'avoir fait aucun geste, aucun acte qui fût de nature à décourager ou à éloigner mon mari. [...] Je suis certaine que mon mariage n'a pas été consommé. Il y a eu rapprochement entre mon mari et moi, contact des organes sexuels, et je me suis sentie mouillée une fois extérieurement, mais il n'y a jamais eu pénétration et je n'ai éprouvé aucune douleur[93].

Ces déclarations attestent de l'étendue de ses connaissances, qui portent non seulement sur l'anatomie et la physiologie, mais aussi sur la psychologie, puisqu'elle identifie ce qui pourrait entraver le désir masculin. Il est important pour ces femmes de revendiquer la maîtrise d'un savoir sur la sexualité : dans le contexte d'une procédure, c'est un moyen pour elles de contrer la tactique habituelle des maris qui est de pointer leur ignorance pour leur imputer la responsabilité de l'échec. Cependant, le fait d'assumer cette posture de « femme savante » dès le moment de la nuit de noces peut être en soi une source de tensions.

La disqualification morale des jeunes filles qui savent

Au XIXe siècle, toutes les jeunes filles ne sont pas concernées par un verrouillage strict de leurs fréquentations et de leurs activités. Mais on s'alarme parfois de ce qu'elles en sachent trop avant leur mariage : la connaissance théorique et l'expérience encore davantage, qui sont ordinairement envisagées comme des valeurs positives dans le domaine du savoir, se voient ravalées au rang de vices quand il s'agit de la sexualité et qu'elles concernent les filles à marier. Les romans dépeignent les pensionnats et les couvents, les bals et les théâtres comme des endroits dangereux pour leur pureté morale, voire physique : « une fille sortira peut-être vierge de sa pension ; chaste, non », écrit Honoré de Balzac dans la sixième Méditation de sa *Physiologie du mariage* (1829)[94]. Les conversations avec des amies déjà mariées, les expériences sexuelles consenties avec des personnes pour lesquelles elles ont une inclination, ou subies lors de viols dont elles ont été victimes[95], les lectures et plus largement l'observation du monde extérieur préparent certaines d'entre elles. À la Belle Époque, la pratique du flirt, plus fréquente ou plus visible, change aussi la donne[96].

Celles qui, en réclamant des rapprochements physiques au lieu de les attendre passivement, montrent à leur mari qu'elles ne sont que trop bien renseignées sur l'acte conjugal, s'exposent à être considérées comme des jeunes filles perverties par la connaissance, voire l'expérience. Les maris, désarçonnés, font alors peser sur elles un soupçon de dépravation morale, voire d'impureté physique. Marie V., âgée de vingt-deux ans lors de son mariage en 1893, est décrite comme « très chrétienne, très honnête, mais aussi très désireuse d'avoir des enfants[97] ». Aussi s'inquiète-t-elle de la froideur de son mari, le médecin Camille W., qui ne l'embrasse pas le jour de son mariage et veut faire chambre à part dès la nuit de noces. Quand elle lui fait « alors l'observation qu'étant mariés, ils pouvaient prendre une chambre à un lit et coucher ensemble », il lui reproche de parler non « en fille chrétienne, mais en fille des rues et des halles »[98]. Dans une autre affaire, Jeanne K., informée des devoirs du mariage, comprend dès sa nuit de noces, en 1899, que son mari tente de lui faire pratiquer des actes « immoraux » et « contre nature » qui ne correspondent pas à la définition chrétienne de la consommation du mariage : la « cause de cette brouille, explique sa mère, fut le refus de ma fille de se prêter à des actes d'immoralité auxquels son mari voulait la porter et que la religion défend. Mais ma fille ne s'est jamais refusée à accomplir le devoir conjugal. Elle n'était pas une enfant et elle savait à quoi elle était obligée du moment qu'elle prenait un mari ». Le mari quant à lui met en cause la moralité de son épouse : « Trésor singulier que j'avais trouvé dans cette femme présidente des Enfants de Marie. Le curé d'Artigueloutan me l'avait en effet présentée comme un trésor, comme une jeune fille vraiment chrétienne. […] [Elle] répétait sans cesse que j'étais impuissant. Ce mot elle l'employait constamment, ce qui peut paraître étrange de la part d'une jeune fille de 24 ans[99]. »

À l'accusation d'impuissance ou de froideur formulée par les femmes répond celle d'immoralité et de concupiscence formulée par les hommes. Comme le souligne Anne Martin-Fugier, ces considérations masculines s'inscrivent dans une obsession plus large de la disparition de « la "vraie jeune fille" […] dans le discours de la fin du siècle » et montrent que l'instruction des jeunes filles est perçue comme une « défloration mentale », « une atteinte à leur intégrité virginale »[100].

Le soupçon est également jeté sur les femmes éduquées qui rejettent dès le début le principe d'une relation sexuelle obligatoire. Un lien est souvent établi entre instruction, manque de piété et opposition au devoir conjugal. Des témoins tiennent l'éducation et la liberté de la couturière Susanne T. pour responsables de son refus de consommer son mariage contracté en 1880 : elle est décrite comme « une femme du monde, mais non une mère de famille, surtout comme nous les voulons dans notre vie modeste de Ville de province », et comme une femme « très-coquette, aimant beaucoup le monde, très-intelligente, ayant dû lire beaucoup de romans, et peut-être d'autres livres qui n'ont fait que troubler son esprit »[101]. Dans la demande de dispense pour non-consommation du mariage entre Florent de A. et Camille V. en 1890, le mari raconte que son épouse s'est refusée à lui dès le soir du mariage en disant qu'elle « ne voulait pas de ces choses-là », et explique cette attitude par son emploi d'institutrice qui aurait déterminé son incapacité à être une bonne épouse : « Cette jeune fille a été élevée dans les études : elle a une passion pour les études ; elle ne devait pas aimer les fonctions du mariage[102]. » Dans un autre procès, Suzanne L. se justifie de ne pas s'être livrée à son mari lors de leur nuit de noces, en 1904, par le fait qu'elle avait ses règles ; mais l'officier Maurice K. pense que son refus était plutôt dû à sa scolarisation dans un établissement trop libéral « dirigé par une Anglaise protestante ». Il raconte :

> Le matin elle a quitté la chambre nuptiale et est allée se coucher successivement avec deux de ses amies, Liliane S., une Suissesse, et Norah F., une Norvégienne. [...] J'avais remarqué l'étrangeté des rapports de ma fiancée avec les jeunes filles et en avais fait la remarque à sa grand-mère. Ces jeunes filles avaient des allures très libres et elles professaient des doctrines étranges au sujet des rapports de la femme avec l'homme : que la femme était au moins l'égale de l'homme sinon supérieure ; que dans une union rien ne devait être fait si la volonté de la femme n'était pas la même que celle de l'homme ; que la femme doit conserver toute indépendance vis-à-vis de son mari, et autant que possible, n'avoir jamais recours à l'homme[103].

Maurice K. conclut ainsi que son épouse s'est affranchie de ses devoirs conjugaux en raison d'idées féministes et de penchants homosexuels. Cette suspicion formulée par le mari d'une inclination lesbienne chez la femme qui se refuse à lui apparaît dans d'autres procès, comme dans cette affaire au cours de laquelle le mari incrimine aussi l'amie intime : à ce sujet, il avait même consulté un médecin qui lui aurait répondu « qu'il n'était pas rare de rencontrer des femmes qui avaient une préférence pour les personnes de leur sexe, et que par là, peut-être, on pouvait expliquer l'éloignement que sa femme éprouvait pour lui[104] ». À tort ou à raison, la figure de la jeune fille savante est construite à travers une corrélation entre la maîtrise d'un savoir sur la sexualité humaine et l'hostilité au mariage et à la sexualité qui lui est inhérente. Les maris accusent les institutrices ou les préceptrices – souvent célibataires – d'instiller chez les jeunes filles des connaissances qui les pousseraient à se soustraire au devoir conjugal. Dans une affaire de non-consommation d'un mariage célébré en 1903 entre Alice G., âgée de vingt-six ans et orpheline de mère, et Louis F., âgé de trente-cinq, Irène B., l'institutrice de l'épouse, âgée de trente-huit ans, est décrite comme la responsable de l'échec de l'union. Clément A., chanoine honoraire et secrétaire particulier de l'archevêque de Paris, rapporte des bruits de « personnes dignes de foi » indiquant que c'est elle « qui a détourné madame F. de l'accomplissement de son devoir conjugal », et l'oncle de l'époux déplore l'« influence trop intime et pour le moins irrégulière qu'[elle] exerçait » sur la jeune fille[105]. Ce discours confirme les représentations forgées au XIXe siècle sur ces figures de vieille fille ou de bas-bleu, hostiles aux hommes, indépendantes financièrement et trop éduquées pour se conformer à un ordre social dans lequel les femmes trouvent d'abord leur raison d'être par le mariage[106]. Les mêmes suspicions sont portées sur des domestiques ou des femmes de chambre, elles aussi souvent célibataires et assez bien renseignées sur la sexualité[107].

Enfin, la disqualification de l'épouse par le mari est autrement violente quand elle se fonde sur sa non-virginité. Andrée de F. a acquis ses connaissances sur les relations sexuelles de la façon la plus dramatique qui soit : un viol commis par un ami de ses parents. Elle n'ignore donc pas en quoi consiste l'acte du mariage quand elle se retrouve pour la première fois seule avec Gabriel de V. lors de leur nuit de noces, en janvier 1905 :

> Mon mari me demanda un peu subitement en quoi consistait le mariage. Je répondis que je le savais. Il fut surpris de ma réponse.

> [...] à sa première question, il en ajouta une autre et me demanda comment j'avais été instruite de ces questions. Très émue, affolée même, je lui avouai qu'une nuit un homme était entré dans ma chambre et m'avait prise de force. Le fait s'était passé deux ans avant mon mariage. Mon mari exigea que je lui affirmasse la vérité par un serment sur la tête de mes parents, et que je lui donnasse le nom de celui qui m'avait prise. Je refusai de faire le serment demandé, mais je ne pus me défendre de nommer le coupable. Ainsi instruit, M. de V. me déclara que je ne serais pas sa femme et que dès le lendemain il me renverrait à ma famille[108].

Le mari entreprend immédiatement une démarche de divorce civil, tandis qu'au niveau religieux une dispense est accordée par la Congrégation du Concile, non parce qu'elle estime l'épouse fautive, mais parce que la non-consommation autorise la dissolution d'une union. L'infortunée Andrée de F. ne s'est jamais remariée après ces nouvelles épreuves judiciaires.

Feindre l'innocence

Alors que le savoir féminin est davantage décrit comme un fardeau lourd à porter que comme un pouvoir, la question se pose, pour les femmes éclairées, de l'attitude à adopter face à leur mari, notamment pendant la nuit de noces : assumer la maîtrise de ces connaissances, ou plutôt la dissimuler ? Certaines d'entre elles, soucieuses de paraître « rester à leur place », feignent l'ignorance afin de ne pas décevoir celui qui s'attend à avoir affaire à une oie blanche, et ainsi ne pas bouleverser la structure relationnelle inégalitaire entre un homme censé savoir et une femme censée apprendre de lui. Car comment s'assurer, pour le mari, que son épouse, si elle est instruite, ne l'est qu'en théorie et non en pratique ? Avec humour, Octave de Saint-Ernest conseille d'offrir un exemplaire de sa *Physiologie de la première nuit des noces* (1842) au fiancé, mais aussi à sa future : cela pourrait lui permettre de s'instruire si elle est ignorante, mais, surtout, de lui éviter de simuler l'ignorance, si elle savait déjà :

> [Il] faudrait quelques jours avant celui des noces, la veille des fiançailles, que les père et mère du futur époux donnassent deux exemplaires de cette *Physiologie* à leur fils, qui, le lendemain, en remettrait un autre dans les mains de sa fiancée. Une simple lecture de l'ouvrage épargnerait aux beautés raisonnables,

> intelligentes, le ridicule pénible d'affecter aux yeux d'un mari une vaine surprise, dont il se fait bonnement fête[109].

Dans ce conseil donné au fiancé, on peut voir une tentative de sortir des situations absurdes dans lesquelles l'impératif d'ignorance enferme les jeunes mariées, quand leur savoir dépasse ce que les convenances permettent. À la même période sont publiés des manuels parodiques comme un *Catéchisme* et une *Instruction pour les grandes filles qui souhaitent se marier*, qui recommandent aux futures épouses, durant le repas de mariage, de « prendre garde à ne pas rire[110] » ou de « ne pas paraître entendre les propos ou les chansons qui offensent la pudeur[111] ». Dans un registre beaucoup plus sérieux, Alexandre Weill, en 1860, prône l'éducation sexuelle des filles, déplorant que l'ignorance soit considérée pour elles comme une vertu, et se désolant du fait que les plus émancipées intellectuellement en viennent à devoir dissimuler leurs connaissances :

> Les Français, ma fille, ont l'habitude de voiler la vie aux jeunes personnes et de ne leur accorder aucun droit à la pensée et à la parole. Une jeune fille, en France, doit ignorer jusqu'à sa vertu […] ; et si elle pense, elle doit cacher sa pensée, c'est-à-dire son cœur, son esprit et son jugement et porter des béquilles spirituelles comme Sixte-Quint jusqu'au lendemain du mariage […]. La jeune fille française est serve de l'ignorance réelle ou simulée[112].

Quoi qu'il en soit, à la fin du XIXe siècle, les jeunes filles semblent bénéficier en général d'une éducation moins corsetée. Celles qui prétendent être ignorantes ne sont pas crues et sont même parfois accusées de fausseté : « Si vos femmes vous ont fait, messieurs, au jour de leur mariage, croire à leur complète ignorance, c'est qu'elles sont très fortes et que vous êtes très naïfs. […] Pour qu'une jeune fille soit, à notre époque et dans notre société, ignorante à la façon que rêvait l'Arnolphe de Molière, il lui faut véritablement être ou aveugle ou idiote[113] », écrit en 1893 une institutrice au courrier des lecteurs du *Figaro* dont le thème porte sur l'instruction des filles. Comment, en effet, pourraient-elles arriver à l'âge adulte sans se douter des réalités du mariage, et alors qu'existent tant de textes et d'images traitant de l'intimité de la nuit de noces ? se demande-t-on. Même la baronne Staffe, qui n'est pourtant pas réputée pour son progressisme, recommande aux femmes de ne plus feindre une ignorance qui serait soit peu crédible, soit risible :

> Il arrive un âge où la femme qui n'est pas mariée doit abandonner – non pas les manières réservées, mais les façons ingénues qui plaisent chez les très jeunes filles et deviennent quelque peu ridicules lorsqu'on approche de la trentaine. À ce moment de la vie, qu'on soit célibataire ou en puissance de mari, on a acquis une certaine maturité d'esprit et de caractère, on a une connaissance de toutes choses, à moins que l'on ne soit une idiote, et il est tout à fait absurde et choquant de jouer à l'innocente de dix-huit ans. À trente ans une demoiselle n'affecte pas, dans la conversation, une pruderie farouche, elle ne feint pas une ignorance absolue des choses de la nature et de la vie ; elle essaie de ne pas rougir à tout propos[114].

Ces préconisations, parues dans *Mes secrets* en 1896, montrent qu'au début de la Belle Époque l'ignorance ne semble plus être une vertu souhaitable. C'est à la même période que des hommes et des femmes s'emploient à éradiquer le modèle de l'oie blanche, en prônant la mise en place d'une éducation sexuelle plus responsable qui éviterait les révélations brutales de la première nuit, comparables à un viol, et que, dans les causes matrimoniales, l'Église catholique tend à considérer l'ignorance des réalités du mariage comme une circonstance justifiant la reconnaissance du défaut de consentement à l'union, et donc sa nullité.

Une situation est décrite comme plus problématique : celle de l'éventuelle simulation de la virginité par des épouses qui ont eu des rapports sexuels avant le mariage avec un autre homme que leur mari. Des auteurs mettent en garde les maris contre la duplicité des femmes qui tentent de leur cacher la situation, tandis que d'autres s'adressent avec bienveillance à celles dont ils comprennent la nécessité de cacher leur passé sexuel pour préserver la sérénité du couple. Dans les deux cas, soit pour les dénoncer, soit pour les aider, ils indiquent les subterfuges les plus courants : utilisation de sang animal, de poudres ou de crèmes au pouvoir constricteur pour faire croire à la défloration, mais aussi attitudes ou paroles suggérant la timidité et la peur de la première fois (voir chapitre 7). Marcel Prévost dépeint dans son roman *Mademoiselle Jaufre* (1889) une jeune femme prénommée Camille, qui a eu un amant avant son mariage et qui en éprouve tant de culpabilité envers son mari qu'elle agit spontanément comme une « vierge effarouchée » lors de sa nuit de noces :

> Mais la nuit venue, quand elle se trouva seule avec son mari, dans leur chambre d'époux, son énervement se résolut dans une crise de

> pleurs, et elle s'abattit, secouée de sanglots sur l'épaule de Louiset. [...] Elle eut, – sans les feindre, – toutes les pudeurs, toutes les transes de l'épouse vierge, elle qui, déjà, avait bu jusqu'aux dernières gouttes le vin de l'amour. Hantée par la peur de garder sur son corps le stigmate de son déshonneur, elle exigea que la lumière fut [*sic*] éteinte, et elle se livra dans des larmes, avec des soupirs, des retours, des refus sincères, qui eussent trompé un moins inexpérimenté que son mari[115].

Quelques années plus tard, le romancier décrit une autre façon de feindre l'innocence, beaucoup plus perverse à ses yeux, dans *Les Demi-Vierges*, paru en 1894[116] : à travers le personnage de Maud de Rouvre, il popularise la figure de cette jeune fille qui a perdu son innocence lors de flirts très poussés avant le mariage mais qui tient à conserver une virginité physique pour maintenir un futur mari dans l'illusion. L'ignorance simulée est à la demi-vierge ce que l'ignorance réelle est à l'oie blanche. Les demi-vierges satisfont ainsi les hommes qui attendent des preuves physiques de la pureté, mais, dans le même temps, elles font perdre à l'hymen la valeur morale qu'il est censé garantir. Il en résulterait alors une angoisse chez l'homme qui ne peut jamais être certain de la pureté de son épouse au soir du mariage et aussi une méfiance généralisée envers la gent féminine. Jules Bois enchérit dans son *Ève nouvelle* en 1896 :

> Ce monstre est un produit de notre civilisation surchauffée, immorale. Fille de bourgeois cossu, le plus souvent, elle se croit tout permis à cause de sa fortune. Ses agissements les plus impurs sont dictés par la vieille superstition physiologique de l'homme qui avant tout tient à son petit carnage conjugal, croit tout sauvé quand chirurgicalement la jeune fille est intacte. La demi-vierge est faite avec la jeune fille du passé mal élevée, devenue vicieuse, abusant d'une liberté acquise trop vite et dont elle n'est pas digne[117].

Le moraliste, qui préconise la chasteté aussi bien pour les jeunes filles que pour les jeunes hommes, établit un lien entre la classe sociale et la dépravation morale qui anime les femmes savantes de la bourgeoisie : celles-ci renversent la situation à leur avantage en profitant de l'obscurantisme des hommes et de leurs croyances éculées sur la virginité. L'ascendant de la demi-vierge, qui sait, sur son mari, qui croit qu'elle ne sait pas, est également décrit par le « docteur Rhazis » dans *L'Amour dans le mariage* en 1909 : « Très rarement, l'époux d'une jeune femme demi-vierge a connaissance de la qualité de celle-ci, elle a joué devant lui tout autre rôle. Et devant cette initiée, il se comportera comme s'il était devant une enfant très pure, ne s'apercevant pas de la curiosité amusée et goguenarde qui l'épie, le compare et le juge souvent dédaigneusement[118]... »

Une autre figure féminine apparaît à la même période, au tournant du XXe siècle : c'est le personnage humoristique de la femme à la fois savante et ingénue. Savante car elle maîtrise certaines connaissances sur la sexualité dès avant le mariage, mais ingénue dans la mesure où elle ne comprend pas ce qu'il y a de subversif à détenir ce savoir. Dès lors, elle ne prend pas la peine de feindre l'ignorance, ne voyant pas le mal que représente le fait d'avoir déjà eu des expériences sexuelles avant le mariage. C'est ce que suggère un dessin de Chatelaine publié dans *La Petite Caricature* en 1898. Il représente une jeune femme qui ne se cache pas d'avoir partagé son lit avec d'autres hommes avant le mariage : à son époux qui lui reproche le lendemain de leurs noces d'avoir ronflé, elle répond naïvement : « Pas vrai. En tout cas, t'es le premier qui me l'dit[119]. » L'image est un signe de l'évolution des mœurs mais aussi de l'angoisse qu'elle suscite : l'acquisition et la maîtrise des connaissances sexuelles pour les femmes ne pourraient ainsi s'opérer qu'au détriment des hommes et de leur capacité à rester virils et dignes.

Au cours de la seconde moitié du XIXe siècle, les figures du bas-bleu, de la demi-vierge et de l'oie blanche révèlent de trois façons différentes les représentations que les hommes se font des femmes de la bourgeoisie au seuil de la chambre nuptiale : frigides et insoumises quand elles sont éduquées et qu'elles le revendiquent, perverses et manipulatrices quand elles présentent les apparences de la virginité physique sans être innocentes pour autant, naïves et ridicules quand elles ignorent tout de la sexualité. De sorte que, le plus souvent, les jeunes épouses ne font étalage ni de leur ignorance, qui les humilie *a posteriori*, ni de leur maîtrise de la sexualité, qui les discrédite.

L'augmentation des relations prénuptiales est un indice d'un changement des mœurs au début du XXe siècle : elle marque une progressive déconnexion entre la première expérience sexuelle et la nuit de noces, dont l'ampleur reste difficile à évaluer précisément : Anne-Marie Sohn indique qu'« un cinquième au moins des jeunes filles à la Belle Époque, entre un tiers et la moitié dans l'entre-deux-guerres, [...] auraient connu des relations prénuptiales[120] », tandis que le « rapport Simon », la première enquête menée sur le « comportement sexuel des Français » parue en 1972, évalue rétrospectivement entre 11 % et 15 % les femmes s'étant mariées non vierges dans les années 1930[121]. Malgré ces évolutions, les expériences prénuptiales ne sont généralement pas décrites comme une situation habituelle et que les femmes peuvent revendiquer sans paraître subversives. L'ignorance sexuelle féminine à l'arrivée au mariage reste un fait social majeur qui redouble l'infériorité sociale et légale de l'épouse instituée par le Code civil d'un déséquilibre fondamental dans la façon dont les rapports de pouvoir entre elle et son mari se nouent dès la première nuit.

Chapitre 3

La lutte contre l'ignorance nuptiale

« Empêche que ton gendre ne brutalise ta fille la première nuit de ses noces. [...] Dis-lui donc de ménager un peu son plaisir et d'attendre que sa femme soit peu à peu amenée par lui à le comprendre et à y répondre. Rien n'est affreux comme l'épouvante, la souffrance et le dégoût d'une pauvre enfant qui ne sait rien et qui se voit violée par une brute. Nous les élevons tant que nous pouvons comme des saintes, et puis nous les livrons comme des pouliches. Si ton gendre est un homme d'esprit, et s'il aime réellement ta fille, il comprendra son rôle et ne trouvera pas mauvais que tu en causes avec lui la veille. »

George SAND, *Lettre à Hippolyte Chatiron*,
mi-février 1843[1].

« Entretenir une jeune fille, jusqu'au soir de son mariage dans cette fabuleuse illusion que les enfants se trouvent sous une feuille de chou, me paraît avoir souvent des conséquences désastreuses et pour le futur ménage, et surtout pour la dignité et l'honneur de la famille.
Connaître le mal pour l'éviter, voilà une théorie qui ne me semble pas dépourvue de tout bon sens et de toute raison. L'ignorance est bien souvent la source du mal. »

Doctor HELVÉTIUS,
Sécurité complète en amour, 1897[2].

Les difficultés que la première interaction sexuelle entraîne sont décrites par les romanciers, chantées par les artistes, moquées par les dessinateurs, mais elles deviennent également un objet de réflexion pour les essayistes, les observateurs sociaux et les savants. En particulier, il existe une offre importante de manuels qui évoquent la nuit de noces et prodiguent leurs conseils pour atteindre l'harmonie conjugale dès le seuil du mariage[3]. Ces guides sur le couple et les relations hommes/femmes offrent principalement trois types de discours : les conseils typiques des « arts d'aimer » qui s'intéressent davantage aux sentiments et aux relations sociales entre les femmes et les hommes ; les considérations morales qui portent sur l'âme et le salut des époux et épouses[4] ; et les recommandations médicales qui traitent davantage de leurs corps et de leur psychologie. Les frontières entre ces discours sur le cœur, l'âme et le corps sont poreuses et la place qu'ils prennent respectivement dans les manuels conjugaux varie au cours de la période. Néanmoins le positivisme et la confiance accordée à la science favorisent le succès des manuels de nature médicale à partir de la seconde moitié du XIXe siècle : beaucoup considèrent, à l'instar du docteur Félix Roubaud, que les « sciences physiques et médicales, dont l'influence est si grande sur la marche de la civilisation, ont, plus que les sciences morales, une portée immédiate sur le bonheur du mariage[5] ».

Cette littérature conjugale est investie d'une mission de salubrité publique qui apparaît plus nécessaire que jamais après le rétablissement du droit au divorce en 1884, dont on redoute qu'il bouleverse l'institution matrimoniale et entraîne une augmentation des séparations. L'ignorance des époux quant aux enjeux et aux aspects pratiques de la consommation du mariage y est désignée comme le problème premier, d'où découlent tous les autres : elle entraînerait des incompréhensions mutuelles, des frustrations et des traumatismes compromettant le bonheur du couple et son entente.

Les médecins au chevet des époux

Au XIXe siècle, les médecins accordent au mariage et à la nuit de noces un intérêt tout particulier. Sous leur plume, le mot de « mariage » ne désigne pas seulement l'union civile ou religieuse : il est employé, par métonymie, pour évoquer l'acte sexuel entre un homme et une femme. À moins qu'il ne traite du problème spécifique du viol, un savant qui souhaite évoquer les relations sexuelles les présuppose donc dans le cadre conjugal. La préoccupation des scientifiques pour le rapport sexuel se traduit dans les dictionnaires médicaux par la rédaction d'un nombre conséquent d'articles consacrés aux questions du « mariage », du « coït », de la « copulation » ou encore de la « génération »[6]. Attentifs aux effets des relations sexuelles sur les individus, tant au niveau physique (anatomique et physiologique) que psychologique, les médecins prennent également en considération les enjeux sociaux et moraux de l'union entre la femme et l'homme[7]. Considérant le « mariage » comme une prophylaxie, ils le recommandent aux célibataires des deux sexes, mais mentionnent également les « empêchements » pour lesquels il est, au contraire, à proscrire.

C'est cependant surtout au corps des femmes que les savants s'intéressent : la médecine du XIXe siècle perçoit celles-ci comme d'« éternelle[s] malade[s] » accablées par des affections concernant leurs organes génitaux[8]. La gynécologie est un champ d'étude très actif, notamment dans les années 1830 et 1840 avec le domaine de l'ovologie qui s'intéresse au cycle menstruel féminin et démontre le principe de l'ovulation spontanée[9]. Pour autant, les historiennes Catherine Fouquet et Yvonne Knibielher rappellent que s'ils attestent de la volonté d'améliorer les connaissances sur les femmes et de mieux les soigner, ces travaux médicaux reflètent également une forte méfiance à l'égard de la « nature féminine » et sous-tendent une vision de la complémentarité des sexes à la fois naturelle et sociale, qui enferme les femmes dans le mariage et la maternité[10].

L'attention pour ces questions prend de l'ampleur au cours du siècle. Sylvie Chaperon montre que si la sexologie, ou « science de la sexualité », n'est véritablement constituée que dans les années 1910, les médecins y consacrent un grand nombre d'études depuis les années 1850[11]. Ils s'intéressent notamment à la jouissance sexuelle dans le cadre des interactions conjugales, sans négliger l'importance de celle de l'épouse, dans la mesure où « un coït sans plaisir devient un signe clinique[12] ». La frigidité ou l'« anaphrodisie » deviennent alors des pathologies typiquement féminines, comme l'est déjà l'hystérie, autre maladie du dérèglement de la « matrice », c'est-à-dire de l'utérus. Les aliénistes, dès le début du XIXe siècle, les psychiatres, puis les psychologues à partir des années 1880 investissent également le domaine de la sexualité qu'ils abordent en élaborant une partition entre les pratiques « normales » et hygiéniques dans le cadre du mariage et celles qui sont « déviantes »[13].

Cet intérêt médical pour le mariage et la « vie sexuelle », dans la variété des approches qui le caractérise et des thèmes qu'il explore, explique la présence de propos spécifiques sur la nuit de noces dans les écrits médicaux. C'est d'abord à propos de la virginité physique que les considérations sur la première nuit sont les plus nombreuses au début du XIXe siècle : déterminer l'existence, puis la nature et la fonction de l'hymen est une préoccupation des médecins, ce dont témoignent les recherches des anatomistes et des étudiants qui y consacrent des thèses et en font un signe de lisibilité du corps féminin[14]. En 1818, l'anatomiste Georges Cuvier affirme que l'hymen existe bel et bien, tout en insistant sur le fait que sa présence ne prouve pas la virginité féminine, et que son absence ne permet pas non plus de l'invalider[15].

Les médecins étudient également les affections physiques et morales apparues au cours d'une première union sexuelle entre deux personnes : lésions du vagin ou du pénis, hémorragies inhabituelles, impuissance, vaginisme, transmission de maladies vénériennes, « hermaphrodisme », ou autres défauts de conformation empêchant la pénétration. Des médecins légistes peuvent être nommés comme experts par la justice civile ou par les tribunaux ecclésiastiques dans le cadre de conflits matrimoniaux, pour déterminer s'il y a eu défloration de l'épouse, constater d'éventuelles conséquences de violences physiques ou morales subies par un des deux conjoints ou estimer le degré de lucidité des époux au moment de la nuit de noces. Certains d'entre eux recensent ces problèmes survenus au cours de la première nuit dans des ouvrages monographiques sur le mariage, comme le *Cours de médecine légale de la faculté de médecine de Paris. Le Mariage. Nullité, divorce, grossesse, accouchement* de l'éminent Paul Brouardel en 1900, ou *Le Mariage. Étude de socio-biologie et de médecine légale* de Georges Morache en 1902.

La vulgarisation médicale dans les manuels conjugaux

Dans ce contexte d'élaboration de nouveaux savoirs médicaux sur la sexualité apparaissent un grand nombre de manuels conjugaux, considérés aujourd'hui comme relevant de la « protosexologie »[16]. Avant les années 1860, il existe peu d'ouvrages de ce type en circulation, hormis les diverses rééditions du *Tableau de l'amour conjugal* de Nicolas Venette (1686) et de rares études comme le *Nouveau tableau de l'Amour conjugal* du docteur Bousquet ou le *Code de la génération universelle* du docteur Morel de Rubempré qui précèdent la « vogue de l'hygiène conjugale[17] » de la seconde moitié du siècle. On ne peut savoir précisément quelle est l'ampleur du public touché, mais le nombre important de titres, qui se comptent par dizaines, et les nombreuses rééditions des manuels les plus prisés indiquent que ces ouvrages étaient largement diffusés et lus : parmi les guides emblématiques figurent *Le Mariage dans ses devoirs, ses rapports et ses effets conjugaux au point de vue légal, hygiénique, physiologique et moral* publié à la fin des années 1870 par Pierre Garnier et constamment réédité, tout comme les ouvrages de sa collection « Hygiène de la génération » publiés aux éditions Garnier à partir des années 1880. *La Petite Bible des époux* que Charles Thomas-Caraman publie en 1885, sous le nom du docteur Montalban, connaît également beaucoup de succès. Au tournant du siècle, de nombreux volumes de la collection « Bibliothèque populaire des connaissances médicales » du docteur Caufeynon ou des docteurs Jaf et Eynon (pseudonymes de Jean Fauconney) sont également consacrés au mariage, comme *L'Amour et l'accouplement. Les organes génitaux, la puberté, formes de l'accouplement, mécanisme du coït* (1902), *Hygiène et régénération* (1902), *Le Mariage et son hygiène. Rapports sexuels, le moment de la procréation, hygiène des époux, les fraudes conjugales* (1903) ou *Manuel de l'amour conjugal* (1909). Selon Sylvie Chaperon, les tirages de ces ouvrages vont jusqu'à « dix mille pour les meilleures ventes[18] ».

Constatant que les époux arrivent trop ignorants au soir du mariage, les auteurs des manuels conjugaux médicaux insistent sur la nécessité de rompre le silence qui entoure la consommation de l'union. Leur but : les aider à parvenir au bonheur conjugal par une meilleure connaissance de la mécanique des rapports sexuels et de la psychologie sexuelle humaine, leur expliquer ce qui les attend dans la chambre nuptiale pour les préserver des effets délétères, à court ou long terme, d'une première rencontre sexuelle ratée, et anticiper les difficultés qui pourraient se présenter. La nuit de noces fait ainsi l'objet d'un traitement spécifique dans des paragraphes distincts, voire dans un chapitre dédié. Le coït de la première nuit est distingué des autres relations sexuelles, parce que la défloration est considérée comme un moment délicat qui suppose de prendre des précautions particulières. Quelques exemples parmi d'autres : Emmanuel Clément écrit un premier chapitre intitulé « Ce que les futurs époux doivent savoir à la veille de leur mariage » dans son *Guide des gens mariés* publié en 1873, et le docteur Coriveaud place sous le signe de la nuit de noces l'ensemble de son « étude d'hygiène » intitulée *Le Lendemain du mariage* et publiée en 1884. Même les auteurs qui ne s'inscrivent pas nécessairement dans une défense de l'institution matrimoniale et œuvrent pour la diffusion des idées néomalthusiennes donnent pour cadre à leurs explications sur les premières relations sexuelles celui de la nuit de noces, comme le fait par exemple le « doctor » Helvétius dans *Sécurité complète en amour. Impuissance et stérilité vaincues* (1897).

Si les manuels semblent s'adresser aussi bien aux hommes qu'aux femmes, ils excluent en fait les jeunes filles de leur lectorat. Prudents, la plupart d'entre eux tiennent compte du double standard de la morale qui place les femmes et les hommes dans des sphères séparées, puisque les expériences sexuelles des unes sont stigmatisées et que leurs savoirs sont très limités voire inexistants, tandis que les autres sont censés savoir de quoi il retourne et que la plupart d'entre eux ont déjà une expérience concrète des relations sexuelles, soit auprès de femmes de leur entourage, soit auprès de prostituées[19]. De ce fait, les passages sur la nuit de noces ne sont en réalité jamais écrits que pour les hommes ou les femmes déjà mariées, comme c'est par exemple le cas chez le docteur Coriveaud dans *Le Lendemain du mariage* (1884). Les explications arrivent donc trop tard pour les femmes, qui lisent le passage de façon uniquement rétrospective ; du reste, l'auteur se contente de décrire les appréhensions de l'épouse sans expliquer ce qu'il se passe concrètement, puisque, selon lui, c'est à son mari de lui révéler ce secret. Car face à cette situation délicate, la solution retenue par les auteurs est celle de la facilité : ils préfèrent s'en remettre aux seuls hommes, principaux destinataires de leurs conseils.

Combattre l'ignorance masculine avant tout

Dans les manuels conjugaux, la plupart des auteurs déplorent le fait qu'en France les futurs maris et les futures femmes soient si mal préparés au mariage, mais l'ignorance masculine et l'ignorance féminine ne sont pas perçues de la même façon. Les adjectifs employés pour qualifier les épouses renvoient à une seule façon d'être et d'agir : elles sont naïves, apeurées, craintives, candides, inexpérimentées. Ceux qui sont utilisés pour qualifier les hommes sont plus équivoques : ils décrivent les maris à la fois tels qu'ils devraient être – entreprenants, actifs, en pleine maîtrise de leurs moyens – et tels qu'ils sont trop souvent en réalité – hésitants, maladroits, embarrassés. Alors qu'avant la fin du XIXe siècle la grande majorité des auteurs envisagent l'ignorance féminine comme un état de fait certes regrettable, mais indépassable pour des raisons morales, la solution proposée est de préparer avant tout le futur époux à mieux interagir pendant la nuit de noces avec son épouse. Les auteurs justifient ce parti pris en insistant sur l'ignorance trop souvent sous-estimée des hommes, et font de la nécessité de son éradication un leitmotiv.

Au XIXe siècle, il n'est d'éducation à la sexualité « ni dans les familles, ni dans les collèges » et les jeunes hommes « conduisent pour bonne part en autodidactes leur apprentissage » sexuel[20]. Ils s'initient entre eux, à l'école, au travail, à la caserne, par les discussions, les virées au bordel et les lectures. Or, à en croire les manuels conjugaux, la réussite de l'épreuve de la nuit de noces ne semble malgré tout pas aller de soi pour les futurs maris, qui, malgré leurs expériences, seraient dépourvus des connaissances indispensables. Les auteurs proposent donc de lutter contre l'ignorance masculine spécifiquement, à l'instar du docteur Montalban qui, dans sa préface à *La Petite Bible des jeunes époux* (1885), s'adresse au « candidat à l'hymen », au « jeune époux », au « futur mari », au « lycéen ». Beaucoup s'étonnent du fait que ce soit aux futures épouses que les mères fassent traditionnellement des recommandations juste avant la nuit de noces, et non aux futurs époux, qui selon Ernest Monin en auraient davantage besoin :

> La difficulté des premiers rapports tient, parfois, à l'étroitesse de la vulve ou à des contractions causées, chez la femme, par la peur exagérée du mâle. C'est pourquoi ce dernier ne doit point, par son ignorance ou son impéritie, sa naïveté ou sa brusquerie, aggraver cette disposition, assez naturelle aux jeunes épousées. C'est à l'homme plutôt qu'à la femme, que l'on devrait, la veille du mariage, donner des instructions[21] !

Certains titres soulèvent spécifiquement ce problème, comme l'ouvrage du docteur Du Queyras paru en 1866, la *Nouvelle physiologie du mariage*, au sous-titre éloquent : *De l'ignorance du mari et des déceptions de l'épouse.* Pour lui l'ignorance ne concerne pas les seuls hommes vierges qui n'ont jamais approché une femme, mais toute personne inexpérimentée dans les relations matrimoniales, envisagées comme très différentes des rencontres charnelles hors mariage. Le docteur Félix Spring, qui rédige un *Art d'éviter le divorce* en 1885, insiste longuement sur ce délicat sujet qui cause bien des déboires aux jeunes couples :

> Si la connaissance physiologique de la femme est indispensable à l'homme vertueux, elle l'est peut-être davantage, à l'imprudent qui aura gaspillé les premières années de sa jeunesse entre les bras de

> ces créatures qui ont mis toute honte de côté. Rien n'est préjudiciable comme la fausse expérience que l'on a acquise ainsi. Au point de vue physiologique, tout comme au point de vue moral, il y a autant de différence entre une femme impudique et une jeune fille chaste qu'entre les fureurs d'un torrent impétueux et le cours d'un ruisseau paisible. Les élans de passion effrénée, les caresses hardies qui transportent celle-là, effaroucheraient celle-ci et la rempliraient de confusion[22].

Le fait d'avoir connu des femmes n'a ainsi pas rendu le jeune homme familier de l'anatomie, de la physiologie et de la psychologie propres aux jeunes femmes vierges, et ne l'a pas éveillé aux subtilités du désir féminin ; c'est pourquoi, selon Félix Spring, il doit se munir d'un « ouvrage qui le mette immédiatement en possession d'une expérience qu'il n'acquièrerait [*sic*] qu'à la longue et, souvent, au dépend [*sic*] de son bonheur et de celui de sa compagne[23] ». Léon Blum fait le même constat dans *Du mariage*, en 1907, quand il montre l'absurdité pour le jeune homme de recevoir ses « leçons d'amour » auprès de « simples prostituées » qui ne pourront pourtant ni lui apprendre « à prendre une vierge » ni à s'intéresser à la jouissance féminine[24].

Si l'ignorance est partagée par les femmes et par les hommes, celle des hommes est considérée comme bien plus grave, car ils ont la responsabilité d'être les initiateurs, tandis que les femmes, même peu ou pas instruites, n'auraient qu'à se laisser faire. Dans *La Petite Bible des jeunes époux* (1885), le docteur Montalban rappelle que le jeune mari est « appelé à servir de tuteur et de guide à un jeune être frêle et délicat, plein d'ignorance et de passion inconsciente[25] », et que c'est avant tout sur lui que repose la réussite de la première relation sexuelle. C'est aussi ce sur quoi insiste le docteur P. de Bourgogne au début des années 1910, dans ses livres *Aux fiancés. Conseils médicaux d'hygiène pratique. Ce que tout homme doit savoir* ou encore *Le Mariage. Conseils médicaux, d'hygiène pratique*, qu'il destine aux « candidats au mariage et aux jeunes mariés » : « C'est à l'époux qu'est dévolu le rôle d'éducateur. Cette tâche est délicate ; elle exige des qualités de prudence et de tact, ainsi que la connaissance des dangers auxquels une jeune femme peut être exposée par les maladresses ou l'insouciance de son mari. » Le médecin justifie son entreprise : ses conseils « d'une précision toute médicale » ont « pour but d'expliquer clairement ce que sont les écueils et la manière de les éviter. Ils répondent d'une façon rationnelle et scientifique aux questions souvent délicates que soulèvent les premières intimités ».

Il détaille ainsi au futur mari les gestes à effectuer et l'attitude à adopter, l'exhortant à être un initiateur patient et prévenant :

> La nuit d'initiation ne peut ressembler à aucune autre. L'époux y joue un rôle difficile qui exige de la délicatesse et de la prudence. [...] Presque toujours la jeune fille ne sait que peu de choses du mariage et des intimités qui le caractérisent. [...] Mariée, elle se sent perdue dans l'inconnu mystérieux comme dans un brouillard : mais elle a confiance en son mari qui sera son guide. [...] Il devra ensuite avoir soin de lui expliquer qu'il n'est pas encore réellement son époux et que l'étreinte la plus intime qui scellera définitivement leur union ne peut se faire sans souffrances. Qu'il ne craigne pas de l'effrayer par cette confidence : la femme qui aime est heureuse de souffrir volontairement par celui qu'elle aime. Et, de plus, elle lui saura gré d'avoir tenu compte de sa dignité en la consultant[26].

Les ouvrages traitant de l'hygiène conjugale font donc tous le même constat, accablant : celui de l'ignorance des hommes à l'endroit des femmes, de leur corps et de leur psychologie, qui les conduit à agir avec brutalité et sans délicatesse. Ils insistent sur le fait que la sexualité n'est pas un ensemble d'actes qui peuvent être exécutés par la seule intuition, et que le rapport sexuel hétérosexuel s'apprend. Mais ils contribuent dans le même temps à rassurer les lecteurs masculins sur leur supériorité vis-à-vis des femmes, qui sont toujours décrites en position d'infériorité psychologique, physique et intellectuelle. Surtout, ces « œuvres de soi-disant vulgarisation » n'atteignent jamais leur but parce que les conseils, « destinés exclusivement à l'homme, [...] ne s'intéressent guère qu'à lui », en « laissant dédaigneusement la femme au second plan », comme le déplore Michel Bourgas qui n'agit pourtant pas très différemment de ses confrères, puisqu'il n'adresse son *Droit à l'amour pour la femme* (1914) qu'aux hommes, même si, précise-t-il, c'est « en vue de la femme, qu'il veut faire mieux connaître, mieux apprécier, mieux aimer[27] ».

Ainsi, tout au long de la seconde moitié du XIXe siècle et jusque dans les années 1920, les manuels conjugaux répètent les uns à la suite des autres leur but premier : remédier au manque de connaissances des hommes sur les femmes. Cela ne signifie pas que les femmes n'ont jamais accès à ces livres. Mais l'intention des auteurs qui adressent prioritairement leurs conseils aux hommes a moins pour effet de montrer que les hommes sont ignorants que de renforcer la représentation des femmes comme plus ignorantes encore. De ce fait, malgré et même à cause de ces ouvrages, se renforce l'idée que la nuit de noces est un moment d'initiation pour les femmes et non pour les hommes.

Informer ou corrompre ?

À la différence des fictions qui évoquent la sexualité, les discours savants sur le mariage et la nuit de noces de nature médicale ou religieuse ne sont pas vraiment touchés par la censure[28] : leurs auteurs peuvent être poursuivis (c'est le cas de Morel de Rubempré en 1827) mais sont très rarement condamnés, à l'exception des ouvrages néomalthusiens du début du XXe siècle[29]. Néanmoins, rares sont ceux qui évacuent tout à fait, ou nient, l'existence de ce danger, et beaucoup prennent garde à la potentialité érotique de leurs propos. Ainsi, pour respecter une certaine conformité morale, ils s'autocensurent ou élaborent des stratégies pour désamorcer le plaisir qui pourrait naître de la lecture d'un texte dont le but, en principe, n'est pas d'exciter le lecteur, mais de l'informer sur le nécessaire et délicat sujet de la consommation du mariage. Ceux qui traitent sérieusement de la nuit de noces, et plus largement de la sexualité, s'emploient donc à opposer aux possibles accusations d'immoralité une ambition de scientificité qui légitime leurs propos. Dans les années 1860, le docteur Louis Seraine fait le constat de l'inexistence, « sur ces questions, [d']un livre sérieux et honnête, écrit au nom de la science, dans un style simple et chaste, où les personnes mariées pussent étudier sans rougir ce sujet qui les intéresse si fort dans leur personne et dans leur postérité », suggérant ainsi que ses prédécesseurs ne répondent pas aux exigences des convenances morales et écrivant *De la santé des gens mariés* avec l'idée de « combler cette lacune[30] ». C'est aussi le cas de Félix Spring, en 1885, avec son *Art d'éviter le divorce*, qui craint les injustes soupçons que d'aucuns pourraient porter sur la pureté de ses vues :

> On nous accuse d'exagérer l'ignorance des jeunes gens et d'en prendre prétexte pour décrire au large public des faits qu'il est dangereux d'imprimer. Nous répondrons que les vérités scientifiques, même sur les rapports conjugaux, sont moins dangereuses et moins malsaines que certains romans modernes dont les personnages pervertissent à plaisir toutes les lois de la nature[31].

Les auteurs anticipent ainsi les reproches en insistant sur l'honnêteté de leur démarche, toute scientifique et donc morale, qu'ils opposent à celle d'auteurs dépravés évoquant la sexualité pour des motifs moins avouables : romanciers, pornographes, artistes décadents. Telles sont les précautions qu'affiche le prolifique docteur Pierre Garnier en préface du *Mariage dans ses devoirs, ses rapports et ses effets conjugaux au point de vue légal, hygiénique, physiologique et moral* publié en 1879 :

> Sur les questions mystérieuses des fonctions de la génération humaine, toujours si délicates à traiter devant le public [...], il s'agissait de vulgariser la connaissance de son mécanisme, en précisant les actes et les lois qui président à sa réalisation, sans offenser la pudeur ni la bienséance.
> Tout en essayant d'en mieux faire comprendre les secrets, nous n'avions donc pas à imiter ces descriptions lubriques d'organes et de fonctions bien connues, de pratiques honteuses, ni ces histoires et ces anecdotes graveleuses s'y rapportant, inventées pour exciter une curiosité malsaine et qui ont fait et font encore tout le succès des livres sur ce sujet. [...] Nous n'avons employé que le langage sévère de la science et de l'histoire, de la morale et de la raison, pour mieux convaincre les esprits sérieux en les initiant aux pratiques et aux découvertes récentes, avec les résultats à l'appui[32].

La volonté d'utiliser le langage transparent et chaste de la science ne résiste pas souvent devant l'emploi de circonlocutions pudiques ou de stratégies d'évitement dont les médecins ne parviennent pas à se défaire, laissant ainsi dépourvus les jeunes maris inexpérimentés ou ignorants. Ce que les explications de Pierre Garnier gagnent en moralité, elles les perdent en clarté, comme le montre son passage définissant et décrivant l'acte sexuel :

> La procréation étant le but et la fin du mariage, l'union intime des époux est indispensable pour la réaliser. De là la copulation ou coït. C'est l'acte générateur effectué en commun par lequel les organes de cet appareil sont mis en rapport immédiat. Le mécanisme en est si simple et naturel qu'il est superflu de le décrire. On n'enseigne pas la déglutition, et, malgré son mécanisme compliqué, le nouveau-né même ne s'étrangle pas. Il y a, de part et d'autre, tant de volupté dans cette réunion intime, et chacun trouve un attrait, un plaisir si irrésistible dans cette délicieuse étreinte, que personne ne se trompe pour l'accomplir[33].

De même, le docteur Montalban se désole à propos des manuels sur le mariage, « les uns [...] trop scientifiques, les autres [...] trop orduriers », mais ne réussit guère à s'en différencier : par exemple, il ne prend pas la peine de décrire en quoi consiste l'érection, arguant du fait que la description de ce « phénomène connu [...] aurait l'unique utilité de chatouiller l'épiderme du lecteur »[34].

Ces précautions contre-productives sont en partie dues au fait que, justement, les manuels conjugaux sont parfois écrits ou lus comme des livres érotiques, et non comme des ouvrages sérieux. Un certain nombre d'écrits au statut incertain profitent en effet de l'exception dont l'édition médicale bénéficie en ce qui concerne la censure qui menace les textes sur la sexualité[35]. Des éditeurs spécialisés dans la littérature grivoise publient des manuels conjugaux en affichant leur volonté de vulgariser les connaissances sur la sexualité, mais les illustrations et le péritexte (des réclames pour des revues érotiques et des romans dits « passionnels ») choisis ne laissent pas de doutes sur leurs intentions. Les frères Offenstadt, qui se sont fait une spécialité de la vente d'écrits licencieux dès leurs débuts, en 1899, publient ainsi de nombreux manuels du docteur Caufeynon dans leur collection de la « Bibliothèque populaire des connaissances médicales »[36]. Ces publications sont ensuite reprises dans les années 1920 par les éditions de la Librairie artistique dans des versions illustrées plus suggestives : les couvertures du *Mariage et son hygiène. Rapports sexuels, le moment de la procréation, hygiène des époux, les fraudes conjugales*, du docteur Caufeynon, et du *Manuel de l'amour conjugal*, du docteur Eynon, représentent des femmes dénudées et ressemblent davantage à celles des publications légères qu'à des ouvrages de vulgarisation scientifique.

Mieux instruire les femmes également ?

L'ignorance des femmes à leur arrivée au mariage est un fait qui est constaté tout au long du XIXe siècle. Des écrivains et écrivaines, des hommes et des femmes politiques, des médecins et des essayistes insistent chacune et chacun à leur manière sur ses conséquences dramatiques. Dans sa *Nouvelle physiologie du mariage* parue en 1866, le docteur Du Queyras met en garde contre cette ignorance qui selon lui ne protégerait en rien la jeune fille et encouragerait au contraire chez elle des rêves qui « couvent sous le tissu virginal de ses chastes pensées » et qui ne peuvent être suivis que de cruelles désillusions[37]. À l'instar d'Alexandre Dumas fils qui évoque dans la préface de 1869 à sa comédie *L'Ami des femmes* le « viol légal et consacré » de « cette jeune fille ignorante [livrée] à ce jeune homme impatient »[38], le lien entre ignorance et viol est souvent établi, puisque la jeune fille qui ne sait pas à quoi s'attendre ne peut en aucun cas apprécier une première relation sexuelle qui n'a pas été désirée en amont. Les femmes médecins Madeleine Brès et Georgette Déga (dans *Essai sur la cure préventive de l'hystérie féminine par l'éducation*, 1898) insistent sur les dangers de l'insuffisance de l'éducation des jeunes filles en ce qui concerne le fonctionnement des organes génitaux. Avec *Le Droit des femmes et la morale intersexuelle. Une question d'éducation sociale* (1903), Auguste de Morsier poursuit l'œuvre féministe de sa mère Émilie : il critique énergiquement la « double morale » dispensée aux hommes et aux femmes et revendique même pour les jeunes filles le droit à l'immoralité, préconisant une éducation où celles-ci seraient préparées à vivre comme des célibataires indépendantes, avant de se diriger si elles le souhaitent vers une vie conjugale qui éviterait les écueils d'une « prostitution légale » déguisée en mariage. Léon Blum tient des positions très semblables dans son essai *Du mariage* (1907) quand il affirme que l'« ignorance de la femme » et l'« inexpérience de la sensualité » sont « le commencement et la cause ordinaire de la désharmonie physique »[39]. Ces propos, qui s'inscrivent dans la réflexion sur l'égalité dans le couple menée depuis plusieurs décennies par les mouvements saint-simoniens, libertaires, socialistes ou néomalthusiens, font scandale et restent peu audibles pour la société française du début du xxe siècle[40]. Toutefois, il n'est à cette époque plus personne pour réclamer ouvertement l'ignorance complète des jeunes filles.

Si le principe de la nécessité d'une instruction plus complète des femmes progresse, peu d'auteurs ou d'autrices se risquent à prendre l'initiative d'écrire les conseils pratiques dont les jeunes filles ont besoin. Contrairement aux livres destinés aux hommes, qui s'adressent presque toujours directement aux futurs maris, les manuels qui s'emparent de la délicate tâche de diffuser le savoir aux jeunes filles ne s'adressent pas à elles mais à leurs mères, considérées comme un vecteur privilégié de transmission des connaissances.

Il s'agit donc, avant d'aider les jeunes filles, d'assister les mères en leur fournissant des supports de réflexion et des techniques de discussion pour amener le sujet du versant sexuel du mariage : c'est ce que proposent les ouvrages *L'École de la pureté* (1898) d'Emma Pieczinska-Reichenbach, *Le Voile de l'hyménée* de Louise de L'Estang (1903), *Les Mères de demain* (1902) d'Augusta Moll-Weiss ou encore *Comment j'ai instruit mes filles* (1907) de Jeanne Leroy-Allais[41]. Louise de l'Estang destine aux mères une brochure qu'elles peuvent lire avec leurs filles :

> C'est la révélation de cet acte, et surtout son exécution, qui froisse beaucoup d'entre elles parce qu'elles n'y sont pas préparées et qui leur fait, quelquefois, prendre en aversion le mari qu'elles ont choisi sans savoir qu'il aurait à remplir cet acte auprès d'elles. Combien de femmes seront de cet avis, qui n'ont jamais oublié, ni même pardonné à leurs maris [...] les révélations de « la première nuit de noces ».

Elle emploie, pour éclairer ses lectrices avec des « termes clairs mais décents », des comparaisons impliquant « un jardinier, une graine et la terre dans laquelle il l'ensemence » :

> Que fait le jardinier lorsqu'il veut faire pousser une plante ? Il enfonce au sein de la terre la graine qu'il veut faire développer et laisse à la nature le soin de la faire germer et de la transformer en jeune plante qui sort de terre et grandit ensuite au soleil et à l'air libre. Il en est de même, ou à peu près, pour la reproduction de l'espèce humaine dans laquelle les rôles du jardinier et de la graine sont tenus par l'homme et celui de la terre par la femme durant la période de la grossesse. [...]
> Voilà expliqué d'une façon, croyons-nous, suffisamment claire pour que les plus innocentes aient compris, l'acte inconnu de beaucoup de jeunes filles quand elles se marient et pour lequel, cependant, le mariage a été institué[42].

Même si elle s'en défend, Louise de l'Estang semble être contrainte par ses scrupules moraux, et on peut douter que les formulations choisies soient réellement efficaces pour celles qui ne savent rien, en l'absence de toute description concrète et de vocabulaire précis relatif à l'anatomie des parties génitales. Ces explications sibyllines peuvent toutefois être le point de départ d'une discussion entre une mère et sa fille. D'autres ouvrages de cette veine sont écrits au cours des décennies suivantes, comme le livre *Aux mères et à leurs grandes filles, futures épouses* du conservateur abbé Grimaud (1922), réédité plus de soixante fois au cours de la première moitié du XXe siècle, qui consacre un long chapitre à l'« initiation matrimoniale », martelant la nécessité de prévenir la jeune fille avant le mariage, afin qu'elle se prête ensuite à une « coopération affectueuse » dans le « grand acte de génération » imposé par Dieu[43]. Rares sont ceux ou celles qui, comme la doctoresse Madeleine Pelletier, première femme française psychiatre, adoptent une position radicalement progressiste : la militante[44] insiste dans *L'Éducation féministe des filles* (1914) sur la nécessité d'une éducation sexuelle explicite, ne s'embarrassant pas de conventions morales qui limitent la compréhension de ce qui se joue dans le mariage :

> On se détache de plus en plus des anciennes idées d'après lesquelles il était moral de paraître ignorer la sexualité et de faire le silence sur ses pires turpitudes. Combien de jeunes filles se mariaient croyant encore que tout le mariage consiste à s'habiller en blanc pour aller aux côtés d'un monsieur à la mairie et à l'église. La révélation de la réalité était une surprise toujours désagréable, parfois affreuse. Il arrivait que la nouvelle épousée, indignée, se plaignait à sa mère ; alors, la mère lui prêchait la résignation : *« Les femmes, disait-elle, sont faites pour se soumettre et pour souffrir, ainsi le veut la nature et... le bon Dieu ! »*

Elle préconise des explications concrètes sur les rapports sociaux entre les sexes, notamment en ce qui concerne les relations sexuelles et les rapports de domination qui les accompagnent : elle estime qu'à partir de l'âge de quinze ans, toute jeune fille doit avoir reçu des explications sur « l'amour physique et sentimental, normal et pathologique », ainsi que sur « la séduction et les artifices de l'homme pour amener à ses fins la jeune fille, la maternité en mariage et hors mariage, les pratiques néo-malthusiennes, les maladies vénériennes, la condition des femmes entretenues, la prostitution haute et basse »[45]. Mais, selon elle, cette œuvre éducative, qui doit être menée collectivement par les mères, les institutrices et plus largement par toutes les femmes, ne sera pleinement réussie que si, en connaissance de cause, les jeunes filles se détournent alors de la voie classique du mariage, pour choisir un célibat émancipateur : comme Arria Ly ou Paule Salonne-Le Gac, elle prône la conservation de la virginité, seul moyen à leurs yeux de s'affranchir totalement de la tutelle de l'homme, parce que se diriger vers les relations conjugales conduirait inéluctablement à l'asservissement de la femme par le mari[46]. Elle se distingue donc, avec quelques-unes de ses consœurs, des féministes réformistes qui ne remettent pas en cause le mariage et appellent de leurs vœux une sexualité et une maternité épanouies dans le cadre conjugal.

Enfin, dans l'entre-deux-guerres, des initiatives sont finalement menées pour développer l'éducation sexuelle à l'école[47] : en 1923, la Société de prophylaxie sanitaire et morale réclame par exemple que des cours d'éducation sexuelle soient dispensés aux éducatrices dans les écoles normales pour que « l'éducation sexuelle prévue pour les garçons soit étendue aux jeunes filles [...] sous la forme d'un cours d'anatomie, de physiologie et d'hygiène féminine[48] ». Mais, comme l'écrit Pauline Mortas, ces programmes sont circonscrits à « la sphère de la biologie et limitent par là même la sexualité à la seule reproduction » : ils visent à former des mères bien plus que des femmes épanouies[49].

De rares guides sur la vie conjugale sont adressés directement aux jeunes filles à marier. Au début du XIXe siècle, ils sont très timides. Les *Étrennes aux jeunes femmes* qui paraissent en 1806 déplorent l'« absence totale des notions les plus simples sur l'état d'épouse et de mère, à laquelle certaines préventions, trop ordinaires dans les familles, semblent avoir condamné les jeunes personnes, jusqu'à l'époque qui les remet aux bras d'un époux ». Mais si elles décrivent les jeunes femmes comme les « victimes d'une ignorance funeste », elles n'évoquent l'acte sexuel que très brièvement, en mentionnant simplement l'existence d'un « contact de l'homme », pour directement ensuite décrire la fécondation qui a lieu *in utero*[50]. À partir de la Restauration, la forte moralisation de la société ne favorise pas la diffusion des savoirs sur la sexualité aux jeunes filles. Les écrits qui, comme ce *Catéchisme à l'usage des grandes filles qui souhaitent se marier*, une petite brochure d'une dizaine de pages parue en 1848, prétendent s'adresser directement à elles s'avèrent le plus souvent être en réalité des parodies à destination des hommes qui tirent plaisir à imaginer des propos grivois mis à la portée d'une jeune fille.

Il faut donc attendre la seconde moitié du XIXe siècle pour trouver quelques ouvrages réellement à destination des jeunes filles et qui affichent l'ambition de les éclairer sur les « réalités » du mariage. Cette période voit le développement de l'instruction primaire féminine et de l'alphabétisation, qui change la donne en participant à la constitution d'un nouveau lectorat, cependant limité à la bourgeoisie éclairée dans un premier temps. Le journaliste et écrivain Alexandre Weill publie *Si j'avais une fille à marier* en 1860, dans lequel le narrateur, qui s'adresse à une jeune fille, ne fait pas l'impasse sur les questions de morale sexuelle. Emmanuel Clément prétend s'adresser aux jeunes filles dans le premier chapitre de son *Guide des gens mariés* (1872) intitulé « Ce que les futurs époux doivent savoir la veille de leur mariage » ; mais il se contente de leur conseiller de se tourner vers « [leur] mère, ou, à défaut, [vers les] parentes ou amies qui [leur] en tiennent lieu[51] ». Un peu plus tard, le libertaire Georges Barral destine spécifiquement aux femmes le *Missel de l'amour expérimental* (1883), qui est conçu comme un pendant du *Bréviaire de l'amour expérimental* écrit par Jules Guyot et plutôt destiné aux futurs maris. Le journal *L'Intransigeant* en recommande la lecture aux jeunes filles : « Si toutes les femmes lisaient ce petit in-16 avant d'entrer en ménage, nous verrions beaucoup moins de maris trompés, et beaucoup plus de femmes heureuses dans leur intérieur[52]. »

Au début du XXᵉ siècle, des livres affirment plus franchement la nécessité pour les futures épouses d'acquérir des savoirs pratiques et explicites sur la sexualité par elles-mêmes. Le docteur Auguste Forel, dans sa préface de 1911 à *La Question sexuelle pour les adultes cultivés*, inclut parmi son lectorat les jeunes filles. Son ouvrage, qui évoque à de nombreuses reprises la nuit de noces, explore aussi bien l'anatomie que la psychologie, et traite des rapports que la question sexuelle entretient avec l'économie, la politique, la religion, le droit, et l'art. En 1912, *Préservation et éducation des sexes* de Miss Suzie prodigue également indistinctement aux jeunes gens et aux jeunes femmes des conseils affranchis de la morale dominante : l'ouvrage dénonce le problème de « l'ignorance de tout ce qui concerne les relations sexuelles, dont on a si longtemps voulu ignorer l'existence, au nom d'une morale hypocrite et néfaste[53] ». Le long développement consacré aux « difficultés de l'initiation amoureuse[54] » se déroule dans le contexte de la nuit de noces, sans doute parce que c'est dans ce cadre que la plupart des « premières » fois ont lieu pour les femmes, mais Miss Suzie prend garde de condamner l'obsession de la « virginité » jusqu'au mariage et précise que la défloration peut également être effectuée par un « amant » et non un mari. Elle évoque les relations hors mariage ou avant le mariage de la même façon que celles abordées dans le cadre strictement matrimonial : à la veille de la Première Guerre mondiale, c'est un parti pris progressiste qui tranche avec les manuels existants, qui n'envisagent pas la sexualité hors du mariage autrement que pour la condamner.

Prévenir les affections physiques et morales les plus graves

L'aphorisme balzacien de la *Physiologie du mariage* (1829) affirmant que « le sort d'un ménage dépend de la première nuit » synthétise déjà l'expression d'une inquiétude qui se fait récurrente dans les manuels conjugaux de la seconde moitié du XIXᵉ siècle : le fait que la nuit de noces soit un événement unique, non réitérable, ne laisse pas le droit à l'erreur. Les auteurs ne sont pas avares d'explications sur leur zèle à diffuser ces savoirs sur la sexualité : il ne s'agit pas de décrire quelques drames isolés, mais d'exposer des problèmes pratiques dont les conséquences sont graves au niveau individuel, puisque les époux et surtout les épouses subissent des atteintes physiques et morales qui mettent leur santé en danger, mais aussi au niveau collectif, puisque les échecs nuptiaux aboutissent à des conflits, voire à des ruptures qui mettent à mal l'institution matrimoniale, et donc fragilisent l'ordre social.

Grand lecteur d'études médicales sur la gynécologie, Jules Michelet, dans son essai *La Femme* (1859), met en garde le jeune homme contre une conduite trop empressée pendant la nuit de noces : « Les médecins commencent à soupçonner que la précipitation et l'insistance aveugle (faut-il le dire ? l'orgueil cruel) sont très-souvent la première cause d'irritations durables, d'inguérissables congestions[55]. » Pendant la seconde moitié du XIXe siècle, les auteurs de manuels conjugaux affichent eux aussi ces préoccupations, et dressent la liste des affections qui peuvent toucher aussi bien le corps que l'esprit après la première nuit. Selon eux, les effets de ces problèmes, qui sont parfois bénins et passagers, mais qui s'avèrent aussi parfois graves et durables, voire définitifs, peuvent être évités en étant portés à la connaissance des futurs maris, et être d'autant mieux résolus qu'ils sont convenablement identifiés et traités.

C'est surtout sur les conséquences psychologiques d'un premier coït vécu par la femme comme un « viol légal » que les auteurs insistent : trop de maris envisageraient la consommation du mariage comme un acte qui leur est dû et ne prendraient pas garde à susciter chez leur partenaire l'envie de la relation sexuelle. Alain Corbin estime que le dédain pour le désir féminin est renforcé par des travaux scientifiques, comme ceux menés par Archimède Pouchet sur l'ovulation spontanée[56] qui, au mitan du XIXe siècle, établissent que la jouissance féminine n'est pas indispensable à la fécondation : « L'automaticité de l'ovulation autorise la désinvolture à l'égard de la jouissance[57]. » Mais d'autres médecins s'attachent à montrer que l'absence de recherche du bien-être sexuel conduit à une anaphrodisie ou à une frigidité pouvant mener au désintérêt voire au refus des relations sexuelles et à une insatisfaction source de neurasthénie ou d'hystérie[58].

L'affection grave la plus commentée est cette « contracture spasmodique du sphincter du vagin[59] », rendant douloureuse voire impossible toute intromission du pénis, décrite pour la première fois en 1834 par le chirurgien Pierre-Charles Huguier et nommée à partir des années 1860 *vaginisme* après les travaux du médecin américain Marion

Sims[60]. Dans sa *Leçon clinique sur le vaginisme* (1874), le professeur Paul Lorain répertorie de nombreux cas déclarés pendant la nuit de noces. Il cite notamment celui de cette « jeune paysanne » mariée à un homme décrit comme fort, brutal et sans éducation, qui « aussitôt après son mariage [...] a voulu, sans ménagements ni préliminaires, accomplir ce qu'il croyait être son devoir », et qui n'ayant pas réussi à consommer l'union, est devenu violent. L'épouse a aussitôt fui le domicile conjugal et a été auscultée par un médecin qui a alors constaté chez elle une « grande surexcitation », des symptômes « hystériques » et surtout une sensibilité « excessive de la vulve et du vagin » rendant le toucher « tout-à-fait impossible »[61]. Paul Lorain met en avant le facteur psychologique dans la survenue de cette « affection plus commune qu'on ne le croit généralement » et qui n'est pas due à des problèmes de conformation anatomique, comme l'« étroitesse des organes ». Il désigne plutôt le « sentiment de crainte au moment de l'introduction, qui empêche la dilatation[62] », le manque de désir féminin et également les maladresses des maris (brusquerie ou au contraire trop grande hésitation qui prolonge déraisonnablement les douleurs du rapport sexuel) comme des facteurs importants. Il observe toutefois qu'il arrive que des femmes aimant leur mari et souhaitant accomplir l'« acte de mariage » se trouvent aussi confrontées au problème. Sans doute, une éducation excluant toute construction d'un imaginaire fantasmatique, ainsi que la découverte abrupte et tardive de la sexualité peuvent entraîner un rejet même involontaire des relations conjugales[63]. Les auteurs de manuels conjugaux diffusent largement le résultat de ces observations, à l'instar du docteur Caufeynon qui conseille la « retenue dans la satisfaction de leurs désirs » à ceux qui, « pressés de jouir de leurs droits », débutent leur mariage « par une sorte de viol, provoquent une vive douleur qui laisse une invincible répulsion, créant ainsi un vaginisme par appréhension ou par impression morale »[64].

Les procès matrimoniaux conservés aux Archives apostoliques du Vatican mentionnent des cas de « vaginisme » suspectés ou avérés. Les juges demandent aux épouses d'accepter l'expertise médicale d'un médecin légiste ou d'un obstétricien désignés par le Saint-Siège. L'auscultation se déroule dans un hôpital ou dans un couvent, en présence de religieuses. La femme doit d'abord prendre un bain réglementaire d'eau chaude pendant trois quarts d'heure, afin d'amollir les chairs et donc de faciliter l'examen gynécologique. Dans les cas de suspicion de vaginisme, le médecin observe la patiente et tente ensuite d'introduire un spéculum, voire seulement le doigt pour évaluer si une pénétration est possible. Les médecins Paul Brouardel, Ernest Ange Ferrand et Jules Bucquoy comptent parmi les experts français les plus sollicités par les tribunaux ecclésiastiques. Des époux produisent également d'autres attestations quand ils ont consulté de leur propre chef un médecin de leur choix pour entamer les premières démarches dans le cadre de procédures judiciaires au civil.

Voici par exemple les observations du docteur Abeille qui a procédé à une expertise à Nantes sur la personne d'Anne Marie N., mariée à l'âge de vingt-deux ans avec Pierre Joseph H. en 1891. Il a établi un compte rendu transmis par la suite aux juges ecclésiastiques dans le cadre d'une demande de séparation pour non-consommation du mariage :

> Je soussigné docteur en médecine, Inspecteur des Enfants du 1er âge, vaccinateur départemental adjoint demeurant à Nantes quai du Port-Maillard déclare que dès la première visite la dame H. lui a déclaré ne pouvoir accepter ses obligations d'épouse, l'intromission du membre viril étant rendue impossible par des douleurs atroces. Les personnes présentes me déclarent en outre que dès le premier jour le mariage n'a pas été consommé, la Dame H. dès la première approche ayant poussé des cris tels que son mari par déférence n'a dû ne pas réclamer tous ses droits. Plusieurs tentatives toutes infructueuses ayant eu lieu, d'un commun accord j'ai été demandé comme médecin par les nouveaux époux.
>
> J'ai constaté la présence de la membrane hymen, la jeune femme n'était donc pas déflorée à ce moment. Ayant procédé au toucher vaginal, j'ai provoqué une douleur très-vive, et tous les muscles protecteurs de la virginité ont exercé sur mon doigt une pression très énergique. À la suite de cette première visite j'ai prescrit une pommade et une lotion avec du chlorhydrate de cocaïne qui n'a pas produit de résultat. En outre la jeune femme mettait la plus mauvaise volonté à remplir les devoirs de sa nouvelle position.
>
> Dans ces conditions j'ai prié le Docteur Poisson Chirurgien des hôpitaux de vouloir bien m'assister. Il fut convenu que l'on procèderait à la dilatation forcée, ce qui fut fait dans le sommeil chloroformique. La membrane hymen disparut sous les efforts du chirurgien ; le passage était libre[65].

Dans ce cas précis, le médecin achève son récit en expliquant que ses initiatives, loin de permettre un heureux dénouement, ont été immédiatement suivies d'un abandon du domicile conjugal de la part de la jeune femme.

Mais les juges ecclésiastiques ne se satisfont pas de la seule parole des experts : ils interrogent aussi les époux et leurs témoins, qui leur livrent leur version des faits. Dans un autre procès, Catherine de P. et le baron Maurice d'E. racontent chacun de façon très similaire la façon dont s'est déroulée leur nuit de noces, à l'hôtel Continental à Paris, en 1902. La femme explique qu'elle savait grâce à sa mère « ce que doit savoir une femme en entrant dans l'état du mariage » et que la consommation s'est avérée impossible, malgré sa bonne volonté. Le mari donne la même version des faits :

> Ma femme m'a montré beaucoup d'affection, d'empressement, jusqu'au moment des dernières caresses où j'ai trouvé chez elle une extrême sensibilité, une grande souffrance qui la révolta contre l'acte conjugal lui-même. Elle se mit à crier, à se débattre et m'obligea, par délicatesse et déférence pour sa souffrance, de m'arrêter et de trouver un moment qui serait plus favorable. Ma femme ne me dit pas qu'elle refusait d'accomplir son devoir, mais elle me supplia d'attendre, parce qu'elle souffrait trop. Nous avons passé, après cette première tentative infructueuse, toute la nuit dans le calme et le repos. Nous avions deux chambres mais un seul lit dans l'appartement.
>
> Le matin, je tentai de renouveler l'acte, y mettant plus de délicatesse encore si c'était possible, mais je me retrouvai en face des mêmes difficultés, mêmes souffrances aiguës et mêmes appréhensions, même terreur. Dans la journée, avant de partir en voyage, je vis la mère de la jeune fille qui me demanda si tout s'était bien passé. Je lui répondis que rien n'était fait, que j'avais rencontré chez ma femme toutes sortes d'appréhensions et même d'impossibilités physiques, et j'ajoutai que je patienterais, qu'elle pouvait compter sur toute ma délicatesse, et que l'affection que j'avais pour ma femme m'interdirait toujours la moindre brutalité[66].

Il raconte aussi la façon dont sa belle-mère a réagi le lendemain : remerciant son gendre pour sa patience, elle lui a soumis l'hypothèse que l'âge « avancé » de sa fille – vingt-sept ans – expliquerait la moindre « élasticité dans les organes ». Le mari n'accable pas son épouse mais finit par prendre acte de l'impossibilité de tout rapprochement physique entre eux :

> Ma femme ne manquait nullement d'affection pour moi ; elle ne s'opposait pas à mes tentatives, mais toujours la même souffrance

> la rendait incapable de se prêter à l'accomplissement de l'acte conjugal. [...] J'attribue l'absence de relations au vaginisme de ma femme, ainsi que l'ont expliqué les médecins ; chez ma femme le vagin était d'une sensibilité si grande, que cette sensibilité rendait impossible l'acte conjugal.

Cette affaire s'achève par l'obtention d'une dispense pour non-consommation, mais aussi par une interdiction faite par les juges ecclésiastiques à Catherine de P. de contracter une nouvelle union sans les consulter, parce qu'ils la considèrent comme définitivement inapte au mariage. Cette décision drastique peut paraître étonnante : les études médicales montrent à cette époque que le vaginisme peut apparaître ou cesser avec le changement de conjoint. C'est pour éviter une telle sentence que, dans une autre affaire, Jeanne P., mariée à Eusèbe H. en 1904, refuse la visite médicale conseillée par les juges de la Congrégation du Concile : bien informée, elle craint que la « mention de vaginisme » lui « nuise pour l'avenir »[67]. Le procès fait apparaître des désaccords sur la façon dont se déroulent les tentatives de rapport sexuel, l'épouse se défendant d'être malade et accusant le mari d'une brutalité responsable de sa répulsion, tandis que celui-ci estime que chez elle la mauvaise volonté joue autant que le vaginisme dont elle serait atteinte. Ces explications et ces reproches reflètent la frustration et les déceptions exprimées par chacun. La divergence de vues, qui obéit à des stratégies employées pour disqualifier le conjoint, se nourrit des représentations sur le rôle dévolu à chaque sexe pendant la nuit de noces : l'homme attend de sa femme une soumission et une passivité auxquelles elle se refuse, la femme attend de son mari des égards qu'il ne lui témoigne pas.

L'autre maladie emblématique des traumatismes que peut engendrer une nuit de noces ratée est la *folie post-nuptiale* ou *folie post-connubiale*, qui selon Félix Spring, dans *L'Art d'éviter le divorce* (1885), serait « cette monomanie [...] caractérisée par l'aversion que l'un des époux ressent soudainement pour l'autre ». Parmi les causes identifiées, une « malformation des organes qui rend tous rapprochements douloureux », une « irritabilité nerveuse » due à une « extrême pudeur » ; mais, encore une fois, « c'est surtout quand elle est la victime d'un homme impatient, maladroit et brutal, [...] que la jeune épouse peut être atteinte d'un désespoir immense, d'un délire mortel, à la pensée qu'il lui faudra toute sa vie – et par devoir – subir la honte d'un acte douloureux et dégoûtant, s'il est accompli dans ces conditions bestiales »[68]. Le docteur Paul Moreau estime que la folie post-nuptiale se déclare davantage chez les individus « qui ont gardé une continence sévère jusqu'à l'époque de leur mariage », comme cette « jeune femme nerveuse [qui] fut si douloureusement affectée par les premières approches de son mari, que sa raison s'aliéna immédiatement ». Certains symptômes sont passagers : « attaques de courte durée semblables aux congestions épileptiformes de la paralysie générale processive » ou signes de « démence aiguë ». Mais les désordres peuvent être plus graves : paralysie générale, « changement d'humeur qui fait que la femme déteste l'homme pour lequel elle avait de l'adoration », ou « délire suicide »[69]. Cela aurait généralement pour effet des envies de meurtre de sa femme quand elle touche l'homme, alors qu'elle occasionnerait l'envie de se suicider quand elle touche la femme : en cas de détresse, le mari dirigerait la violence sur sa conjointe, tandis que la femme la retournerait sur elle-même. Les journaux relatent ces faits dramatiques, comme dans cet article du quotidien *La Lanterne* paru en 1888, intitulé « Triste lendemain de noces » :

> Il n'y avait pas certes, samedi dernier, de famille plus heureuse que celle des H., de braves ouvriers du douzième arrondissement, qui avaient la joie de marier leur fille Louise, une charmante brune de dix-huit ans, avec Joseph R. un Italien de vingt-huit ans. Les deux jeunes époux s'adoraient ; aussi la joie régnait-elle, le soir, dans le salon du restaurant où les invités étaient réunis. On mangea et l'on but de bon cœur, puis après le repas les danses commencèrent, et c'est à quatre heures du matin seulement que les nouveaux époux quittèrent leurs parents et leurs amis et se rendirent rue de Wattignies, où ils allaient demeurer.
>
> Vers sept heures du matin, Joseph R., qui dormait profondément, est soudain réveillé par des coups violents frappés à sa porte. Il se frotte les yeux et s'aperçoit que sa femme n'est plus à ses côtés. En proie à une violente inquiétude, il ouvre : plusieurs voisins sont là, portant dans leurs bras l'infortuné Louise, inanimée, mourante. Un peu avant sept heures, une des locataires, Mme F., en descendant de chez elle, avait vu par la fenêtre un corps tournoyer dans l'espace, c'était Louise R. qui d'une fenêtre du deuxième étage s'était précipitée dans la cour. Que s'était-il passé ? Quel incroyable accès de folie s'était emparé subitement de l'esprit de la jeune femme ? On ne le saura jamais, car, à midi, l'infortunée rendait le dernier soupir sans avoir repris connaissance. Le pauvre mari est fou de douleur[70].

Plusieurs dossiers conservés aux Archives apostoliques du Vatican exposent également de tels cas. Dans la demande de dispense de mariage effectuée par Gabrielle J. à la suite de son mariage malheureux avec Louis H. en 1902, la mère de l'épouse décrit la dégradation du moral de celle-ci, imputable à la conduite de son mari dès le soir de la nuit de noces :

> J'ai oublié de dire que ma fille était délicate, impressionnable, et que le médecin avait recommandé de la ménager pendant les premiers jours du mariage. Mon fils s'était chargé de renseigner sur ce point son beau-frère. Malgré ses avertissements et malgré l'état de souffrance [*i.e.* la période des règles] dans lequel se trouvait sa femme à Bordeaux, monsieur H. exigea brutalement qu'elle fît chambre et lits communs avec lui et voulut user de ses droits de mari.
> Ma fille m'a raconté qu'elle eut à ce moment une contraction nerveuse qui arrêta monsieur H. et l'empêcha de faire l'acte conjugal. Au reste, il n'était plus le même homme, se montrait, je le répète, brutal, exigeant, disant qu'il avait pris une femme pour qu'elle fût sa femme, osant ajouter devant mon enfant qui avait été si bien élevée, qu'elle devait avoir vu d'autres hommes et savoir à quoi s'en tenir. Cette nuit, dans de semblables conditions, ne fit qu'aggraver l'état de ma fille. [...] Jusqu'à son mariage, ma fille était une personne très bien équilibrée, elle n'était pas nerveuse. Mariée normalement à un homme convenable, elle se fut certainement prêtée à l'accomplissement du devoir conjugal. Menacée, tourmentée, brutalisée par un homme qui se montrait tout différent de ce qu'il avait été avant le mariage, elle se révolta et se défendit instinctivement contre l'étreinte de cet homme quand il voulut la prendre[71].

L'épouse est séparée de son mari et passe sa convalescence dans un couvent à la campagne. D'autres affaires décrivent les crises de « folie » survenues pendant la nuit de noces ou le lendemain, durant lesquelles les épouses se révoltent tout à fait contre le devoir conjugal : c'est le cas d'Émilie Q. qui « le soir rentrée à la maison, après le banquet, [...] était tellement agitée, qu'elle menaça de se jeter par la fenêtre » et parcourut « la maison de haut en bas » durant toute la nuit[72].

Ces situations de « folie post-nuptiale », expression qui désigne en réalité des situations diverses qui se manifestent pendant la nuit de noces, font apparaître un faisceau de symptômes qui ont surtout en commun de révéler le profond désespoir dans lequel se retrouvent certaines épouses quand elles se marient. C'est sur l'aspect déterminant du premier acte sexuel et de sa nature rédhibitoire que les médecins insistent, en invitant à prendre les précautions nécessaires pour ne pas commettre le « viol légal » qui précipiterait dans la folie ou vers la mort ; mais derrière ces mises en garde faites aux hommes pour qu'ils aient plus d'égards vis-à vis des femmes, le discours médical persiste dans le même temps à pathologiser leur corps et hystériser leur psyché.

Assurer le devenir « des ménages, des familles et de la société »

Une phrase du *Bréviaire expérimental*, publié à titre posthume en 1882, du médecin Jules Guyot annonce efficacement les enjeux de la nécessité d'une éducation des époux : « L'amour conjugal et la génération sont constitués par un double appareil sensorial [*sic*] et fonctionnel, base d'une science et d'un art qu'il convient à la médecine de connaître et d'enseigner aux maris, dans l'intérêt des ménages, des familles et de la société tout entière[73]. » Pour les médecins, les rapports sexuels ne sont pas qu'une affaire privée, et il faut les considérer « sous le triple point de vue de la population, de la santé et de la morale publique », comme le souligne le titre d'un ouvrage d'Alexandre Mayer, paru à la fin des années 1850[74]. Les affections directement liées à la nuit de noces sont envisagées comme un problème de santé publique, dans la mesure où le mariage concerne la quasi-totalité de la population.

Les difficultés qui surviennent au cours de la première nuit ne sont jamais perçues comme un drame uniquement individuel : ce qui touche un des deux époux, traumatisé ou devenu malade à la suite de la nuit de noces, concerne nécessairement son conjoint, qui pâtit également de la situation, et qui est condamné, provisoirement ou définitivement, à l'abstinence. L'échec crée des frustrations ou des tensions qui dépassent le cadre strict de la chambre conjugale et met en péril la survie du couple de façon plus générale. La nuit de noces ratée porte en elle le germe de la séparation, comme le rappelle le docteur Bourgogne dans son ouvrage *Le Mariage. Conseils médicaux d'hygiène pratique*, publié en 1911 : « Ces faux pas des premières approches exposent la santé de la jeune femme à de véritables dangers qu'il était utile de signaler. Ils peuvent également produire en elle cette désillusion sexuelle qu'on retrouve si souvent à l'origine secrète des dissentiments conjugaux[75]. » La réussite de la première nuit dépasse donc la seule sphère du bien-être individuel ; elle conditionne la pérennité du couple, base de l'édifice social, et a donc une incidence sur la nation tout entière. En cas d'échec de la consommation du mariage, les spectres de la dépopulation et du divorce ne sont pas loin.

L'augmentation de l'offre des manuels conjugaux à la fin du XIXe siècle est corrélée, comme pour le reste de la production imprimée, au développement de la culture de masse et de l'imprimerie, dès les années 1860 ; mais elle est également intimement liée à la promulgation de la loi Naquet en 1884 : à partir du moment où le divorce devient une possibilité pour les couples, les discours sur la sexualité conjugale et sur l'enjeu de sa réussite dès les premiers instants sont beaucoup plus nombreux.

La prévention d'unions malheureuses passe donc par l'éducation des sens, les conseils pratiques sur la façon d'agir le soir des noces et par la diffusion d'informations sur les dangers des maladies qui peuvent être contractées dès le premier rapport sexuel. Car outre les mises en garde sur les traumatismes psychologiques durables comme le vaginisme ou la folie post-nuptiale, beaucoup de recommandations portent sur les maladies vénériennes. Les livres consacrés à la prophylaxie de ces maladies, comme le *Traité de l'impuissance et de la stérilité chez l'homme et chez la femme* (1872) de Félix Roubaud, ou *Les Maladies de l'amour. Préservation, hygiène, traitement* (1892) de Paul Marrin, donnent les conseils nécessaires pour éviter de les contracter (ils recommandent de ne pas fréquenter les prostituées), mais surtout pour faire disparaître les symptômes de la syphilis, de la gonorrhée ou de la vérole avant le mariage. Ils enjoignent aux fiancés malades d'attendre la guérison ou de renoncer au mariage pour ne pas transmettre en « cadeau de noces » une maladie dès la première nuit à leur épouse.

C'est ce qui arrive par exemple à Marguerite N., non instruite des devoirs conjugaux. Elle constate pendant sa nuit de noces en 1902 « des plaques violettes » sur la poitrine de son mari Gaston de G., mais n'ose pas le questionner à ce sujet[76]. Dès le lendemain lui vient un « petit abcès » qui l'empêche de s'asseoir. Quand elle consulte un pharmacien, celui-ci ne lui explique pas la cause de son mal et se contente de lui lancer en riant une phrase dont elle ne comprend pas le sens : « Je vais vous donner une poudre, mais c'est plutôt votre mari qui en aurait besoin. » Loin de guérir, son mal s'aggrave : bientôt, elle remarque un « écoulement », puis une « enflure considérable d'un abcès gros comme un œuf » se développe. La maladie l'immobilise cinq mois au lit ; ce n'est qu'à ce moment-là qu'elle apprend que son mari lui a transmis la syphilis.

De nombreux autres témoignages rapportent que des épouses ignorantes attendent parfois longtemps avant d'alerter parents et médecins et tombent gravement malades, comme cette « jeune fille, nièce d'un pharmacien, qui fut mariée à un hobereau de province, homme de belles manières, mais de mœurs déplorables [qui lui] donna [...], dès la première nuit des noces, la syphilis, la blennorragie et des pediculipubis[77] ».

Les maladies vénériennes s'inscrivent dans un spectre plus étendu d'affections et de handicaps considérés comme problématiques pour celle ou celui qui ne les découvre que lors de la nuit de noces. Outre le dégoût que certaines maladies ou infirmités peuvent provoquer, le conjoint est surtout préoccupé par les conséquences qu'elles peuvent causer à son éventuelle descendance. Les précautions eugénistes pour éviter le mariage avec des personnes malades ou infirmes sont anciennes[78]. L'intérêt pour la callipédie, ou l'art de faire de beaux enfants, en vogue aux XVIIe et XVIIIe siècles[79], se retrouve encore dans les guides du premier XIXe siècle. Par exemple, dans les années 1820, l'auteur du *Conjugalisme, ou l'Art de se bien marier* enjoint à ses lecteurs d'imiter les « sages Athéniens » qui interdisaient le mariage aux « culs-de-jattes, aux êtres scrophuleux, contrefaits, rachitiques [*sic*] » et à n'admettre « aux saints et voluptueux mystères de l'hymen, que des hommes, que des femmes qui [...] ne flétrissent pas les générations de l'avenir par les principes vicieux de leur conformation »[80]. La mégalanthropogénésie, cet art de procréer des grands hommes, offre des conseils similaires[81]. Eugène de Pradel, dans son *Art de se faire aimer de son mari, à l'usage des demoiselles à marier* (1826), recommande pour se prémunir du choix d'un conjoint malade de procéder à une enquête drastique sur la conduite passée des fiancés, dans la mesure où il semble trop difficile de les obliger à subir un examen sanitaire. C'est pourtant ce que réclament à la fin du siècle des médecins et des moralistes, souvent catholiques, comme ceux qui font partie de la fondation médicale Saint-Luc, Saint-Côme et Saint-Damien. Hervé Guillemain montre qu'entre 1884 et 1914 une des préoccupations de cette organisation est d'agir pour repérer avant le mariage toute pathologie qui pourrait compromettre la consommation du mariage ou rendre l'union sexuelle dangereuse ou inféconde (syphilis, épilepsie, tuberculose, maladies mentales)[82]. Les cercles catholiques et d'autres associations indépendantes militent pour la mise en place de certificats prénuptiaux destinés à attester de la bonne santé des futurs époux.

Cette mise à l'écart des candidats au mariage atteints de tuberculose, de syphilis ou d'autres maladies ne fait cependant pas l'unanimité dans le corps médical. Pour le médecin légiste Paul Brouardel, « ce serait une grande calamité » : « Nous nous dépeuplons, les statistiques le montrent ; que serait-ce si toute une catégorie aussi nombreuse d'individus était vouée à tout jamais au célibat[83]. » Il conseille plutôt à ses confrères d'interdire temporairement le mariage aux patients ayant eu un épisode syphilitique récent, et de l'autoriser quand la maladie n'est plus dangereuse.

D'aucuns réclament une autre solution, plus drastique : exiger enfin de l'homme ce qu'on attend déjà de la femme, en promouvant la virginité masculine. Le succès de cette idée à la Belle Époque montre que les discours sur les mœurs n'ont rien de linéaire et n'évoluent pas tous vers un relâchement. Dans son *Ève nouvelle* (1894), l'écrivain Jules Bois préconise la continence masculine jusqu'au mariage pour instaurer davantage d'égalité dans le couple. C'est également ce que, dans l'entre-deux-guerres, le moraliste catholique Pierre Barbet appelle de ses vœux, dans sa *Préparation du jeune homme au mariage par la chasteté* (1922), pour endiguer le péril vénérien, dont il décrit les graves « conséquences familiales et sociales ». La première victime en serait la « jeune fille, florissante de santé, qui attendait du mariage le bonheur », et qui, contaminée pendant la nuit de noces par une « chaudepisse déjà ancienne et souvent oubliée », devient infirme ou stérile ; mais les dommages sont plus larges puisque l'« hérédité morbide » entraîne à terme la « dépopulation dont notre belle France est en train de mourir»[84].

Les époux, sans doute sensibilisés par ces discours médicaux ainsi que par leurs lectures de romans et de journaux qui diffusent la peur de la contamination, savent parfois identifier ces maladies dès le déshabillage de leur conjoint. Ludivine P., qui découvre dès la première nuit « chez son mari une maladie inavouable », s'abstient immédiatement d'avoir des rapports conjugaux avec lui, ce qui lui permet ensuite de solliciter auprès des juges ecclésiastiques une dispense pour non-consommation[85]. Dans le recueil de témoignages *Les Divorcés peints par eux-mêmes* (1908) du journaliste Gustave Téry, un mari raconte comment, pendant sa nuit de noces, il est « suffoqué par une odeur pestilentielle qui émanait » de l'oreille droite de son épouse. Il découvre alors que sa femme avait réussi à dissimuler une maladie (s'avérant être une otite tuberculeuse) pendant les fiançailles et la quitte immédiatement : « On aurait eu de jolis enfants. Ses parents pensaient : “Quand il l'aura, il la gardera !” Non, merci ! Et je suis bien content que le divorce m'ait permis de me défaire de cette marchandise avariée[86]. » La virulence des termes employés et la décision du mari berné donnent la mesure de la déception ressentie, mais expriment aussi la peur de fonder une famille avec une personne jugée inapte au mariage. Ces appréhensions contribuent à faire de la nuit de noces un moment de scrutation du conjoint, qu'il convient d'effectuer avant qu'il ne soit trop tard.

Sauver les âmes : la renaissance de la pastorale catholique sur le mariage au début du XXe siècle

Depuis la fin de l'Antiquité, la sexualité des fidèles est un sujet de préoccupation pour les hommes d'Église, qui produisent un discours selon lequel l'acte sexuel, dans le cadre matrimonial, constitue à la fois une union charnelle et une expérience qui relève du sacré[87]. Au XIXe siècle, selon Claude Langlois, la théologie morale entend encore contrôler la sexualité, et ce en dépit de la « privatisation du lit conjugal » liée à une « certaine sécularisation des pratiques sociales »[88]. Mais la publication de manuels de spiritualité conjugale est une activité moribonde, dans un « contexte plus large d'essoufflement du livre religieux, désormais concurrencé par le livre profane », comme le montre Agnès Walch[89] qui a pointé les nouvelles réticences de la littérature religieuse à aborder le sujet de la sexualité dans le cadre du mariage[90]. Le *Catéchisme des gens mariés* (1782) du père Féline, qui évoque frontalement la sexualité, est désormais retiré des ventes par les autorités ecclésiastiques[91]. Les seuls écrits ecclésiastiques sur la sexualité qui sont produits sont alors des manuels de théologie ou des guides pour les confesseurs, réservés aux seuls clercs qui sont amenés à évoquer ces questions avec leurs ouailles : si la nuit de noces n'y est pas traitée, elle fait tout de même peut-être l'objet de discussions abordées de vive voix ou par échange épistolaire par le confesseur ou le directeur de conscience[92].

Il faut attendre le début du XXe siècle pour que des catholiques se saisissent de l'éducation à la sexualité matrimoniale avec moins de puritanisme. Cet intérêt renouvelé de l'Église pour cette question coïncide avec le rétablissement du droit au divorce à partir de 1884, la baisse des naissances[93], ainsi que l'évolution des mœurs qui se traduit par l'augmentation des relations prénuptiales après la Première Guerre mondiale. La pastorale du mariage s'intéresse en particulier à la question du devoir conjugal, auquel les fidèles sont désormais engagés à réfléchir en amont. Il s'agit, pour assurer la solidité de la future union et éviter qu'elle ne se solde par une rupture, de sensibiliser les candidats au mariage à leurs devoirs, en les incitant soit à s'y soumettre, soit à renoncer à leur projet matrimonial.

En 1900, le jésuite Joseph Hoppenot publie un *Petit catéchisme du mariage* parce qu'il se désole de voir « tant de jeunes filles bien élevées entrer dans l'état de mariage sans avoir une connaissance précise de sa nature et de ses obligations » :

> Si voyant s'approcher le jour des noces, la fiancée se risque à questionner sa mère ; [...] si elle essaye de s'éclairer sur ses droits et ses devoirs ; si elle tente de projeter quelque lumière sur cette existence nouvelle, toute [*sic*] enveloppée d'ombres, sur cette vie qui demain sera la sienne, sa mère trop souvent l'éconduit : « ton mari sera là pour t'éclairer ; tu feras ce qu'il te dira ». Réponse bien imprudente qu'une pareille réponse[94] !

Sa volonté de s'adresser directement aux jeunes filles ne répond toutefois pas nécessairement à une démarche progressiste. En fait, il veut surtout éviter de laisser aux hommes le soin d'initier leur femme à la sexualité conjugale comme bon leur semble parce que cela pourrait selon lui contribuer à la diffusion d'idées ou de pratiques antireligieuses : « N'est-il pas à craindre que ce jeune homme, ainsi préconisé docteur ès mariage, n'enseigne à son épouse assez volontairement crédule, un ensemble de doctrines bien différentes de la doctrine catholique[95] ? » Il s'agit donc d'éduquer directement les futures épouses pour s'assurer du maintien d'une morale conjugale chrétienne. Si celle-ci ne coïncide pas avec les objectifs des féministes, elle n'est cependant pas foncièrement défavorable aux femmes, dans la mesure où elles sont considérées comme des interlocutrices à part entière, ce qui n'est pas encore si fréquent, que ce soit dans les ouvrages religieux ou profanes.

Le chirurgien catholique Pierre Barbet écrit quant à lui pour réclamer plus d'encadrement pour le jeune homme, qu'on laisse trop souvent livré à lui-même, et qui est donc initié par la lecture de journaux ou d'écrits pornographiques, ou par « des camarades, sinon plus avertis, du moins plus vicieux, qui, mêlant leurs confidences de détails scabreux et combien inexacts », vont le corrompre[96]. Il récuse aussi l'idée que l'éducation sexuelle se fasse « à l'école, collectivement, publiquement », avec des méthodes qui s'accompagneraient d'images, de projections lumineuses ou de visites dans les musées[97].

Pour éviter les « initiations perverses », il propose plutôt un éveil scientifique et moral par les parents qui révéleraient prudemment à leurs fils la « sublime signification de la fonction génésique » : cette instruction, nécessairement individuelle, devrait être « accompagnée et précédée, dès le jeune âge, d'une sévère éducation de la pureté et de la volonté, sans laquelle toute révélation scientifique ne peut qu'être inutile, si même elle n'est pas une excitation au mal »[98].

Mais, surtout, une nouvelle offre d'écrits à destination des futurs époux fait son apparition, timidement au début du xxe siècle puis de façon plus conséquente à partir des années 1920, à l'initiative des premières associations familiales catholiques[99]. Ils avertissent sur les dangers d'une sexualité non conforme – avant et pendant le mariage – et enseignent les modalités du devoir conjugal. Parmi cette production se distingue l'activité de l'Association du mariage chrétien (AMC), fondée en 1918 par l'abbé Jean Viollet[100], très soucieux de préparer la jeunesse au mariage et d'aider les couples à se conformer à la morale conjugale chrétienne. Il publie d'abord périodiquement des bulletins à destination des laïques adultes en charge d'éduquer les jeunes gens et les jeunes filles, puis directement à destination de ces derniers. Il fait également paraître de multiples brochures jusqu'en 1939, comme *Les Devoirs du mariage* (1918), *Morale conjugale* (1925) ou *Le Mariage* (1936). Il y prône l'« éducation de la pureté », une morale sexuelle conforme aux préceptes de l'Église mais qui n'évite pas les sujets les plus délicats. Il s'agit d'instaurer une nouvelle pureté, conscientisée et éclairée : au lieu d'opposer science et innocence, il faudrait plutôt, selon lui, « proposer la science pure contre la science impure[101] ». Son ouverture d'esprit sur la question de la sexualité lui vaut d'être contacté par de très nombreux lecteurs et lectrices qui lui font part dans leurs lettres de nuits de noces traumatisantes, du manque de connaissances élémentaires de certaines jeunes filles et des drames qui se produisent parfois dans la chambre nuptiale des époux catholiques. Il insiste donc sur l'information et la préparation des futurs mariés, indispensables à la réussite de la vie conjugale future, car l'ignorance dans laquelle on maintient les femmes et le manque de délicatesse de certains maris seraient la source de graves mésententes au sein du couple, difficilement compatibles avec l'exigence d'indissolubilité du mariage :

> Les cas sont beaucoup plus fréquents qu'on ne le croit généralement. Nous avons eu de nombreuses confidences à ce sujet. Qu'il nous suffise de citer le cas d'une jeune femme qui quitta

> le domicile conjugal dès le lendemain de ses noces, sous prétexte que son mari voulait attenter à sa pudeur, et celui d'une autre qui voulut se précipiter par la fenêtre, pour éviter le « crime » que son mari voulait lui faire commettre[102].

Jean Viollet pointe ici le conflit des normes morales qui s'entrechoquent pendant la nuit de noces : ce qui est considéré comme une *atteinte à la pudeur* avant le mariage devient après celui-ci le *devoir conjugal* ; ce qui pour la femme équivaut avant le mariage à un *crime* devient avec le mariage une *obligation* à laquelle elle doit se prêter de bonne grâce. Par ailleurs, le maintien de l'ignorance lui paraît d'autant plus intenable que le monde est saturé d'informations sur la vie sexuelle.

La connaissance, tant qu'elle n'est que théorique, n'est plus jugée incompatible avec l'intégrité physique. L'impératif renouvelé de la virginité avant le mariage et l'exaltation nouvelle de la sexualité dans le mariage renforcent l'importance de la nuit de noces comme un événement marquant de la vie des époux chrétiens, auquel ils doivent se préparer en amont, comme l'explique le médecin catholique Henri Abrand dans *Aux parents et aux éducateurs. Éducation de la pureté et préparation au mariage (jeunes gens)* en 1922 :

> S'il est une heure grave entre toutes pour l'avenir de deux êtres humains, c'est celle où ils se trouvent pour la première fois, Mari et Femme, en face l'un de l'autre. Amenés où ils en sont sous la protection, sous la tutelle de conventions sociales plus ou moins étroites suivant leur rang et leur éducation, c'est-à-dire avec leur personnalité vraie enveloppée dans une atmosphère que la civilisation a rendue artificielle, les voici tout d'un coup, pour la première fois de leur vie peut-être, rendus à la nature.
>
> On m'objectera que ce n'est pas vrai ; que la nature a subi la marque de leur éducation et que cette éducation reste. Oui et non, répondrai-je. [...] Non, [...], car l'éducation a porté sur tout, sauf la vie génitale, elle a tout prévu, sauf le jour où le jeune homme mal éduqué reste aux prises avec son trouble et sa maladresse ; tout, sauf le jour où la mère a dit à la jeune épouse de demain (si elle lui a même dit cela) qu'elle devait à ses nouveaux devoirs d'épouse l'abandon de sa réserve de jeune vierge[103].

À contre-courant de discours qui considèrent l'activité sexuelle des jeunes hommes avant le mariage comme inévitable et même souhaitable, Henri Abrand participe à la production d'écrits sur l'importance de la virginité masculine, tout comme avant lui Théophile Dequin, avec *Sois chaste ! Conseils et lectures* (1911), Emmanuel de Gibergues, avec *La Chasteté, instructions données à Saint-Philippe du Roule, à Saint-Augustin, au collège Stanislas, etc. aux hommes et aux jeunes gens* (1912), ou encore Pierre Barbet, avec *La Préparation du jeune homme au mariage par la chasteté* (1922), pour qui la continence du jeune homme permettrait non seulement d'endiguer les fléaux vénériens, mais aussi d'éviter « des sens blasés, une imagination éteinte », et surtout placerait sur un pied d'égalité les deux conjoints dans l'attente et la découverte de la sexualité :

> De quel droit l'homme incontinent, arrivant au mariage, demandera-t-il à sa fiancée, sinon la chasteté intégrale, du moins la virginité, que les plus dévoyés exigent encore de leur malheureuse compagne ? De quel droit, nul ne saurait ni l'oserait le dire. Il y a là une injustice flagrante et que rien ne peut absoudre ni expliquer. Pour que l'homme puisse exiger de celle qui sera sa femme une âme et un corps pur, il faut qu'il puisse en donner l'exemple et lui en apporter l'équivalent. *La loi de Dieu est la même pour tous*[104].

Dans ces publications, le jeune homme est ainsi invité à se maîtriser en se gardant d'avoir des aventures avec d'autres femmes, mais aussi en veillant à ne pas avoir de relation prénuptiale avec sa future épouse : alors que, dans l'entre-deux-guerres, de plus en plus de jeunes ont leur première expérience sexuelle sans attendre le mariage[105], des brochures intiment ainsi l'ordre au futur mari de « respecter » sa fiancée jusqu'à la nuit de noces. En parallèle, on conseille aussi aux jeunes filles catholiques de choisir un fiancé qui arrive vierge au mariage. Dans sa brochure *Un problème urgent. L'éducation des sens*, publiée en 1928, la militante catholique Marguerite Lebrun, qui écrit sous le pseudonyme de Vérine, présente cette nouvelle exigence comme un signe de modernité :

> Nous avons persuadé les hommes que nous n'aimions pas les primeurs et que dans nos amours comme dans nos meubles nous préférions l'usagé, le patiné ? Quoi d'étonnant après cela à ce que, pour nous plaire, ces Messieurs aient hypothéqué et lézardé corps et cœur ?
>
> Ayez le courage et l'originalité de demander, Mesdemoiselles, au lieu de fleurs et de bijoux, des lèvres neuves, un cœur non entamé et un corps intact qui n'aura pas servi ; ne vous contentez pas, comme des pauvresses, de ramasser les restes de médiocres festins de débauche[106].

Les écrits qui évoquent sans détour la nuit de noces visent désormais tout autant les jeunes hommes que les jeunes femmes catholiques. Si, dans les années 1920, cela prend la forme de lectures destinées séparément aux jeunes filles et aux jeunes gens, comme le propose l'Association du mariage chrétien, il faut attendre les années 1940 pour qu'elles s'adressent sans distinction de genre à la jeunesse : c'est le cas de la revue mixte *Filles et garçons en face de l'amour et du mariage*.

L'enjeu de la nuit de noces dépasse la seule réussite de la première interaction sexuelle : envisagée à partir de la seconde moitié du XIXe siècle comme un événement décisif dans la construction du couple, l'épreuve ne saurait souffrir le ratage, puisqu'un fiasco inaugural fait craindre des effets négatifs à court et long terme, pour l'épanouissement des individus et des ménages qu'ils forment, mais également pour la société tout entière, dont la cellule de base est la famille conjugale. Mais les manuels censés conjurer l'échec s'adressent avant tout aux hommes, et les recommandations dispensées sur les gestes à adopter participent au maintien de rôles de genre au cours de la relation sexuelle, où le mari fait figure d'initiateur et où la femme n'est encore considérée que comme le réceptacle inerte des caresses et de la semence de celui-ci. Dès lors, la volonté affichée de lutter contre l'ignorance nuptiale aboutit dans un premier temps à une situation paradoxale : elle contribue à renforcer l'inégalité entre les hommes et les femmes au lieu de l'amoindrir ; or ce déséquilibre, qui construit la domination masculine dans le couple, compromet largement l'harmonie conjugale recherchée.

L'attention accrue que suscitent ces questions coïncide avec l'apparition du thème des problèmes matrimoniaux dans la sphère publique, notamment au cours des débats sur le divorce qui se prolongent même après la loi Naquet en 1884. Au-delà des questions sanitaires, l'intérêt pour la nuit de noces relève désormais d'une préoccupation sociale et politique et reflète les combats des féministes pour l'accès des femmes aux savoirs, y compris dans la sphère sexuelle. Cependant, si celles-ci ont la possibilité d'être davantage informées des « réalités » de la vie conjugale, elles restent très majoritairement moins expérimentées que les hommes : l'injonction qui leur est adressée de préserver leur virginité jusqu'au mariage connaît au cours des premières décennies du XXe siècle une inflexion, mais subsiste jusqu'à la veille de la révolution sexuelle.

Chapitre 4

Désirs d'intimité

> « Les heures passent, la nuit s'avance ; nos jeunes époux, exténués de fatigue, s'esquivent à l'improviste et quittent enfin le bal pour se rendre à la chambre nuptiale. Là, tout a été préparé pour les recevoir. »
>
> Marcellin CAMBOULIVES,
> *L'Homme et la Femme à tous les âges de la vie*, 1890[1].

La nuit de noces constitue le « rite de passage » par excellence, tel qu'Arnold Van Gennep l'a théorisé : elle valide le changement de statut social de l'individu, qui ici passe du groupe des personnes célibataires à celui des personnes mariées, et consacre le changement de statut sexuel, surtout pour l'épouse qui, en perdant sa virginité, passe du statut de jeune fille à celui de femme[2]. Elle concerne les deux époux, mais, comme tous les rites de passage, elle mobilise également l'entourage qui intervient durant ce délicat moment de transition : amis, parents, voisins exercent un rôle d'accompagnement mais aussi de surveillance du couple dans l'épreuve qui l'attend.

Traditionnellement, de nombreux rites matrimoniaux – qui peuvent être regroupés sous le nom de « primanoxisme[3] » – se succèdent au cours de la première nuit. Au XIXe siècle, des écrivains les décrivent, des érudits et des savants[4] se mettent à les recenser et à les analyser face au constat de leur disparition progressive.

Les pratiques traditionnelles coexistent en effet avec de nouveaux usages marqués par la promotion des valeurs bourgeoises, plus soucieuses de discrétion et repliées sur la famille conjugale. L'autonomisation du couple se renforce au cours du long XIXe siècle qui, comme l'a montré Michelle Perrot, « s'impose comme un âge d'or du privé[5] ». Elle se manifeste par l'effacement des rites collectifs, jugés de plus en plus intrusifs, et par une plus grande attention accordée à la préservation de l'intimité, qui se traduit par un soin particulier apporté à la chambre nuptiale, ou par de nouvelles pratiques comme celle de partir en voyage dès la première nuit, ce qui n'empêche pas la persistance de formes renouvelées de contrôle social.

Le scénario nuptial traditionnel

En dépit des particularismes locaux et des usages propres à chaque groupe social, il existe certaines étapes communes à un grand nombre de nuits de noces, intégrées dans ce que le folkloriste Arnold Van Gennep désigne par l'expression de « scénario nuptial », succession de rites constituant l'entièreté du mariage, pendant mais aussi en amont et en aval de la journée de la célébration[6]. En ce qui concerne la nuit de noces dite « traditionnelle », on peut distinguer une trame minimale : festivités comme le repas de noces et le bal, rites d'agrégation par excellence ; départ des époux vers la chambre nuptiale ; consommation du mariage souvent précédée ou suivie d'interventions de l'entourage resté aux abords de la chambre ; enfin, sortie du couple le lendemain matin. Tout en reconnaissant l'existence d'un folklore « dans les villes et les bourgs », Arnold Van Gennep considère ces usages comme « plus nettement observables dans les campagnes » et dans une moindre mesure, pour certaines « catégories urbaines particulières, ouvrières ou petites-bourgeoises »[7]. La population française étant en majorité rurale jusque dans les années 1930[8], une large part est susceptible d'être concernée par les rites décrits, même s'ils sont loin de la toucher uniformément.

Traditionnellement, la soirée débute par un repas, moment de réjouissance collective, qui à la campagne a lieu sur une place du village ou dans une auberge ; en ville, des restaurants spécialisés dans la tenue de banquets ou de noces offrent leurs services. Chaque milieu a ses coutumes. Par exemple, les *Règles et usages à observer le jour du mariage*, publiés en 1885, rapportent pour les ouvriers parisiens la particularité d'un « bal de noce des travailleurs[9] », interrompu vers minuit par un souper appelé *Ambigu.* Au cours du repas, les plats, les gestes effectués ou les mots prononcés préfigurent parfois ce qui va se passer entre les époux un peu plus tard : « La nourriture, l'apprêt, soutiennent les allusions sexuelles et, sur cela, la cuisinière a son mot à dire qui rend son art explicite – telle façon de dresser le légume –, qui alimente le repas non seulement en substances mais aussi en métaphores et intermèdes avec l'aide complice du garçon d'honneur[10] », remarque l'ethnologue Yvonne Verdier qui observe ces traditions, encore en usage au début des années 1960 dans le village de Minot en Bourgogne. La soirée est ponctuée de plaisanteries lestes, de chansons, d'historiettes à double sens sur la consommation sexuelle du mariage. Des recueils de monologues et bons mots destinés à égayer la soirée sont publiés à cet effet[11]. À la campagne, des chants issus du répertoire traditionnel sont entonnés pendant le repas mais aussi pendant le bal, voire pendant la nuit de noces aux abords de la chambre. La *Chanson de la mariée*, très ancienne, et connue dans toutes les provinces, mentionne pudiquement les « droits de l'époux[12] » à venir.

D'autres coutumes à connotation sexuelle sont l'occasion de mettre à l'épreuve les époux et font la joie de l'assistance, comme le vol du soulier de la mariée ou encore l'enlèvement de la jarretière :

> Le festin est prêt [...] ; la mariée, plus brillante encore, ne quitte cependant jamais le bouquet virginal, qui est l'oriflamme du voluptueux combat qui se prépare. Au milieu du repas, le garçon enlève la jarretière, composée de quelques aunes de rubans de diverses couleurs, et, la coupant en morceaux, la distribue aux hommes, qui en parent la boutonnière de leur habit. Plus tard, au bal, le bouquet est également dispersé, image avant-courrière d'un sacrifice qui allarme déjà vivement la pudeur [*sic*][13] !...

Ce que décrit ici l'auteur du *Conjugalisme* en 1823 est encore fréquemment observé au début du XXe siècle, comme le fait remarquer Arnold Van Gennep à propos de cette coutume « universellement française[14] ». À la fin de la soirée ont lieu divers rites où la sphère publique et la sphère privée s'entrecroisent. Henri d'Alméras décrit par exemple comment, en 1903, dans une partie du Pays basque, les mariés sont accompagnés par leurs proches de la salle de bal jusqu'à la chambre nuptiale :

> Le plus proche parent de l'époux, après avoir dansé une ronde avec la mariée, l'enlève, l'emporte dans la chambre nuptiale, où elle se couvre le visage d'un capuchon qui rappelle le *flammeum* des jeunes épouses romaines. Des femmes, qui jouent le rôle des *pronubae*, suivent en portant de l'eau, du vin doux et des biscuits, et après avoir accompagné la mariée, elles escortent le mari[15].

Enlèvement de la mariée par des hommes de l'assistance – l'époux doit alors la retrouver et la « racheter » à ses ravisseurs ; « escapade des mariés », qui, en Alsace, en Anjou, en Bretagne, dans le Dauphiné ou en Gascogne[16], rejoignent leur chambre à la dérobée, avant d'être rattrapés par les convives ; cortège nocturne[17], bruyante manifestation musicale ou paramusicale : ces actes, au-delà de leurs différences, ont pour point commun, selon Arnold Van Gennep, la fonction d'« intercaler une étape de transition qui a pour objet de retarder une fois de plus l'union proprement dite des époux[18] ».

Avant l'arrivée dans la chambre nuptiale, à l'écart, la mariée peut recevoir de sa mère quelques recommandations, d'ordre général, sur sa nouvelle vie d'épouse, ou d'ordre particulier, sur la nuit qui va se dérouler. Arrive ensuite une étape décisive du scénario nuptial appelée traditionnellement le « coucher de la mariée », quand celle-ci s'apprête à entrer dans le lit nuptial, où son mari la rejoindra (voir chapitre 6). Assistée de ses plus proches parentes (mère, sœur), de sa domestique, de ses demoiselles d'honneur ou de ses amies, elle est déshabillée et sa couronne de fleurs d'oranger, symbole de la virginité, est ôtée[19]. Marie Lafarge raconte dans ses mémoires ce moment inoubliable qui, en 1839, a marqué pour elle la fin de sa vie de jeune fille :

> Après l'exhortation de mes tantes, mes cousines vinrent me déshabiller ; elles détachèrent la blanche couronne qui tremblait sur mon front, et je la partageai entre tous les jeunes gens et toutes les jeunes filles qui étaient venus bénir mon mariage par leur présence amie, leurs prières et leurs souhaits ; furtivement, je gardai un bouton de cette parure virginale, et, l'enfermant dans un petit cœur que j'avais reçu de ma mère et qui ne me quittait jamais, je le conservai comme un souvenir et comme un talisman. Cette secrète impulsion de mon cœur fut bénie. Toutes les fleurs de mon enfance et de ma jeunesse ont été arrachées ou flétries ; une seule, échappée à la profanation, a su se conserver pure sous l'égide de ma sainte patronne[20].

On réserve parfois au mari le droit de lui enlever sa ceinture[21] ou la dernière épingle de sa chevelure[22]. Par endroits existe une coutume

GAULOISERIE. Un Dîner de Noce. **Carte postale en circulation en 1911 (collection particulière). Cette image reproduit une plaisanterie grivoise telle que celles qu'on échangeait aux repas de noces, à propos de l'union sexuelle des mariés à venir.** « *La Maîtresse de maison :* François ? Remportez ce rôti et découpez ces cuisses ! – *Un invité :* « Pardon ! Madame ! Un soir de noce on ne *sert* jamais les cuisses ! »

contraire, selon laquelle ce ne sont pas les femmes qui s'occupent de la mariée, mais certains hommes, comme le garçon d'honneur, le plus proche parent du marié, ou le mari lui-même.

Avant ou après l'acte sexuel, d'autres interventions collectives peuvent avoir lieu : plaisanteries, chants, mais surtout la coutume de la rôtie, « universelle en France, non seulement pendant le Moyen Âge et la Renaissance, mais presque jusqu'à nos jours[23] », et très répandue « dans les noces campagnardes ou demi-bourgeoises[24] », précise Arnold Van Gennep. Il s'agit d'un breuvage (soupe à l'oignon, au lait ou au vin épicé) apporté par des invités aux époux, pour leur donner de la vigueur avant ou après l'effort. Il est appelé « bouillon de la mariée » en Orléanais, « trempée » en Sologne, « chaudeau » à Saint-Omer en Picardie, « chichoune » dans le Berry, « vin chaud » en Alsace, « gravirotte » dans le Lyonnais, ou encore « roste » dans les Landes… Il est parfois servi dans un pot de chambre neuf, décoré de fleurs et orné de l'inscription « à la mariée ». Le motif de l'œil, dessiné au fond du vase, rappelle

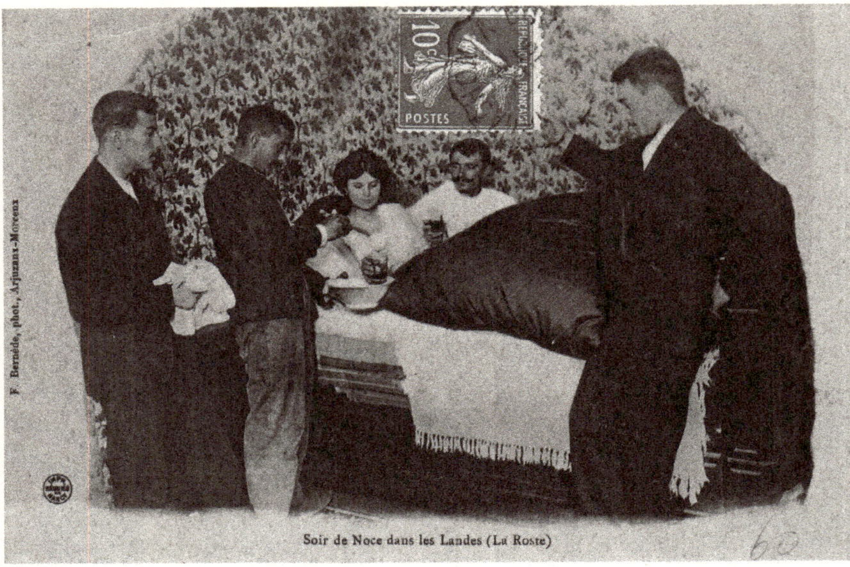

F. Bernède, *Soir de noce dans les Landes – La Roste*, Arjuzanx-Morcenx, 9 × 14 cm. Carte postale en circulation dans les années 1920 (Bibliothèque Marguerite Durand).

que la nouvelle union ne peut éviter totalement le regard de la communauté. Il arrive que le pot de chambre accueille une mixture à base de chocolat, de champagne et de bananes, pour ajouter à la symbolique sexuelle une dimension scatologique : à travers cet usage apparu au début du XXe siècle, il s'agit de poursuivre les plaisanteries de la soirée jusque tard dans la nuit[25]. Le scénario nuptial traditionnel s'achève au petit matin : au réveil, les époux prennent une collation qu'on leur sert au lit, ou sortent de la chambre pour rejoindre leurs proches. La coutume d'aller à la messe de 7 heures disparaît après la Première Guerre mondiale, mais d'autres rites postliminaires sont encore pratiqués plus tard dans la journée, comme le repas dit du « retour de noces[26] ».

Au moment où Arnold Van Gennep établit ses constatations, c'est-à-dire pendant la première moitié du XXe siècle, il insiste sur le fait que les rites nuptiaux faisant du mariage une « perturbation sociale » concernent surtout « certains coins reculés[27] » des campagnes, et beaucoup moins les villes. Mais de tels propos sont déjà tenus au début du XIXe siècle. Une vaste entreprise collective émerge dès cette période, à l'initiative d'académies de province, de sociétés savantes ou d'érudits locaux, pour collecter des faits traditionnels et des coutumes rurales perçus comme en voie de disparition, voire disparus. Martine Segalen montre que l'effacement des rites nuptiaux, qui est un « thème récurrent parmi les observateurs des mœurs rurales », s'accélère au mitan du siècle, « soit par la mise à distance de la bourgeoisie locale, soit par rejet du milieu lui-même », ainsi que par les effets combinés de l'éducation et de l'exode rural, qui contribuent à dissoudre le répertoire de croyances et pratiques traditionnelles[28].

La remise en cause de la publicité de la nuit de noces

Plus retenue, la nuit de noces bourgeoise bouleverse le déroulement des étapes traditionnelles ou en abandonne une partie : elle met plus volontiers l'entourage à l'écart, pour ne plus concerner que les époux. « Le couple légitime, avec sa sexualité régulière, a droit à plus de discrétion. Il tend à fonctionner comme une norme, plus rigoureuse peut-être, mais plus silencieuse[29] » : le changement que Michel Foucault observe dans *La Volonté de savoir* à propos des discours tenus sur la sexualité conjugale vaut aussi pour ce qu'elle a de plus concret, et ce dès la nuit de noces. La fonction sexuelle s'accomplit ainsi avec davantage de réserve, voire de façon complètement invisible, par exemple, quand le couple passe sa première nuit en voyage, loin de la famille.

Les hommes et les femmes de lettres décrivent peu les pratiques bourgeoises, ou alors en creux : ils les évoquent surtout en jouant du contraste existant entre les mœurs policées du mariage bourgeois et les pratiques nuptiales rurales, plus démonstratives. L'intrigue de *La Vénus d'Ille*, une nouvelle de Prosper Mérimée publiée en 1837, se déroule dans les Pyrénées-Orientales : le narrateur, un Parisien étranger à la région, a l'occasion d'observer une noce paysanne et s'attarde notamment sur l'« antique usage qui se conserve encore dans quelques familles patriarcales » concernant le « joli ruban blanc et rose » qu'on ôte « de la cheville de la mariée » pour en orner la boutonnière des jeunes gens[30]. George Sand, dans l'Appendice de *La Mare au diable* (1846), regrette l'effacement des coutumes des « noces de campagne » et des « antiques traditions »[31], mais ne semble néanmoins pas tenir à la rôtie, cet « assez sot usage qui fait souffrir la pudeur de la mariée et tend à détruire celle des jeunes filles[32] ». Au même moment, Gustave Flaubert campe une Emma

Bovary subissant un mariage trop paysan à son goût ; elle obtient toutefois de son père qu'on lui épargne le soir de ses noces les plaisanteries d'usage, comme celle de son cousin, un mareyeur, qui s'apprêtait à souffler de l'eau à travers le trou de la serrure de la chambre nuptiale[33].

Ces descriptions des noces populaires font entrevoir en négatif la façon dont on perçoit la nuit de noces bourgeoise et urbaine : un événement discret, qui s'affranchit des mentalités grégaires et abandonne les rites jugés inconvenants. Les manuels de savoir-vivre font état de ces changements. Par exemple, une brochure datant de 1885 portant sur la conduite à adopter le jour du mariage, et s'adressant à un lectorat plutôt bourgeois, se félicite de la disparition de la « coutume de la jarretière », un « usage ridicule, pour ne pas dire plus, [...] tombé dans la désuétude la plus complète, à la ville du moins » : « Nous ne pouvons qu'y applaudir, car cette mode, d'un goût douteux, donnait parfois prétexte à des plaisanteries de mauvais aloi, toujours réprouvées par les gens bien élevés[34]. » Présentes dans la littérature ou les essais, ces critiques sont cependant plus rares dans les témoignages personnels. Le récit de Marie Lafarge, écrit dans les années 1840, fait exception :

> Madame Pontier se mit à rire de ma pruderie, si loin des mœurs primitives que j'allais trouver, et me raconta qu'un des usages les plus gais du Limousin était d'envahir, le premier soir des noces, la chambre nuptiale, pour porter aux nouveaux mariés une soupe de vin épicée qu'ils devaient partager au lit. L'esprit des hommes aimables de la société se jugeait dans cette circonstance par le plus ou moins de rougeur que leurs plaisanteries apportaient sur le front de la jeune épouse, par le plus ou moins de rires étouffés qu'ils mettaient sur les lèvres des autres femmes, avides de voir profaner la pudique fiancée qu'elles enviaient peut-être le matin.
> – Oh ! vous n'y échapperez pas, ma belle nièce, et je me fais le champion de cette joyeuse tradition des temps passés, me dit madame Pontier en finissant.
> – Je vous en conjure, madame, n'en faites rien ; je n'aurais pas la force de supporter cette triste plaisanterie, et je ne pardonnerais pas à un mari qui me laisserait souiller par cette humiliante et immorale gaieté[35].

Rédigés en détention après sa condamnation pour l'empoisonnement de son mari, ces propos à charge contre la région d'Uzerche, d'où celui-ci était originaire, véhiculent les *topoi* de son temps sur l'opposition entre la modernité parisienne et les campagnes reculées, la délicatesse des jeunes femmes de la capitale et les mœurs grossières des provinciales.

Dans les milieux bourgeois, l'abandon de certains rites nuptiaux traditionnels n'entraîne pas tant un appauvrissement des pratiques que des changements ou l'apparition de nouveaux usages, moins tournés vers la sphère publique. Mais les rites bourgeois ne sont pas documentés. Les ethnologues et les folkloristes du XIXe et du début du XXe siècle qui étudient le primanoxisme ne s'intéressent pas vraiment à ce qui se passe en ville : par exemple, dans *Le Folklore français*, Arnold Van Gennep ne consacre qu'une phrase[36] à la description d'une pratique bourgeoise, sur la quinzaine de pages dédiées au soir et à la nuit de noces. Ce dédain peut paraître étonnant ; il est peut-être dû au fait que les pratiques nuptiales bourgeoises sont de l'ordre de l'impensé au XIXe siècle, parce qu'elles sont rarement identifiées par leurs contemporains comme des rites.

Des temps forts nourrissent pourtant la sociabilité du mariage bourgeois : la signature du contrat de mariage ; l'exposition de la corbeille de noces – au cours de laquelle sont présentés les cadeaux offerts à la fiancée par son futur, comme des bijoux ou des dentelles ; la cérémonie à l'église ; ainsi que le repas et le bal de noces. Tout est soigneusement préparé et mis en scène[37]. Mais l'ordre des festivités est changé : le bal de noces est organisé le jour de la signature du contrat de mariage, qui précède de quelques jours la cérémonie à l'église. Dans les milieux à la mode, le jour du mariage, un *lunch* remplace le dîner[38]. La mise à distance temporelle entre les événements collectifs et la nuit de noces est donc plus grande. Les chansons, les farces, les interruptions, les ouvertures de porte étaient autant de formes d'évocation indirecte et symbolique de la consommation de l'union. Leur relégation renforce le caractère dramatique de celle-ci plus qu'elle ne la dépouille de sa force liminaire[39] en la plongeant dans une sphère uniquement conjugale et en l'entourant d'un secret plus épais. La nuit de noces bourgeoise tend à supprimer les rites publics de séparation et d'agrégation qu'Arnold Van Gennep analyse comme des procédés exprimant la nécessité de confirmation sociale du mariage[40]. Sans l'entourage, démis de sa fonction de préparation et d'accompagnement, le couple se retrouve livré à lui-même. La vogue des manuels conjugaux, qui correspond à cette période de triomphe du mariage bourgeois, permet aux hommes d'acquérir en autonomie les renseignements pour réussir l'épreuve de la nuit de noces. Mais il en est autrement pour les jeunes épouses qui, tenues à l'écart des coutumes matrimoniales démonstratives, et maintenues dans l'ignorance par une éducation corsetée qui veille à ce qu'elles gardent leur corps et leur esprit purs, arrivent au soir du mariage sans se douter de ce qui va se passer.

En rejetant le rituel nuptial dans sa forme ancienne, traditionnelle et socialisée, dans le but de respecter davantage l'intimité, la nuit de noces bourgeoise devient ainsi, de façon inédite pour les femmes, un « rite initiatique », au sens ethnologique du terme : elle requiert en effet la « barrière du secret » et « ne peut donc réaliser ses fins – engendrer une identité sociale – que dans un rapport antagoniste au monde du dehors »[41]. Elle homologue les rôles de chaque sexe en instituant des interactions inégalitaires entre l'épouse et l'époux : le mari, l'initiateur, armé de ses connaissances, transforme, par quelques explications sommaires parfois, mais surtout par l'acte de défloration, la jeune fille vierge et naïve en femme accomplie. Le décalage entre les femmes et les hommes dans l'appréhension du rituel matrimonial est un fait majeur sur lequel se cristallisent les rapports de pouvoir à l'œuvre dans le couple durant la vie commune. Ces nouveaux usages bourgeois, en s'affirmant contre des pratiques collectives populaires jugées rétrogrades, inscrivent la nuit de noces dans les contradictions d'un XIXe siècle en plein changement, qui voit s'affronter les traditions du passé et la modernité du présent. Loin d'instaurer plus d'égalité entre les hommes et les femmes, ils amplifient la dissymétrie qui existe entre eux. Tandis que, dans le scénario nuptial traditionnel, l'époux et l'épouse forment plus volontiers une entité, dans des rites qui les soudent face à l'entourage qui trouble leur tranquillité, la nuit de noces bourgeoise, en éloignant les proches, fait se confronter l'homme, qui détient le pouvoir et le savoir, à la femme, davantage isolée.

Les nouveaux rites nuptiaux sont d'ailleurs loin d'être unanimement perçus comme un progrès par les contemporains. Au contraire, sous l'apparence de la modernité, ils perpétueraient une organisation sociale archaïque et patriarcale. Dans leurs écrits, des hommes et des femmes des mouvances socialistes ou libertaires mobilisent à partir du second tiers du siècle la nuit de noces comme un moment emblématique de construction des inégalités dans le couple, avalisé collectivement. Dans *Ma loi d'avenir* (1833), l'avant-gardiste Claire Démar écrit à ce sujet une page saisissante de modernité :

> Cette file de voitures qui stationnent devant un de nos temples, à la porte d'une des mairies de nos 12 arrondissements : c'est pour ramener dans la salle du festin quelque noce bruyante. – Devant le maire et devant le prêtre, aux yeux du monde matériel et du monde religieux, un homme et une femme ont entraîné une longue suite de témoins de tout âge et de tout sexe ; et le prêtre avec l'étole dorée, et le maire avec l'écharpe tricolore, au nom de Dieu et du Code, ont béni ou sanctionné une alliance indissoluble. Voilà pour l'union dite légitime, celle qui permet à une femme de dire sans rougir : tel jour, à telle heure, je recevrai un homme dans ma COUCHE DE FEMME !!!... L'union qui, contractée en face de la foule, se traîne lentement à travers une orgie de vins et de danses, jusqu'au lit nuptial, devenu le lit de la débauche et de la prostitution, et permet à l'imagination délirante des conviés de suivre, de pénétrer tous les détails, tous les accidents du drame lubrique joué sous le nom de jour de noces ! Si l'usage ou la loi qui traduit ainsi la jeune mariée, palpitante et craintive, aux regards audacieux de toute une assemblée nombreuse, qui la prostitue aux désirs effrénés, aux révoltantes railleries d'hommes échauffés, exaltés par les fumées d'une fête licencieuse ; si, dis-je, cet usage, cette loi, ne vous paraît pas une HORRIBLE EXPLOITATION ; si, en réfléchissant, vous n'avez jamais frémi de dégoût et d'indignation... je m'y perds... Les mots de dignité de la femme, d'affranchissement, d'émancipation de la femme, n'ont plus aucun sens pour moi, ne représentent plus aucune idée à mon esprit[42] !!!

Claire Démar ne se contente pas de dénoncer les abus du mariage : elle critique l'institution même, adoptant une position extrêmement minoritaire au début des années 1830. Son texte, de sensibilité saint-simonienne, concentre à lui seul les différentes critiques que continueront à produire, encore dans les dernières décennies du XIXe siècle et les premières du XXe, les femmes et les hommes qui s'élèvent contre les pratiques nuptiales bourgeoises[43] : fantasmes masculins s'exprimant sans retenue et blessant la pudeur de l'épouse, publicité de l'acte sexuel à venir au cours de cérémonies validées socialement par l'État et l'Église et des festivités collectives... Claire Démar compare la nuit de noces à la « première passe » de la vie matrimoniale, qui est envisagée comme une prostitution légale[44]. De plus, même si les rites bourgeois paraissent plus bienséants et plus sobres que les rites paysans, ils restent marqués par une culture grasse du mariage, peut-être moins apparente, mais plus insidieuse, ce que pointe George Sand dans son roman *Valentine* (1832), à travers les pensées de Bénédict :

> [Il] n'est point d'inconvenance plus monstrueuse, d'usage plus scandaleux que la publicité qu'on donne au mariage. Il n'avait jamais vu, sans la plaindre, passer au milieu de la cohue d'une noce cette pauvre jeune fille [...] qui traverse l'insolente attention, les impertinents regards, pour arriver dans les bras de son mari, déflorée déjà par l'audacieuse imagination de tous les hommes. [...]
>
> « Comment, disait-il, voulez-vous avoir des femmes aux mœurs pures, lorsque vous faites publiquement violence à leur pudeur ? quand vous les amenez vierges en présence de la foule assemblée, et que vous leur dites, en prenant cette foule à témoin, "Vous appartenez à l'homme que voici, vous n'êtes plus vierge". » Et la foule bat des mains, rit, triomphe, raille la rougeur des époux, et, jusque dans le secret de leur lit nuptial, les poursuit de ses cris et de ses chants obscènes[45] !

La situation qui place la jeune mariée ingénue sous les regards amusés ou égrillards des invités est également condamnée par Ernest Legouvé, dans son *Histoire morale des femmes* (1853) :

> Est-il un spectacle plus sauvage que ce qu'on appelle une noce ? N'est-ce pas une sorte de condamnation au pilori, d'exposition ? Une jeune fille est là, au milieu de vingt hommes, qui l'examinent curieusement, épient son sourire, interprètent son silence, calomnient sa pureté par leurs doutes ou la flétrissent par leurs plaisanteries ; le soir vient, et à la vue de tous ces hommes dont les regards la suivent, elle entre dans la chambre nuptiale, tandis qu'eux restent dans la chambre voisine, assistant par la pensée à chacun des détails de cette heure[46] !

La publicité de la défloration à venir est enfin dénoncée de façon inédite par la journaliste Séverine, qui en 1892 publie un article en première page du *Gil Blas*, en racontant sa propre nuit de noces, qui avait eu lieu en 1871 quand elle avait seize ans :

> Des femmes qui m'ont vu naître souriaient, attendries, en me regardant ! De vieux amis de mon père, de mon oncle, m'envisageaient avec des airs drôles, très égayés, faisant à mi-voix des plaisanteries que je ne comprenais pas. [...]

> Quels usages, quelles mœurs est-ce donc cela, de se réunir autour d'une vierge pour fêter son déshonneur légal, d'une pauvre enfant qui sert d'autant mieux de risée, qu'elle est plus naïve, qu'elle en sait moins ![47]

À la fin de siècle, cette critique des pratiques matrimoniales bourgeoises s'exprime non plus seulement dans des brochures ou des romans comme au temps de Claire Démar et George Sand, mais aussi dans la presse à grand tirage. C'est le signe d'une ouverture d'esprit à propos des remises en cause de l'institution matrimoniale, et d'une plus grande sensibilité au sort qu'elle réserve aux femmes dès la nuit de noces.

« Enfin seuls ! » : la célébration du couple bourgeois

Une riche iconographie reflète l'érosion des coutumes paysannes et l'affirmation de la privatisation des rites nuptiaux. La teneur des images sur les nuits de noces rurales ne change pas foncièrement au cours du siècle : des estampes d'Olivier Perrin sur les noces armoricaines au début du XIXe siècle[48] aux cartes postales du début du XXe siècle, elles figurent le couple entouré par des membres de la communauté villageoise, privilégiant les scènes de groupe pittoresques. De façon significative, les images sur les nuits de noces de la bourgeoisie mettent en valeur le couple : pendant le premier XIXe siècle, celui-ci est représenté encore entouré de proches, mais en nombre limité (demoiselles d'honneur, amies, mère de l'épouse), dans des scènes de « coucher » ou « lever » de la mariée. Mais, à partir du dernier tiers du XIXe siècle, le couple apparaît, seul le plus souvent, au moment où il est arrivé dans la chambre nuptiale. Des images mais aussi des textes célèbrent cette étape charnière de la journée du mariage, désignée par une expression devenue emblématique : « Enfin seuls ! » Il s'agit d'une formule prêtée aux époux qui, en la prononçant, se réjouiraient de se retrouver enfin ensemble, sans personne d'autre à leurs côtés, après la cérémonie et les festivités publiques, mais avant la consommation du mariage[49]. Apparue au début des années 1880, l'expression connaît rapidement un grand succès, comme formule légendée dans l'iconographie (cartes postales, dessins de presse, etc.) ou prononcée par des personnages de théâtre ou de romans. À l'origine, le peintre italien Eduardo Tofano expose en 1878 à Paris une huile sur toile intitulée *Seuls !*, qui figure un couple qui vient de se marier. Le marchand de tableaux et éditeur d'art Adolphe Goupil la lui achète et en fait une gravure, exécutée par les frères Amédée et Eugène Varin, et présentée sous le titre plus accrocheur de *Enfin… seuls !*, en 1881. L'ajout de l'adverbe « enfin », ainsi que des points d'exclamation et de suspension change le sens de la toile, qui devient ainsi plus suggestive, incitant le spectateur à se projeter dans l'intimité des époux et à deviner leurs états d'âme. La maison Goupil décline l'image en photogravures de différents formats et en estampes miniatures : la grande gravure au burin, imprimée sur papier de Chine, est vendue 40 francs, tandis que les reproductions photographiques de petit format coûtent 1 franc pièce[50], ce qui permet leur diffusion massive, jusque dans les foyers les plus populaires[51]. Le succès de la scène bénéficie ensuite de l'essor de la carte postale, apparue en France au moment de l'Exposition universelle de Paris en 1889, et diffusée à très grande échelle à partir de 1900, détrônant ainsi la chromolithographie et achevant la démocratisation de l'accès aux images[52].

Les cartes postales légendées avec l'expression « Enfin seuls ! » deviennent un genre à elles seules. Un couple bourgeois enlacé, debout, en habit de cérémonie, goûte aux premiers instants de réelle intimité conjugale : le mot « enfin » exprime l'impatience et la joie, mais aussi le soulagement. Les époux ont en effet doublement attendu : pendant la journée de cérémonie, mais aussi pendant la période de continence sexuelle qui leur a été imposée pendant les fiançailles. L'ambiguïté de l'expression permet de plaire à tous, hommes comme femmes, et autorise l'irruption d'un érotisme feutré dans les foyers français : c'est près du lit que le couple est représenté, ce qui permet l'association plus directe entre le mariage et sa consommation sexuelle. Prononcée de conserve par les deux époux, elle implique que le sentiment amoureux est partagé, suggestion révélatrice de l'essor durant le dernier tiers du XIXe siècle d'un modèle conjugal basé sur un mariage d'amour et non d'intérêt, même si les logiques familiales et les mariages arrangés demeurent. Sous ses abords enjoués et légers, l'expression véhicule cependant une vision conservatrice de la relation amoureuse, qui rappelle les interdits moraux et religieux pesant sur les relations sexuelles hors mariage et prônant l'attente jusqu'à l'union légale.

***Enfin seuls.* Carte postale nº 2, V. P., s.d., Paris.**
« Lui – Si vous saviez comme mon bonheur est grand.
Elle – Merci, mon cher, pour ces premières paroles que vous m'adressez en ces termes. »

Des cartes postales fonctionnent aussi en séries qui décomposent les différentes étapes qui mènent le couple jusqu'au cœur de l'alcôve, préfigurant le dispositif des romans-photos. Chaque série comporte quatre à six cartes en moyenne : à chaque image correspondent quelques phrases descriptives, badines ou poétiques, ou encore des bribes de dialogue entre l'homme et la femme, qui progressivement se rapprochent. Ces séries sont déclinées dans des dizaines de versions, en dessins ou plus fréquemment en photographies. Les scènes sont souvent issues des mêmes studios : les modèles changent, mais les décors peints ou les meubles (lit à baldaquin, table de chevet, paravent) restent identiques. Les échanges verbaux des époux et leur attitude corporelle font apparaître de façon stéréotypée les rôles attribués respectivement à l'homme (entreprenant, rassurant, expérimenté) et à la femme (craintive, parfois méfiante, mais qui se laisse finalement amadouer). Ils participent à une construction genrée du comportement à adopter et des émotions qu'il convient de ressentir et surtout de manifester à son conjoint, même dans les cas où l'intention

***Enfin seuls !* Cartes postales en circulation en 1910 (collection particulière).**

1. « Enfin seuls ! mon aimée ! enfin sous le voile/Je puis frôler ton front où scintille une étoile. »
2. « Enfin seuls ! tout s'endort, seul l'amour de mon cœur/Veille pour te griser des parfums du bonheur. »
3. « Enfin seuls ! notre lit tout parfumé de roses/Va vibrer des chansons en nos âmes écloses. »
4. « Enfin seuls ! j'ai le droit d'enlever cette fleur/J'en ai soldé le prix en donnant mon cœur. »
5. « Enfin seuls ! d'un baiser la caressante flamme/Va souder pour toujours à ton âme mon âme. »

Cartes postales en circulation dans les années 1900 (collection particulière). Mention manuscrite : « Bonne fête, bientôt faites la même chose. Jeanne. »

1. « Quittant amis, parents, aïeuls/Voici l'heure de l'"enfin seuls". »
2. « Leur regard épris de tendresses/Promet les plus tendres caresses. »
3. « Le lit est là, bas et propice/Voici l'instant du sacrifice. »
4. « L'époux, la cervelle à l'envers/Ose enfin les baisers pervers. »
5. « Finie l'amoureuse prière/Le sommeil ferme leur paupière (*sic*). »

humoristique est clairement assumée. Par exemple, une série de cinq cartes postales adopte pour légendes des distiques d'alexandrins dont les envolées lyriques décrivent les sentiments mais également le rapprochement physique et les gestes amoureux du jeune couple. La succession des images met en scène le sobre effeuillage de la mariée : le voile blanc, symbolisant sa pureté morale et corporelle, est d'abord relevé, puis ôté. Autre symbole de virginité, la fleur d'oranger, maintenue dans la chevelure, est décrochée par le mari : ce geste, suivi d'un baiser, préfigure de façon évidente la défloration (« J'ai le droit d'enlever cette fleur », dit le mari dans la quatrième carte).

Parmi les multiples variantes du thème « Enfin seuls », certaines modifications concernent l'espace représenté ou l'origine sociale et géographique des mariés ; par exemple, des paysans bretons ou auvergnats, au lieu du couple bourgeois (voir chapitre 1). D'autres cartes postales proposent des légendes franchement grivoises. Par exemple, dans la série de cinq cartes postales commençant par les vers « Quittant amis, parents, aïeuls/Voici l'heure de l'"enfin seuls" », l'effeuillage de l'épouse est plus poussé, les gestes amoureux plus explicites, et les paroles sans ambiguïté (« L'époux, la cervelle à l'envers/Ose enfin les baisers pervers »). Cette série est plutôt destinée à un public masculin : la nudité concerne seulement la femme, qui se retrouve en chemise, tandis que l'homme reste habillé. Le moment de la consommation sexuelle fait cependant l'objet d'une ellipse et la dernière scène représente les époux endormis après le « sacrifice ».

La fortune de l'expression « Enfin seuls » pendant la Belle Époque dépasse le champ iconographique et devient banale dans les romans et les vaudevilles. Par exemple, dans « Premières nuits », une saynète publiée en 1902 dans le journal *Le Frou-Frou*, figure la didascalie suivante : « EDMOND, tenant sa femme par la taille et la baisant sur le front, dans la position classique d'"Enfin seuls"[53]. » L'expression est si visualisable pour le lecteur qu'il dispense l'auteur de décrire davantage l'attitude des personnages. De même, en 1909, le romancier Richard O'Monroy introduit une scène nuptiale dans laquelle le personnage principal, Bertrand, est en train de « reproduire au naturel le groupe de la fameuse gravure *Enfin seuls !*[54] ». La scène abonde également dans les romans sentimentaux, comme dans *Drame nuptial* de Marcel Priollet :

> [Le] somptueux hôtel retomba dans le silence, et trouva l'atmosphère d'intimité qui devait lui convenir à pareille heure. Et l'instant vint où Félicien et Pascaline auraient pu prononcer les

> mots légendaires : « Enfin seuls ! » Mais ils étaient trop émus, tous les deux, pour exprimer une pareille banalité. [...].
> Ils touchaient à cette heure tant attendue où le ciel, en les unissant, semblait vouloir les récompenser de leur longue patience et du courage qu'ils avaient apporté, l'un à l'autre, à ne pas réaliser plus tôt leur rêve.
> Ils venaient de prendre place sur un large divan. Leurs mains étaient unies. Pascaline alanguissait sa tête sur l'épaule de Félicien. Ils savouraient béatement ce moment qui était comme le prélude de félicités plus grandes encore[55].

Si l'écrivain ne rechigne pas à décrire ce passage obligé, il souligne néanmoins le caractère désormais galvaudé de l'expression. Le succès de la formule « Enfin seuls » se perçoit d'ailleurs aussi au fait qu'elle dépasse le contexte strictement matrimonial pour décrire des rendez-vous galants entre amoureux. On la voit par exemple sur les cartes postales de la Grande Guerre qui mettent en scène les permissions réconfortantes tant attendues par les poilus. Cette extension de l'expression est l'indice d'une plus grande acceptation des relations intimes avant le mariage, même si celles-ci ne sont pas pour autant la norme.

La chambre nuptiale, un lieu à part

L'endroit où se déroule la consommation du mariage est spatialement circonscrit à une pièce, désignée par l'expression de *chambre nuptiale*. Avec l'avènement du mariage bourgeois qui promeut une vie familiale recentrée sur le couple, la chambre nuptiale se confond de plus en plus avec la « chambre conjugale », dont Michelle Perrot, dans son *Histoire de chambres*, date la normalisation des années 1840[56] : elle prend place dans la nouvelle habitation dans laquelle les époux s'installent. Mais n'importe quelle autre pièce dans laquelle se retrouvent les jeunes mariés pour leur première nuit peut être momentanément qualifiée de « chambre nuptiale » : il n'est pas rare qu'ils soient hébergés par leurs parents, par tradition, ou par nécessité, par exemple quand ils n'ont pas les ressources suffisantes pour s'établir seuls. Il arrive aussi qu'ils se rendent chez d'autres membres de la famille ou des voisins, quand plusieurs générations cohabitent sous le même toit, voire dans la même pièce, ce qui n'offre pas les conditions adéquates pour assurer la tranquillité des époux.

La chambre peut également être louée, dans un hôtel luxueux pour les couples aisés, dans un hôtel bon marché ou un garni pour les couples plus modestes. Ce choix est en partie déterminé par la volonté de s'extraire des lieux du quotidien, à la faveur d'un départ le soir même pour leur voyage de noces. Les concubinaires avant le mariage préfèrent ainsi passer leur nuit de noces hors de leur domicile habituel, pour avoir l'impression d'une nouvelle « première fois »[57].

Les chambres nuptiales diffèrent donc les unes des autres, selon les classes sociales, les régions, les coutumes locales, les habitudes familiales, ou encore la mode du jour : le lit-clos nuptial situé dans une bâtisse paysanne du Finistère ne ressemble guère au lit double d'une suite du Grand Hôtel de Paris ou à la couchette d'un train qui circule sur la ligne du Paris-Lyon-Méditerranée. Mais, malgré leur diversité, elles présentent des caractéristiques communes, qui à beaucoup d'égards correspondent à l'analyse proposée par Michel Foucault sur les *hétérotopies de crise*, qui selon lui sont ces lieux « privilégiés, ou sacrés, ou interdits, réservés aux individus qui se trouvent, par rapport à la société, et au milieu humain à l'intérieur duquel ils vivent, en état de crise[58] ». La chambre nuptiale constitue en effet un lieu « sacré » ou « interdit », dans la mesure où sa fonction est d'abriter la relation sexuelle, qui s'effectue dans le secret d'une pièce fermée. Les époux doivent pouvoir s'isoler, comme le suggère cette gravure du début du XIXe siècle qui, en opposant le « jour des nôces » (*sic*) au « coucher des époux », insiste sur la délimitation spatiale entre la sphère publique et la sphère privée. La sacralité du lieu est très présente dans l'imaginaire de l'époque, eu égard à sa destination religieuse première : les mariés y accomplissent l'œuvre de chair, qui valide un sacrement prononcé à l'église. C'est ce qui explique la pratique de la *benedictio thalami*[59], qui consiste à asperger le lit ou les draps d'eau bénite. Selon les sources, elle serait entrée en désuétude à la fin du Moyen Âge[60], au début du XIXe siècle, voire plus tard, comme l'atteste le docteur Bertin dans une notice de *La Chronique médicale* à propos de cette « coutume antique » qu'il lui a été donné d'observer en personne :

> Cette singulière habitude d'autrefois n'existe sans doute plus, mais il n'y a pas si longtemps qu'on la rencontrait encore dans nos contrées. En 1855, à Travers, joli village du bord de la Saône, j'assistai au mariage d'un jeune notaire avec une jeune fille des meilleures familles du pays. Je ne fus pas peu surpris lorsqu'on parla de faire bénir les draps du lit nuptial.
> Le rite était un peu changé : on ne procédait plus dans la maison ; les draps étaient portés à l'église par le garçon d'honneur, pour y recevoir le « bon pour » de M. le curé[61].

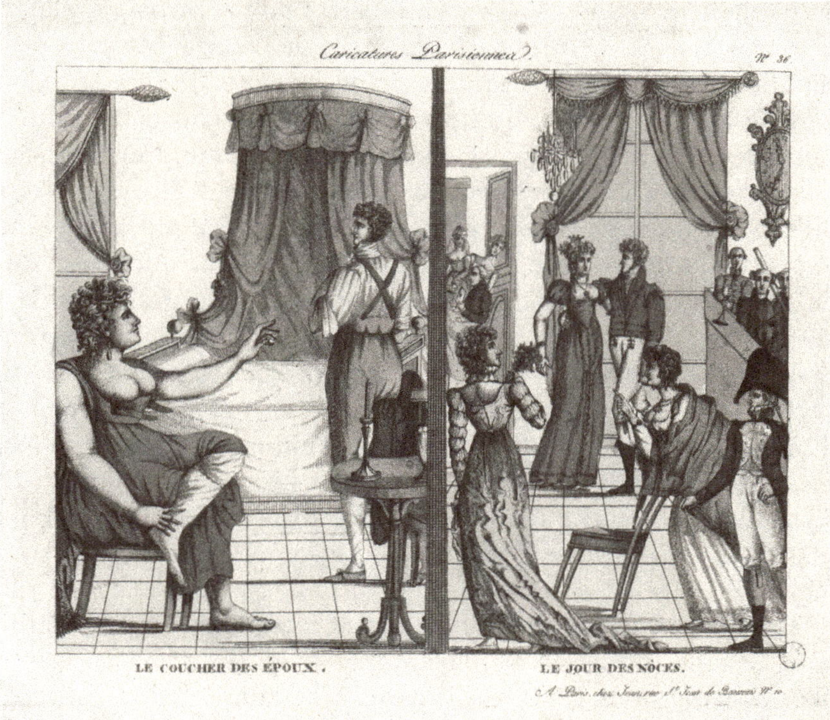

***Caricatures parisiennes. Le coucher des époux. Le jour des nôces* [*sic*], estampe coloriée en taille-douce, 26 × 30 cm, Jean, Paris, s.d. (première moitié du XIXe siècle). Collection du MuCEM.**

La dimension sacrée du rite et du lieu dépasse le seul cadre de la religion catholique. La chambre nuptiale et, par métonymie, le lit font l'objet de considérations évoquant la sacralisation ou le sacrifice du corps féminin. Le vocabulaire religieux emphatique et teinté d'érotisme abonde dans les romans sentimentaux et mélodramatiques, mais aussi dans les essais et les manuels conjugaux de nature médicale qui ne boudent pas l'emploi d'expressions imagées. Par exemple, sous la plume du docteur Coriveaud, en 1884, le lit nuptial est désigné par la formule grandiloquente d'« autel du sacrifice[62] ». Jusque dans l'entre-deux-guerres, les ouvrages de Marcel Priollet, destinés à un lectorat féminin populaire, ressassent les descriptions attendues de « chambre préparée pour le doux sacrifice nuptial[63] », de « sanctuaire inviolé » ou d'« autel dressé pour le sacrifice [des] pudeurs virginales »[64].

On tâche de rendre la chambre nuptiale digne du moment particulier qu'est l'entrée dans la vie conjugale[65]. Quelques arrangements la distinguent d'une chambre ordinaire : pour l'occasion, elle est nettoyée, rangée, fleurie, parée de tissus de couleur blanche, pour signifier la pureté, ou rouge, rose ou or, couleurs de l'amour. Dans *Thérèse Raquin* (1867), Émile Zola décrit la façon dont, pour la nuit de noces de Laurent et de Thérèse, madame Raquin « avait voulu arranger coquettement la chambre, qui se trouvait toute blanche et toute parfumée, comme pour servir de nid à de jeunes et fraîches amours ; elle s'était plu à ajouter au lit quelques bouts de dentelle et à garnir de gros bouquets de roses les vases de la cheminée[66] ». Entre les années 1880 et les années 1920 apparaît également une mode consistant à orner dès le lendemain du mariage la chambre nuptiale, devenue conjugale, d'un « globe de mariage » : il s'agit d'une pièce d'orfèvrerie, plus ou moins luxueuse et soignée selon la richesse de la famille, et qui est protégée par une cloche en verre. Les époux prennent soin d'y disposer le bouquet de la mariée et sa couronne de fleurs d'oranger, symboles de la pureté féminine[67].

Peu de textes s'attardent sur la décoration de la chambre nuptiale dans le milieu ouvrier ou paysan. Quoi qu'il en soit, il semble que les usages des villes se diffusent à la campagne : c'est le cas pour les habits de la mariée, puisque le port de la robe blanche s'étend progressivement aux zones rurales au cours du siècle[68], mais aussi pour l'aménagement du lieu qui doit recevoir les époux, à la manière de Yann et Gaud, qui se retrouvent dans un « pauvre petit logis au sol humide, sous leur toit de paille et de mousse », mais où a été installé un « beau lit blanc *à la mode des villes* qui devait être leur lit nuptial[69]... », dans *Pêcheur d'Islande* de Pierre Loti (1886). Les milieux plus aisés se distinguent par le choix des étoffes et des matériaux, plus recherché : tissus précieux et ouvragés, dentelles et broderies, rideaux de mousseline, tentures en velours ou en soie brochée, essences de bois telles que l'acajou ou le bois de rose, marbre ou albâtre. Ainsi, la chambre nuptiale qui sert de nid aux jeunes époux dans *Monsieur, madame et bébé*, de Gustave Droz (1866), est « coquette au possible, fraîche à l'œil, douillette, élégante, et garnie de beaux grands meubles Louis XVI à tapisseries de Beauvais », et son lit est une « merveille d'élégance »[70]. Mais certaines attentions frisent le mauvais goût et le ridicule, comme le suggère l'écrivain Richard O'Monroy dans sa nouvelle *La Nuit de noces* (1909) qui s'attarde sur la « chambre fanfreluchée » où trône un « grand lit, avec ses deux oreillers juxtaposés [qui] semblaient déjà se dire des choses tendres au-dessus du couvre-pied de dentelle orné de choux roses »[71].

Les descriptions de chambre nuptiale dans les romans sont un moyen pour les auteurs d'installer une atmosphère sensuelle, en instaurant chez le lecteur un horizon d'attente sur la relation sexuelle qui va avoir lieu, sans l'évoquer directement. La décoration de la pièce n'est pas sans rappeler la parure nuptiale de l'épouse faite de dentelles, frous-frous et tissus fins, participant ainsi d'un érotisme au goût incertain. D'autres rapprochements sont faits entre les cloisons de la chambre nuptiale (extérieures, comme la porte, les murs et les fenêtres, et intérieures, comme les rideaux, le paravent ou le dais) et le corps féminin. Arnold Van Gennep, qui a finement analysé le rite populaire du franchissement de la porte, ne souscrit pas à l'interprétation selon laquelle il renverrait à l'épreuve de la défloration : selon lui, la porte de la chambre nuptiale « n'est pas le symbole de la "porte" (*janua*) de la jeune fille, c'est-à-dire de sa virginité ; l'enfoncer avec violence, ou la briser, ou encore casser les carreaux, démolir les fenêtres ou le toit, ne signifie pas "violer la mariée"[72] ». Mais cette précision du folkloriste, qui conteste l'attribution d'un « sens symbolique spécialement sexuel » à « ce rite de passage », confirme qu'elle est largement répandue. La chambre nuptiale est volontiers comparée au corps virginal et fermé de l'épouse, et les cloisons de la pièce à son sexe : les expressions de « barrière hyménéale » ou de « cloison hyménale », vouées à être brisées lors de la défloration, sont d'ailleurs employées dans les dictionnaires médicaux et les manuels conjugaux[73]. La métaphore de l'effraction est mobilisée dans toutes sortes d'autres textes et d'images pour évoquer, plus ou moins explicitement, la pénétration[74]. Dans *Le Ministère public*, une nouvelle parue dans le recueil collectif *Contes bruns* en 1832, l'écrivain Charles Rabou offre une longue description de la façon dont Desalleux entre dans la chambre nuptiale, semblable à un récit métaphorique de défloration :

> Au moment où il ferma la porte de la chambre, sa fiancée était déjà couchée ; par un arrangement qui lui parut étrange les rideaux du lit avaient été tirés sur elle ; pas un bruit ne se faisait entendre. La solennité de ce silence, l'obstacle inattendu de ce rideau, dont l'ouverture allait nécessiter une certaine diplomatie, redoublèrent chez le marié un embarras d'autant plus facile à comprendre qu'il s'était rarement donné l'occasion de s'aguerrir, de manière à mener lestement de pareilles rencontres. [...] D'une

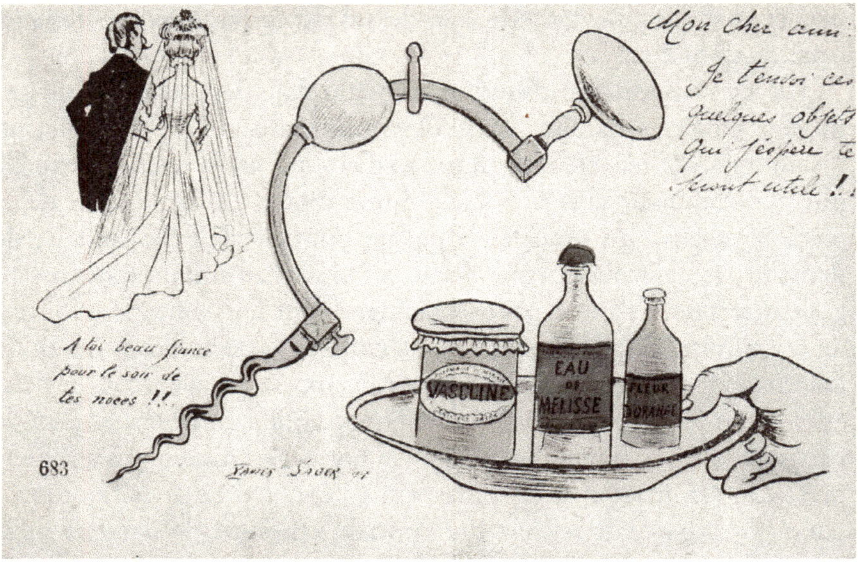

Xavier Sager, « Mon cher ami ! Je t'envoi ces quelques objets qui j'espère te seront utile [*sic*] ! ? / À toi beau fiancé pour le soir de tes noces !! » Carte postale n° 683, en circulation en 1909 (collection particulière).

> voix mal assurée il appela sa fiancée. N'ayant pas reçu de réponse, il retourna, peut-être pour gagner du temps, vers la porte, s'assura de nouveau qu'elle était bien fermée, puis s'approchant du lit, il écarta doucement le rideau[75].

L'illustrateur Xavier Sager se veut plus explicite : dans un de ses dessins datant du début du XXe siècle, il représente sans subtilité des objets qui serviront au jeune époux pour la première nuit : un flacon de vaseline mais aussi une chignole à vilebrequin, qui sert ordinairement à percer des trous dans un mur, et qui renvoie métaphoriquement à l'obstacle qu'il doit abattre.

Le lit conjugal à deux places est la pièce maîtresse de la chambre nuptiale. Dans la *Physiologie du mariage* (1829), Honoré de Balzac développe une « théorie du lit » qui énumère les trois manières d'aménager la chambre « chez les nations civilisées, et principalement pour les classes privilégiées » : « deux chambres séparées », « deux lits jumeaux » et « un seul et même lit »[76]. Chez les grands bourgeois et les nobles en particulier, dormir dans des chambres séparées est en effet fréquent. Mais l'usage veut que les époux passent au moins leur nuit de noces dans une même chambre contenant un lit unique, comme le rappelle cette définition proposée par le *Dictionnaire de l'Académie française* en 1835, qui est l'indice de sa spécificité et de l'importance de sa fonction : « On appelle lit nuptial le lit où les nouveaux mariés couchent la première nuit de leurs noces[77]. » C'est déjà le cas à la fin du XVIIIe siècle : dans un mémoire envoyé au cardinal Caprara pour obtenir la nullité de son mariage, Auguste de Lamoignon, qui dit avoir été forcé par son père à épouser Marie Henriette d'Augerville d'Aurcher en 1784, fait part de son désarroi quand, pour leur première nuit, on l'a conduit « dans un appartement où l'on avait dressé le lit nuptial, mais le seul lit nuptial[78] ».

Le passage du lit simple de célibataire au lit double marque un changement important, ce que souligne le romancier Gustave Droz dans un passage de *Monsieur, madame et bébé* dans lequel la jeune mariée raconte sa nuit de noces :

> Je m'élançai dans mon lit... dans le lit. Je ne fus pas longue à m'apercevoir que ce n'était plus là mon lit étroit de jeune fille. Celui-ci était énorme, et j'hésitai un moment, ne sachant de quel côté je me dirigerai. J'éprouvai du reste une sensation physique pleine de douceur. Ce lit était tiède, je ne sais quelle odeur d'iris s'exhalait de ses couvertures soyeuses, je me sentais enfoncer dans cet amas de plumes ; les oreillers, deux fois trop grands et garnis de longues broderies, s'effondraient sous moi, m'ensevelissant dans un grand précipice douillet et embaumé[79].

À partir du dernier quart du XIXe siècle, la morale médicale achève de faire « du lit conjugal le centre de la normalité[80] ». Le docteur Montalban, dans sa *Petite Bible des jeunes époux* parue en 1885, est formel : l'« union des époux ne saurait se dérouler ailleurs que dans la chambre, sanctuaire de l'amour et de la maternité. Un bon lit est le seul lieu où puisse s'accomplir dignement l'œuvre de chair[81] ». Dans les interrogatoires des causes matrimoniales, les juges ecclésiastiques qui se penchent sur l'effectivité du lien conjugal entre les deux fidèles leur demandent « dans quel endroit s'est passée la 1ere nuit des noces[82] » et vérifient qu'ils « ont fait chambre et lit communs », expression euphémistique qui renvoie à l'acte sexuel. Par exemple, dans le procès de Mathilde H. et d'André I., mariés en 1897, le juge s'enquiert « *s'il est vrai que les époux, dès la première nuit des noces, ont encouragé la vie conjugale par le partage du lit*[83] ». Dormir ensemble est en effet pour les canonistes un signe notable de la bonne volonté des époux de consommer le mariage. Ils posent donc des questions précises sur la durée du partage du lit, mais aussi sur la façon dont les époux s'installent sur le matelas. Il n'est pas rare que pour convaincre de l'absence de consommation, ces derniers affirment avoir délaissé le lit commun pour un couchage de fortune dans la même pièce. Pour ceux qui n'avaient à leur disposition qu'un seul lit, la situation est plus compliquée. La mère de Jules P. croit devoir « signaler un détail très important » sur les débuts du mariage de son fils avec Jeanne K. en 1899 : « Leur lit était très large et la place qu'ils y occupaient chacun était très nettement déterminée. Entre les deux places le lit formait en effet un véritable dos d'âne[84]. » Elle espère que cette précision poussera les juges à délivrer la dispense pour non-consommation souhaitée par les époux, malgré le partage du lit qui joue en leur défaveur. C'est dans le même but que Mathilde H. déclare que, pendant les deux premières nuits du mariage, « son mari a reposé pendant quelques courts instants avec elle dans le lit, mais que la plus grande partie du temps ils se sont trouvés séparés par un drap[85] », ou que Delphine Z. tient à raconter que son mari Léon H. a déserté la chambre conjugale pendant leur nuit de noces, en 1894, mais que, sommé de la rejoindre, il a ensuite pris le soin d'installer un obstacle dans le lit conjugal : « Les jours suivants il a fait lit commun, sur mes supplications, mais en mettant un traversin entre lui et moi[86]. »

Les raisons avancées par les époux pour ne pas avoir dormi ensemble le premier soir sont variées. Parfois, c'est parce qu'ils se seraient retrouvés, sans le vouloir expressément, dans une chambre qui ne disposait que de lits jumeaux[87]. Plus souvent, c'est par inimitié pour le conjoint qu'un des époux a préféré se tenir à distance, comme Gabrielle P. qui, en 1890, aurait « passé la première nuit de noces à l'Hôtel Continental sur une chaise longue, pour ne pas partager le lit de son mari[88] ». D'autres encore allèguent la violence du conjoint, rendant la proximité corporelle dangereuse ou impossible, comme le comte Oscar du Z. qui raconte avoir dû fuir pour cette raison, en 1865 : « Le soir des noces, au moment où j'allais me mettre au lit, elle s'est élancée sur moi et m'a mordu à l'épaule. J'ai passé la nuit sur mon fauteuil[89]. » L'absence de partage du lit est présentée comme un signe évident de dysfonctionnement : il s'agit d'une forme manifeste de rejet de la conjugalité, qui ne peut se construire que dans la proximité des corps pendant l'acte sexuel, mais aussi pendant le sommeil qui lui succède.

Un huis clos imparfait

L'acte sexuel ne doit s'accomplir qu'à l'abri des regards : déjà saint Augustin précisait que l'union conjugale, « bien que licite et honnête », requiert une « chambre fermée à tout témoin »[90]. Malgré l'expression d'une volonté d'intimité plus grande, les sources décrivent volontiers la chambre nuptiale comme un espace aux frontières poreuses, où le huis clos n'est pas toujours bien respecté : les hétérotopies « supposent toujours un système d'ouverture et de fermeture qui, à la fois, les isole et les rend pénétrables[91] », constate Michel Foucault. Il semble en effet que des parents, des amis ou des voisins continuent d'exercer la fonction d'accompagnement ou de surveillance des jeunes mariés dans leur nouvelle vie. Ce rôle ne perdure pas seulement dans les milieux populaires où le processus de privatisation de la nuit de noces est moins abouti, comme le montre la persistance de rites collectifs tardifs comme la rôtie : chez les bourgeois, la rigueur de l'isolement n'est pas garantie.

L'exiguïté de certaines habitations explique d'abord la proximité immédiate – mais involontaire – de la famille. Lors de leur nuit de noces en 1909, le domicile conjugal des époux Santerre n'est pas encore prêt et le domicile parental ne dispose pas de chambres en nombre suffisant. Le jeune couple doit se rendre dans le grenier au-dessus de la chambre des parents de la mariée, comme le raconte Marie-Catherine Gardez : « Mon mari me prend dans ses bras et il m'embrasse. Mais en dessous, on entend papa tousser et bouger presque sans arrêt. Alors mon mari me dit à l'oreille, tout doucement pour qu'on ne l'entende point : “[...] Dormons. C'est difficile à te dire, mais moi, ça ne va pas fort, avec tes parents en bas[92].” » Les époux attendent d'être installés chez eux, deux jours plus tard, pour plus de sérénité.

D'autres témoignages mettent en avant la responsabilité des parents qui instaurent volontairement cette promiscuité. Ils encadrent de façon resserrée le moment de la consommation nuptiale, en accompagnant les époux jusqu'à leur chambre et en les retrouvant au réveil. Parfois, ils interviennent même au cours de la nuit. Dans ses mémoires intitulés *Soixante ans de la vie d'un prolétaire*, Constant Lepage évoque le souvenir désagréable de sa nuit de noces, en 1847. Sa belle-mère est allée jusqu'à ouvrir la porte de la chambre nuptiale à l'approche du moment crucial, pour mieux entendre ce qui se passait :

> Notre chambre était à côté de celle de mes beaux-parents qu'une simple cloison séparait ; une tapisserie se développait sur la porte de communication. Il y avait un moment que nous étions au lit quand j'entendis ouvrir discrètement la porte derrière la tapisserie. Je me lève pour aller la fermer, mais ma femme me dit :
> – Restez... Je connais maman, elle se fâcherait.
> – Mais, lui dis-je, cela ne se fait pas !
> – Oh ! elle ne va pas entrer.
> – Oui, mais quelle nuit !
> Faut-il donner d'autres explications ? Le matin, elle entre dans notre chambre ; j'étais levé et faisais ma toilette. Elle va à sa fille et lui dit très sèchement :
> – Est-ce... (*sic*)
> – Je me retournai et vis ma femme rouge jusqu'aux oreilles...
> – Mais Madame, lui dis-je...
> – C'est toujours ma fille, me dit-elle très gentiment, vous ne pouvez vous plaindre des soins d'une mère[93].

Ce que l'époux prend pour de la curiosité malvenue est assumé par sa belle-mère qui préfère s'assurer que tout se passe bien pour la jeune mariée. Généralement, l'intervention des beaux-parents est présentée comme une intrusion par le gendre ou la bru[94], ce qui coïncide avec l'augmentation depuis les années 1880 des représentations culturelles diffusant la figure stéréotypée de la belle-mère pénible, qui outrepasse ses droits, s'agrippe aux époux, se montre insistante ou maladroite dans ses propos au moment du coucher de la mariée, surveille de trop près ce qui se passe pendant la nuit ou fait des remarques désobligeantes le lendemain. Berthe Z., à propos de sa nuit de noces avec Augustin W. en 1886, se plaint de sa belle-mère, qui a guetté le moment de la consommation du mariage : « Madame veuve W. exigeait qu'on laissât ouverte la porte de la chambre nuptiale et cela sous prétexte d'entendre sonner les heures ; mais en réalité elle semblait vouloir surveiller tous les rapports matrimoniaux : elle couchait dans une chambre contiguë, elle semblait même vouloir s'interposer quand nous échangions quelques paroles d'affection[95]. » C'est également l'ingérence insupportable de ses beaux-parents qu'Émile F. déplore quand il raconte sa nuit de noces avec Marie K. en 1901 :

> Les parents nous ont conduits dans la chambre nuptiale et se sont retirés au bout de quelques instants dans leur chambre contiguë, en laissant la porte ouverte, et cette porte est restée

telle toute la nuit. [...] Aussitôt elle a fait la malade, se plaignant et paraissant sangloter ; la mère est accourue aussitôt et alors elle a dit devant sa mère que si elle était malade c'était l'effet d'être mariée, et que c'était son père qui l'avait forcée. Sur ces paroles le père est venu lui-même et a dit : « Si je l'avais su je ne l'aurais pas forcée », et là-dessus, il s'est mis à me reprocher vivement mes dettes[96]. »

Les beaux-parents ne contestent pas les faits. Le père de Marie K. explique : « Vers une heure du matin, sa mère et moi nous nous sommes retirés dans notre chambre, contiguë à la chambre nuptiale ; la porte est restée entrebaîllée [*sic*]. » Il précise cependant qu'ils ont attendu plusieurs heures avant d'intervenir :

> Peu de temps après j'ai parfaitement distingué des soupirs, des sanglots poussés par ma fille ; cela a duré, je crois, jusque vers quatre heures du matin ; alors nous nous sommes levés, nous nous sommes approchés des époux ; j'ai dit à Marie : « qu'as-tu ? pourquoi te plains-tu ? ». Elle ne m'a répondu que par des exclamations et des sanglots[97].

Un témoin du mari, Nicolas J., rapporte aussi que la mère a fait part de cette situation à qui voulait l'entendre : « Le lendemain, dans la matinée, Madame K. disait publiquement [...] : "Émile F. est parti et j'en suis bien contente ; notre demoiselle est vierge comme elle l'était hier, et d'ailleurs je suis restée tout le temps dans la chambre nuptiale"[98]. »

Loin d'être toujours perçue comme indésirable, la présence rapprochée d'une tierce personne peut au contraire être recherchée, notamment par les épouses qui souhaitent être assistées en cas de problème ou qui ne veulent pas se retrouver tout à fait seules avec un mari qu'elles connaissent à peine. Une témoin, Marie B., explique aux juges pourquoi elle est si bien informée de ce qui s'est passé entre Élisabeth N. et Honoré X., en 1881 : « Mme X. a tenu à ce que je sois dans la maison nuptiale, la 1ere nuit des noces, parce qu'elle était orpheline de mère, et qu'il lui semblait convenable de n'être pas seule femme sous le toit conjugal cette nuit là[99]. » Dans une autre affaire, Jean de G. raconte que, pour leur première nuit, en 1905, son épouse Madeleine H. non seulement a exigé d'avoir une chambre séparée, mais a sollicité le concours de sa femme de chambre pour éviter la consommation : « Elle vint dans ma chambre seulement quelques instants, laissant la porte ouverte, et la femme de chambre allait d'une chambre à l'autre faisant le ménage[100]. » De nombreuses dépositions insistent sur l'immixtion des proches, qui auraient entendu les échanges des époux, voire assisté à leur nuit de noces : dans le cadre de demandes de dispense pour non-consommation, c'est un moyen de convaincre les juges ecclésiastiques de l'absence d'acte sexuel grâce à des témoins quasiment directs de la scène.

L'intrusion peut prendre des formes plus radicales encore. Jean Q., un cultivateur, explique avoir subi la présence de ses belles-sœurs qui ont dormi dans la même chambre que son épouse et lui, en 1894 : « Après le mariage qui eut lieu un samedi et le repas de noces qui dura jusqu'à une heure avancée de la nuit, nous nous sommes tous couchés dans la même chambre, ou plutôt nous avons dormi dans la même chambre car il n'y avait pas de lit pour tous les invités[101]. » D'autres racontent être allés jusqu'à partager leur lit avec des proches, comme Césarine F., âgée de seize ans lors de son mariage en 1892, qui dort entre son mari et sa cousine. Cela rend impossible tout rapprochement sexuel, comme le déplore Charles Q. : « Durant la première nuit, je n'ai rien fait, car nous étions trois au lit[102]. » L'organisation de cette intrusion peut être une stratégie mise en place par des personnes qui n'ont pas pu éviter le mariage, mais qui mettent tout en œuvre pour fuir ce que recouvre la conjugalité concrètement.

Si l'ingérence directe des proches existe, elle apparaît tout de même comme une situation exceptionnelle, et anormale. C'est la raison pour laquelle des familles procèdent à des formes de surveillance plus indirectes. Certes, l'exposition publique des draps tachés de sang n'est pas une tradition en France, comme le précise Arnold Van Gennep dans *Le Folklore français* : cette pratique ne concernait selon lui que « certaines communautés juives », ainsi que quelques faubourgs de Bonneval, en Eure-et-Loir : « La rôtie mangée, une autre cérémonie succède. Les pères découvrent le lit pour s'assurer, et de la sagesse de l'épousée, et de la virilité de l'époux ; ils recherchent les témoignages de la défloration de la vierge[103]. » Quoique partout ailleurs la recherche des preuves matérielles de la défloration ne se déroule pas publiquement, elle existe bel et bien, mais de manière plus feutrée. Les archives vaticanes nous apprennent que l'observation du linge de maison ou des vêtements juste après la nuit de noces est fréquemment pratiquée : les regards se portent sur le lit, « intime réceptacle du corps » qui en « garde les secrets »[104], mais discrètement. Les mères devinent, à l'absence de taches de sang ou de sperme, que le mariage n'a pas été consommé : « Je visitai le lit, les linges de ma fille, ceux de son mari, et je ne trouvai aucune des traces qui accusent l'accomplissement du devoir conjugal[105] », déclare l'une d'elles à propos de la nuit de noces de sa fille, en 1894. En cas de traces, elles essaient d'en identifier la nature et émettent des hypothèses sur la façon dont elles ont été émises : « Les taches que j'ai trouvées sur les draps prouvent que mon gendre s'accordait les satisfactions sensuelles et solitaires dont je viens de parler. Ma fille m'a affirmé que ces taches venaient de lui et non pas d'elle[106] », explique Louise L., la mère de Mathilde H., mariée à André I. en 1897.

Cette mission d'inspection est également assumée par le personnel de maison et les blanchisseuses, qui ont l'habitude d'examiner le linge. Dans son cours de médecine légale sur le mariage, le professeur Paul Brouardel, rendant compte d'une affaire portée devant la Congrégation du Concile à propos d'une union contractée en 1883, insiste sur le rôle d'une domestique qui a regardé le linge de lit avec attention le lendemain du mariage de son employeuse :

> Il est à supposer que dans la première nuit du mariage, celui-ci ne fut pas consommé, parce que aucune trace ne se trouvait dans le linge du lit, pouvant témoigner de sa consommation. « Je n'ai pas eu la peine de rien changer, je n'ai vu aucune tache. » Ainsi s'exprimait la femme de chambre de la dame A..., qui avait reçu de la mère de l'épouse l'ordre de changer le linge du lit si elle voyait des taches[107].

Plusieurs procès mettent en lumière ces pratiques. À l'occasion du mariage de Carolina de T. et du médecin Julien L. en 1888, la mère de l'épouse adresse des consignes précises à la femme de chambre de sa fille : « J'avais donné des instructions à la femme de chambre pour changer le linge de lit le lendemain matin du mariage. Elle m'a dit que cela n'avait pas été nécessaire[108]. » Dans une autre procédure, Pierre Bertinot, avocat de l'épouse dans la procédure civile de divorce entre Amélie L. et Jules G., mariés en 1890, s'appuie sur l'observation d'une blanchisseuse pour étayer la thèse de la non-consommation du mariage : « Entendue comme témoin devant le tribunal civil, [elle] a témoigné que le linge de ce ménage n'était aucunement dans les conditions normales, et qu'elle en avait éprouvé une grande surprise[109]. »

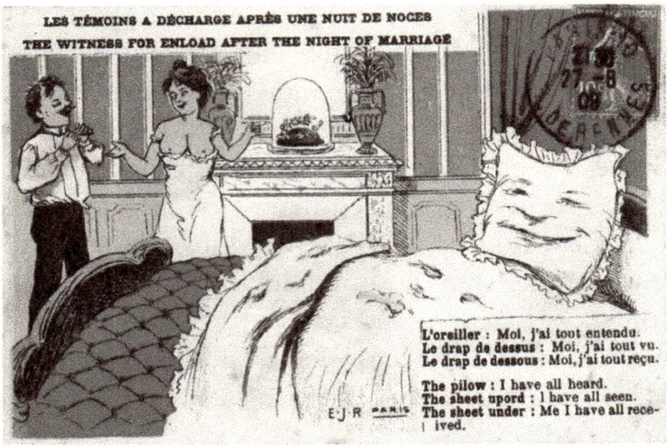

« Les témoins à décharge après une nuit de noces. The witness for enload after the night of marriage [*sic*] », E. J. R., Paris. Carte postale en circulation en 1909 (collection particulière).

Des cartes postales font écho à ces habitudes sur un mode humoristique. Elles suggèrent, par la seule représentation de l'état de la chambre après le passage des époux, ce qui a pu se produire au cours de la nuit précédente. Un dessin campe une chambre nuptiale où figurent les éléments traditionnels de décoration (globe de mariage, fleurs, tenture rouge, parure de literie ouvragée) accompagnés de jeux de mots grivois (les témoins à « décharge ») sur les traces séminales qui attestent de la consommation du mariage. Un autre laisse imaginer des ébats tumultueux, par la figuration d'oreillers enfoncés et du lit à ressorts cassé.

Des chansons existent sur le même thème, comme *La Mariée*, *Les Meubles de la mariée*[110] ou *La Complainte des lits*, chant dans lequel chaque couplet donne la parole à un élément de la chambre (draps, sommier, traversin, oreiller, pied du lit, etc.) :

> Ah ! ah ! ah ! dit l'édredon
> Jamais j'n'avais fait tant d'bonds
> Jamais j'n'avais fait tant d'bonds, dit la mariée
> Jamais j'n'avais fait tant d'bonds, dit l'édredon […]
> Ah ! Ah ! Ah ! Dit l'drap du d'ssous
> C'est moi qui prends tout, tout, tout
> C'est moi qui prends tout, tout, tout, dit la mariée
> C'est moi qui prends tout, tout, tout, disait l'drap du d'ssous[111].

L'observation visuelle discrète remplace ainsi la surveillance ritualisée et ostensible des époux, de moins en moins tolérée par ces derniers, et permet d'éviter les discussions gênantes, consistant à demander à l'un ou à l'autre de vive voix comment s'est déroulée la nuit. Elle permet d'obtenir des réponses sur ce qu'il s'est passé tout en évitant de troubler outre mesure l'intimité des mariés. Les proches scrutent également leurs visages, sur lesquels ils essaient de déceler les signes de fatigue, de satisfaction ou d'éventuelles contrariétés. C'est en partie en raison de cette proximité, moins étouffante mais toujours présente, et de ces regards inquisiteurs qu'un autre usage apparaît : celui de faire coïncider nuit de noces et début du voyage de noces, afin de s'éloigner encore plus drastiquement de l'entourage.

À l'abri des regards : la nuit de noces en voyage

En France, la pratique du voyage de noces remonte aux années 1820 environ. Son émergence au XIXe siècle est une des manifestations de l'autonomisation du couple : il s'agit d'accomplir à deux un voyage, à l'occasion du mariage, afin de souder les époux par une expérience qui sort de l'ordinaire. Sylvain Venayre a montré comment l'« ombre de la sexualité[112] » plane sur un tel voyage, qui fait se rencontrer le départ pour un lieu touristique, le départ dans la vie à deux et l'expérimentation du plaisir sexuel pendant la lune de miel. Coûteux et long, le voyage de noces est d'abord l'apanage des classes sociales les plus favorisées. Quelques jours après la cérémonie, les époux partent sur les terres familiales, afin de présenter le conjoint à la belle-famille et lui faire découvrir la région d'origine de celle-ci, ou se dirigent vers des destinations touristiques, les plus fréquentes étant la Riviera, l'Italie ou encore Paris. À partir de la seconde moitié du XIXe siècle, le départ pour ces destinations est fréquemment avancé au jour même du mariage, comme l'explique un *Guide pour se marier* en 1858 :

> Dans le grand monde, où la satiété des plaisirs n'en laisse désirer aucun, les fêtes du mariage se terminent ordinairement par la cérémonie religieuse, c'est-à-dire qu'il n'y a point de dîner ni de bal de noce [...]. Une chaise de poste attend les jeunes époux au sortir de l'église, et, qu'ils s'y soient mariés en plein jour ou aux flambeaux, elle les emporte rapidement loin de la ville[113].

Les familles les plus fortunées donnent le repas du mariage et le bal dans les jours qui précèdent la cérémonie à l'église et, celle-ci accomplie, organisent le départ des époux juste après le *lunch*. De ce fait, la chambre nuptiale est délocalisée, puisque la nuit de noces a lieu pendant le voyage. Dans *Les Misérables*, Victor Hugo ironise sur cette nouvelle mode, soulignant les changements rapides entre 1833, année de la nuit de noces de Marius et Cosette, et 1862, année d'écriture du roman :

> La mode du mariage n'était pas en 1833 ce qu'elle est aujourd'hui. La France n'avait pas encore emprunté à l'Angleterre cette délicatesse suprême d'enlever sa femme, de s'enfuir en sortant de l'église, de se cacher avec honte de son bonheur, et de combiner les allures d'un banqueroutier avec les ravissements du cantique des cantiques. On n'avait pas encore compris tout ce qu'il y a de chaste, d'exquis et de décent à cahoter son paradis en chaise de poste, à entrecouper son mystère de clic-clacs, à prendre pour lit nuptial un lit d'auberge, et à laisser derrière soi, dans l'alcôve banale à tant par nuit, le plus sacré des souvenirs de la vie pêle-mêle avec les tête-à-tête du conducteur de diligence et de la servante d'auberge. [...] En 1833, [...] on ne pratiquait pas le mariage au grand trot[114].

Déjà présentée par Victor Hugo comme une habitude dans les années 1860, cette pratique se démocratise un peu plus tard, quand elle gagne les milieux de la petite bourgeoisie[115]. Représentée sur les cartes postales, racontée dans les romans-feuilletons, cette nouvelle façon de prévoir et de vivre sa nuit de noces, à la fois aventureuse et moderne, semble à la fin du XIXe siècle ancrée dans les mœurs. Elle correspond également à une préoccupation exprimée par les époux : la volonté de mettre la chambre nuptiale à distance de la présence oppressante des invités et des parents. Cela permettrait d'éviter certaines pratiques jugées intrusives, comme les plaisanteries grivoises ou la rôtie, ainsi que la « curiosité sympathique des amis de la famille, leurs propos à double entente, leurs sourires malins ou apitoyés, même les questions bienveillamment indiscrètes des parents, toujours gênants[116] ».

L'éloignement du cadre de vie quotidien offre à la fois une mise à distance de la famille et des invités de la noce et un dépaysement propice à l'éveil de la sensualité. Des textes et des images jouent sur la contiguïté entre la découverte du corps du conjoint et celle des sites touristiques parcourus. Sur une carte postale vantant l'extraordinaire possibilité offerte par les transports modernes de gagner des destinations lointaines à cette occasion, une légende humoristique associe les lieux du voyage aux gestes d'amour des jeunes mariés : « Le matin ils sont au Cap Bonne-Espérance, la mariée en blanc, à midi aux États-Unis/Le soir en Perse, la mariée en foncé, et le lendemain en chine. » Le cap de Bonne-Espérance évoque les sentiments des mariés et leur espoir d'une vie conjugale réussie, les États-Unis leur passage à la mairie, où leur union est célébrée, la Perse la défloration (perse/perce) et la Chine la grossesse. La mention sur la couleur du costume nuptial redouble l'évocation de la consommation sexuelle (la mariée est « en foncé »). Une autre carte postale décrit le trajet de la ligne de train Paris-Cherbourg comme un voyage de noces en express où les stations desservies (Lizon, Le Molay et Mézidon) sont associées aux différentes étapes de la relation sexuelle, des préliminaires jusqu'au dénouement final : l'homme s'approche de « Lizon », dont il atteint un peu plus tard « Le Molay » avant d'arriver à ses fins à l'« embranchement », quand on crie « Mézidon », toponyme dont la sonorité évoque la pénétration. Le jeu de mots sur cette localité normande est déjà évoqué en 1883 par Guy de Maupassant dans sa nouvelle *Farce normande*, qui commence par le récit d'un repas de noces agrémenté de « lourdes plaisanteries » :

> C'étaient des bordées d'obscénités lâchées à travers la table, et toutes sur la nuit nuptiale. L'arsenal de l'esprit paysan fut vidé. Depuis cent ans, les mêmes grivoiseries servaient aux mêmes occasions, et, bien que chacun les connût, elles portaient encore, faisaient partir en rire retentissant les deux enfilées de convives. Un vieux à cheveux gris appelait : « Les voyageurs pour Mézidon en voiture. » Et c'étaient des hurlements de gaieté[117].

Au début du XXe siècle, les illustrateurs s'amusent à imaginer des nuits de noces futuristes dans les airs : des photomontages de mariés s'enfuyant en dirigeable ou des dessins de jeunes mariés s'envolant en avion suggèrent que c'est par l'intermédiaire de ces moyens modernes qu'ils pourront atteindre le septième ciel.

En partant le jour même du mariage en voyage de noces, il arrive bien souvent qu'une partie de la nuit, voire la totalité, se déroule alors que les mariés se trouvent dans le véhicule qui les achemine jusqu'à leur destination. Certains décident de ne pas différer plus longtemps le moment de la consommation sexuelle, s'adonnant ainsi à la pratique des « amours véhiculaires[118] », largement célébrées par la tradition littéraire, qui joue de la polysémie du mot « transport », les *transports* amoureux se déroulant dans des moyens de *transport* divers, réels ou imaginaires, comme les fiacres, les calèches, les trains, voire dans les ballons ou les avions. Par exemple, dans *Les Français peints par eux-mêmes* (1840), Eugène Guinot campe à travers le personnage d'Alix de Verneuil une « lionne » fraîchement mariée, qui connaît sa première expérience sexuelle dans la voiture qui l'emporte en voyage : « Le jour des noces, les deux nouveaux époux partirent pour la Suisse [...]. Elle monta donc gaiement en chaise de poste, et recevant à la fois une double initiation, elle entra en même temps et au grand galop dans le charmant exercice de la vie conjugale et de la vie fashionable[119]. » Progressivement la voiture à cheval est supplantée par le train, dont la forme et la puissance sont suggestives : il occasionne des secousses plus fortes encore, qui se confondent lors de la nuit de noces avec celles du coït.

Outre les correspondances habituelles sur la confusion entre les trépidations du train et celles de l'acte sexuel, les propos sur l'inconfort du lieu participent de l'érotisme de la scène. L'idée transgressive de ne pas attendre d'arriver dans une véritable chambre pour se rapprocher physiquement, et de débuter les rapports charnels dans un endroit qui n'est pas initialement prévu pour, attiserait le désir, qui s'accommode de l'absence du lit moelleux et du manque d'espace. Ces nuits de noces en train sont loin de n'être qu'un fantasme littéraire[120]. Un billet d'humeur du *Rire* datant de 1913 dénonce l'incurie de la Compagnie des wagons-lits, qui n'offre pas le confort auquel les si nombreux couples qui ont recours à leurs services pourraient s'attendre :

> Beaucoup de jeunes mariés passent leur nuit de noces en chemin de fer. Les plus à plaindre sont ceux qui voyagent en wagon-lit, parce que l'occasion, le matelas plus ou moins tendre, bref, le dieu malin les tentant, ils goûtent les premières joies conjugales dans des conditions fort peu confortables. Les autres – ceux qui ont pris place sur de simples banquettes – sont bien obligés d'attendre. Et il faut les en féliciter, car le plus mauvais lit d'hôtel vaut, au point de vue qui nous occupe, la meilleure couchette de *sleeping-car*. Cette question, qui a son importance, n'intéresse guère la Compagnie des wagons-lits, pour laquelle les jeunes époux constituent cependant une importante clientèle[121].

Les témoignages quant à eux rapportent leur lot d'expériences malheureuses de nuits de noces en train. Le médecin légiste Paul

***Voyage de noce. En wagon : Enfin seuls !* Carte postale, M.F., Paris, s.d. (collection particulière).**

Brouardel évoque deux cas de violences conjugales déclarées dès les premiers moments d'intimité dans la cabine du train :

> Le premier cas se rapporte à un médecin, c'était même l'un de mes anciens élèves, qui, étant parti en voyage de noces aussitôt après son mariage, en tenta la consommation dans le wagon du sleeping qui emmenait sa femme et lui dans le Midi. Aux environs de Valence, le gardien du wagon, entendant des cris, pénétra dans le compartiment et eut beaucoup de peine à maîtriser mon ancien élève, qui rouait sa femme de coups. [...]
> La seconde affaire pour laquelle je fus commis avait eu aussi son début sur la ligne de Lyon. Tout s'était passé comme dans le premier cas : le mari battait sa femme et le gardien du sleeping dut intervenir[122].

Les archives vaticanes recensent également plusieurs dizaines de cas de débuts difficiles en voyage. En 1905, Gabriel de V. et Andrée de la F. partent le premier jour de leur mariage du Mans pour un séjour en

Tunisie ; mais le mari décide de quitter sa jeune épouse dans le train qui les transporte vers Paris pour la première halte. Dans leur cabine, alors qu'ils sont à hauteur de Chartres, le mari apprend par son épouse qu'elle a subi un viol avant le mariage. Furieux, il refuse d'aller plus loin : à Paris, il la renvoie immédiatement à ses parents[123]. Dans une autre affaire, à propos d'un mariage conclu en 1902, une mère rapporte la façon dont s'est déroulée la nuit de noces de sa fille, qui, souffrante, voulait retarder un peu le voyage prévu par son mari :

> Mr H. insista pour que le départ eût lieu immédiatement, et le soir même du mariage il amenait ma pauvre fille. Je ne crois pas qu'il y ait eu de rapport entre eux en wagon, à cause de la présence d'autres voyageurs. Mais au cours de son long trajet, mon gendre agaça et tourmenta continuellement sa femme, la pinçant au point qu'elle en avait le bras tout bleu[124].

La consommation du mariage dans le train n'est pas rare, mais peut être mal vue. L'empressement pour la première relation sexuelle fait parfois l'objet de jugements moraux par le conjoint ou des témoins cités à comparaître, choqués par un tel manque de pudeur, ou affectant de l'être dans le cadre de la procédure judiciaire. C'est la stratégie qu'adopte l'entourage de Pierre de F., marié à Amélie W. en 1887, pour la discréditer. Âgée de dix-sept ans, elle est décrite comme « très effrontée, très hardie », avec un « véritable aplomb de garçon » :

> Je dois dire, c'était une personne vicieuse [...]. Je me rappelle même que le soir du mariage, comme elle partait pour Arcachon avec son mari, elle m'a demandé sa robe de chambre pour pouvoir se déshabiller en chemin de fer, car elle espérait qu'arrivée à Bordeaux, le mariage serait consommé, et comme étonnée je lui avais demandé : « Mais vous n'avez pas honte ?... En chemin de fer ?... Oh ! me dit-elle, Pierre louera un coupé, donnera la pièce à l'employé, et on nous laissera tranquilles[125]. »

Habituellement, il est vrai que les époux préfèrent consommer leur union une fois arrivés à l'hôtel, en fin de soirée, au cours de la nuit, voire au petit matin. Certains établissements proposent leur plus belle chambre aux jeunes mariés pour l'occasion. Une décoration spécifique, ainsi que de petites attentions comme la présence de fleurs, sont parfois prévues, suivant une pratique déjà éprouvée aux États-Unis[126]. Passer la nuit à l'hôtel renforce l'idée pour les époux qu'il s'agit d'un moment exceptionnel, en raison de l'acte qui va être accompli, mais aussi parce que le fait de dormir dans un lieu inhabituel rompt avec la vie ordinaire.

La volonté de s'extraire de la quotidienneté ne dirige pas tous les mariés vers des lieux lointains. Les hébergements touristiques de proximité sont investis par des personnes aisées qui ne partent pas le soir même en voyage de noces, mais qui souhaitent néanmoins se tenir à l'écart de leur famille, durant une première escapade nommée le « petit voyage ». C'est ce qu'Ernest explique à sa nouvelle épouse Marie, lorsqu'ils arrivent à Fontainebleau « par le train de minuit cinq », le soir de leur mariage, dans *Le Petit Voyage* d'Eugène Labiche : « C'est l'usage... après la cérémonie... on disparaît, on fait ce qu'on appelle le petit voyage, c'est consacré. On éprouve le besoin de fuir les regards indiscrets, de se soustraire aux sottes interprétations, aux questions équivoques... [...] Enfin, ce que je voulais, c'était m'isoler du monde... avec vous[127]... »

Pour avoir du calme mais aussi un confort à la hauteur de l'événement, les mariés aisés choisissent un palace ou un hôtel chic dans la capitale, comme l'hôtel Continental ou le Grand Hôtel, ou dans des localités huppées voisines de Paris, qui donnent un air de campagne à la retraite nuptiale. Par exemple, le Grand Hôtel des Réservoirs, un hôtel particulier reconverti dans les années 1870 en établissement de prestige, est une destination appréciée par les mariés qui passent leur nuit de noces à Versailles. Fontainebleau, surtout, attire les jeunes époux. La correspondance de la Parisienne Caroline Duméril montre qu'elle y passe sa première nuit avec l'industriel Charles Mertzdoff, en 1858[128] ; ce n'est que quelques jours plus tard que les époux partent en voyage de noces en Alsace, pour qu'elle rencontre sa belle-famille. Des archives plus tardives montrent que la destination de Fontainebleau reste prisée même quand elle n'est plus une résidence impériale : Antoinette S., mariée le 20 août 1888 avec le comte Ghislain de I., précise par exemple être partie « le même soir [...] avec lui pour Fontainebleau, en voyage de noce, ainsi que c'est la coutume[129] ». Les témoignages mentionnent souvent l'hôtel de l'Aigle noir, un ancien manoir situé près du château, reconverti en établissement de tourisme au XIXe siècle, et qui devient un des lieux de prédilection des jeunes mariés parisiens fortunés. Quant aux personnes plus modestes, elles ne renoncent pas toujours à partir pour leur nuit de noces, et se tournent vers des établissements non loin de chez eux, comme les auberges, les hôtels bon marché ou les garnis. Par exemple, dans *Les Mystères du divorce*, un roman-feuilleton réaliste de Gustave Téry publié dans *Le Matin* en 1908, le héros et son épouse, résidant à Paris, partent en train à 7 kilomètres de là, à Viroflay, dans une vieille auberge, faute d'avoir les moyens « de s'offrir un beau voyage, suivant le rite bourgeois, à Florence ou à Venise[130] ».

Les nuits de noces à l'hôtel sont l'objet de tous les fantasmes. Lieu de passage et de rencontres, l'hôtel multiplierait les occasions d'échanges, y compris sexuels. À la fin du XIXe siècle et pendant le premier XXe siècle, vaudevilles et autres récits égrillards usent et abusent des quiproquos reposant notamment sur les erreurs, feintes ou involontaires, de numéros de chambres : ici, une épouse trouve dans son lit nuptial un touriste anglais[131], là un mari est perturbé par l'irruption de son ancienne maîtresse qui se trouve dans le même hôtel[132], ou ailleurs avec sa belle-sœur ou sa belle-mère[133]... Mais, surtout, histoires légères et images grivoises mettent en scène des époux qui, en voulant échapper à l'indiscrétion de leurs proches, s'exposent en fait au regard d'une foule d'inconnus. La chambre nuptiale touristique n'apparaît pas plus sûre qu'une chambre classique, bien au contraire. Un billet d'humeur de l'hebdomadaire humoristique *Le Rire* commente en 1910 les tracas auxquels s'exposent les époux en voyage : « Rien d'ennuyeux, évidemment, pour deux jeunes mariés, comme de se sentir observés, à l'hôtel, par des domestiques indiscrets et gouailleurs... Enfin seuls ! C'est très joli, mais cette solitude est sérieusement menacée par les garçons et les femmes de chambre – sans parler des voisins – qui regardent par les trous des serrures ou collent leur oreille aux cloisons[134]. » Le thème du voyeurisme nuptial est en effet très en vogue à la Belle Époque, surtout par le biais des cartes postales qui mettent en scène des grooms curieux et des femmes de chambre indiscrètes épiant les mariés par le trou de la serrure ou les fentes du mur. Parfois, seule la pulsion scopique fait l'objet du dessin, centré sur le voyeur en train d'espionner : cela laisse libre cours à l'imagination de celui ou celle qui regarde l'image, et qui doit deviner ce qui se passe derrière le mur ou la porte. Plus souvent, l'image est séparée en deux parties par un trait vertical central, figurant le mur : de part et d'autre sont représentés la chambre nuptiale, dans laquelle les époux se croient à tort « enfin seuls », et le couloir, où se tiennent les voyeurs qui tentent de saisir sur le vif les premières privautés. Ces images et ces textes reflètent avec humour, tout en contribuant à l'alimenter, l'impression de fragilité des frontières de l'intimité, et la fascination ou la curiosité que suscite la scène.

...Enfin seuls !! **Carte postale n° 1159, 9 × 14 cm, en circulation en 1901 (collection particulière).**

Mais la nuit de noces en voyage n'est pas seulement l'objet de considérations légères ou romantiques sur les charmes et les surprises d'une première nuit délocalisée. Médecins, hygiénistes et moralistes condamnent sévèrement cette mode « absurde, immorale et dangereuse[135] », qui irait à rebours des effets recherchés par celles et ceux qui commencent leur vie conjugale au loin. Ils s'y opposent autant pour des raisons sanitaires et hygiéniques que psychologiques et morales.

La discussion porte d'abord sur le transport utilisé. Dans son article consacré à la culture somatique des voyages en train au XIXe siècle, Anne Carol montre qu'on prête aux trépidations du train certaines vertus, comme celles de retendre les fibres corporelles et d'influer positivement sur la libido[136], mais également certains effets particulièrement délétères. Le déplacement ferroviaire est ainsi souvent jugé incompatible avec l'entrée dans la vie sexuelle. Les secousses irriteraient la matrice féminine – c'est-à-dire l'appareil génital féminin –, déjà sollicitée par les premières relations sexuelles, et empêcheraient la cicatrisation des blessures de la défloration. Le docteur Guéneau de Mussy déplore, dans un article de *La France médicale* de 1876, les « imprudences commises par de jeunes filles laissées ignorantes des vraies fonctions de la femme » :

> À peine les jeunes époux sont-ils unis que pour obéir à une mode, c'est-à-dire au caprice de quelques-uns, imité par la folie moutonnière, ils se lancent à toute vapeur dans des pérégrinations lointaines… l'appareil le plus important de l'économie de la femme, celui pour lequel elle vit tout entière, suivant l'expression d'Hippocrate, va entrer en fonction au milieu de circonstances qui la rendent plus nerveuse et irritable. Elle va subir un vrai traumatisme qui ébranlera tout son être, et c'est ce moment qu'on choisit pour ajouter aux incitations conjugales de l'organe, les trépidations des chemins de fer, les courses fatigantes, les émotions d'une scène qui change sans cesse[137]…

La santé de l'épouse est compromise mais également celle de l'enfant conçu dès la première nuit : « On attribue les fausses couches, si fréquentes pendant ou après le voyage de noces, à l'abus du chemin de fer et des moyens de transport[138] », écrit le docteur Lacasse en 1912 dans son *Hygiène de la grossesse.* La liste des dangers sanitaires de la nuit de noces en voyage ne s'arrête pas là : « congestion intense des organes du bassin et notamment de la vessie et de l'utérus, […] cystite, […] rétention urinaire ou […] métrite[139] », ou encore « génitalites féminines post-matrimoniales[140] ». De plus, la chambre d'hôtel impose une promiscuité plus grande entre les époux que dans un logement ordinaire, ce qui peut avoir des conséquences désastreuses, selon le professeur Dagron, qui dénonce les « conditions sociales déplorables dans lesquelles se pratiquent les premiers actes conjugaux[141] ».

En effet, outre la santé physique, le bien-être, le confort et la morale s'en trouveraient compromis. Le dépaysement escompté s'avère insupportable et inutile : c'est un déchirement supplémentaire pour la jeune mariée qui quitte son univers familier, ce qui lui cause un choc psychologique. La chambre d'hôtel, impersonnelle, et d'une propreté douteuse, a servi à tous : « On se heurte aux cheveux et aux bouts de cigare des voyageurs qui ont précédé[142]. » Enfin, reprenant le *topos* fictionnel du voyeurisme nuptial, les médecins, à l'instar du docteur du Claux, soutiennent aussi que, loin de garantir la tranquillité aux jeunes mariés, la chambre d'hôtel les soumet à la curiosité publique :

> On éprouve le besoin de fuir les regards indiscrets, on n'ose pas montrer à sa famille sa « tête du lendemain » et on la laisse voir à une servante d'auberge qui ne s'y trompe guère et pousse en riant le coude du garçon d'écurie. […] Ne sentez-vous pas qu'il serait à tous égards préférable qu'un mari prît sous le sien, en sortant de la mairie, le bras de sa femme et l'emmenât ostensiblement

> chez lui au lieu d'opérer, pendant l'inévitable soirée de noce, ce petit défilage discret que tout le monde attend et surveille et qui fait sourire les jeunes filles sous leur éventail, tandis que là-bas, devant le buffet, les jeunes hommes disent entre eux des choses très salées[143] ?

Ainsi, au tournant du XXe siècle, une convergence s'opère entre les discours moraux qui désapprouvent le fait que les couples se soustraient à l'influence familiale, et les discours produits par l'hygiénisme médical qui trouvent d'autres arguments pour enrayer la pratique du voyage de noces. Mais constatant que leurs mises en garde sont inefficaces, devant le succès de la nuit de noces en voyage, des médecins proposent une voie moyenne. Le docteur Bourgogne se montre compréhensif envers les mariés qui fuient le « toit paternel » mais leur conseille cependant d'« attendre au moins une semaine » avant de s'adonner à « la coutume du voyage de noces [...] profondément enracinée dans nos mœurs », quitte à passer la première nuit « dans un appartement confortable, situé non loin de la ville où les cérémonies nuptiales ont eu lieu » pour éviter malgré tout les regards inquisiteurs des proches[144].

Ces avertissements médicaux sont diffusés auprès d'une partie de la population, comme on peut le voir dans le courrier des lectrices du *Figaro* du 1er juillet 1893, en réponse à la question : « Les femmes, en général, sont-elles pour ou contre le traditionnel voyage de noces[145] ? » Des épouses désillusionnées prennent la plume pour raconter leur « abominable cauchemar », comme cette lectrice, qui manie des arguments de nature médicale : « De cette surexcitation des nerfs, faut-il encore traîner d'hôtel en hôtel son visage las, ses yeux battus, faut-il cahoter par les grand'routes un pauvre corps tout surpris encore des surprises du mariage, tout palpitant, tout défaillant, quelquefois même en proie à certains accidents pour lesquels le repos, la béatitude et la chaise-longue seraient les souverains remèdes[146] ? »

D'autres lettres insistent sur le manque de confort des chambres d'hôtel « maussades [et] mal meublées », qu'elles opposent au calme et à la quiétude de la chambre de famille. Une femme raconte qu'elle avait « fini par prendre en horreur » sa chambre d'hôtel « banale ». On devine, à la nature des désagréments rapportés, qu'il s'agit de critiques émises par des femmes aisées, comme celle-ci qui se plaint des « domestiques frappant toujours mal à propos », ou celle-là qui qualifie d'« ineptie » le fait « de jeter à travers son bonheur tous les soucis de l'existence nomade, tous les hasards d'un voyage, la trépidation des départs, la bousculade des arrivées, les promiscuités, les curiosités sottes, les voisinages odieux, l'horreur des tables d'hôte et la saleté froide des chambres d'hôtel avec l'obséquiosité ou l'insolence des valets »[147].

La persistance des discours sur les dangers et les inconvénients de la nuit de noces en voyage montre que cette mode reste durablement suivie jusque dans l'entre-deux-guerres. Ces alarmes font même sourire, comme en témoigne ce billet d'humeur de 1923, qui ironise sur les propos tenus dans un manuel d'hygiène par le docteur Jules Héricourt :

> Le voyage de noces ! Peut-on rêver coutume plus sauvage, plus malsaine et plus antihygiénique ? Comment, voilà deux êtres jeunes qui s'aiment, se désirent, qu'on excite depuis des semaines et qui n'attendent que la première minute de tête-à-tête pour se prouver leur tendresse, et voici que vous leur donnez cette minute dans un compartiment de chemin de fer où ils vont rester enfermés jusqu'à Venise ! Quel supplice chinois ! L'« Enfin seuls » se soupire sur la banquette d'un wagon ! Le premier baiser sérieux se donne dans une prison ballottante [*sic*], pleine de soubresauts et de cahots et dans des conditions de confort vraiment inquiétantes. Que peut donner une étreinte aussi fâcheuse et aussi incomplète ? Ah ! combien d'enfants nerveux ou idiots ont été conçus sur ces canapés roulants [...][148] !

Le journaliste, qui ne prend aucunement au sérieux les arguments du médecin, signale la banalisation de la pratique. Les campagnes de lutte contre l'érotisation du tourisme nuptial, pourtant énergiques jusque dans les premières décennies du XXe siècle, n'ont pas su convaincre, ni gommer l'association durable du voyage à la concrétisation du lien conjugal véhiculée par la littérature populaire et les cartes postales.

La volonté d'instaurer une séparation plus stricte entre sphère privée et sphère publique au cours du XIXe siècle entraîne un effacement du rôle de l'entourage, ainsi qu'une évolution des rites nuptiaux qui se cristallise sur la confrontation entre les traditions et la modernité, devenue un lieu commun au siècle[149]. Cette inflexion sensible découle en partie des bouleversements que le mariage connaît depuis le début de la période révolutionnaire[150], en privilégiant progressivement le noyau conjugal formé par les époux, cellule de base de l'organisation sociale, à la famille plus large. Une nouvelle sensibilité, née du souci de respecter davantage la vie privée du couple légitime, et de ménager la pudeur de la mariée, émerge, avec pour effet d'invisibiliser un peu plus le moment de l'entrée dans la sexualité. Elle consacre la nuit de noces bourgeoise, qui se construit dans l'opposition à la nuit de noces paysanne traditionnelle devenant peu à peu un repoussoir, voire un souvenir.

L'alcôve bourgeoise qui abrite les premiers échanges du couple est identifiée et décrite comme l'espace de l'intime par excellence ; dans *Le Deuxième Sexe*, Simone de Beauvoir fait remarquer que le culte du secret qui lui est attaché participe à occulter le désarroi de la jeune fille qui, séparée de « toutes attaches avec la société », va jusqu'à subir la défloration dans le « nulle part » d'un wagon-lit : ainsi, « la jeune femme ne se situait plus dans l'espace, dans le temps, dans la réalité »[151]. Mais les sources montrent que le train ou l'hôtel ne sont pas tout à fait des lieux « de nulle part » : ils sont abondamment décrits, photographiés, dessinés. Cette omniprésence dans la culture visuelle leur donne une dimension presque concrète. Si, dans les pratiques, la chambre nuptiale semble au cours du siècle être de plus en plus hermétique, elle est visualisable par un nombre de personnes toujours plus grand, à la faveur de la culture de masse qui en offre de multiples représentations. Les études médicales, les romans et les vaudevilles ou encore les cartes postales font ainsi office de soupape de sécurité en levant en partie le voile sur les mystères de la chambre des époux : l'imaginant toujours comme un lieu aux frontières poreuses, ils contribuent ainsi à relâcher partiellement la pression du secret nuptial.

Chapitre 5

La consommation du mariage

> « Le devoir conjugal ? Si deux mots jurent d'être accouplés de la sorte, ne sont-ce pas ceux-là ? Comme si le devoir – puisque devoir il y a – avait lieu d'être prescrit à ceux qui s'aiment ; et comme si, en l'imposant à ceux qui ne s'aiment pas, la loi ne se montrait pas malpropre. Est-il en effet rien de plus répugnant à penser que, pour la femme surtout, réceptive et passive, le devoir conjugal soit infligé dès la première nuit de noces, sans souci de ses pudeurs et de ses délicatesses, et imposé par la suite, quelque aversion qu'elle puisse éprouver contre un mari brutal, ou malade, ou aliéné, ou tuberculeux ou alcoolique, parfois même, sans qu'elle le sache, syphilitique ? [...] Le devoir conjugal est cependant la pierre angulaire du mariage, non seulement religieux, mais civil, celui-ci reflétant comme toujours, avec la loi du mâle primitif, la morale sexuelle : c'est-à-dire vingt siècles de Christianisme. Le Devoir conjugal ! »
>
> Paul Margueritte, *Adam, Ève et Brid'oison*, 1919[1].

Les jeunes époux sont censés ne pas s'être connus charnellement avant la cérémonie, et ils ne doivent pas non plus retarder le moment de la consommation de l'union au-delà de la première nuit. L'accomplissement immédiat du devoir conjugal est une norme sociale, culturelle et religieuse, et tout est organisé pour que la validation du mariage ait lieu dès la nuit de noces. Si cette première relation sexuelle entre deux personnes qui se marient est considérée comme une étape importante pour chacune d'entre elles, elle présente un enjeu particulier pour les femmes, dans la mesure où elle est censée coïncider avec leur « défloration », notion qui construit une différence essentielle entre les sexualités féminine et masculine : la nuit de noces est ainsi caractérisée par un imaginaire de la violence, voire du viol, que le mari fait subir à sa femme, au moins symboliquement.

La consommation du mariage requiert en principe la participation conjointe des deux époux et la réciprocité de leur implication, mais le devoir conjugal et le consentement sexuel ne s'appliquent en fait pas de la même façon aux hommes et aux femmes, qui n'ont que peu la possibilité d'exprimer leurs réticences ou leur refus, le cas échéant. L'expression de « viol légal », qui apparaît pour désigner la relation sexuelle quand elle est imposée à l'épouse le premier soir, atteste de l'existence de contestations de ce système, qui fait débuter le mariage par l'assujettissement sexuel de la femme par l'homme.

La validation du mariage par l'union sexuelle

Au XIXe siècle, ni les lois civiles – avec en France le Code civil – ni les lois religieuses – avec, pour les catholiques, le *Corpus Iuris Canonici* – ne font de la consommation du mariage une nécessité pour que celui-ci soit reconnu : ainsi, les couples ne peuvent pas obtenir une séparation de corps ou un divorce au civil pour le motif d'une absence de consommation, et le mariage catholique est considéré comme valide même quand il n'est pas ratifié par une relation sexuelle. En dépit de cette absence juridique d'obligation, la consommation sexuelle est socialement appréhendée au XIXe siècle comme un élément incontournable de l'union matrimoniale. Malgré la sécularisation instaurée pendant la Révolution française, l'institution matrimoniale reste largement prise en charge par l'Église. Depuis le Moyen Âge, celle-ci a fait de l'union des corps un précepte qui, sans être tout à fait impératif, demeure fondamental dans la relation entre les époux[2]. Dans ce cadre, il est de tradition que la première relation sexuelle s'effectue le plus tôt possible ; tout délai est perçu par les contemporains du XIXe siècle comme le signe d'un dysfonctionnement conjugal.

Mais qu'entend-on par « consommation du mariage » ? Elle est envisagée couramment comme le premier rapport sexuel du couple une fois marié. Les lois civiles, qui ne s'y intéressent pas, n'en proposent pas de définition. En revanche, le droit canonique en apporte une : la *copulatio carnalis* implique la pénétration du vagin de la femme par le pénis de l'homme, suivie de l'émission du sperme à l'intérieur du vagin. Dans sa *Dissertatio* sur le mariage (1827), l'évêque Jean-Baptiste Bouvier est explicite :

> L'essence du mariage est l'acte charnel. Le mariage est consommé par l'écoulement de la semence dans le vase naturel [*i.e.* le vagin] de la femme, par l'accouplement de l'homme et de la femme de telle manière qu'ils ne forment qu'une seule et même chair, selon ces paroles de la Genèse : *Et ils seront deux dans une même chair*. Toutes les fois que le membre viril ayant pénétré, l'écoulement de la semence a eu lieu, le mariage est réputé consommé [...][3].

Le niveau de précision de cette définition est important car, pour l'Église, si le mariage est valide dès l'expression du consentement des époux pendant la cérémonie nuptiale, c'est sa consommation sexuelle qui le rend définitif et indissoluble. Le droit canonique n'impose pas la *copulatio carnalis*, mais juge l'absence de consommation si anormale qu'il autorise par exception la dissolution de l'union (à différencier de la nullité) si le fait est avéré. Cette représentation chrétienne qui fait du mariage non consommé un mariage incomplet ne touche pas seulement les milieux catholiques les plus pratiquants : elle est largement partagée dans la société.

Il ressort des questions posées pendant les procédures matrimoniales canoniques aux époux et à leurs témoins, et des réponses qui leur sont apportées, que, de l'avis général, une union non consommée n'a de mariage que le nom. Dans les procès qui remettent en cause l'effectivité du lien matrimonial pour cette raison, de nombreuses mentions désignent les époux comme des personnes encore célibataires. Par exemple, dans une affaire où est alléguée la non-consommation d'un mariage célébré en 1882, une témoin déclare à propos de l'épouse, Angèle H. : « Cette jeune fille est bien à plaindre, car évidemment elle n'est pas mariée[4]. » Il arrive également qu'en pareil cas les époux et leurs témoins emploient le patronyme de l'épouse au lieu de son nom marital, ou la désignent par le titre de civilité « mademoiselle » au lieu de « madame » : qualifier l'épouse de jeune fille a un effet performatif qui insinue que l'union matrimoniale n'est pas reconnue socialement comme telle. Quand on précise qu'une personne mariée ne serait pas le « mari » ou la « femme » du conjoint, c'est qu'on entend qu'il n'y a pas eu de relations charnelles entre eux. Alors qu'elle n'a que seize ans, la domestique Jeanne Q. est pressée par sa mère d'accepter la proposition d'Alexandre G., un jeune soldat du régiment d'Autun dans lequel elle travaille. Pendant leur nuit de noces, en 1886, elle se refuse à lui, de sorte que, « dès le lendemain du mariage, le peu d'affection qu'elle témoignait à son mari faisait rire les voisins[5] ». L'époux éconduit demande rapidement le divorce civil et affiche publiquement que son mariage n'a pas été consommé, associant les mots aux symboles pour signifier l'absence de conjugalité :

> Après notre séparation Alexandre G. a dit à ma mère que je pouvais bien encore porter ma couronne d'oranger comme au jour de la cérémonie du mariage. Il répéta les mêmes paroles au tribunal [civil] et ma mère m'a raconté que le lendemain de notre séparation, il a, par colère, fait brûler publiquement ma couronne d'oranger en disant à tout le monde pourquoi il agissait ainsi ; parce que je n'avais pas été sa femme en réalité[6].

D'autres témoignages, aussi bien masculins que féminins, vont dans le même sens et révèlent en creux la prégnance de la norme : « C'est comme si je n'étais pas mariée ; je n'ai pu encore avoir les rapports conjugaux », explique Marie Louise K. à son amie Eugénie D. à propos de son mariage célébré en 1894 avec Urbain V., qui s'avère impuissant[7] ; « Elle déclarait ingénument que le Duc de X. avait été son mari », se désole le père d'Hélène Q. devant la naïveté de sa fille qui « pour la première nuit des noces », en 1901, s'était contentée de dormir main dans la main, sans « aucune tentative de consommation »[8].

Quand l'argument d'une « anormalité » de la non-consommation du mariage est soulevé pour contester l'effectivité du lien matrimonial, les motifs allégués généralement sont le refus d'un des époux – pour des raisons très diverses – de s'astreindre au devoir conjugal, l'incapacité physique à l'effectuer ou la non-conformité des actes sexuels réalisés (ceux qui ne correspondent pas à la consommation au sens canonique, c'est-à-dire le coït vaginal). Pendant la période où le divorce est interdit, entre 1816 et 1884, ces motifs sont mobilisés par les avocats dans quelques procédures civiles d'annulation de mariage, qui est l'unique moyen de se séparer définitivement, même si seuls certains cas comme le défaut de consentement, la bigamie, l'erreur sur la personne ou des vices de forme permettent d'invalider le mariage. Des avocats tentent le tout pour le tout en établissant un lien direct entre la non-consommation et une de ces circonstances. Pour Gabrielle Houbre, « dans les histoires esquissées lors d'audiences publiques [...], c'est souvent la première nuit qui précipite le couple dans la tourmente[9] ».

Après 1884, le divorce offre la possibilité de se séparer plus facilement. La non-consommation n'est, là encore, pas un critère qui justifie à lui seul le divorce, mais elle peut être considérée par les juges civils comme une vexation faite au conjoint qui n'est pas traité de la manière qu'il est en droit d'attendre et, à ce titre, être reconnue comme une « injure », laquelle est un motif légal de divorce. C'est par cette démarche que Paul F., marié avec Marthe J. en 1891, se sépare d'elle quatre ans plus tard. La jeune femme, âgée de dix-huit ans, est remarquée pour sa beauté par le riche rentier dans une station thermale. Elle n'agrée pas sa demande en mariage, mais, devant son refus, ses parents la battent et menacent de l'enfermer au couvent jusqu'à sa majorité. Traînée à la mairie puis à la chapelle de la Nonciature, Marthe est mariée de force mais elle refuse de se livrer à son époux et tient bon malgré la violente dispute qui éclate entre eux à ce sujet. Le mari, « follement épris », déchante : « Toute son attitude générale n'a été qu'une preuve ininterrompue de sa froideur, de son antipathie, et de sa volonté expresse qu'elle avait toujours eue "de ne pas m'épouser". Elle me l'a laissé entendre, de la façon la plus expresse, dès le soir de notre mariage. » L'union s'achève par un divorce, le tribunal civil considérant que « la Dame Marthe a méconnu tous ses devoirs d'épouse, et violé la foi conjugale[10] ». Ce cas est représentatif de nombreux récits de conflits conjugaux qui aboutissent à une situation paradoxale : c'est par une décision de justice qui vise à satisfaire la demande de divorce du mari « éconduit » que la femme « récalcitrante », qui est reconnue coupable de manquements, est finalement libérée du joug marital.

Mais la non-consommation est surtout un motif soulevé dans les procès canoniques. Tout mariage est réputé valide et consommé, jusqu'à preuve du contraire : toutefois, dans le cas où une personne mariée prétend qu'elle n'a jamais connu charnellement son conjoint, elle a le droit de déposer un recours auprès de l'officialité. Avant 1816, en raison de la disparition des officialités depuis la Révolution française[11], les requêtes sont peu nombreuses. Les époux invoquent alors volontiers la non-consommation[12] sans chercher à en apporter la preuve : en l'absence de procès canoniques réalisés en bonne et due forme et d'inspections médicales, ils ont peu à perdre en prétendant ne s'être jamais unis sexuellement. Entre 1816 et 1884, période au cours de laquelle le droit au divorce est aboli, la démarche se fait plus rare encore, puisque l'obtention d'une dispense religieuse ne permet pas aux époux, qui restent liés civilement, de se remarier, même seulement religieusement, avec une autre personne. En revanche, après 1884, le nombre de procédures augmente, s'élevant au minimum à cinq par an en moyenne à l'échelle de la France[13]. La Congrégation du Concile, qui juge ces demandes en seconde instance jusqu'en 1908, attend désormais que l'absence de consommation soit plus solidement étayée, et fait appel à des experts médicaux reconnus. Voici par exemple un compte rendu de Jules Bucquoy, réalisé à la demande du Saint-Siège à l'occasion de la demande de dispense pour non-consommation de Charlotte de K., qui s'était mariée à l'âge de dix-neuf ans avec Alphonse de V., vingt-quatre ans, à Paris en 1905 :

> Je soussigné, Docteur Bucquoy, Membre de l'Académie de Médecine, médecin honoraire des hôpitaux, etc., officier de la Légion d'honneur, demeurant 81, rue de l'Université, sur la requête de l'Officialité, me suis rendu aujourd'hui, 11 avril 1906, rue Oudinot, chez les Dames Religieuses Augustines, pour y procéder à l'examen de la princesse de V., née de K. En présence de l'une d'elles et après avoir constaté que le bain réglementaire avait été pris, j'ai pratiqué l'examen qui m'était demandé.
>
> Madame la Princesse de V., née de K., âgée de vingt ans, est de robuste constitution et a toutes les apparences d'une bonne santé. Mariée [en] juin 1905, la séparation définitive a eu lieu au mois de décembre dernier, sans que pendant ces six mois d'habitation sous le même toit, il y ait eu entre les époux des rapports autres que ceux que comporte la simple galanterie entre gens du monde. Aucun motif n'a été invoqué de la part du mari pour justifier son abstention, pas plus qu'il n'y a eu rien du côté de la femme qui pût s'opposer à l'accomplissement des devoirs du mariage.
>
> L'examen que j'ai pratiqué m'a fait reconnaître une parfaite conformation des organes génitaux externes ; des lèvres grandes et petites, rosées et modérément développées, celles-ci écartées, on trouve un orifice vulvaire fermé par une membrane hymen plissée sur elle-même et à bords assez irréguliers offrant la même

coloration que les parties voisines. En cherchant à pénétrer dans l'ouverture que présente la membrane hymen, on la trouve assez large pour recevoir facilement l'extrémité du doigt indicateur ; la membrane étalée sur le doigt est absolument intacte sans traces de déchirures ou de cicatrices ; de plus, sa conformation en demi-lune donne, en bas et en arrière, un bord mince et tranchant qui par l'intégrité de la membrane, la souplesse et la largeur de l'orifice laissent pénétrer assez facilement le petit doigt dans la cavité vaginale, mais n'admettrait que difficilement, sans effraction, un corps plus volumineux.
Les conclusions qui découlent de cet examen sont les suivantes :
1° Madame la princesse de V., née de K., présente dans l'état des organes génitaux et dans l'intégrité de la membrane hymen des signes non douteux de la virginité.
2° Il y a concordance parfaite entre les renseignements donnés et l'examen pratiqué.
3° Le mariage n'a pas été consommé.
En foi de quoi, j'ai délivré le présent certificat.
Signé : J. Bucquoy
Paris, onze avril mil neuf cent six.

La majorité des expertises concluent après inspection à la virginité des femmes qui acceptent de se prêter à l'examen. Cette possibilité ouverte par la non-consommation de l'union, qui constitue une exception majeure au principe d'indissolubilité du mariage religieux, joue sans doute pour beaucoup dans l'idée couramment partagée dans la société que le mariage doit en principe être concrétisé par l'union sexuelle. Le cas des époux Louis et Zélie Martin, les parents de Thérèse de Lisieux, offert aux époux catholiques comme un modèle conjugal, le rappelle : leur décision initiale, le soir des noces, en 1858, de ne pas consommer leur union et de vivre « comme frère et sœur » est présentée par l'Église comme un contre-modèle, car elle échappe au but premier du mariage et à sa morale sexuelle. L'hagiographie insiste sur le fait que le couple, en abandonnant sa résolution extrême de vivre dans l'abstinence sexuelle, accomplit mieux sa destinée en fondant une famille[14].

L'instauration du devoir conjugal

Les normes sociales et religieuses imposent aux époux de se plier au devoir conjugal[15]. Les trois fins du mariage selon saint Augustin, *fides, proles, sacramentum*, donnent à la *copulatio carnalis* une importance considérable : « conserver la foi » envers son conjoint qui y trouve un remède à la concupiscence (fidélité), avoir des enfants pour Dieu (fécondité), représenter l'union du Christ avec l'Église (sacrement)[16]. Ne pas « rendre le devoir » (*reddere debitum*) met les fidèles dans un état de péché. Les confesseurs insistent, auprès des épouses qui se confient à eux en leur avouant leur répugnance à se livrer à leur mari, pour qu'elles fassent leur devoir d'épouse chrétienne[17] : Marie de T., qui depuis le premier soir, en 1868, se refuse à son mari Pierre Q., est ainsi rappelée à l'ordre :

> Mon confesseur m'a demandé si je remplissais mon devoir vis-à-vis de mon mari. Quand j'ai compris ce dont il s'agissait, j'ai répondu que non. Il m'a fait un devoir d'obéir, sinon il me refuserait l'absolution. Pour pouvoir remplir mes devoirs religieux, je me suis laissée [*sic*] faire, je n'ai pas opposé de résistance. Cependant je sanglotais et je cachais ma tête sous mon oreiller pour étouffer mes larmes[18].

Le mot de « devoir » pour désigner l'acte sexuel revient dans de très nombreux témoignages dans les procès ecclésiastiques. Par exemple, Robert de Q. raconte sa nuit de noces en 1873 en indiquant qu'il a demandé à son épouse l'« accomplissement du devoir[19] ». Ce choix des termes est sans doute conseillé par les avocats et a par ailleurs pu faire l'objet d'un lissage par les greffiers qui les transcrivent. Mais l'usage est significatif en ce qu'il inscrit sémantiquement la sexualité conjugale sous le signe de l'obligation[20]. Généralement, les formulations des questions des juges ecclésiastiques au cours des interrogatoires suggèrent aussi que la consommation sexuelle est une obligation à laquelle on ne peut pas se dérober : « Le mariage a-t-il été consommé dès ce moment, ou seulement plus tard, et quand ? Avez-vous fait des difficultés à vous prêter aux rapports conjugaux dans les débuts ou dans la suite et pour quelles raisons[21] ? »

L'appréhension de la sexualité conjugale comme un impératif dépasse la sphère religieuse. Le terme de « devoir conjugal » est absent du Code civil de 1804, mais les dispositions de l'article 213, qui affirment sans détour l'asymétrie de la relation matrimoniale

(« Le mari doit protection à sa femme, la femme, obéissance à son mari »), impliquent une subordination féminine qui vaut aussi pour la sphère sexuelle. L'obligation des relations sexuelles dans le cadre du mariage est ainsi sous-tendue par la notion de consentement à l'union, au civil et au religieux : les époux, en acceptant de se marier, accepteraient dans le même mouvement de se conformer à cette exigence[22]. Certaines déclarations d'époux expriment ces attentes sur la soumission de leur femme. C'est le cas de Victor F. qui explique l'échec de son mariage, célébré en 1885, par la personnalité de son épouse, peu disposée à la docilité qu'il attendait d'elle en tout point :

> Le dissentiment datait de loin. Je n'en indiquerai ici que quelques causes. A) L'esprit et la thèse d'indépendance, qui consistait à affirmer l'égalité absolue dans le ménage. [...] B) La non-affection et l'affirmation de la non-affection. C) L'absence d'esprit domestique, aucune habitude de travail ni de vie d'intérieur. D) L'influence du milieu parisien où elle se trouvait. E) Le refus des devoirs conjugaux[23].

La justice civile considère le refus du devoir conjugal comme une grave marque de mépris à l'encontre du conjoint[24] ; et lorsque celui-ci se manifeste dès le premier soir, les jugements de séparation de corps et de divorce le précisent, comme s'il s'agissait d'une circonstance aggravante. Dans sa thèse présentée en 1884 sur le rôle du médecin légiste dans les séparations conjugales, le docteur Vincentelli rapporte plusieurs décisions de justice qui vont en ce sens. Il montre que, parfois, ce sont des femmes qui se plaignent de l'abstention de leur mari, comme dans cette séparation de corps à l'initiative d'une épouse à qui le tribunal donne raison, en 1869, pour l'« injure constituée à son égard par le mépris ou tout au moins l'indifférence de son mari », qui « loin de se montrer empressé à remplir ses devoirs conjugaux » ne s'était livré à aucun commerce avec elle dès le premier jour[25].

L'injonction de mener une sexualité conjugale est aussi relayée par le discours médical. L'abstinence est considérée comme une cause de troubles physiques et psychiques : les médecins sécularisent ainsi la conception théologique du mariage comme remède à la concupiscence. « Le mariage impose aux époux des devoirs réciproques ; il faut que l'un et l'autre s'imposent l'obligation de les accomplir. L'harmonie du couple est à ce prix », écrit le docteur Seraine, qui précise toutefois qu'on ne doit « jamais se livrer à l'acte vénérien à moins d'en éprouver un désir violent et naturel »[26].

Dans *Le Crime d'Onan*, Claude Langlois souligne, en matière de devoir conjugal, la disparité entre les préceptes et les pratiques, qui procède d'une « anthropologie sexuelle qui différencie les rôles[27] » et instaure des inégalités au sein du couple. Ainsi, en principe, le devoir conjugal appelle à une réciprocité des époux, mais, dans les faits, les femmes y sont bien plus astreintes que les hommes. Elles intériorisent davantage les obligations, s'y plient même quand elles n'en ont pas envie ; et, dans le cas où elles s'y refusent, elles sont rappelées à l'ordre avec insistance, voire avec violence. Par ailleurs, il est extrêmement rare qu'elles soient à l'initiative d'un acte sexuel – encore moins du premier – ou qu'elles le réclament. Mais au cours des procédures, des plaignantes mentionnent qu'elles ont accepté de l'accomplir ou qu'elles ont montré qu'elles étaient prêtes à le faire, pour s'exonérer de toute responsabilité dans la séparation. Marie A. dit qu'elle était « disposée à faire tout ce qu'exigerait [s]on devoir de femme[28] » lors de sa nuit de noces en 1893, et Louise R., mariée en 1896, insiste sur ce même point : « Je ne fis aucun refus : en me mariant, mon intention était de remplir mes devoirs d'épouse. Mon attitude envers mon mari était telle qu'il pouvait juger que j'étais disposée à lui accorder tout ce qu'il me demanderait[29]. »

Cependant, certaines d'entre elles précisent que, si elles se sont prêtées à l'acte sexuel, c'est parce qu'elles estimaient que c'était là leur devoir, ou que leurs parents le leur avaient présenté comme une obligation, et non parce qu'elles en avaient envie. C'est une façon de différencier, pour reprendre l'analyse de Geneviève Fraisse, le consentement à l'action et l'adhésion pleine et totale à cette action[30]. Lors de sa nuit de noces en 1894 avec Ernest P., quarante-cinq ans, Marie H., vingt-sept ans, ne s'est pas montrée enthousiaste : « Mr P. m'a demandé trois fois l'accomplissement du devoir conjugal… Je dois dire que je me suis prêtée à la demande sans affection et plutôt d'une manière passive[31]. » Son absence de désir pour son mari ne l'empêche pas de déplorer l'incapacité physique de celui-ci à consommer le mariage, tandis que lui se justifie en rendant la froideur de sa femme responsable de son impuissance, même s'il concède qu'elle ne s'est pas refusée à lui. D'autres épouses insistent sur les nuances du consentement, affirmant à la fois leur obéissance et leur aversion, comme Lucie K., qui se marie en 1896 à l'âge de vingt-deux ans : « Je n'ai opposé aucune résistance, mais je n'ai apporté aucune bonne volonté. J'ai dû paraître très froide à mon mari. Je me croyais comme réellement mariée et comme obligée à accomplir mon devoir vis-à-vis de mon mari. Il m'aurait demandé autre chose, je l'aurais laissé faire[32]. »

Les sources font plus rarement état de l'injonction faite aux hommes de consommer le mariage. Le docteur Coriveaud dans *Le Lendemain du mariage* (1884) sensibilise les lectrices à la lourde responsabilité qui incombe à leur mari :

> Tout d'abord, rassurez-vous, car si votre pauvre cœur palpite affreusement, croyez bien que le cœur de celui que vous attendez, qui va venir, qui guette le signal convenu, bat, lui aussi, une terrible « chamade ». Il est là en effet, votre mari, armé de droits formidables, muni, de par la loi, d'un arsenal de conventions et de sanctions séculaires ; mais par une bien singulière bizarrerie, il lui faut maintenant conquérir le bien dont il est le possesseur assermenté ; vainqueur officiel, et tout ensemble très humble soupirant, il doit sembler prendre d'assaut une place dont la loi, la religion et les usages lui ont ouvert toutes les portes[33].

Quelques témoignages sur des maris qui se seraient prêté au devoir conjugal sans envie ou à cause de la pression sociale existent. Le soir de ses noces, en 1887, le professeur de lettres Charles Q., qui regrette déjà de s'être marié, se confie à sa belle-sœur : « Depuis ce matin je sens qu'on m'a mis des chaînes de fer aux pieds et aux mains[34]. » Arrivé dans la chambre nuptiale, il se sent néanmoins obligé de proposer à son épouse Caroline P. le devoir conjugal. Celle-ci s'y plie également sans enthousiasme : « Il m'a dit que rien, absolument ne lui était désagréable en moi ; que c'était le mariage en lui-même qui lui répugnait. [...] M. Q. paraissait étrange, dégoûté, désagréable, ne me faisait pas d'avances. [...] Le soir même du mariage, M. Q. m'a proposé l'acte conjugal et j'ai fait mon devoir, sans résistance. » Les époux se sont ainsi tous deux conformés à l'obligation sociale de la consommation du mariage, alors que ni l'un ni l'autre n'en avaient envie. Dans ce cas précis, ils n'ont pourtant subi d'autre contrainte que celle qu'ils s'étaient imposée à eux-mêmes, ce qui montre l'intériorisation de l'injonction pour les femmes mais aussi pour les maris, pressés par les conventions sociales, et abordant la nuit de noces comme une épreuve à laquelle ils ne peuvent se soustraire. Cela pose la question de la porosité des notions d'obligation, de contrainte et d'auto-contrainte, en raison des « rapports de force, implicites ou explicites[35] » qui se jouent dans le couple et qui s'exercent sur chacun des conjoints.

Une consommation nocturne immédiate ?

Habituellement, les époux ne consomment pas le mariage juste après la cérémonie, quand il fait encore jour : ils attendent la nuit, et souvent ne rejoignent pas la chambre nuptiale avant minuit. Quand la bénédiction nuptiale se déroule elle-même après le coucher du soleil[36], la consommation est plus tardive et se déroule au milieu ou à la fin de la nuit. Cette pratique, prisée à l'époque romantique par les aristocrates qui organisent un « mariage aux flambeaux » pour échanger leurs vœux à la lumière de bougies ou de torches enflammées, subsiste encore à la fin du XIXe siècle, selon l'observation d'Arnold Van Gennep, « dans certains milieux aristocratiques de petites villes et dans les milieux bourgeois qui les [imitent] », notamment à Saint-Malo, Toulon et Pont-Audemer[37].

L'obscurité de la nuit en fait un temps dédié au repos et au sommeil, mais aussi à la fête, aux plaisirs et à l'amour. Elle est perçue comme un moment inquiétant, mystérieux, traversé par le secret, et choisi pour l'organisation d'initiations et de rites, auxquels la nuit de noces se rattache. Surtout, comme le souligne Alain Cabantous, « il existe une relation étroite, multiple et très ancienne entre la sexualité et la nuit ». Mais alors qu'elle constitue une parenthèse « qui permet à chacun de se soustraire [...] à la pression de la norme »[38], elle devient, à l'occasion du mariage, un moment où la sexualité s'exerce sous la contrainte.

La « nuit de noces » détermine la temporalité de la rencontre charnelle des époux. Avant la seconde moitié du XIXe siècle, c'est même par l'expression plus précise de « première nuit des noces » qu'on la désigne. Les lois sur le mariage mises en place pendant la Révolution française bousculent cependant l'évidence de la consommation qui avait lieu juste après la bénédiction à l'église. À partir de la Constitution de 1791, les Français sont amenés à célébrer éventuellement deux mariages, l'un civil (le seul reconnu par la loi) et l'autre religieux, s'ils le souhaitent. Les *Articles organiques pour le culte catholique* de 1801 précisent par la suite que le mariage religieux doit être obligatoirement précédé du mariage civil, et frappent l'union exclusivement religieuse d'illégalité[39]. Cette coexistence inédite des deux cérémonies[40], qui n'ont pas nécessairement lieu le même jour, pose une question nouvelle : la nuit de noces peut-elle survenir dès le passage à la mairie, ou est-ce que qu'il faut attendre de s'être marié à l'église avant tout rapprochement physique ? Pour les catholiques pratiquants, il n'y a pas de discussion possible : le mariage civil n'est qu'une formalité administrative sans dignité sacramentelle et, avant la cérémonie religieuse, la consommation de l'union est inenvisageable. Mais la différence d'appréciation à cet égard entraîne parfois de vives tensions au sein du couple. À la fin des années 1870, le jurisconsulte Jean Dubrulle explique que les femmes catholiques qui se voient imposer une relation sexuelle par leur mari entre le mariage civil et la cérémonie religieuse vivent comme un viol – mot qui au XIXe siècle désigne une relation sexuelle contrainte hors du cadre du mariage – ce qui leur aurait semblé être légitime et acceptable après le passage à l'église. Il s'interroge sur la possibilité juridique d'un refus par la femme de consommer le mariage dans le cas où finalement l'homme ne veut plus aller à l'église pour la bénédiction nuptiale, et relate plusieurs décisions des tribunaux donnant raison à l'épouse qui, dans ces conditions, n'accepte pas la « cohabitation » avec son époux[41]. Une telle situation est également rapportée à deux reprises dans les Archives apostoliques du Vatican. Louis de R., un invité du mariage de Madeleine F. et Antoine F. en 1897, explique que la mariée avait pris soin, durant la nuit qui succédait à son mariage civil, de dormir avec son ancienne nourrice pour éviter tout rapprochement avant la bénédiction religieuse : « Un jour ou deux s'étant écoulés entre le mariage civil et le mariage religieux, avant que celui-ci fut [*sic*] célébré, M. F. voulut dans la soirée pénétrer dans la chambre de Melle F. et [...] celle-ci s'y opposa vivement ; [...] M. F. se mit alors à lui dire des injures dans un très violent emportement[42]. » De même, en 1899, quand Émilie A., une catholique, se marie avec Frédéric Z., un protestant, ils se rendent d'abord à la mairie, le vendredi, et prévoient de célébrer l'union religieuse le jour suivant. Le vendredi soir, la mère de l'épouse s'adresse à son gendre : « Tu sais que tu ne peux pas passer cette nuit ici, car chez nous, on se croit marié seulement après qu'on a été à l'église[43] » ; précision qui semble indiquer que les protestants sont peut-être parfois moins regardants que les catholiques sur la nécessité d'attendre la bénédiction nuptiale[44]. Les époux se revoient le lendemain mais la nuit de noces n'a finalement pas lieu car, entre-temps, ils ne sont pas parvenus à s'accorder sur la célébration religieuse, l'un n'ayant « pas voulu aller à l'église catholique » et l'autre « pas au temple protestant ». Le samedi soir, Émilie quitte le repas de noces en pleurs : « Ce n'est pas un mariage ; je ne suis pas mariée, parce que je n'ai pas été à l'église catholique », s'écrie-t-elle en refusant de se rendre chez son mari. Chacun finit alors par rentrer chez ses parents[45].

Cette pratique consistant à célébrer les deux cérémonies des jours différents est sans doute suffisamment diffusée pour que le docteur Pierre Garnier critique sévèrement cet « usage fâcheux » et recommande « d'aller immédiatement solliciter la bénédiction divine sur l'union établie par la loi »[46]. Organiser les deux mariages le même jour devient plus habituel à partir de la fin du XIXe siècle, en tout cas dans les classes les moins aisées de la société[47], ce qui résout bien des problèmes, puisque la nuit de noces est alors circonscrite à un unique moment qui fait davantage consensus.

La nuit de noces peut donc être parfois définie non comme la première nuit du mariage, mais comme la première nuit qui inclut la réalisation d'un acte charnel. Ainsi, quand il n'y a pas de consommation sexuelle, la nuit qui suit le mariage n'est pas considérée comme une véritable « nuit de noces », de la même façon que les unions non consommées ne sont pas vécues comme de véritables mariages et que les couples connaissant cette situation ne se sentent alors pas être de réels époux. Les propos de Marie-Catherine Gardez sur sa première nuit avec son mari Auguste Santerre, passée dans le grenier de ses parents en 1909, le soulignent : « Telle fut ma nuit de noces… La vraie nous l'eûmes dans notre maison, le surlendemain. On avait toute la vie devant nous et on en a bien profité. Nous n'étions pas à quelques heures près[48]… » explique-t-elle en justifiant l'absence de consommation par l'inconfort et l'exiguïté du lieu, ainsi que par la proximité des parents.

Il arrive ainsi que la consommation soit reportée, pour des raisons diverses. Dans certaines localités, la tradition veut qu'elle n'ait pas lieu immédiatement après le mariage, afin de respecter le délai des « nuits de Tobie ». Cette expression doit son nom à un livre deutérocanonique de l'Ancien Testament, le Livre de Tobie[49] : à l'inverse de ses sept infortunés prédécesseurs masculins qui se sont essayés à vouloir épouser Sara et qui ont tous trouvé la mort le premier soir de leur mariage, Tobie reste vivant grâce à son abstinence trois nuits durant. Inspirée par ce récit, la pratique pieuse des « nuits de Tobie » consiste à reporter d'une à dix nuits la consommation sexuelle du mariage[50]. Elle tombe largement en désuétude au XIXe siècle[51], même si Pierre Saintyves mentionne qu'elle est encore parfois observée, notamment en Bretagne[52]. En l'occurrence, les époux dorment chastement dans la même chambre, sous surveillance du garçon ou de la demoiselle d'honneur, ou alors demeurent séparés quelques nuits de plus, comme à Bessans ou à

Morzine, en Savoie, où la jeune mariée reste chez ses parents trois nuits encore après la cérémonie religieuse[53]. Arnold Van Gennep estime que cette « institution des nuits de chasteté » existe sous une forme sécularisée à partir de la fin du XIXe siècle : il établit un rapprochement entre l'ancienne coutume, mue par des principes religieux, et certaines recommandations des médecins qui incitent le jeune homme à « laisser blanche la première nuit ». Selon lui, cela pourrait correspondre à la même volonté de se protéger d'une première conception qui suivrait de trop près une soirée arrosée, potentiellement dangereuse pour la santé de l'enfant à naître, menacé dès lors « de crétinisme, d'idiotie ou d'épilepsie[54] ». D'autres conseils médicaux encouragent également à différer l'acte, non pour éviter une éventuelle procréation, mais pour laisser au couple le temps de se découvrir. Dans ses *Conseils médicaux d'hygiène pratique* (1911), le docteur Bourgogne préconise douceur et patience, et conseille le report de la consommation :

> Si, au début, la jeune femme reste craintive, timide et apeurée comme un oiselet pris au piège, si elle redoute le contact de son mari et ne lui rend pas ses baisers avec un élan joyeux, celui-ci saura cacher son impatience ; il aura, s'il le faut, la sagesse d'attendre sans brusquerie plusieurs nuits ; il restera toujours bon et tendre. Car le jour est proche, où le vif désir de rendre son mari pleinement heureux triomphera des légitimes pudeurs de la jeune mariée, qui sera enfin prête au sacrifice douloureux et doux de sa virginité[55].

Dans les faits, des témoignages d'époux évoquent la décision de s'abstenir la première nuit pour ce motif : « Le mariage a été consommé pour la 1ere fois à Dijon à l'hôtel de la Cloche. Le jour même du mariage il n'y avait pas eu de rapprochement, j'avais cru devoir m'en abstenir par délicatesse. C'est seulement le deuxième jour à l'hôtel de la Cloche où nous étions descendus, que le mariage a été consommé[56] », explique Edmond P., à propos de son mariage avec Valentine L. en 1877.

Fixer la date du mariage en fonction de la nuit de noces à venir

On pourrait penser que la survenue de la nuit de noces dépend de la date du mariage qui la précède. Il apparaît au contraire que c'est plutôt la date du mariage qui est choisie en fonction du moment le plus propice pour que la consommation sexuelle ait bien lieu dès la nuit suivant la célébration.

On évite tout d'abord de se marier à certaines dates durant lesquelles la sexualité est proscrite, en raison d'interdits religieux, à l'échelle de la semaine ou de l'année. Le naturaliste et anthropologue Julien-Joseph Virey rappelle, dans son ouvrage *De la femme sous ses rapports physiologique, moral et littéraire*, paru en 1823, que d'« anciens rites » imposaient aux catholiques de ne pas consommer le mariage durant des périodes définies comme des périodes de pénitence et donc d'abstinence sexuelle :

> Le mariage pouvait bien se conclure en tout temps, mais ne se devait point consommer charnellement dans le carême et l'avent, comme le disent un canon du concile d'Elvire, et saint Thomas [...]. L'église [*sic*] n'admettait pas légalement de noces pendant l'avent jusqu'à l'octave de l'épiphanie [*sic*], et de la septuagésime à l'octave de Pâques, ni quatorze jours avant la Saint-Jean, outre les autres jours de jeûne[57].

L'auteur parle de ces interdictions au passé, mais si ces prescriptions ont été inégalement suivies pendant la période révolutionnaire, elles sont à nouveau rapidement respectées, dans un contexte de remoralisation catholique sous la Restauration. Pendant les périodes dites de temps clos (*tempus feriarum*)[58], c'est-à-dire le carême, l'avent, la semaine de Noël, l'Église n'interdit pas le mariage, mais ses solennités et sa consommation, ce qui limite de fait la nuptialité pendant ces périodes[59]. Agnès Fine et Martine Segalen montrent cependant que, entre 1829 et 1912, le carême est bien respecté, surtout dans les campagnes, mais pas l'avent. De plus, le XIXe siècle, marqué par le culte marial, voit s'affirmer plus nettement qu'avant l'évitement du mois de mai, à la campagne, mais aussi en ville et même à Paris[60] : dédaigner le « mois de la Vierge » pourrait rendre fou l'un des époux, dans le Beaugeois, et ferait naître les enfants « idiots ou badauds » dans le Berry ou en Sologne, « avec les yeux rouges » en Touraine, ou prématurés dans le Nivernais[61]. L'interdit du mois de mai n'est pas suivi par tous et partout : Antoine Prost montre qu'à Orléans les ouvriers le respectent plutôt, mais pas les bourgeois, qui sont quant à eux plus scrupuleux sur le carême[62]. En ce qui concerne la répartition journalière, c'est surtout le vendredi, jour de la mort du Christ, qui est prohibé[63]. Arnold Van Gennep signale également l'évitement du jeudi « dans les provinces du Centre sous prétexte que le marié serait cocu ; d'où le surnom de Jean-Jeudi donné aux maris trompés ; d'où aussi l'élimination, dans ces mêmes régions et ailleurs, du mercredi, puisque la nuit de noces se termine le jeudi[64] ». Dans tous ces cas, c'est parce que la nuit de noces ne peut s'accomplir tout de suite qu'on célèbre moins les unions ces jours-là. En 1889, la baronne Staffe rappelle ces interdits dans son guide de savoir-vivre *Usages du monde*, sans pour autant expliciter l'origine de ceux-ci[65]. Il est possible que le choix de la date du mariage par les époux n'ait pas toujours relevé d'une volonté affirmée d'être observants en matière d'interdits sexuels, et qu'il procédait plutôt d'une volonté de respecter des coutumes, sans avoir nécessairement conscience de leur soubassement religieux.

Outre la temporalité collective du calendrier religieux qui s'applique à l'ensemble de la communauté catholique, il existe une corrélation entre la date du mariage, celle de la nuit de noces et le temps biologique des individus. L'âge moyen au premier mariage est tardif[66] en France au XIXe siècle : en 1801, 29,7 ans pour les hommes et 27,6 pour les femmes ; en 1865, 28,6 ans pour les hommes et 24,9 ans pour les femmes ; et, en 1913, cette moyenne reste stable pour les hommes mais s'abaisse à 23,8 ans pour les femmes[67]. Les lois prévoient un critère d'âge minimal pour se marier, directement lié à l'aptitude physique et psychique des époux à avoir une sexualité active. La nubilité, c'est-à-dire l'âge légal en deçà duquel il est interdit de se marier, est ainsi fixée en fonction de la possibilité d'accomplir le devoir conjugal dès la nuit de noces. Selon les époques, elle est laissée à l'appréciation fluctuante des médecins, des prêtres et des juristes. Depuis le Moyen Âge, le droit canonique autorise l'union matrimoniale aux hommes à partir de quatorze ans et aux femmes à partir de douze ans, c'est-à-dire à peu près au moment qui correspond aux débuts de la puberté[68]. Mais il arrive que des individus atteignent cet âge sans être formés physiquement, ce qui pose un problème d'adéquation entre le temps de la loi et le temps biologique de l'individu. Voilà pourquoi, à partir de l'instauration du mariage civil pendant la Révolution française, l'âge de la nubilité est élevé d'un an : on ne peut pas se marier civilement avant quinze ans pour les hommes et treize ans pour les femmes (loi du 20 septembre 1792, titre IV, art. 1er) ; et, après 1804, on ne peut se marier qu'après dix-huit ans pour les hommes et quinze ans pour les femmes (Code civil, art. 144)[69].

Bien que les mariages précoces en France ne concernent qu'une frange de la population[70], la question de l'âge au moment de la nuit de noces préoccupe les médecins et les moralistes, qui recommandent de ne pas prendre la puberté comme repère pour autoriser un mariage, et d'attendre plutôt le plein développement physique et moral des deux époux. Auguste Debay déplore les mariages contractés par des époux trop jeunes dans son *Hygiène et physiologie du mariage*, en 1848 : ils se lassent vite l'un de l'autre, mais surtout la jeune femme abîme son corps qui n'est pas encore arrivé à pleine maturité[71]. Pour le moraliste progressiste Ernest Legouvé, les signes de la puberté ne sont pas suffisants. Dans son *Histoire morale des femmes* (1853), il estime qu'il ne faut pas corréler le mariage à la capacité de procréation mais à l'aptitude physique et morale de supporter la vie maritale et parentale dans tous ses aspects :

> Chez tous les peuples, l'âge du mariage des jeunes filles est la mesure de la condition des femmes. Si nous les voulons libres dans leur choix et libres dans leur vie, reculons encore ce moment. Pour la loi, qui ne considère que le corps, la fille de seize ans est une femme parce qu'elle peut être mère ; mais pour le physiologiste et pour le moraliste, ce n'est qu'une enfant. […] Une fille de seize ans et même de dix-huit n'a que l'apparence de la force, la gestation l'énerve, l'allaitement l'épuise. Elle n'est pas plus propre au rôle de mère qu'à celui de femme[72] !

Il conseille donc aux familles de la « classe riche », qui pratiquent davantage le mariage précoce que les familles « du peuple et des campagnes », d'attendre que la jeune fille ait au moins vingt ans et le jeune homme vingt-cinq[73]. Dans *Des rapports conjugaux considérés sous le triple point de vue de la population, de la santé et de la morale publique* (1860), Alexandre Mayer en fait de même[74]. En 1902, Georges-Auguste Morache met à jour la liste des inconvénients pour les époux : chez le jeune homme, neurasthénie, chez la jeune femme, enceinte trop tôt, déformation de la silhouette en raison d'une ossification encore inachevée, risque accru d'albuminurie gravidique, d'intoxication urémique, d'éclampsie et d'hémorragies post-partum, et, de façon générale, risque de mortalité plus élevée. Il complète les arguments contre la consommation précoce avec celui du risque d'altération de la progéniture : les épouses trop jeunes mettraient au monde des êtres mal bâtis, un danger pour l'« avenir de la race »[75].

Les médecins déconseillent également un mariage chez des personnes considérées comme trop âgées – par exemple chez les femmes ayant atteint l'âge « critique », c'est-à-dire la ménopause –, ainsi que les unions caractérisées par un grand écart d'âge entre les époux. Dans ce cas, le couple s'expose aussi au risque d'un charivari[76] le soir de leurs noces. Cette coutume existe encore au XIXe siècle. Les charivariseurs troublent les premiers moments d'intimité des époux dont ils réprouvent l'union ou l'attitude vis-à-vis de la communauté. Le chahut prend souvent la forme d'un tapage nocturne : la paramusique charivarique est exécutée à l'aide de cornes, crécelles, tambours, ou autres instruments détournés comme des casseroles ou des pioches, et est parfois accompagnée d'insultes ou de brimades, voire de violences physiques. Ces perturbations dégénèrent parfois en rixes ou en d'autres violences commises à l'encontre des conjoints par les charivariseurs ou des charivariseurs par les conjoints. Les archives judiciaires citent, parmi les raisons de l'attroupement, des unions qui s'écartent de la norme, du fait de l'écart d'âge jugé trop grand entre les conjoints, d'un remariage de veuf ou de veuve ou d'un refus des conjoints de participer à certaines coutumes traditionnelles. Par exemple, les Archives nationales conservent un dossier sur un charivari organisé à Souillaguet, dans le Lot, en avril 1879, le soir du « mariage du sieur Boussié, vieillard de 72 ans, et de Marie Pébeyre, jeune fille de 17 ans[77] ».

On voit ainsi que certaines situations liées à l'âge, dénoncées pour des raisons physiologiques par les médecins, font parallèlement l'objet d'une réprobation populaire qui s'exprime durant la nuit de noces, au cours de laquelle la concrétisation d'une union considérée comme mal assortie est moquée et perturbée. Est-ce parce que les couples avec un grand écart d'âge sont considérés comme moins harmonieux et plus susceptibles de connaître des difficultés conjugales ? Ceux qui comparaissent devant les tribunaux diocésains et qui livrent des récits malheureux de nuit de noces présentent un écart d'âge beaucoup plus important que la moyenne nationale : plus de 8 ans, pour les 110 couples pour lesquelles la donnée est connue, par rapport à 3,3 ans habituellement. De même, l'âge au mariage des épouses impliquées dans une cause matrimoniale est inférieur de deux ans à la moyenne française, et celui des époux supérieur de deux ans.

Sans que ces données puissent être représentatives de l'ensemble des mariages, on peut penser que ces unions qui s'écartent de la moyenne sur le critère de l'âge étaient en tout cas perçues dès le départ comme potentiellement plus dysfonctionnelles.

Enfin, une autre temporalité est prise en compte quand il faut fixer la date de la nuit de noces : celle du cycle menstruel des filles à marier. Jules Michelet suggère de porter une attention particulière à leur rythme biologique : « La science dit d'abord une chose simple : qu'il faut aimer *à l'heure de celle qu'on aime*[78]. » Tout d'abord, la famille de la future épouse évite autant que possible que la nuit de noces ait lieu pendant les menstruations[79]. Depuis l'Antiquité, les règles font l'objet de discours médicaux et religieux, de croyances, de superstitions et de pratiques qui associent le sang menstruel à l'impureté[80]. La Bible met en garde l'homme qui « couche avec une femme qui a son indisposition, et découvre sa nudité » (Lévitique 19). Au XIXe et encore au XXe siècle, comme le montrent Jean-Yves Le Naour et Catherine Valenti, on continue à considérer la période des règles comme un moment à part pour les femmes, qui n'ont pas toujours le droit d'accomplir certaines leurs activités habituelles : elles ont parfois l'interdiction de communier, de descendre au saloir (pour ne pas faire pourrir la viande qui s'y trouve) ou de s'approcher des ruches (pour ne pas tuer les abeilles). Des médecins rejoignent certains de ces « préjugés populaires » en déconseillant « formellement les rapports sexuels pendant les règles[81] ». Pour Auguste Debay, dans *Hygiène et physiologie du mariage* (1848), « la copulation dans ces moments est antihygiénique, et la plupart des hommes s'éloignent de la femme dont les règles coulent ; il n'y a que les êtres d'une lubricité dégoûtante et à goûts dépravés qui approchent la femme menstruée[82] ». Cependant, les avis divergent sur le sujet, y compris chez les hommes d'Église[83]. Selon Anne-Marie Sohn, l'évitement des règles dans la sexualité « résiste au moins jusqu'à la fin de la IIIe République », mais n'obéirait plus à un « impératif moral »[84].

Dans le cas précis de la journée du mariage, la crainte de tacher la robe de cérémonie, la gêne ou honte de partager l'intimité d'une chambre et d'un lit avec un homme que la mariée ne connaît pas encore pendant cette période particulière, ou encore sa réticence à évoquer ce sujet avec lui entrent en ligne de compte. Mais, surtout, c'est la volonté d'assurer que l'union va être consommée immédiatement après qui prévaut. Dans un article de 1906 sur la morale sexuelle du mariage, Robert Michels ironise sur cet évitement, qui est pour lui une preuve supplémentaire de l'injonction du devoir conjugal dès le premier soir :

> Les parents de la jeune fille fixent le jour de la noce [...]. Ce jour peut être choisi parmi tous les jours de la semaine et dans tous les mois de l'année, mais, en tout cas, il sera choisi de manière que la jeune femme mariée soit capable de pouvoir accomplir ses devoirs sexuels ; ou plus franchement parlé : le jour de noces ne doit pas être fixé dans la période de menstruation. Afin d'éviter toute erreur possible, la mère, tendre et prévoyante, expose le cas à sa fille personnellement[85].

Il arrive cependant que l'« indisposition » mensuelle coïncide avec la nuit de noces, soit parce que certaines familles – comme celles qui maintiennent les filles dans l'ignorance de leur corps et de la sexualité – ne prennent pas cette donnée en considération, ou soit que les prévisions ne tombent pas toujours juste. C'est ce qu'explique le docteur Séverin Icard dans son étude de psychologie morbide et de médecine légale sur les menstruations, en 1890 :

> Lorsqu'une jeune fille se marie, elle a bien soin de choisir son jour ; il est assez fréquent pourtant d'apprendre l'histoire de quelque malheureux mari, qui, le soir de ses noces, s'est vu séparé de sa femme par une *barrière de roses*. La cause de cet inopiné et malencontreux retour doit être recherché dans les fortes émotions du mariage[86].

Ernest Monin établit une constatation similaire, en précisant que ce sont les « excitations génitales » de la jeune fille amoureuse qui participent à bouleverser le cycle menstruel : « La fiancée choisit toujours, pour son mariage, le jour le plus rapproché de la fin de ses règles. Eh bien ! il n'est pas rare de voir le jeune mari séparé de sa femme, la nuit des noces, par un escadron de *horses-guardes* ; voilà l'effet congestionnant des premières effluves d'amour [*sic*][87]. » Dans le cas où les règles de l'épouse surviennent malgré tout pendant la nuit de noces, un proche prévient le mari. Arnold Van Gennep rapporte qu'en Franche-Comté et dans la Bresse il arrive « quelquefois que la mariée réclame en sa faveur les trois nuits de Tobie, manière détournée de dire qu'elle a ses règles[88] ». La situation, loin d'étonner, est ici prévue par la coutume. Dans les témoignages des procédures matrimoniales, le vocabulaire employé pour expliquer la situation est discret. Marie de G. déclare aux juges ecclésiastiques que quand elle s'est mariée, en 1885, elle n'a « pas eu de rapprochements les deux premières nuits, parce [qu'elle avait] un empêchement[89] ». Le père de Louise de R. a demandé à son gendre, le vicomte Charles de H., de ne pas consommer le mariage lors de la première nuit, en 1896, « pour des raisons spéciales[90] », et le mari a alors réservé deux chambres à l'hôtel de l'Athénée où le couple devait passer la nuit. Il en est de même pour Raphaël H., prévenu par son beau-père « de l'état dans lequel se trouvait [sa] femme, état qui demandait l'abstention de tout rapport conjugal[91]... ». Mais certains maris ont du mal à accepter la situation. L'abbé Viollet reçoit en 1937 une lettre dans laquelle un homme qui se présente comme « désespéré » explique que ses déboires conjugaux ont commencé dès la première nuit :

> Je me suis marié le 6 septembre 1921. Le soir de mon mariage, ma belle-mère me prit à part pour me faire une confidence : « – J'ai quelque chose à vous dire. – Bien, maman, qu'est-ce qu'il y a – Vous ne connaîtrez pas votre femme ce soir, elle avait elle-même fixé la date pour que certaine chose ne se produise pas ce jour-là, mais l'émotion, la nervosité, la perspective d'une nouvelle vie toute différente ont fait que l'événement s'est produit ce matin, et dans ce cas on peut faire beaucoup de mal à une femme [...]. » Donc, les premiers jours de mon mariage, je n'ai pas pu accomplir l'acte que la généralité des jeunes époux accomplissent le soir de leurs noces[92].

Cette anecdote exprime la frustration du mari qui apprend le soir même que l'attente devra être prolongée de quelques jours encore. Elle montre aussi que sa belle-famille tient à se prémunir de tout reproche en assurant avoir pris ses précautions. Il arrive en effet que, dans cette situation, des épouses soient accusées de malveillance ou de mauvaise volonté. Dans une demande de dispense pour non-consommation portée devant la Congrégation du Concile pendant les années 1900, l'officier Maurice K. se plaint par exemple de n'avoir été prévenu qu'en plein milieu de la nuit de ses noces que la consommation ne pourra avoir lieu :

> Le soir de notre mariage ma femme a refusé de quitter le bal avant trois heures du matin ; elle a voulu absolument rester jusqu'à la fin. À ce moment une de ses cousines est venue me prévenir que ma femme était souffrante. Ma belle-mère me prévint aussi que sa fille était dans un moment critique et que je devais la ménager.

> [...] Il n'y eut ce jour là ni les jours suivants aucun rapport conjugal entre nous[93].

D'aucuns évoquent aussi la possibilité d'une coïncidence intentionnelle entre la nuit de noces et l'écoulement menstruel, pour dissimuler l'absence de virginité et faire croire au saignement de la rupture de l'hymen, comme l'indique le docteur Marrin au détour d'une boutade, à propos des hommes inquiets de la vertu de leur femme : « L'écoulement du sang ? Quoi de plus simple que de choisir pour jour du mariage celui où les règles vont s'arrêter et coulent encore un peu [...][94] ? »

À l'interdit traditionnel et ancien sur les règles s'ajoutent au milieu du XIXe siècle de nouvelles préconisations, issues des recherches les plus récentes réalisées dans le domaine de l'ovologie, pour établir un lien entre nuit de noces et période génésique ou agénésique du cycle menstruel. Très vite, des médecins offrent des conseils pratiques pour mettre en application ces résultats auprès des époux. En 1844, dans *De la puberté et de l'âge critique chez la femme*, Adam Raciborski recommande de fixer le jour du mariage à un moment bien précis du cycle :

> Ces renseignements peuvent en même temps donner occasion à quelques considérations utiles sur les jours qui paraissent les plus opportuns pour célébrer les unions conjugales. La génération étant le but principal du mariage, il en résulte qu'il est ordinairement suivi d'assez près du premier acte de la reproduction.
>
> La déchirure de l'hymen qui accompagne presque constamment la consommation de cet acte, la répétition fréquente des rapprochements sexuels, la disproportion entre les organes génitaux des deux sexes, occasionent [*sic*] souvent des inflammations des organes externes, des abcès, etc. Il serait par conséquent à souhaiter, dans l'intérêt du produit de la conception, que le mariage n'en fût pas suivi immédiatement, et qu'il se passât un peu de temps pour permettre la guérison de toutes ces indispositions et calmer l'ardeur amoureuse des jeunes mariés.
>
> En fixant la cérémonie nuptiale au huitième ou au dixième jour après les règles, les premiers rapports resteront presque toujours stériles, et il arrivera le plus souvent que si les règles ne manquent pas encore à l'époque suivante, leur absence à l'époque d'après viendra surpendre [*sic*] agréablement les époux en apprenant à la femme qu'elle est enceinte et que les accidents locaux qu'elle a pu

éprouver les premiers jours du mariage n'ont eu aucune influence fâcheuse sur le fruit de son amour[95].

Il s'agirait donc d'éviter que la consommation soit directement suivie d'une grossesse, en repérant la période du cycle féminin réputée être stérile pour fixer la date de la nuit de noces. À la veille des années 1860, Jules Michelet reprend ces conseils dans *La Femme* et dans *L'Amour*, pour les faire connaître à un plus large public :

> Dès lors on sait le vrai moment légitime et sacré, où doit se faire le mariage. Dans un Mémoire que l'Académie des sciences a couronné, autorisé de sa haute approbation, il est dit qu'on ne doit marier la jeune fille que dix jours après le travail de l'ovulation, c'est-à-dire dans la semaine calme, sereine et stérile qu'elle a entre les deux époques. (Raciborski, 1844, p. 133.)
> Cette excellente observation, humaine autant que raisonnable, n'est point de pratique empirique. Elle est hautement scientifique. Elle dérive des faits établis, des lois formulées de l'Ovologie. [...] Elle aussi, elle restera invariable, comme loi naturelle et nécessaire du mariage.
> Rien de plus sage en effet. [...] Quelle dureté ne serait-ce pas de faire coïncider pour elle trois malaises et trois douleurs : l'indisposition mensuelle, l'initiation du mariage, et l'ébranlement d'une première grossesse[96] !

Mais ces recommandations avant-gardistes sont en réalité contre-productives, puisqu'elles encouragent les mères à programmer le mariage de leurs filles précisément au milieu du cycle menstruel, c'est-à-dire la période qu'on sait maintenant être la plus féconde[97]. Le médecin britannique Robert Barnes le constate : le fait que le « jour du mariage et par suite du premier coït [soit] en général fixé à une semaine après les règles » rendrait au contraire le premier rapport « très souvent fécond »[98]. L'antimalthusien connu sous le nom de « Jean de Valdor », opposé à toute forme de contraception, s'amuse des grossesses précoces imprévues qui se sont déclarées à la suite de cette erreur et souligne, dans *Le Vrai Féminisme* (1900), l'inefficacité de la mesure :

> Mais quel jour faut-il choisir de préférence pour le mariage ? « Les mères prévoyantes, écrit le docteur Surbled, si soucieuses de la santé de leurs filles et désireuses de leur éviter le précoce fardeau de la maternité, ont soin de fixer la date du mariage à un jour éloigné des règles, c'est-à-dire, en pleine période *agénésique*

ou réputée telle. Elles se trompent avec les savants car elles ont compté sans le sens génital de la jeune fiancée. Celle-ci éprouve naturellement, aux approches du mariage, de vives excitations qui hâtent la maturité de l'ovule ; et, plus d'une fois, les règles apparaîtront inopinément au moment inopportun, et la fécondation s'opère dans la première nuit des noces »[99].

Il reste toutefois difficile de vérifier si les familles, en dehors de cercles très restreints, ont réellement tenu compte de ces travaux scientifiques pour tenter de faire coïncider le mariage avec une période génésique ou agénésique, selon qu'elles souhaitaient une conception rapide ou au contraire éloignée par rapport à la nuit de noces. Les témoignages n'attestent que de l'évitement séculaire de la période des règles.

Une culture du viol nuptial

La « culture du viol[100] » est un concept apparu dans les années 1970 pour désigner l'ensemble des idées reçues et des croyances qui imprègnent la société à propos du viol, des victimes et des violeurs. Elle permet, comme l'explique Éric Fassin, de penser « la violence sexuelle en termes culturels et non individuels, non pas comme une exception pathologique, mais comme une pratique inscrite dans la norme qui le rend possible en la tolérant, voire en l'encourageant[101] ». Au XIXe et au début du XXe siècle, nombreuses sont les représentations de la première nuit qui procèdent d'une « culture du viol » nuptial : même quand elles ne spécifient pas l'emploi du terme de viol, elles associent la nuit de noces à une forme de violence, parfois sous une forme sublimée, dans la mesure où les conditions de la première relation sexuelle posent *a minima* le problème de l'exercice, symbolique ou effectif, d'une certaine violence administrée au corps de la femme, soumise par son mari. Simone de Beauvoir compare dans *Le Deuxième Sexe* la défloration à un « rapt réel ou simulé », à une « violence qui change [l'épouse] de fille en femme »[102]. Cette assimilation de la défloration nuptiale à une violence est déjà très présente dans les discours sur la sexualité conjugale au XIXe siècle : mais s'ils la constatent, ce n'est pas nécessairement pour la dénoncer. Des médecins et des écrivains la considèrent en effet comme inévitable, et s'emploient à minimiser son caractère douloureux : elle serait dans l'ordre des choses, et on ne saurait l'exagérer. Dans *La Vénus féconde et callipédique* (1871), le docteur Auguste Debay raille les femmes qui se plaignent trop vivement de leur souffrance :

> Beaucoup de femmes prétendent, probablement pour des motifs intéressés, que leur premier contact avec l'homme, a été très-douloureux et suivi d'hémorrhagie. [...] leur pudeur a lutté longtemps contre les efforts de leurs époux... Les pauvrettes !... pourquoi dévoiler ces petits secrets ? Est-ce pour se donner plus de relief ? Étrange vanité ! [...]
> [La] nature qui a fait la femme conservatrice de l'espèce humaine, n'a pu vouloir que le premier contact lui causât une aussi terrible douleur ; s'il en était autrement la femme éprouverait une invincible aversion pour ce contact ; ce qui n'est pas le cas, puisqu'elle le désire[103]...

D'autres auteurs, qui prennent en considération les problèmes physiques de la défloration, suggèrent des solutions radicales qui n'évitent pas et même qui aggravent le problème du consentement féminin : pour atténuer les douleurs, ils envisagent d'amener l'épouse à un état d'ébriété, voire à un état semi-comateux ou d'inconscience, en recourant aux boissons alcoolisées ou à d'autres produits qui favorisent l'étourdissement. Par exemple, le docteur Ernest Monin, dans *L'Hygiène des sexes* (1890), imagine l'histoire d'une femme qui se serait chloroformée pour que sa défloration s'effectue sans douleur :

> Peut-être pour cette raison, les habitudes ébrieuses qui précèdent, dans notre *civilisation* (?), la première nuit des noces, ont-elles un côté favorable, en endormant la douleur des premiers rapports sexuels. On raconte, à propos d'anesthésie, qu'un mari chercha longuement sa femme, soudainement enfuie de la salle du bal qui précédait la première nuit. Il finit par la retrouver, étendue sur le lit nuptial et recouverte de cet écriteau à l'adresse du mari ébahi :
> *Il paraîtrait, m'a dit ma mère,*
> *Que ça fait souffrir vivement :*
> *Je me suis fait chloroformer...e,*
> *Allez-y donc très carrément*[104] *!*

Si cet usage du chloroforme n'est pas attesté par d'autres sources pour le contexte spécifique de la nuit de noces (il est cependant avéré pour des déflorations médicales effectuées par le médecin qui procède à une incision, par exemple en cas de vaginisme), cette anecdote soulève toutefois la question de la nécessité de la participation active de la femme à la relation sexuelle. La possibilité du coït malgré l'inertie féminine et le fait qu'« on peut même coucher avec une morte » sont soulignés par Simone de Beauvoir pour rappeler que l'acte sexuel est foncièrement inégalitaire et conditionné à la seule volonté de l'homme[105]. Dans son *Art de se faire aimer* (1913), Jean d'Herbenoire se plaît à imaginer le pouvoir magique d'un philtre composé à partir du vin nuptial servi le jour du mariage : « Quand la jeune fille en aura bu quelques gorgées, elle n'aura plus ni volonté, ni conscience, elle se soumettra non seulement sans tristesse, mais avec plaisir, avec volupté même, à toutes les exigences de l'époux[106]. » Présentées comme des aides pour résoudre des difficultés inhérentes à la nuit de noces, ces techniques imaginaires reposent sur l'idée d'une soumission totale des femmes au désir et aux gestes masculins : la présence consciente d'une épouse ne semble même plus nécessaire, dans le cadre d'un acte qui n'est alors plus une « interaction » sexuelle. Des témoignages montrent que l'idée de consommer le mariage avec une épouse qui n'est pas en pleine possession de ses moyens est parfois mise en application. Mireille de Bondeli, qui s'est mariée en 1909 avec Henri de Biéville, raconte dans son journal personnel que « malgré [s]es protestations », son mari lui fait boire beaucoup de champagne tout au long du dîner, puis dans la chambre nuptiale, afin qu'elle surmonte sa crainte[107]. Elle ne lui en tient cependant pas rigueur, estimant que sa conduite a été parfaite cette nuit-là ; ce qui n'est pas le cas d'autres épouses, qui se plaignent d'avoir perdu leur virginité contre leur gré, après avoir été enivrées. Dans une déposition conservée aux Archives apostoliques du Vatican, le médecin Jean-Baptiste Mervy raconte comment la jeune Marthe J., qui a refusé de consommer le mariage lors de sa nuit de noces avec Paul F. en 1891, a été déflorée un peu plus tard :

> Madame F. ne s'est pas prêtée librement au devoir conjugal. Elle a été prise, par surprise, à la suite d'un repas, d'un souper où son mari lui fit boire du champagne jusqu'à ce qu'elle tombât dans une sorte d'état comateux [...] Je crois pouvoir dire que d'après les questions que j'ai posées à Mme F., elle a été inconsciente dans le moment où son mari a accompli l'acte conjugal[108].

Dans une autre affaire, un mari, Charles I., s'incline dans un premier temps devant le refus de sa femme, Henriette G., au cours de leur nuit de noces, en 1904 ; mais alors que la situation se prolonge, il fait part à sa belle-mère de l'idée « d'administrer quelque narcotique à sa femme pour paralyser la résistance qu'elle lui apportait[109] ».

Même lorsqu'elle est consentie, voire désirée par les deux époux, la nuit de noces est décrite comme une prise de possession nécessaire de la femme par le mari. Sans aucune intention de dénoncer le rapport de force qui s'y joue, le vocabulaire militaire ou sacrificiel, employé dans les fictions comme dans les manuels conjugaux, renvoie la consommation à un acte *naturellement* violent, dans la mesure où la défloration suppose la destruction de l'hymen et l'écoulement du sang[110]. Dans *L'Homme-femme*, en 1872, Alexandre Dumas fils décrit la nuit de noces comme une « lutte éternelle du masculin et du féminin » dont les ressorts n'ont pas changé depuis la nuit des temps :

> En sa qualité d'être de forme, la femme est passive et en défense ; en sa qualité d'être de mouvement, l'homme se porte en avant ; il est d'attaque. L'homme compte fort sur cette faculté particulière, bien qu'elle ne dépende pas de sa volonté, qu'elle ait son libre arbitre et qu'elle soit bornée. Ce n'est pas moins son principal argument pour son triomphe définitif. Il croit donc qu'il aura conquis parce qu'il a terrassé, qu'il aura soumis parce qu'il aura vaincu. C'est pour cette valeur guerrière qu'il a été ou cru être aimé jusqu'alors[111].

Critique, il engage les futurs maris à réfléchir aux vaines satisfactions d'une victoire qui n'est qu'illusoire. Une partie de l'imaginaire érotique de la nuit de noces est construite sur l'opposition physique entre les conjoints, dans laquelle l'homme doit prendre le dessus. La poétique du premier rapport sexuel conjugal se nourrit de fantasmes bâtis sur la confusion entre *eros* et *thanatos* : les images de l'« immolation » ou du « sacrifice » de la jeune femme vierge sont fréquemment utilisées, notamment pendant le premier XIXe siècle romantique qui affectionne les scènes horrifiques de morts survenues pendant la « nuit nuptiale », suscitant une forme de plaisir morbide chez les lecteurs. Même dans les cas où il est présenté comme amoureux et prévenant, l'homme doit vaincre les réserves, voire les résistances féminines, par des mots agréables, des caresses qui l'amadouent ou des gestes plus emportés. Dans *Pêcheur d'Islande* (1886), lors de la nuit de noces heureuse entre Yann et Gaud, qui sont épris l'un de l'autre, le désir fougueux du mari pour sa femme le fait ressembler à une bête sauvage, sans que cela constitue sous la plume de Pierre Loti une comparaison négative :

> Alors, brusquement, il l'enleva dans ses bras ; avec sa manière de la tenir, la bouche toujours appuyée sur la sienne, il était comme

> un fauve qui aurait planté ses dents dans une proie. Elle, abandonnait son corps, son âme, à cet enlèvement qui était impérieux et sans résistance possible, tout en restant doux comme une longue caresse enveloppante[112]...

Cette tendance des discours sur la nuit de noces à normaliser la violence du premier acte sexuel, inévitablement douloureux, même quand le mari accomplit son devoir de la façon la plus affectueuse qui soit, et même quand les époux s'aiment, participe à renforcer cette culture du viol nuptial. Le fait que les fictions en tirent une source d'amusement, par exemple dans des scènes qui moquent la mariée apeurée au moment de se soumettre au devoir conjugal, y contribue aussi[113]. Cet imaginaire véhicule l'absence de consentement, l'appréhension, la défloration d'une femme ignorante – qui de ce fait subit l'acte sexuel plus qu'elle n'y participe – comme des faits sociaux habituels et acceptables.

Le « viol légal » de la nuit de noces

Des femmes et des hommes s'emploient cependant à dénoncer la consommation obligatoire du mariage. Dans les romans ou les essais, son assimilation à une violence, et même plus explicitement à un viol, se cristallise sur la nuit de noces, dans la mesure où elle inaugure la sexualité conjugale[114]. Dans les années 1820 et 1830, la première nuit est comparée à un viol sous la plume d'Honoré de Balzac et de George Sand, y compris pour décrire des unions que semblent agréer les épouses, satisfaites du choix de leur mari (voir chapitre 1). Dans *Valentine* (1832), George Sand insiste sur la pertinence du mot « viol » pour qualifier la consommation du mariage de Valentine :

> – Oui, le viol ! répétait Bénédict avec fureur [...]. Chaque jour, au nom de Dieu et de la société, un manant ou un lâche obtient la main d'une malheureuse fille [...]. Et là, sous les yeux de la société qui approuve et ratifie, la femme pudique et tremblante, qui a su résister aux transports de son amant, tombe flétrie sous les baisers d'un maître exécré ! Et il faut que cela soit ainsi[115].

Mais cette sensibilité nouvelle ne se traduit pas par la prise en compte juridique du « viol conjugal » dans les lois civiles. L'article 331 du Code pénal de 1810 a inscrit dans la loi le viol ainsi que l'attentat à la pudeur[116], mais seuls les viols d'enfants et de jeunes filles vierges[117] sont perçus comme des crimes graves : les viols de femmes adultes sont moins punis et moins considérés, tout comme les viols subis dans le cadre du mariage, puisqu'il est exclu de considérer le conjoint comme un agresseur[118]. À partir de la seconde moitié du XIXe siècle, l'expression saisissante de « viol légal » apparaît pour dénoncer cette impunité et rappeler que la consommation subie est organisée socialement et religieusement à travers la notion de devoir conjugal. Le thème du viol conjugal se fait plus fréquent, notamment dans les romans réalistes et naturalistes (voir chapitre 1). Émile Zola en fait le sujet d'un des quatre récits de nuit de noces qui composent le texte *Comment on se marie*, écrit en 1875 et publié en 1893. Chaque nuit se déroule dans un milieu social différent ; celle d'Henriette de Salneuve et du comte Maxime de la Roche-Mablon reflète ce qui se passe chez des nobles de province :

> Et brusquement, vers minuit, lorsque Henriette grelotte dans son lit d'épouse, la face tournée vers le mur, elle sent Maxime qui lui pose un baiser sur les cheveux. Il est entré, derrière les parents, sans faire de bruit. Elle jette un cri, le supplie de la laisser seule. Lui, sourit, la traite en enfant qu'on cherche à rassurer. Il est trop galant homme pour ne pas mettre d'abord tous les ménagements possibles. Mais il connaît les femmes, il sait de quelle façon on doit procéder avec elles. Il reste donc là, à lui baiser les mains, avec des caresses de parole. Elle n'a rien à craindre, n'est-il pas son mari, ne doit-il pas veiller sur sa chère existence ? Puis, comme elle s'effare de plus en plus et se met à sangloter en appelant sa mère, il croit devoir brusquer un peu les choses, pour que la situation ne tourne au ridicule. [...] Henriette [...] ne l'égratigne pas, ne lui lance pas de coups de pied. C'est à peine si elle se débat dans un frisson de peur ; et elle lui appartient pleurante, fiévreuse, n'osant plus ouvrir les yeux. Toute la nuit, elle pleure, collant sa bouche à l'oreiller pour qu'il ne l'entende pas. Cet homme allongé à côté d'elle, lui cause une répugnance terrifiée. Ah ! quelle horrible chose, pourquoi ne lui a-t-on jamais parlé de cela ? elle ne se serait pas mariée. Ce viol du mariage, sa longue jeunesse rigide et d'ignorance aboutissant à cette initiation brutale, lui apparaît comme un malheur irréparable dont elle ne se consolera pas[119].

Ces descriptions se multiplient dans les années 1880, à l'image de la scène de la nuit de noces d'*Une vie* de Guy de Maupassant (1883), ou des propos de Juliette qui, le lendemain de sa nuit de noces, qualifie le mariage de « viol avec encouragement des parents[120] », dans *Chérie* d'Edmond de Goncourt (1884).

Les médecins participent aussi à la visibilisation de ces nouvelles représentations. Nombre d'ouvrages de gynécologie décrivent les dommages physiques et psychologiques causés par la violence du premier rapport sexuel. Fait significatif, dans son *Étude médico-légale sur les attentats aux mœurs* (1857), le médecin légiste Ambroise Tardieu remarque, alors qu'il s'intéresse à un cas « de névrose très-rebelle de la vulve, consécutif à un viol », que « cette affection n'est pas rare au début du mariage à la suite des premières approches » ; il opère par là un renversement puisqu'il compare les blessures consécutives au viol hors mariage à celles qu'on constate après la nuit de noces, plutôt que le contraire[121]. Les manuels conjugaux sensibilisent les profanes. Dans *Le Lendemain du mariage* (1884), le docteur Coriveaud critique l'institutionnalisation de l'acte sexuel obligatoire par les mœurs :

> C'est un véritable viol qui est commis alors, et beaucoup de femmes en portent la trace et souffrent toute leur vie des désordres organiques produits par de tels attentats. Les médecins, qui connaissent bien les maladies et les inflammations internes provoquées par cette cause, les désignent, – entre eux – d'un mot très énergique. Ils disent : métrite par « balistique »[122].

Le thème de l'entrée brutale dans la sexualité obligatoire reste d'actualité au XXe siècle, malgré la promotion du modèle du mariage d'amour qui est supposé l'éviter. Au lendemain de la Première Guerre mondiale, Paul Margueritte se désole de la persistance de l'ancienne notion de devoir conjugal, qui implique depuis « vingt siècles » la consommation du mariage dès la nuit de noces[123], et, au mitan du siècle, Simone de Beauvoir la décrit comme une réalité encore bien présente, dans *Le Deuxième Sexe*.

Ces discours, très minoritaires au début du XIXe siècle, et plus répandus au milieu du XXe, dénoncent des situations que les archives judiciaires religieuses permettent d'appréhender plus concrètement[124]. Elles nous offrent directement le point de vue des intéressées, qui évoquent la violence sexuelle conjugale non à travers des discours de portée générale, mais en restituant le souvenir de leur propre expérience. Au cours des procédures canoniques, les juges examinent attentivement les preuves fournies par les épouses qui allèguent l'absence de consentement sexuel. Cependant, quand ils se demandent s'il y a « nullité » pour défaut de consentement, leur objectif est de discerner s'il y a eu ou non consentement à l'union sacramentelle lors de l'échange des vœux à l'église, et non pas à l'union sexuelle dans le lit nuptial : l'absence de consentement sexuel n'est pas la cause directe de la nullité, mais elle est prise en compte et interprétée comme un indice du non-consentement sacramentel, en particulier dans le contexte de la nuit de noces. Si les dispositions du droit canonique n'ont pas pour objet de condamner la contrainte sexuelle, elles permettent néanmoins d'énoncer les violences du devoir conjugal subi ou accompli à contre-cœur. Les théologiens du XIXe siècle ne reconnaissent pas la notion de viol conjugal en raison du principe du devoir conjugal[125] ; mais les juges ecclésiastiques, sans aller jusqu'à utiliser le mot « viol », se montrent attentifs aux manifestations du refus de l'union, y compris celles qui sont exprimées après la cérémonie, comme la volonté de ne pas partager le même lit ou la résistance physique ou verbale lors du premier rapprochement physique. La déposition d'Isaure T. est à ce sujet particulièrement poignante. Mariée de force en 1892 à l'âge de seize ans avec Rodolphe P., âgé de vingt ans de plus qu'elle, elle raconte sa nuit de noces une dizaine d'années plus tard aux juges qui l'interrogent :

> Le soir de mon mariage comme un fauve, il se jeta sur moi, sans mot dire. Je me suis défendue comme j'ai pu, le traitant d'assassin et de lâche. J'appelai au secours. Il me mit la main sur la bouche étouffant mes cris et me disant : « Vous jouez la comédie ; taisez-vous ; on va vous entendre pleurer. » Et il me menaça de son revolver. Je ne pouvais lui tenir tête ; il était très robuste, il était le plus fort, je n'étais qu'une enfant. Il m'a prise, je le crois, mais je déclare formellement que je ne me suis pas donnée. J'avais pour lui la plus profonde horreur. C'était pour moi un être repoussant, il me répugnait plus que jamais. Je m'enfuis le lendemain dans ma famille. Et celle-ci me força à retourner sous le toit conjugal[126].

L'épouse reprend les comparaisons qui existent dans les romans sur le mari devenu bête sauvage (« fauve »), décrit ses gestes brutaux et indique explicitement le viol (« il m'a prise »), ainsi que l'absence de consentement (« je ne me suis pas donnée »). Dans cette affaire, la différence d'âge, la jeunesse de l'épouse, la contrainte exercée par ses parents pour qu'elle se marie, ses marques publiques de refus, l'usage de la force physique et d'une arme par le mari le soir des noces et la fuite le lendemain sont autant d'éléments qui facilitent la prise de décision des juges ecclésiastiques : ils constatent la nullité de l'union pour défaut de consentement.

La qualification de la nuit de noces comme un viol par des femmes ou par leurs proches est le signe que les critiques du mariage comme « viol légal » circulent et sont connues soit par les déposantes elles-mêmes, soit par les avocats qui leur conseillent de mobiliser cet argument. À propos du mariage de Madeleine H. et du comte Maurice J., célébré en 1884, un témoin insiste sur le cauchemar vécu par l'épouse, d'abord menacée d'un pistolet et frappée par son père pour qu'elle se marie, puis abusée par son mari : « Les causes de dissentiment et de séparation sont que Mme H. ne voulait pas avoir de relations conjugales avec son mari, et qu'elle avait été contrainte au mariage. [...] Ce mariage a été un immense malheur pour elle, que l'on peut dire victime d'un viol légal, viol de mineure[127]. » Dans une autre affaire, Madeleine X. raconte, une quinzaine d'années après son mariage, avoir été contrainte par ses parents à épouser Alphonse F. en 1900. Elle parvient à se refuser la première nuit, mais elle est violée quelques jours plus tard lors de son voyage de noces :

> – Avez-vous accepté de consommer le mariage ? Vous vous considériez donc comme vraiment mariée ?
> – J'ignorais tout du mariage au point de vue physique. La première fois que Monsieur F. a voulu s'approcher de moi, je lui manifestai d'une manière si nette ma répugnance et mon effroi qu'il n'osa pas continuer. Pendant le voyage de noces, je voulus toujours avoir ma chambre à part. C'est par surprise que monsieur F. a fait de moi sa femme, et j'avais une telle répugnance pour lui et pour cet acte qui m'a toujours paru comme un viol, que j'en suis tombée malade par la suite. Nous étions à Villars en Suisse, et toutes les fois que je sortais je faisais le souhait d'être écrasée sous le débris du pont où je passais, me répétant à moi-même : « Si maman savait la grandeur de mon malheur, elle serait trop malheureuse, il vaudrait mieux que je meure »[128].

Toutefois, il est rare que les mots « viol » ou « surprise » soient employés explicitement dans les procès. Certaines femmes leur préfèrent des termes euphémiques, comme les verbes « posséder » ou « prendre », dont l'action est attribuée au mari. D'autres sont encore plus allusives, tout en réussissant cependant à bien faire comprendre qu'elles ont subi un rapport sexuel non désiré. Dans les années 1890, Stéphanie G. déclare à propos de sa nuit de noces, survenue en 1882 : « Il est extrêmement pénible pour moi d'entrer dans ces détails ; mais sur vos instances je déclare que j'ai fait toutes les oppositions et résistances qu'une femme peut faire, tout d'abord. Je lui déclarais carrément le jour de la noce que je voulais vivre avec lui comme frère et sœur ; il me répondit : ça va bien[129]. » Dans une affaire plus tardive, dans les années 1920, Julia F. raconte que, « dès la première nuit, [elle a] cédé à la crainte et même dans un certain sens à la violence, [son] mari [lui] ayant fait l'effet d'une véritable brute[130] ». Certains mots choisis pour décrire le mari montrent que le viol est sous-entendu, notamment ce terme de « brute ». Par exemple, une mère rapporte aux juges que sa fille Jeanne P., mariée en 1904, « s'est plainte dès le premier moment de la brutalité de son mari, elle disait qu'il était sauvage ! [...] une brute !![131] ».

Ces propos témoignent de l'aptitude de certaines personnes à évoquer des faits traumatisants et à dénoncer fermement le viol conjugal. Mais toutes n'en ont pas la capacité ou la force. Léonie T., qui a épousé de son plein gré Émile V. en 1898, ne parvient pas à dire de vive voix aux juges qu'elle a été agressée par son mari. Elle écrit au tribunal diocésain pour justifier son silence et compléter sa déposition :

> Monsieur l'Abbé,
> À l'audience du 10 décembre, je n'ai osé, en public, faire une déposition très pénible, et qui certainement aujourd'hui me laisse des regrets.
> Quand cette question : « Le mariage a-t-il été consommé » me fut posée, j'ai répondu oui, sans dévoiler les circonstances, se servant de moi comme d'une esclave, d'une femme d'un jour, je fus, par Monsieur V., traitée avec cruauté, avec barbarie, me comparant à une arabe (telle a été son expression). Dieu seul sait tout, ma réserve ne me permettant pas d'aller plus loin.
> Peu de jours après son départ, notre docteur peut constater que j'avais eu à faire à une brute (c'est de ce nom qu'il dut le qualifier).
> Veuillez, Monsieur l'Abbé, ajouter ceci à ma déposition. Je jure, devant Dieu, ne dire que la vérité.
> Recevez, Monsieur l'Abbé, l'assurance de mes sentiments respectueux.
> Signé Léonie T[132].

Déposer au tribunal ecclésiastique est en effet intimidant et devoir prouver une agression ou l'absence de consentement redouble la difficulté de la tâche. Dans le cas d'un mariage non consommé, si l'examen médical permet de conclure à la virginité de l'épouse, la procédure est facilitée, la demande de nullité étant convertie en dispense pour non-consommation. Mais dans le cas où il y a eu consommation du mariage, il faut convaincre les juges, qui doivent déterminer si la contrainte était réelle et impérieuse, ou si l'époux ou l'épouse mobilise cet argument en exagérant ou en mentant pour obtenir la séparation espérée. Les juges se montrent plus compréhensifs à l'égard des femmes mariées très jeunes – avant l'âge de vingt ans – qu'à l'égard des femmes plus âgées et des hommes, dont ils accueillent les plaintes avec une certaine circonspection. Nul doute que leur méfiance, perceptible à l'insistance de leurs questions ou à la formulation de certaines remarques traduisant leur incrédulité, a dû être une épreuve supplémentaire pour des victimes de sévices ou de viol conjugal sommées de faire le récit de leurs malheurs. Certains des propos des juges, empreints de misogynie ou de conservatisme, contribuent à reproduire dans l'espace judiciaire la violence des rapports de domination des hommes sur les femmes dans la sphère de la sexualité conjugale. Ce que constatent Georges Vigarello, à propos de juges des tribunaux civils qui ne comprennent pas que des femmes aient pu « céder » face à leur agresseur, ne préférant ainsi pas « la mort à l'outrage[133] », et Claude Langlois, à propos de moralistes des années 1840 et 1850, est encore vrai pendant les premières décennies du XXe siècle de la part de certains ecclésiastiques qui examinent les plaintes. Ils continuent à penser que le viol n'est pas caractérisé lorsque la femme n'a pas manifesté haut et fort son refus : si elle n'a pas résisté, elle peut même être accusée d'avoir commis le péché de luxure. C'est par exemple ce que pense le chanoine Lauck, face à Élise V. qui se plaint d'avoir subi le devoir conjugal lors de sa nuit de noces en 1886 :

> Comment, si elle était dans ces dispositions, ne s'est-elle pas refusée aux relations conjugales, qui étaient pour elle le péché de fornication ? Mme Élise V. n'avait pas l'âme d'une martyre, ni d'une vraie chrétienne, autrement elle n'aurait pas simulé un consentement qui n'existait pas dans son cœur ; il ne faut donc pas s'étonner si elle a préféré le péché à des sévices corporels[134].

Il faut cependant garder à l'esprit que la priorité, et même le seul but des juges examinant les causes matrimoniales, est de déterminer la validité du sacrement du mariage. C'est ce qui peut expliquer, de leur point de vue, la précision de leurs questions et leur zèle dans l'attente de preuves de l'absence de consentement sexuel, malgré le fait qu'il n'y a rien de plus difficile à étayer, en l'absence de témoins de la scène, et que la notion de devoir conjugal conditionne le comportement des victimes, qui ne s'estiment pas toujours en droit de protester ou d'appeler à l'aide pendant l'agression. Ainsi, des épouses expliquent avoir vécu douloureusement l'injonction de la consommation du mariage, sans pour autant avoir osé exprimer leur désaccord. Marguerite J., mariée en 1879 à Auguste de F., ne pensait pas avoir la possibilité de refuser quoi que ce soit : « Je m'imaginais que mon mari avait le droit de faire de moi ce qu'il voudrait[135]. » Catherine E., qui dépose une requête au tribunal diocésain dans les années 1900, dit avoir subi de fortes pressions de la part de son père, un ambassadeur désargenté, pour qu'elle se marie, en 1875, alors qu'elle n'avait que dix-huit ans. Au juge qui ne comprend pas pourquoi elle a tout de même consommé le mariage, elle explique :

> Nos rapports et surtout nos rapports conjugaux se ressentirent immédiatement de la froideur que mon mari m'inspirait ; je pourrais même dire que j'éprouvais du dégoût pour lui. Je ne pouvais pas lui refuser d'exercer ses droits de mari [...].
> Mes répugnances à accorder à Monsieur F. l'exercice de ses droits de mari ne provenaient pas d'un scrupule de conscience ; je me croyais obligée, par le « oui » sacramentel, à lui donner ce qu'il me demanderait, mais à l'église, je n'avais pas soupçonné ce qui me serait demandé dans la vie commune, en vertu de l'engagement que je prenais. Quand je compris en quoi consiste le mariage, tout protesta en moi contre l'idée de me livrer à un homme qui ne m'inspirait, je le répéterai toujours, que froideur et dégoût. Monsieur F. le constata bien[136].

Par ailleurs, la confrontation des récits nuptiaux de l'époux et de l'épouse peut faire apparaître des versions contradictoires. Cette divergence peut être due au mensonge de l'un des conjoints, mais les désaccords se fondent aussi sur d'autres raisons, comme la différence de perception ou la façon dont la nuit de noces a été vécue, notamment dans le cas où l'épouse n'a pas osé se plaindre ostensiblement ou n'a pas émis de signes corporels de son refus[137]. Dans d'autres cas, plus rares, il arrive que des hommes reconnaissent avoir forcé leur femme. Aux questions du juge qui lui demande si sa femme s'était « prêtée volontiers à l'accomplissement du devoir conjugal » et si elle « semblait fuir ou désirer [sa] présence », Georges F., le mari de Catherine E., répond : « J'ai rencontré beaucoup de résistance chez ma femme quand j'ai voulu user de mes droits d'époux, ce qui m'exaspérait naturellement[138]. » De même, les juges demandent à Désiré P. si, lors de leur nuit de noces, en 1886, sa femme avait « fait de son côté tout ce qui dépendait d'elle pour que la consommation du mariage eut [*sic*] lieu ». Il leur avoue alors : « Non, elle ne voulait pas s'y prêter. Je n'ai pu m'approcher d'elle que par force »[139]. Ces hommes assument leur attitude, et revendiquent même leur prérogative d'obtenir de leur femme qu'elle se soumette au devoir conjugal, certains d'être dans leur bon droit.

Bien que ni l'État ni l'Église ne considèrent la consommation du mariage comme strictement obligatoire pour que le lien matrimonial soit reconnu comme valide, les normes sociales et morales font de la nuit de noces un passage obligé pour que l'union légale devienne effective. À moins d'une connivence des époux pour vivre dans la chasteté, le devoir conjugal prime, et les prêtres comme les juges civils considèrent que l'abstention des relations sexuelles, constitutives de la conjugalité, est un dysfonctionnement et une faute.

Georges Vigarello montre que, durant les décennies centrales du XIXe siècle, l'appréhension du crime sexuel évolue, dans la mesure où la violence morale exercée par l'agresseur sur sa victime est davantage prise en compte, tandis qu'auparavant l'exercice physique de la force devait être attesté pour que le coupable soit puni. Ce qu'il décrit concerne surtout les viols sur les enfants ; mais à la lecture des dépositions effectuées dans les causes matrimoniales à partir des années 1880, il semble que les circonstances de la « contrainte » morale dans le cadre conjugal soient aussi davantage reconnues par les juges ecclésiastiques. Le tribunal ecclésiastique s'affirme comme un espace où les souffrances des épouses sont, dans une certaine mesure, prises en considération. L'ignorance totale des relations sexuelles et du devoir conjugal est même désignée dans le canon 1082 du premier *Code de droit canonique* paru en 1917 comme une situation qui fausse le consentement et qui peut donc mener au constat de la nullité de l'union[140] : cette inscription montre une évolution de la sensibilité, plus grande, quant aux relations sexuelles non consenties, liée à l'accroissement de la bienveillance ou de la compassion à l'égard des victimes.

À la fin du XIXe siècle, alors que les époux ne sont plus seulement censés se convenir, mais aussi s'aimer et se plaire, la concrétisation du mariage par la relation sexuelle interroge plus que jamais la compatibilité entre le désir et le devoir. Cela renforce le sentiment de culpabilité des époux quand leur nuit de noces ne semble pas à la hauteur des descriptions qui en sont offertes dans les manuels conjugaux ou les romans sentimentaux.

Chapitre 6

Les difficultés du premier tête-à-tête

« À l'entrée d'un époux dans la chambre nuptiale, quel serrement de cœur ne doit pas éprouver la jeune fille isolée si subitement de sa famille, et enlevée tout d'un coup à ses douces habitudes ; les émotions de la journée ne peuvent, sans nul doute, être mises en parallèle avec celles qu'elle doit ressentir lorsque son mari, usant de la liberté qu'on a d'être chez soi, se dépouille lentement de ses habits de fêtes. Les paroles et les quelques mots inintelligibles pour son innocence que la mariée a recueillis de la bouche de sa mère, cette couche dans laquelle elle se trouve pour ainsi dire jetée de force ; ce mari, déjà fort de ses droits, lui disant : *M'aimes-tu ?* Et passant ainsi spontanément du respect qu'il avait une heure avant pour elle à ce ton familier qui pendant vingt ans n'a jamais retenti à son oreille. Ah ! convenons-en, cette nouvelle vie, avec les phases étranges qui vont l'escorter et la suivre, et que la pudeur d'une femme ne peut soupçonner ; disons-le, cette nouvelle vie, les incidents secrets doivent bien bouleverser la faible organisation morale d'une jeune mariée. »

Octave DE SAINT-ERNEST [Jules CHABOT DE BOUIN],
Physiologie de la première nuit des noces, 1842[1].

Dans sa *Physiologie de la première nuit des noces*, Octave de Saint-Ernest décrit le moment délicat où la nuit de noces commence réellement : celui où les époux, ayant quitté leurs proches, se retrouvent seul à seule. Les premières minutes de cette « nouvelle vie », riches en émotions, ne sont pas envisagées comme un temps de partage, et sont vécues de façon très différente par chacun d'eux. De nombreux romans insistent aussi sur l'irréductibilité des sentiments masculins et féminins en de tels instants. Gustave Droz consacre ainsi deux chapitres de *Monsieur, madame et bébé* (1866) à la nuit de noces du couple, l'un narré par le mari et l'autre par la femme, soulignant ainsi les écarts dans leur perception de ce moment particulier[2]. Comment, dans l'espace restreint de la chambre nuptiale, les époux envisagent-ils le côtoiement inédit avec un conjoint avec lequel ils doivent partager désormais leur quotidien ? Quels affects parcourent leur corps et leur esprit pendant le premier tête-à-tête conjugal[3] ?

Comme le font remarquer Emmanuel Fureix et François Jarrige, les émotions, les sensations, les sentiments sont « difficilement accessibles dans un siècle de pudeur et d'autocontrainte », mais ils « peuvent être approchés par des sources d'exception »[4], comme le sont pour la nuit de noces les archives judiciaires ecclésiastiques, qui conservent des témoignages très attentifs à cette question. Dans le contexte d'un conflit conjugal, les époux et leurs témoins insistent sur le fait que la relation a été une déception ou un échec dès le début, afin de justifier moralement la demande de nullité ou de dispense du mariage. C'est avec cette intention qu'ils restituent le souvenir de leurs impressions et qu'ils s'attardent sur des manifestations corporelles susceptibles de révéler leur intériorité.

L'étude conjointe des récits fictionnels, des manuels, des romans et des témoignages fait apparaître plusieurs moments caractérisés par une forte intensité dramatique, entre celui où mari et femme se retrouvent « enfin seuls » et celui où ils consomment le mariage : l'instant de transition entre la sphère familiale et la sphère conjugale, les prémices du rapprochement corporel dans l'espace clos de la chambre nuptiale et, dans certains cas, les premières dissensions, qui apparaissent dès qu'ils sont hors de vue de leur entourage.

Des émotions fortes au seuil de la chambre nuptiale

Les romans décrivent aussi bien l'impatience, le désir, l'amour et l'attente joyeuse de la nuit de noces que la peur, la tristesse, la gêne ou le dégoût. Mais les témoignages produits dans un contexte judiciaire par les époux eux-mêmes et leurs témoins sont plus uniformes. La plupart décrivent plutôt le chagrin, l'aversion, l'angoisse et, déjà, les regrets. Deux raisons principales expliquent l'affliction des mariés au moment de gagner la chambre nuptiale : la peine à se séparer de sa famille et la répugnance à l'égard du conjoint. Elles ne sont pas exclusives l'une de l'autre. Julie W., la jeune épouse de Félix V., résume laconiquement les raisons de sa tristesse apparente au début de sa nuit de noces qui a eu lieu en 1900 : « Je n'étais pas gaie. Mon mari non plus d'ailleurs. J'ai pleuré le soir quand ma mère me prit à part, autant à cause de la séparation de la famille que parce que je n'avais point d'attrait pour mon mari[5]. » D'autres causes liées aux précédentes sont évoquées : le regret du déménagement ou du changement de vie que la fin du célibat implique. Dans *La Femme* (1859), Jules Michelet décrit ces « grands pas de la vie » comme une « blessure » pour « la femme » : « Cette *vita nuova*, c'est l'arrachement de son passé[6]. »

La séparation d'avec la famille n'est certes pas toujours vécue douloureusement : de jeunes mariés sont ravis de concrétiser leur union quand ils sont amoureux, et certains sont soulagés de quitter un toit sous lequel ils ne se sentent pas heureux. Pour d'autres encore, le départ n'est que symbolique, par exemple dans le cas où la chambre nuptiale a été installée au domicile parental : les proches restent présents et disponibles en cas de problème pendant la nuit et, dès le lendemain, les jeunes époux se retrouvent entourés des leurs, comme l'attestent de nombreux procès canoniques. La séparation peut aussi être relative et de courte durée : à la campagne, les rites nuptiaux traditionnels durant le premier soir ont pour fonction d'adoucir le passage brutal d'un état familial à un autre, en ne laissant pas totalement les époux seul à seule, et souvent les couples demeurent à proximité immédiate de leurs parents[7].

La nuit de noces dans les milieux bourgeois fait cependant ressortir plus fréquemment le caractère abrupt du changement de vie occasionné par le mariage, surtout à partir de la seconde moitié du XIXe siècle, où la séparation se fait plus souvent rigoureuse. Cet isolement est aussi lié au fait que, chez les plus riches, les époux s'éloignent franchement de leur famille, notamment en raison du voyage de noces prévu le soir même. L'attitude d'une épouse qui pleure en quittant ses parents n'étonne donc guère. Jules Michelet comprend volontiers qu'une jeune fille ressente de la tristesse et laisse couler ses larmes à l'idée d'être séparée de sa mère et de « ce nid qu'il faut quitter, combien suave et doux », mais il considère cependant que la « victime réelle en cette immolation » n'est pas la mariée mais sa « pauvre mère, qui se contient si bien, et ne pleure presque pas »[8]. Comme le rappelle Vincent Gourdon, avec le mariage et l'« autonomie revendiquée » du nouveau couple, la force du lien mère-fille et l'« identité même de la mère » sont remises en cause : c'est bien souvent un « sentiment de vide qui s'empare de la mère au lendemain des noces »[9].

Les derniers moments entre parents et enfants ne sont pas toujours tendres. Les archives vaticanes contiennent des témoignages qui montrent la détérioration significative de leurs relations le soir des noces, notamment dans le cas de mariages forcés, puisque la mariée, en plus de la répugnance à suivre son conjoint, nourrit du ressentiment à l'égard de ses parents. Au XIXe siècle, les mariages arrangés sont la norme, mais sont censés se réaliser avec le consentement des époux, même s'ils restent largement une « affaire de famille » et une « affaire d'argent », et ce dans tous les milieux sociaux[10]. Cependant, si la réciprocité des sentiments peut exister dans les couples nés de l'arrangement[11], l'opposition entre amour et raison est un *topos* depuis la fin du XVIIIe siècle et le modèle du « mariage d'inclination » s'installe durablement : Jean-Claude Bologne estime que, dans les années 1870, l'amour devient « la pierre de touche du mariage, du moins dans les villes où se diffusent les idées sociales nouvelles[12] ». Dans ce contexte, la répugnance à suivre son conjoint, qui indique clairement qu'un des époux s'est marié à contre-cœur, apparaît comme une configuration anormale. La situation au soir du mariage est alors critique. La comtesse Cécile de J. livre des détails sur les débuts de sa fille Madeleine, mariée à l'âge de dix-sept ans à Georges R., en 1897 :

> À la maison, avant même de se déshabiller, elle se jeta en pleurant, en sanglotant, dans mes bras, me répétant ces paroles : « Non, je ne le suivrai pas, non je ne le suivrai pas. » [...] Non [elle n'a pas suivi volontiers son mari], puisque [...] elle a fait une scène de larmes, s'accrochant à moi. Elle n'a suivi son mari qu'à cause de tout ce que nous lui avons dit, pour éviter un scandale et nous obéir[13].

De la même façon, en 1900, Madeleine X., la fille d'un conseiller de la cour d'appel de Nancy, est unie très jeune à l'officier Alphonse F. :

> Après le mariage, je ne voulais pas suivre mon mari. Je m'accrochais à ma mère, la suppliant de ne pas me laisser partir. C'est mon père qui, me prenant par le bras, m'a contrainte à entrer dans la voiture pour partir avec monsieur F. Madame de B. étant près de moi à ce moment a pu se rendre compte de ma dernière tentative de résistance de ce jour-là[14].

Dans ces affaires et dans d'autres, il apparaît que, en cas de mariage forcé, de jeunes mariées tentent de façon désespérée de rester auprès de leur famille, quand même leurs parents se montrent insensibles à leur détresse. La nuit de noces est pour elles l'occasion d'un double déchirement : rupture familiale et engagement dans une union subie.

Dans le cas d'unions forcées, mais aussi dans celui, bien plus fréquent, des alliances arrangées, de nombreux témoignages insistent sur le fait que les épouses s'efforcent de ne pas rendre visible leur désespoir au cours de la journée, à la mairie, à l'église ou pendant les festivités, par crainte de déplaire à leur famille ou par peur du scandale. Un jour de mariage, on considère normales quelques larmes liées à l'émotion et à la fatigue, mais il n'en est pas de même pour les crises de pleurs, dont la manifestation confine à l'impudeur. Le début de la nuit de noces est alors le moment du relâchement de la bienséance : les accès de tristesse ou de peur se font plus forts à cet instant, lorsque le cercle de famille est plus restreint et que l'appréhension de se retrouver seule avec son conjoint est à son comble. Quand Angèle H. raconte son mariage forcé avec Charles T., en 1882, elle dit avoir « subi la pression irrésistible de ses parents » pour s'unir à un homme pour lequel elle avait une « grande répugnance », et qu'elle trouvait « peu intelligent » et « idiot » : « Je me suis contrainte pour paraître heureuse, mais j'étais au fond profondément triste et j'ai pleuré le soir[15]. » Dans une autre affaire, à propos d'un mariage contracté en 1898, des témoins évoquent également la discrétion de la mariée, qui a essayé de dissimuler ses émotions en public, et qui « a suivi son mari sans faire de scandale » avant de se relâcher le soir venu : « En présence des étrangers, Renée a été digne. Mais elle a pleuré dès qu'elle a pu. J'en ai été témoin. J'ai vu pleurer Renée à la soirée[16] », raconte Ivonne, la sœur du mari.

Il est d'autres façons de repérer le trouble qui submerge les personnes mariées. Les manifestations physiques se réduisent parfois à des indices corporels relativement discrets – changement de teint, passivité ou absences –, qui trahissent néanmoins les émotions violentes qu'une personne tente de contenir. Les épouses se comparent ou sont comparées parfois à des « automates », dont le manque apparent d'émotivité indique paradoxalement l'agitation intérieure : « J'étais sans pensée et marchais comme une sorte d'automate[17] », raconte par exemple Clélie T. à propos de son mariage, conclu en 1896. À l'inverse, mais c'est plus rare, d'autres se risquent à des scènes d'emportement, laissent exploser leur colère ou leur révolte, osant ainsi les supplications ou les reproches frontaux. C'est le cas de Marguerite J. qui manifeste bruyamment son refus de rejoindre son mari, Auguste de F., épousé en 1879 :

> Entrée chez moi j'ai supplié mon père de me garder, en pleurant à chaudes larmes, ne voulant pas partir. Le « qu'en dira-t-on », le sacrement, tout, même la force douce mais ferme dont je fus enveloppée et entraînée, tout fut employé pour me mettre en voiture avec lui ! – et nous partîmes – je tremblais de tous mes membres[18].

Le soir de son mariage avec Antoine F., en 1891, Madeleine F. va plus loin encore, une fois entrée dans sa chambre : « Lorsqu'elle a quitté sa robe blanche, elle l'a piétinée de colère, demandant de ne plus jamais la voir[19] », raconte sa mère. De la même façon, Madeleine X. se révolte devant ses parents qui, en 1900, la marient de force à un homme qu'elle n'aime pas. Le souvenir de cette scène est encore vivace pour son père quand il la relate devant les juges ecclésiastiques :

> Le soir du mariage, ma fille ne voulait pas partir avec son mari. Je me rappelle très bien que j'avais donné à ma fille un billet de mille francs pour faire son voyage de noces. Elle l'a jeté par terre pour montrer son non vouloir à ce mariage. Il a fallu que je la mette en voiture pour qu'elle s'en aille[20].

Dans le contexte judiciaire, les descriptions qui corroborent la « prétendue incapacité des femmes à maîtriser [leurs] émotions[21] » s'avèrent cependant davantage une force qu'une faiblesse : leur expression est aussi une porte de sortie car les larmes, les cris, les malaises et la véhémence des reproches sont pris en compte par les juges comme des preuves du défaut de consentement au mariage.

Les témoignages s'intéressent moins souvent aux sentiments des maris, dans la mesure où on considère que la nuit de noces est davantage une épreuve pour les épouses que pour eux, qu'un mariage de convenance ne les affecte pas autant, et aussi parce que ce sont surtout les femmes qui sont à l'initiative des procédures de séparation[22]. Par ailleurs, les marques peu nombreuses d'émotivité masculine sont liées au fait qu'au XIXe siècle, les hommes sont éduqués à contenir leurs larmes[23] et à moins laisser paraître ce qu'ils ressentent[24]. La plupart des représentations du début de la nuit de noces, tout comme la majorité des témoignages produits à ce sujet, reflètent l'antagonisme naturalisant qui a longtemps associé les femmes à l'émotion incontrôlée et les hommes à la retenue. De rares mentions nuancent toutefois cette tendance générale. En 1862, le baron Pierre de F. retarde le moment de rejoindre son épouse, qui part seule dans la chambre nuptiale, et reste fumer avec ses amis jusqu'à une heure avancée de la nuit[25]. Il explique aux juges que son indifférence traduisait une antipathie pour Julie de G., qu'il ne considérait pas comme sa femme. Le manque d'empressement d'André I. lors de sa nuit de noces avec Mathilde H. en 1897 a aussi marqué les invités et les deux familles : « Le soir on a dansé ; le mari a bu beaucoup ; à minuit et demi il était encore au bal et ne paraissait pas désirer s'en aller[26] », raconte le garçon d'honneur, Léon L. Sa mauvaise volonté est également mentionnée dans le jugement du divorce civil : « Il est établi que le jour même du mariage, au repas de noces, I. a fait preuve d'une indifférence choquante envers sa femme », puis qu'une fois « seul avec sa femme » il « s'est borné à lui offrir des caresses contre nature, qu'elle a refusées, et s'est livré sur lui-même à des pratiques solitaires »[27]. Ses manquements sont considérés comme dégradants pour sa femme délaissée et restée vierge, qui obtient le divorce. Dans ces deux affaires, qui concernent des jeunes hommes amenés à se marier à contre-cœur, afficher une désinvolture à l'égard de la consommation du mariage est le moyen d'expression privilégié pour signifier leur désapprobation.

Les émotions du mariage peuvent parfois déclencher des crises plus graves, notamment chez des personnes particulièrement sensibles, malades ou présentant une fragilité psychique ou nerveuse. Ces crises impressionnent, surtout si le conjoint n'a pas été informé des antécédents médicaux de la personne affectée. Les archives vaticanes révèlent de semblables cas. La nuit de noces de Marie F. avec Victor U., en 1887, en est un exemple : l'épouse remarque d'abord le mutisme et les tremblements de son mari durant la cérémonie, sans s'alarmer particulièrement, mettant cela sur le compte de l'« émotion causée par l'acte qu'il faisait ». Mais les choses empirent dans la journée et, en fin de soirée, on le trouve « tout surexcité » : « Sa main serrant si fiévreusement sa cigarette que les deux bouts se touchaient. [...] Tout d'un coup nous entendîmes un cri perçant et la chute avec fracas d'un corps qui tombait. » Le médecin constate une crise d'épilepsie, donne ses soins au malade et interdit à l'épouse de le rejoindre, pour faciliter la séparation et prouver aisément la non-consommation du mariage[28]. Dans sa supplique, Marie V. insiste sur le choc causé par cette première et unique nuit : « Effrayée, et absolument désenchantée, elle s'est fait reconduire par ses parents au domicile paternel, et refusa tout rapport conjugal, déclarant ne vouloir point cohabiter avec son indigne époux[29]. »

D'autres crises impressionnantes sont répertoriées. Émilie V., une couturière âgée de vingt-huit ans, est frappée d'un « accès de folie » juste après la célébration de son mariage, avec Joseph L., un valet de chambre, en 1902. Le mari explique qu'il a d'abord cru qu'il ne s'agissait que d'une « surexcitation, comme cela arrive assez souvent » au moment du mariage. Il se rend pourtant à l'évidence : « *Ce n'était pas une surexcitation, mais un abattement général, une folie complète*[30]. » Il livre au tribunal ecclésiastique un long récit, très détaillé, de sa nuit des noces mouvementée, ponctuée par des hallucinations, des plaintes et des accès de fureur. Les questions posées par les juges ecclésiastiques aux experts médicaux portent sur l'incidence ou non de la nuit noces dans le comportement de l'épouse : serait-ce cet événement parfois traumatisant pour les femmes qui aurait rendu « folle » Émilie V. ? La « folie postnuptiale » écartée, le mariage est finalement déclaré nul civilement et religieusement, en raison d'une aliénation mentale qui n'a pu garantir le consentement éclairé de l'épouse.

Les premiers rapprochements

Pendant le temps des fiançailles, les « futurs » ne doivent pas en principe se retrouver en tête-à-tête dans une pièce sans surveillance. La formulation des interdits n'empêche cependant pas tous les fiancés de se côtoyer plus intimement. Les dictionnaires de cas de conscience dénoncent la pratique de baisers et d'autres attouchements avant le mariage[31], les observateurs sociaux déplorent le concubinage des ouvriers en ville, les folkloristes décrivent les mœurs plus relâchées des paysans dans certaines régions et il arrive que de jeunes couples n'attendent pas la nuit de noces pour engager des rapprochements physiques et, selon l'expression familière, « célébrer Pâques avant les Rameaux »[32]. Si les mœurs se relâchent progressivement à partir de la Belle Époque, et un peu plus encore à partir des années 1920[33], les normes habituelles de la rencontre matrimoniale sont telles que la plupart des fiancés n'ont toutefois pas l'occasion de développer une véritable intimité avant la nuit de noces.

Certains couples ont l'occasion de se fréquenter avant le mariage, lors de visites du jeune homme au domicile de la jeune fille ou d'activités réalisées ensemble comme la préparation de l'aménagement du futur logement conjugal. Des échanges épistolaires leur permettent parfois également de mieux se connaître, voire de nourrir de l'affection l'un pour l'autre[34]. Mais d'autres jeunes gens se marient sans avoir véritablement tissé des liens pendant la période des fiançailles. Augustin W., qui s'est marié avec Berthe Z. en 1886, l'explique aux juges ecclésiastiques : « Toutes mes relations avec Berthe Eugénie Z. consistent en une entrevue fortuite qui a eu lieu une année avant le mariage et ensuite dans de rapports d'ailleurs assez rares qui ont eu lieu dans les trois mois qui ont précédé notre union : ces rapports consistent en sept visites environ[35]. »

Dans tous les cas, l'accès au corps de l'autre est très limité, mis à part de chastes baisers sur la joue ou la main, ou certaines occasions où le rapprochement est surveillé, comme le bal. C'est ce que préconise un guide de savoir-vivre des années 1880 : « Les entretiens des fiancés ont lieu devant la mère de la jeune fille. Lorsque l'époque du mariage approche, cette surveillance peut se relâcher quelquefois, mais les jeunes gens ne restent jamais seuls dans une pièce fermée, ni assis sur le même canapé[36]. » Le sociologue Robert Michels, de sensibilité socialiste, combat cette « morale des fiançailles » qui subsiste encore au début du XXe siècle en France, en Allemagne et en Italie :

> Dans la généralité des cas, les fiancés, durant tout le temps qui précède leur mariage, sont contrôlés, suivis, épiés, « protégés » par de vrais yeux d'Argus, par tout un peuple de parents et d'amis et quelquefois même de serviteurs. Il leur est sévèrement défendu de causer amour, de s'embrasser trop vivement, de parler à voix basse. Ce serait un véritable crime que de les laisser seuls, un instant. Souvent il ne leur est même pas permis de se promener sans chaperon[37].

La nuit de noces est dès lors un tournant abrupt pour tous ces couples qui ont respecté les interdits durant le temps des fiançailles, et qui ne se sont pas laissés aller à la pratique du *flirt*[38]. L'intimité qui leur était défendue leur est désormais rendue obligatoire, qu'ils la désirent ou qu'ils la redoutent. Les prémices qui séparent le moment où les deux époux se retrouvent « enfin seuls » de celui de la consommation du mariage sont une période courte : entre quelques minutes et quelques heures tout au plus. Durant cet intervalle, un rapprochement est attendu.

La construction de la nouvelle intimité conjugale passe d'abord par la conversation et l'instauration d'une plus grande familiarité. C'est souvent au cours de la nuit de noces que les couples passent du vouvoiement au « tutoiement intime », comme le souligne Léon Blum dans *Du mariage* en 1907[39]. Pour ceux qui s'appelaient déjà par leurs prénoms, c'est l'emploi de diminutifs affectueux qui marque le changement : Marie-Catherine Gardez, qui se marie en 1909 à Auguste Santerre, raconte que c'est lors de leur nuit de noces qu'il l'appelle pour la première fois « Marie-Cat[40] ». *A contrario*, le rejet de cette nouvelle proximité est significatif. La cause matrimoniale opposant Marguerite J. à Auguste de F. fait apparaître que, dès avant son mariage, qui a eu lieu en 1879, la fiancée avait anticipé le refus de toute familiarité après la cérémonie : « Si je suis obligée de l'épouser en tout cas jamais je ne le tutoierai, jamais je ne l'appellerai par son prénom[41] », annonce-t-elle à sa famille qui la contraint à cette union.

Certains romans, comme *Le Cocu* (1831) de Paul de Kock ou *Pêcheurs d'Islande* (1886) de Pierre Loti, dépeignent des nuits de noces harmonieuses, où les émotions féminines et masculines se conjuguent parfaitement, offrant ainsi le modèle de ce que doit être une nuit de noces réussie. Les manuels conjugaux diffusent également la représentation de rapprochements heureux et fluides. Dans *L'Homme et la Femme à tous les âges de la vie* (1890), le docteur Marcellin Camboulives décrit avec beaucoup de lyrisme les premiers instants heureux qu'abrite la chambre nuptiale :

> Le mari vient ensuite ; il est disposé à tous les sacrifices pour lui être agréable. Ces deux cœurs s'aiment depuis longtemps de l'amour le plus tendre. Ils se le sont dit bien souvent sous l'aubépine en fleurs ; ils se le diront mieux encore cette nuit dans l'intimité de l'alcôve… Et voilà nos deux chérubins dans les bras l'un de l'autre, se promettant un éternel amour, une fidélité inviolable[42].

Dans *Le Mariage, ses charmes et ses devoirs* (1891), le médecin Lucien Grellety se plaît lui aussi à évoquer ces « heures fugitives où l'on ne peut se désenlacer, où l'être est rempli de griseries délicieuses » comme celles « où commence l'intimité enfantine et charmante des niaiseries d'amour, des tutoiements sur l'oreiller, des projets et des confidences rétrospectives[43] ». Et, surtout, ce sont les très nombreuses représentations iconographiques des couples heureux entrant dans la chambre nuptiale qui diffusent massivement, à la Belle Époque, l'idée de concorde conjugale. Les scènes intitulées « Enfin seuls ! » qui représentent la nuit de noces comme un moment amoureux de séduction ne confrontent que davantage les couples dysfonctionnels à leur échec.

Par un effet de source, la quasi-totalité des dépositions produites dans le cadre judiciaire font état de débuts peu harmonieux. Les époux séparés insistent sur la pénibilité de la situation dès le premier jour, pour démontrer que la relation était déjà vouée à la faillite, contrairement à d'autres itinéraires conjugaux qui souffrent plutôt de l'usure du temps et des aléas du quotidien. Paul F., qui s'est marié en 1891, fait part aux juges d'un « souvenir [qui lui] est particulièrement pénible » : « Après la cérémonie, quand nous fûmes seuls dans la voiture, [...] quand je voulus l'embrasser, ce qui était si légitime, après une si longue attente, elle me repoussait durement d'un geste sec. "Oh, non, dit-elle, on pourrait nous voir." J'en souffris cruellement[44] ! » Mais, dans les archives judiciaires, ce sont plutôt les femmes qui se plaignent de la froideur de leur époux. L'expression de la tristesse est considérée comme habituelle ou compréhensible pour une femme, mais elle est perçue comme anormale de la part d'un homme. Madeleine d'E. pathologise les réactions d'Auguste de P., avec qui elle s'est mariée en 1875, se demandant « si elle n'avait pas à faire [*sic*] à un fou[45] » :

> À l'instant du départ et en voiture jusqu'à la gare il ne m'a pas dit un mot pour me consoler de la peine que j'éprouvais de quitter mes parents. Ma première pensée fut de me demander s'il ne regrettait pas déjà de m'avoir épousée. À la gare il m'a laissée seule et se promenait sur le quai avec un air inquiet et préoccupé. En chemin de fer il a passé la nuit à lire les journaux, sans me dire une parole affectueuse.

Elle ne dissimule pas le fait qu'elle a ressenti du chagrin le soir de ses noces, mais discrédite l'attitude de son mari, qui ne diffère pourtant pas vraiment de la sienne quand il laisse percevoir la crainte qu'il éprouve lui-même. En 1892, Marthe V. se marie avec Gaétan G., qui, « dès leur départ de Nîmes le soir même du mariage, [...] affecta de se tenir dans un coin du vagon [*sic*], repoussant toute caresse de sa femme[46] ». De la même façon, Clélie T. raconte que son mari Fernand F. l'a évitée dans le train qui les emmenait en voyage de noces, en 1896, et que cela l'a profondément blessée :

> Q. Avez-vous passé la 1ere nuit dans le même appartement ? le même lit ? dans quel endroit s'est passée la 1ere nuit des noces ? R. Au départ d'Agen, Mr F. se mit dans un coin du compartiment où nous montâmes et me fit placer dans le coin opposé, voulant échapper, disait-il, au ridicule que se donnent les jeunes époux en cherchant à se rapprocher[47].

Hors du cadre judiciaire, même des époux qui ne se sont pas séparés par la suite et qui jettent un regard rétrospectif plutôt positif sur les débuts de leur vie conjugale évoquent le caractère malaisé des premiers échanges. La nuit de noces du naturaliste Alexandre Brongniart et de Cécile Coquebert de Montbret, en 1800, est de ce point de vue intéressante, dans la mesure où chacun d'entre eux a consigné dans un journal personnel ses impressions. Après la cérémonie, les époux, âgés respectivement de trente et dix-huit ans, attendent encore deux jours avant de se retrouver seuls pour la nuit. Alexandre explique que ce délai leur permet d'apprendre à se connaître et de faire du premier rapprochement un désir partagé :

> 20 pluviôse [9 février 1800]
> [...] Nous ne faisons rien. [...] J'eus désiré que nous fissions aucune des actions qui doivent venir du cœur, par mode ou coutume. J'ai voulu lui donner le temps de se faire encore plus à moi, j'ai cherché à diviser les émotions de quelque genre qu'elles soient et à ne pas les réunir toutes en un jour... Cécile d'ailleurs a semblé goûter mes projets, elle y a trouvé tous les avantages que j'y ai vus[48]...

Cécile passe donc les deux premières nuits chez sa mère et ce n'est que le 22 pluviôse an VIII que son mari organise la nuit de noces à proprement parler :

> 22 pluviôse
> [...] À 8h, je l'emmène en fiacre souper avec moi et coucher dans son nouveau chez elle. Tout était disposé dans ma chambre

> pour qu'elle y arriva secrètement, y fut le plus commodément et le plus agréablement possible. Un petit souper était disposé pour elle. Mais nous n'avons faim ni l'un ni l'autre. Nous causons bien gentiment et vers 10h nous nous déshabillons. Je sers de valet de chambre à ma Cécile. Elle est charmante[49].

Le récit que donne l'épouse de ce moment est plus développé :

> Alexandre a dîné ici et y a travaillé jusqu'à 8h. Alors il a commencé à parler de s'en aller, et moi, l'embarras m'a prise, car il devait m'emmener. Je n'ai pas voulu lui laisser trop voir l'émotion que j'éprouvais. Maman a pris sur elle aussi pour ne pas troubler sa joie et nous sommes partis.
> J'ai éprouvé un trouble inexprimable le premier moment où je me suis trouvée seule avec lui dans la voiture. La certitude d'être aimée de lui, la connaissance de sa délicatesse et surtout les annonces réitérées qu'il me donna que je serais toujours maîtresse de moi et de lui, que ses droits ne seraient que ceux d'un amant tendre et aimé, qu'il n'en réclamerait jamais d'autres, toutes ces assurances me remirent assez bien : mais mon émotion fut plus forte que jamais lorsque j'entrai dans sa chambre. Je fus vraiment touchée des petites recherches qui semblaient faire de ce jour un jour de fête. Il en eût été un pour moi sans l'embarras inséparable qui l'accompagnait. La joie de Brongniart, qu'il m'exprimait d'une manière si délicate et si aimable, était seule capable de me faire cacher cette émotion qui aurait pu la troubler. Il m'avait préparé un charmant petit goûter auquel je n'eus assurément aucune envie de toucher[50].

Ces deux témoignages, tous deux empreints de pudeur et de tendresse, s'accordent sur plusieurs points : le partage de certaines sensations, comme le manque d'appétit, et la réciprocité de l'affection. Cependant, Alexandre Brongniart ne semble pas avoir perçu l'état émotionnel et la réticence de son épouse ; et, de son côté, Cécile Coquebert montre comment elle a tout fait pour cacher son appréhension, afin de ne pas décevoir l'enthousiasme de son mari. Ces récits, produits au tout début du siècle, se situent dans le prolongement des relations hommes-femmes telles qu'elles pouvaient exister à la fin du XVIIIe siècle dans les milieux bourgeois éclairés, en « quête de compagnonnage conjugal[51] ».

Un autre témoignage relativement positif est celui de Zélie Guérin et de Louis Martin, les futurs parents de Thérèse de Lisieux. Zélie, dentellière, et Louis, horloger, appartiennent à la bourgeoisie d'Alençon. Ils se marient le 12 juillet 1858 ; après la cérémonie, Louis éclaire Zélie, totalement ignorante, sur la nature du devoir conjugal. Pour elle, cette révélation est un choc, dont la violence est apaisée par la compréhension et la bienveillance de son mari. Les époux s'accordent pour ne pas consommer le mariage et vivre « comme frère et sœur » dans la chasteté, à l'image de Joseph et Marie ; et ce n'est que dix mois après leur mariage que, encouragés par un confesseur à accomplir pleinement leur vie maritale, ils décident finalement de fonder une famille. Dans une lettre ultérieure adressée à sa fille Pauline, en 1877, Zélie revient sur la détresse consécutive à la découverte des réalités du mariage, sur les larmes qu'elles a versées, mais aussi sur le resserrement du lien avec son conjoint que cette épreuve a occasionné :

> Toi qui aimes tant ton père, ma Pauline, tu vas penser que je lui faisais de la peine et que je lui en avais fait le jour de mon mariage. Mais non, il me comprenait et me consolait de son mieux, car il avait des goûts semblables aux miens ; je crois même que notre affection réciproque s'en est trouvée augmentée, nos sentiments étaient toujours à l'unisson et il me fut toujours un consolateur et un soutien[52].

L'hagiographie offre ici un modèle conjugal fondé sur la compréhension et l'entente entre les époux, même dans les moments de tension extrême comme celui de la construction de l'intimité charnelle.

Enfin, le témoignage de Mireille de Bondeli apporte un autre éclairage précieux sur les sentiments ambivalents qu'une femme amoureuse et heureuse de se marier peut éprouver au début de sa nuit de noces. Issue d'une famille de la haute bourgeoisie parisienne, elle s'unit à l'âge de vingt et un ans avec Henri de Biéville, en 1909. Dans son journal personnel, elle raconte avec force détails les différentes étapes du rapprochement physique, en étant très précise sur ses impressions. Après la cérémonie religieuse et les adieux à la famille, les époux partent en voiture pour Versailles. Mis à part un chaste baiser dans le cou reçu pendant ses fiançailles, ils ne se sont jamais touchés. En chemin, Henri la prend dans ses bras et l'embrasse « longuement, tendrement » pour la première fois : « baisers de fiancés, encore, mais multipliés, infinis, précurseurs des vrais ». Arrivés à l'hôtel, Henri demande une chambre « à un grand lit », et la nouveauté de l'intimité met Mireille mal à l'aise : elle n'ose même pas sortir devant lui les effets qui se trouvent dans sa malle. Elle insiste sur son anxiété et sa gêne, auxquelles son époux s'emploie à remédier en lui faisant boire du champagne. Le souper, servi juste après dans un cabinet particulier de l'hôtel, est l'occasion de rapprochements plus grands :

> C'est alors que j'ai appris ce qu'étaient les vrais baisers, mais j'ai commencé par en être tout à fait effrayée. Ses manières bizarres, sa violence et surtout les espèces de gémissements qu'il poussait en me serrant contre lui avec une force extraordinaire et en m'embrassant sur la bouche, dans les oreilles, m'ont fait passer une idée baroque par la tête : « s'il était devenu fou, si j'étais obligée d'appeler au secours ! » [...] Puis je n'ai plus eu peur, je n'ai même plus pensé que tout le monde devait entendre, j'ai tout oublié, sauf que j'étais bien heureuse[53].

De ces quelques témoignages, dont on ignore la représentativité, ressortent quelques traits communs : l'appréhension de femmes qui vivent la nuit de noces comme une épreuve malgré l'affection nourrie pour leur mari, la considération et la bienveillance d'hommes qui prennent garde à ne pas les brusquer et à créer un climat de confiance, et la capacité du couple de surmonter les difficultés par l'amour et la tendresse réciproque. Et c'est le bonheur conjugal durable par la suite qui permet la remémoration de cette nuit comme un souvenir positif.

Aller au lit dans ses habits de nuit

Dans l'espace restreint de la chambre nuptiale ou de la cabine de train, le mari et la femme sont nécessairement amenés à se côtoyer de plus près. Leurs corps sont alors plus visibles et plus accessibles. Dans la mesure où ils vont consommer le mariage puis dormir, ils doivent ôter leurs costumes de cérémonie, ou un autre habit passé en fin de journée pour plus de discrétion et de commodité, par exemple dans le cas d'une soirée au théâtre ou en voyage. Ils se déshabillent, mais la nudité totale n'est pas de mise pour autant : pour entrer au lit, ils revêtent d'autres vêtements dédiés à la nuit[54]. Au XIXe siècle, comme le rappelle Anne Carol, « la nudité totale renvoie à des pratiques érotiques qui sentent le bordel et dégradent ceux dont on l'exige. [...] L'usage est d'ailleurs de garder sa chemise, pour l'homme comme pour la femme (voire son bonnet) pour se coucher ; point n'est besoin de les ôter, dans les deux cas, pour passer à l'acte[55] ».

Comme dans les scènes traditionnelles de *Coucher de la mariée*, l'épouse peut se préparer pour la nuit avec l'aide de sa mère ou d'autres femmes de son entourage, hors de la vue de son époux, qui la rejoint dans la chambre un peu plus tard. Une autre possibilité est qu'elle se dévêtisse non loin – dans la pièce attenante ou derrière un paravent. La scène du déshabillage de la mariée est l'objet de nombreux fantasmes, surtout à la Belle Époque où les représentations voyeuristes connaissent un grand succès dans la presse, sur les cartes postales, au café-concert ou au cinéma.

Les manuels de savoir-vivre ne s'attardent pas sur la façon de s'habiller pour la nuit de noces. Quelques sources littéraires ainsi que des témoignages apportent des détails sur l'accoutrement des époux. Les vêtements de nuit sont les mêmes pour les hommes et les femmes : le bonnet de nuit, dont l'usage se perd toutefois progressivement au XIXe siècle, la robe de chambre et la chemise de nuit. Les sources sont laconiques sur la garde-robe masculine et se font beaucoup plus précises sur la panoplie de la jeune mariée, et surtout sur sa chemise de nuit. Neuve pour l'occasion, de couleur blanche ou rose pâle, elle figure dans la composition du trousseau. Son degré de raffinement varie selon les classes sociales. Dans les milieux plus favorisés, le choix d'un tissu léger ou transparent est un signe de richesse ; il montre aussi la volonté de plaire au mari. En 1884, Théodore Cahu, qui dédie son ouvrage *L'Art de se faire aimer par son mari* à sa fille Laure, lui recommande de soigner sa mise dès la nuit de noces : « Un bout de dentelle ne fait jamais de mal sur l'oreiller, et tu verras ma mignonne que c'est là où la femme, devenant la maîtresse absolue dans la maison, peut faire de son mari le meilleur des hommes ou le plus odieux des époux[56]. » Dans les milieux populaires, la chemise est plus simple. La tisserande Marie-Catherine Gardez évoque sa « chemise de nuit de coton, toute neuve, avec des grandes fleurs roses[57] », offerte par sa mère pour l'événement.

Pour les écrivains, les descriptions des vêtements que porte la mariée pour la nuit de noces sont l'occasion de faire surgir dans leurs ouvrages un érotisme, tantôt discret, tantôt plus appuyé, qui reflète les fantasmes masculins sur la jeune épouse vue la première fois en déshabillé. En 1866, Gustave Droz, dans *Monsieur, madame et bébé*, évoque avec retenue les « jolies petites mules en velours blanc[58] », ainsi que le petit bonnet, brodé, en dentelle, d'où s'échappent quelques mèches blondes de la mariée. Richard O'Monroy dans sa nouvelle *La Nuit de noces* (1909), s'appesantit sur la texture de l'étoffe, les raffinements de la coupe, la délicatesse des dentelles, qui réhaussent la beauté du corps féminin et stimulent le désir de l'époux. Celui-ci se réjouit de la vue de son épouse, vêtue d'une chemise « en batiste pétale de rose, extra fine » tout en appréciant qu'elle n'ait abusé « ni des dentelles ni des transparences[59] » indécentes que portent les femmes du demi-monde.

Les considérations sur les habits masculins sont tout autres : elles ne sont jamais développées pour exprimer le désir que pourrait éprouver l'épouse à la vue du corps de son mari, et encore moins pour susciter celui qui pourrait naître chez la lectrice qui imaginerait la scène. Les chemises et bonnets de nuit masculins ne sont mentionnés que pour ridiculiser le mari, qui perd de sa superbe une fois qu'il se trouve dans l'espace domestique. Dans *Monsieur, madame et bébé*, de Gustave Droz, Valentine est déconcentrée au moment des dernières recommandations qu'elle reçoit de sa mère, parce qu'elle imagine la venue prochaine de son mari affublé d'un bonnet de coton et d'une robe de chambre, inévitablement grotesques[60]. Cette évocation du bonnet de coton qui compromet la dignité masculine reprend un motif plus ancien : selon la *Physiologie de l'homme marié* (1841) de Paul de Kock, « le bonnet de coton, surnommé vulgairement casque à mèche, a deux inconvénients bien graves [...] : il enlaidit, et il donne un air ridicule ». L'homme qui le porte « fait le plus grand tort dans son ménage »[61]. Cette image perdure jusqu'au début du XXe siècle, dans les vaudevilles et les saynètes qui tournent en dérision l'homme qui se présente ainsi coiffé devant son épouse pendant la nuit de noces[62]. Ainsi, dans l'imaginaire nuptial, les mêmes vêtements (bonnet, chemise) rendent à la fois l'homme risible et la femme séduisante. Dans les pratiques, des différences existent aussi. Dans son article critique sur le mariage bourgeois, en 1906, Robert Michels revient sur la construction de cette asymétrie de genre autour du désir charnel, qui n'est pensé que pour les hommes. La « chemise de noce » arborée par les femmes pour émoustiller leur mari est pour lui un symptôme supplémentaire de l'immoralité du mariage : l'inégalité entre les époux, qui existe à tous niveaux, est également signifiée par le double standard vestimentaire qui prévoit que seule la femme soit sexualisée par les habits nuptiaux[63].

Des témoignages évoquent la cuisante déception suscitée par la vue du conjoint dans ses vêtements de nuit. Les blocages se nouent sur la matière de l'étoffe (cette madame A. auscultée par le professeur

Brouardel ne se remet pas du trop banal gilet de flanelle arboré par son receveur de postes de mari, pendant leur nuit de noces, en 1882[64]) ou sur le manque de propreté de l'habit (dans l'affaire médiatisée de la « mariée d'Asnières », en 1893, une rumeur attribue la fuite de Juliette Baraton-Raynaud pendant la première nuit à la découverte de la « chemise de nuit douteuse » que son mari Aristide Geslin avait prévue[65]). Des maris trouvent également à redire sur les atours de leur épouse. Pour Jacques de Q., la lingerie que Louise de J. porte le premier soir, trop affriolante à son goût, est le signe d'une inconduite passée dont il la soupçonne. L'épouse raconte aux juges cette « nuit épouvantable » :

> Mon mari raconta plus tard [...] que cette première nuit je l'avais scandalisé par ma manière de me déshabiller et la manière dont j'étais vêtue. Mes vêtements de dessous étaient trop légers et insuffisants. Il en concluait que j'avais des habitudes de laisser-aller, dans mes rapports continuels avec des hommes. Je puis dire que, même en me déshabillant pendant cette première nuit de noces, j'obéis d'instinct à mes habitudes ordinaires de réserve et de décence[66].

Dans une autre affaire, Jules P., à propos de sa nuit de noces avec Jeanne K. en 1899, déplore le fait que « pour se mettre au lit, [elle] n'avait même pas défait sa coiffure[67] », preuve de sa brusquerie et de ses manières hâtives. Mais, surtout, une procédure matrimoniale des années 1890 place particulièrement les sous-vêtements au cœur des débats. Il s'agit d'une demande de dispense pour non-consommation du mariage effectuée par le docteur en médecine Augustin W. Pendant sa nuit de noces avec Berthe Z., en 1886, il se retrouve confronté à un obstacle imprévu : la grande culotte extrêmement serrée de son épouse, dont il n'arrive pas à se débarrasser. Il raconte la découverte de cette déroutante ceinture de chasteté :

> La première nuit de notre mariage j'ai constaté que Berthe Z. s'était enveloppée d'un bandage très solide qui couvrait tout le milieu du corps, de telle sorte qu'elle s'était prémunie d'une manière positive et absolue contre la consommation du mariage. Et non seulement elle a pris ces précautions, mais encore elle s'est opposée par tous les moyens en son pouvoir à cette consommation. Cette attitude joint à la constatation faite par moi d'un certain état de malpropreté m'a inspiré alors du dégoût : aussi toute tentative de consommation a-t-elle pris fin de ma part[68].

Sans explication de la part de son épouse, Augustin W. imagine qu'elle ne veut pas consommer le mariage et ajoute que la singularité du vêtement lui a « inspiré une telle répulsion qu'il avait perdu tout sentiment d'affection et tout désir de consommation matrimoniale ». Quant à l'épouse, très gênée, elle se justifie de façon peu limpide, mais en se défendant d'avoir cherché à se soustraire à ses devoirs : « Je n'ai voulu exclure aucune des fins du mariage. Ce qui a pu faire croire à cette intention conditionnelle de ma part venait uniquement d'une précaution provoquée par un état de souffrance dans lequel je me trouvais. » Ses proches avancent finalement des explications plus claires. Charles S., un voisin médecin qui a mis en relation les époux avant le mariage, explique que l'épouse avait tout simplement ses règles :

> La précaution qu'elle avait prise de s'envelopper venait d'une indisposition périodique, et le vêtement de nuit qu'elle avait pris est celui que prennent dans ces conjectures souvent les personnes de sa condition. Il ne s'agissait donc pas de se soustraire d'une manière absolue et définitive à la fin principale du mariage qu'elle ne pouvait pas dans son ingénuité apercevoir d'une manière bien distincte, précise[69].

Au-delà de ce qu'elle montre sur l'effet que peut provoquer sur ce mari le port d'un vêtement peu propice à l'éveil du désir, cette affaire révèle surtout la difficulté pour la jeune femme, âgée de vingt et un ans au moment de son mariage, à partager son intimité avec un homme qu'elle ne connaît presque pas, alors qu'elle a ses règles. Les menstruations lui posent une double inquiétude : elle doit préparer un bandage qui puisse tenir toute la journée ; par ailleurs, elle n'est pas à l'aise pour côtoyer son mari dans ces conditions, et ne parvient à aborder le sujet ni au cours de la nuit ni dans les jours qui suivent. Le vêtement ici cristallise honte et timidité chez la femme, perte du désir et dégoût chez l'homme ; il conduit les deux époux au divorce, puis à la séparation religieuse, obtenue dix ans après la célébration du mariage.

Se montrer dans ses habits de nuit, réservés à l'espace privé de la chambre, est une étape importante de l'avancée dans l'intimité conjugale ; mais en ce qu'ils sont le dernier rempart avant la consommation du mariage, ils peuvent constituer une barrière, physique ou symbolique, entre les époux.

Les mauvaises surprises de la proximité corporelle

Dans le contexte législatif et moral du XIXe siècle, où le mariage définitif reste la norme, et le divorce, quand il est autorisé, est mal vu et perçu comme une disposition exceptionnelle, la découverte le soir même d'une situation ignorée jusque-là renforce l'impression d'avoir été manipulé et de se retrouver enchaîné à un conjoint décevant, voire malhonnête. Alors que les mariages sont bien souvent le fruit de négociations qui portent sur les atouts et les défauts de chacun des époux, le fait qu'une tare n'a pas été mentionnée pendant les pourparlers est perçu comme une escroquerie. En effet, il est admis que, dans le cadre des transactions matrimoniales, on accorde un moindre prix à un corps considéré comme défaillant : par exemple, celles qu'on qualifie de « jeunes filles avec tache[70] », c'est-à-dire qui avaient fauté avant le mariage en perdant leur virginité, voire en ayant eu un enfant, sont repoussées ou tenues d'apporter en compensation une dot plus élevée. Les parties ont le choix de faire état d'une situation problématique au cours des fiançailles pour prévenir le scandale, ou d'en courir le risque, puisque le dol, c'est-à-dire la tromperie destinée à pousser une personne à s'engager dans un contrat, n'est habituellement pas envisagé comme un motif de nullité du contrat en matière matrimoniale, comme le rappelle cet adage attribué au jurisconsulte Antoine Loysel : « En mariage trompe qui peut. »

Dans les procès civils de séparation, présenter la tromperie dont on est victime juste après le mariage, qui semble ainsi reposer sur des bases fausses, est une stratégie efficace pour obtenir le divorce, à partir du moment où celui-ci est autorisé : il est accordé, non pas en raison de la nature de ce qui a été découvert – comme l'impuissance, la situation financière mauvaise –, mais du seul fait de la dissimulation, considérée alors comme une injure grave faite au conjoint. Plus largement, dans les procès civils comme religieux, insister sur la stupeur que la déconvenue a causée est une tactique habituelle. L'objectif est alors de se présenter comme une victime de la dissimulation de son conjoint, de donner de lui ou d'elle une mauvaise image aux juges et d'attirer la sympathie sur soi.

La liste des déceptions nuptiales est longue. L'isolement de la chambre nuptiale et la promiscuité qu'elle implique mettent au jour des aspects que seule l'intimité peut dévoiler, notamment en ce qui concerne l'anatomie, cachée en partie par les vêtements, ou encore l'hygiène : le désenchantement s'agrippe ainsi à des éléments physiques qui dépassent de loin le seul domaine des organes sexuels. L'inévitable mise à nu de la nuit de noces révèle l'ampleur des pratiques de l'art du paraître et de dissimulation des défauts corporels, et du même coup la pauvreté des interactions avant le mariage entre des fiancés qui se sont rarement approchés l'un de l'autre. Une fois les habits ôtés – tout ou en partie –, le maquillage enlevé, la coiffure défaite, les premières déceptions apparaissent, à propos de tares ou de maladies qu'on ne soupçonnait pas chez l'autre, soit parce qu'elles ont été jusque-là soigneusement camouflées, soit parce qu'elles n'ont pas été évoquées, par négligence ou à dessein. Les manuels conjugaux alertent les fiancés, tantôt de façon humoristique, tantôt avec plus de gravité, sur les subterfuges employés pour rehausser la beauté, estomper la laideur, voire masquer des infirmités jusqu'au soir des noces. En 1823, l'auteur du *Conjugalisme, ou l'Art de se bien marier* énumère sur de longues pages les vices cachés puis révélés dans l'alcôve nuptiale[71]. Telle femme, « charmante à l'extérieur, séduisante par les surfaces, secrètera, pendant son sommeil, des odeurs insupportables » ; une autre, « contrefaite, a recours à la ouatte [*sic*], aux corsets mécaniques, pour dérober [...] une protubérance délatrice » ; tel homme arbore de « beaux favoris qui brillent d'un noir geais [*sic*] » mais « peints au pastel », tel autre porte une prothèse de mollets ou de poitrine qui « a vu le jour chez un habile tailleur »[72]. Il exhorte donc ses lecteurs à la plus grande vigilance face aux « défauts occultes », en particulier des femmes, à une époque où le droit au divorce a été aboli et où il n'est pas de retour possible en cas de déception :

> – C'est pourtant l'exacte vérité : la toilette, la coquetterie, les minauderies vous cachent toutes ces taches indélébiles ; mais le mariage est une espèce de *jugement dernier*, où les pauvres humains se montrent sans aucuns voiles ; comme on n'a plus personne à séduire, on se conduit comme au mercredi des cendres, on se démasque.
>
> Épouseurs, je vous avertis, épiez longtemps vos maîtresses, et tâchez de prendre la nature sur le fait, afin de n'être pas dévorés d'inutiles regrets, après l'hymen. On peut, sans craindre d'être accusé d'hyperbole, comparer le manège d'une fille qui cherche à se marier, à la situation d'un criminel, qui a soin d'envelopper, des négations, et des voiles les plus épais, le délit qui peut le perdre.

> [...] Est-elle naturellement pâle ?... son parfumeur sait bien, au prix de l'or, lui vendre des roses et des lis, qui fleuriront tout le temps de vos soins galans, et se faneront le lendemain même du mariage ; une fois pris dans les filets conjugaux, qu'importe votre courroux ! Les verroux du contrat légal ne sont-ils pas tirés ?... il ne vous est plus possible désormais de vous évader de la geôle conjugale [*sic*].

Il conseille ainsi de ne pas précipiter les noces, de consacrer du temps à l'observation, de mener une enquête afin de débusquer « tous les secrets des taches corporelles » auprès des femmes de chambre ou des amies de pensionnat. On retrouve ce *topos* du masque qui tombe dès la première nuit aussi bien dans les essais, les fictions, les chansons que dans l'iconographie. En 1883, une chansonnette comique écrite par Lucien Delormel et Léon Garnier, intitulée *Ma nuit de noce*, narre les mésaventures d'un mari qui assiste impuissant à la transformation du carrosse en citrouille, thématisant une fois de plus la tromperie féminine dont la fausseté des appas (perruque de crin, faux postérieur en osier et rembourrage de carton au niveau de la poitrine) est dévoilée au cours de la première nuit[73]. À la Belle Époque, des cartes postales ont également pour sujet l'effrayant effeuillage d'une mariée qui se débarrasse de ses vêtements, mais qui perd aussi au passage sa chevelure, sa dentition et ses formes voluptueuses, toutes factices. Les représentations de ces « tromperies sur la marchandise » concernent surtout les corps féminins.

Les témoignages personnels dénonçant les mauvaises surprises du dévoilement corporel sont nombreux. Dans une affaire portée devant le tribunal ecclésiastique à propos d'un mariage contracté en 1881, la conduite du comte Ignace de W., qui n'a « jamais rempli ni même cherché à remplir les devoirs d'époux[74] », est justifiée par son médecin de famille qui a eu l'occasion de constater la mauvaise santé de l'épouse, Pauline de K. : « La raison était la répugnance, et les motifs physiques et personnels. Il avait l'intention d'accomplir son devoir, mais il a été arrêté par les constatations qu'il a faites. » On apprend ainsi « 1. Que la personne n'était pas saine. 2. Qu'elle était couverte d'Eczéma. 3. Qu'elle avait une dentition mauvaise ». Le tribunal civil autorise le divorce en 1886, tandis que l'Église accorde la dispense pour non-consommation du mariage, après avoir constaté que l'hymen de l'épouse rejetée était « dans un état d'intégrité complète ».

Xavier Sager, carte postale n° 545, en circulation dans les années 1900-1910 (collection privée).
Inscription dans la bulle : « Où vas-tu chéri ? »

Les problèmes dermatologiques et dentaires apparaissent dans d'autres récits : le recueil de témoignages *Les Divorcés peints par eux-mêmes* (1908) contient des lettres racontant la découverte pendant la première nuit de plaies sur tout le corps d'un mari qui n'avait pas dit qu'il était atteint d'une tuberculose osseuse, ou du dentier d'une épouse qui s'avérait complètement édentée[75]. La silhouette fait également l'objet de jugements tranchés. Le médecin légiste Paul Brouardel raconte le dépit d'une patiente qui essuie les remarques désobligeantes de son second époux lors de leur nuit de noces, en 1882 : « Elle a été étrangement trompée, car depuis [la nuit de noces], M. A... ne l'a plus approchée ; il lui reprochait d'être trop grosse et d'avoir de la barbe. Il aurait pu s'en apercevoir avant[76]. » À l'inverse, lors de sa nuit de noces en 1897, Louis G. trouve Jeanne V. trop maigre et lui déclare seulement « Vous êtes un petit paquet d'os » avant de s'endormir, sans l'avoir touchée, ce qui ne manque pas d'attrister l'épouse rejetée[77].

Le problème des odeurs corporelles apparaît aussi fréquemment. Les travaux d'Érika Wicky et de Jean-Alexandre Perras montrent qu'il fait l'objet de considérations de la part des savants dès le début du XIXe siècle : des médecins, comme Augustin Jacob Landré-Beauvais dans les années 1810, sont attentifs aux odeurs corporelles pour déceler des « dérèglements de l'organisme[78] » ; la physiognomonie s'appuie également sur l'« analogie traditionnelle entre les signes du corps et l'intériorité des individus », et compte l'odeur « parmi l'attirail des signes employés [...] pour déceler les intériorités morales »[79]. Dans la plupart des témoignages, ce sont des hommes qui se plaignent de l'odeur de leur femme, et non l'inverse. Dans la biographie qu'elle consacre à l'académicien Jules Lemaître[80], Myriam Harry, qui était sa confidente, raconte pourquoi, en 1881, il a passé sa nuit de noces dans un fauteuil sans trouver le sommeil, et sans oser en avouer la raison à son épouse, Paulette Deschalets : l'odeur rebutante de cette dernière, qui, éduquée chez les Visitandines, ne connaissait vraisemblablement pas l'usage de la toilette intime. Il semble que les recommandations médicales sur l'importance de la propreté par l'eau étaient très inégalement suivies, y compris chez les femmes issues des milieux les plus éduqués, et notamment chez les jeunes filles élevées au couvent[81]. Même si le problème est ici aisément surmontable, puisqu'il est réversible par l'adoption de nouvelles pratiques, la peur d'offenser son conjoint ne permet pas une discussion immédiate lors de la première nuit. Jules Lemaître, qui nourrissait une sincère affection pour son épouse, a trouvé finalement dès le lendemain le moyen subtil de lui conseiller des ablutions délassantes au bain turc. Cependant, tous ne réagissent pas comme lui : pour certains, la mauvaise odeur corporelle est rédhibitoire.

Plusieurs affaires conservées aux Archives apostoliques du Vatican documentent des mariages qui s'interrompent précocement pour cette raison. Le commerçant Albert N. décrit sa nuit de noces avec Berthe Q., en 1894, comme un cauchemar olfactif :

> J'ai dit que j'avais eu l'intention de traiter Mlle Q. comme mon épouse bien que n'ayant aucune inclination pour elle. Cela me fut impossible à cause d'une odeur nauséabonde qui s'échappait de son corps et qui m'inspirait une répulsion insurmontable.
> *Ex officio a Judice.* Aviez-vous remarqué cette odeur antérieurement ?
> J'avais remarqué qu'elle se servait beaucoup de parfums. On m'avait dit qu'elle négligeait beaucoup les soins de propreté.

> [...] J'eus la pensée que j'étais trompé et me décidai à n'avoir plus de rapport avec elle, et, pendant les autres jours que nous partageâmes le même lit, je me tenais le plus possible éloigné d'elle[82].

Les parents du mari vont dans son sens : le père dit avoir remarqué « le lendemain du mariage, en pénétrant dans la chambre des époux, une odeur fétide qui prenait à la gorge » ; la mère a constaté « une odeur très persistante, pendant plusieurs jours, dans la chambre et dans le cabinet de toilette qui était à côté »[83]. Cependant, d'autres témoignages font penser que c'est peut-être moins l'odeur de l'épouse qui est inhabituelle que le manque de tolérance aux odeurs corporelles développé par Albert N., décrit par un ami comme « très délicat comme sentiments [*sic*] et aussi sous le rapport des soins à donner au corps ». Finalement, une expertise médicale atteste de la non-consommation du mariage, tout en précisant « que la peau ne trahit aucune autre odeur que celle qui émane d'un corps parfaitement sain et net ». Le divorce est prononcé moins de deux mois plus tard, au profit de l'épouse, le 8 août 1894 : l'abstention du mari de ses devoirs conjugaux et l'absence de reproches formulés contre elle, mis à part le fait « qu'il lui est impossible de surmonter sa répugnance physique à l'égard de sa femme », sont considérées comme une injure grave commise envers elle.

Les mauvaises odeurs peuvent également être perçues, parfois à raison, comme le signe de maladies plus graves. Si, à la fin du siècle, Ernest Monin regrette « la disparition de l'olfaction du champ de l'expertise médicale[84] », il semble que les profanes associent cependant assez directement les mauvaises odeurs et la mauvaise hygiène à un danger sanitaire plus important. En 1894, Marie H. et Jean Q., des agriculteurs, se marient dans un village près de Carcassonne. Lors de leur première nuit, l'épouse remarque la mauvaise odeur de son mari et lui déclare tout de go : « Tu m'as trompé [*sic*][85]. » Ses parents interviennent immédiatement et décident qu'ils ne peuvent dormir ensemble avant une inspection médicale. Le couple passe la nuit à se disputer et, dès le lendemain matin, va voir le médecin, qui diagnostique une « maladie honteuse » et interdit le partage du lit.

On voit ainsi que les réactions de chacun des époux au cours de la nuit de noces dépendent de multiples facteurs, comme leur personnalité, leurs goûts en matière de beauté physique, leur seuil de tolérance aux odeurs, leur niveau de connaissances sur le fonctionnement du corps humain, la nature des sentiments qu'ils entretiennent l'un pour l'autre, ou encore leur aptitude à communiquer avec leur conjoint. Même si le faible nombre de témoignages à notre disposition n'autorise pas à tirer des conclusions de portée générale, on remarque, comme le montre Claire-Lise Gaillard dans ses recherches sur le marché matrimonial du début du XXe siècle, que les critères de séduction dans le mariage diffèrent selon le sexe : les femmes se plaignent surtout en cas de maladie grave, tandis que les hommes sont plus exigeants et peuvent fonder leur rejet sur des critères non essentiels aux fins du mariage[86]. Ce déséquilibre, qui transparaît au cours de la nuit de noces, est le signe des enjeux inégaux du mariage pour les hommes et pour les femmes.

Précoces désillusions

Les désillusions qui surviennent au cours de la nuit de noces ne concernent pas seulement le physique. Les témoignages fourmillent de révélations de toutes sortes. Tout d'abord, ce qui revient le plus souvent est, une fois le mariage contracté, certaines plaintes concernant le dévoilement de la véritable personnalité du conjoint, jusque-là dissimulée. Dans les romans comme dans les dépositions judiciaires, les descriptions abondent à propos d'époux ou d'épouses cyniques, désireux de se montrer sous leur meilleur jour jusqu'au mariage, et qui interrompent leurs efforts dès la fin de la cérémonie. L'auteur du *Conjugalisme* (1823), qui s'adresse avant tout aux hommes, les met en garde contre la duplicité des femmes, qui ont beau jeu de paraître agréables pendant les fiançailles et ne montrent leur caractère qu'à la signature de l'acte de mariage :

> J'imagine une ruse pour surprendre le naturel de vos amantes. Amélie, dit-on, est colère, gourmande, emportée, cruelle, égoïste, sale, paresseuse, avare ?… Hortense est fausse, menteuse, coquette, fourbe, déloyale, précieuse et hautaine ? – Et bien [*sic*], tendez des pièges à tous ces défauts, qu'ils éclatent dans une embûche improvisée par votre malice, et ne vous mettez pas dans le cas de dire avec tant de pauvres maris après leurs noces : *Ah ! si j'avais pu penser que ma femme était un pareil monstre*[87] *!!!…*

Les témoignages judiciaires font part de ces révélations précoces. La nuit de noces peut alors être l'occasion de la première dispute conjugale, voire de la séparation définitive du couple[88]. Le *Journal des débats* rapporte, en 1853, les circonstances malheureuses d'une nuit de noces marquée par des violences conjugales extrêmes[89]. La brutalité du mari amène le tribunal correctionnel, non pas à accorder le divorce à l'épouse, puisque celui-lui n'est pas une possibilité légale à cette date, mais à condamner le mari à un an de prison. Le fait que des excès ont eu lieu le soir même des noces semble constituer un caractère aggravant, tant il est socialement attendu que l'entrée dans le mariage corresponde à une lune de miel où les dissensions sont bannies et où l'harmonie et la sérénité conjugales prévalent. Cela vaut aussi pour les violences psychologiques. Paul Brouardel rapporte dans son *Cours de médecine légale* sur le mariage (1900) le cas d'un mari qui devient odieux sitôt parti en voyage de noces :

> Pendant le trajet, entre l'hôtel et la gare, la jeune femme adresse à plusieurs reprises la parole à son mari qui ne lui répond rien et qui, au moment d'arriver à la gare, lui dit simplement qu'à partir de ce moment il lui interdisait de lui adresser la parole la première et qu'elle devait se contenter de répondre à ses questions. La jeune femme fut profondément blessée par cette injonction, et, pendant que son mari allait prendre les billets, elle se fit immédiatement reconduire dans sa famille[90].

Le tribunal civil prononce le divorce au profit de l'épouse, considérant les vexations du mari, d'autant plus qu'elles ont lieu au moment symbolique de la nuit de noces, comme une « injure grave » justifiant la séparation.

Les cas de grossesses dissimulées et découvertes à la faveur du déshabillage sont un autre cas de figure. Par exemple, le propriétaire Nicolas Sagazan s'adresse en 1804 au cardinal Caprara afin d'obtenir la nullité de son mariage avec Henriette Costes, « fille majeure [...] qu'il ne connoissoit presque pas mais qu'il croyoit fille honnette et vertueuse » :

> Que convaincu le lendemain de ses nôces et dans le lit nuptial que son epouse henriette Costes etoit une dame indigne de son estime comme de ses amours, desqu'elle portoit dans son sein le fruit de son inconduite et de la depravation, il crut pour mettre a decouvert son innocence dans un Commerce aussy criminel, pour eviter encore les desagrement de vivre avec une femme depuis longtemps prostituée et habituée au concubinage, pour ne pas paroitre encore favoriser en public les amours de cette dernière avec ses prostituans par une société conjugale [*sic*][91].

Plus spectaculaires, des affaires portant sur un accouchement de la mariée durant la nuit de noces, d'un enfant qui n'est pas celui du mari, sont également documentées. C'est à la suite d'une telle dissimulation qu'un nommé Lefevre s'adresse en 1803 au cardinal Caprara, pour obtenir la nullité de son mariage, contracté en 1792[92]. Une mésaventure similaire fait l'objet d'un procès canonique au début du XXe siècle, à la suite d'un mariage célébré à Soissons en 1905 entre Louis Z. et Henriette L. Les époux arrivent dans leur chambre vers deux heures du matin. Henriette se sent souffrante et quitte discrètement la chambre où son mari, épuisé par la journée, s'est endormi. La tante qui la loge pour la nuit, Émilie B., ne tarde pas à faire venir la mère de la mariée, puis un médecin :

> Après être arrivés chez moi vers 2 h. ils ont d'abord occupé la même chambre et le même lit. Mais couchant au-dessous de leur chambre j'ai entendu marcher presque tout le temps jusqu'à 4 h. ½ qu'elle est descendue. Elle a donc dû rester couchée très peu de temps. J'entendais marcher mais je n'entendais pas parler. À 4 h ½ elle est descendue parce qu'elle souffrait trop. [...] La mère est arrivée à ce moment-là. Je lui dis qu'elle devait rester là puisque sa fille était malade. Elle soignant sa fille, je suis allée chercher le médecin. Puis le médecin ayant dit ce qu'il en était je l'ai fait remonter dans une chambre en face de celle où son mari était couché et l'accouchement a suivi son cours[93].

La famille fait disparaître toute trace de l'accouchement et emporte le nouveau-né dans un autre lieu. Lorsque le mari se réveille le lendemain matin, on l'éloigne plusieurs jours de son épouse, en prétextant une « grande fatigue ». Il n'apprend que cinq jours plus tard ce qui s'est passé : « [M. L., le père de l'épouse] me prit par la main et me dit en pleurant les événements de la nuit du 3 au 4. C'est-à-dire que sa fille Henriette avait mis au monde un garçon cette nuit-là à 5h du matin[94]. » Dans ces cas, les époux obtiennent le divorce du tribunal civil, mais les juges ecclésiastiques ne constatent pas la nullité de l'union : en effet, l'Église ne fait pas de l'absence de virginité un empêchement qui invalide le sacrement de mariage.

Mais les déconvenues les plus fréquentes naissent de la désillusion des époux confrontés au mépris ou au désintérêt affichés par leur conjoint juste après la cérémonie, et s'apercevant trop tard qu'ils sont la victime d'un « mariage d'intérêt » dont ils ne soupçonnaient pas l'existence. En 1813, la jeune Marianne Eustache s'unit à Célestin Sauclières, mais elle apprend après coup que ce n'est que pour éviter la conscription, au plus fort des guerres napoléoniennes, qu'elle a été recherchée en mariage :

> Depuis cet instant, Célestin Sauclières ne m'a plus regardée qu'avec la plus froide indifférence & le plus grand mépris, [...] il a resté constamment chez sa mère & m'a laissée chez la mienne tout comme si nous n'étions pas mariés. Des parens respectifs ont voulu vainement l'engager à finir notre mariage, il leur a répondu sèchement qu'il ne m'avait épousée que pour se soustraire à la conscription & que je ne lui toucherai jamais les pieds ; [...] Il voulut faire éclater sa haine publiquement et m'apporter au mépris de mes compatriotes ; [...] il se jacte journellement qu'il ne m'épousa que pour ne pas aller à l'armée, que je ne tâterai jamais de sa peau ; que je resterai au croc toute ma vie [*sic*][95].

À cette période, beaucoup de mariages blancs étaient contractés pour échapper à la conscription, mais il s'agissait souvent d'un arrangement entre deux parties consentantes[96]. Ici, la situation est différente : l'épouse infortunée a été flouée et pâtit aussi des moqueries et quolibets que suscite son mariage non consommé.

Les déclarations abruptes faites le soir du mariage sont légion. Madeleine F., qui se marie en 1891, rapporte les propos cruels tenus par son époux Antoine F. : « Tandis que nous allions d'Avignon à Nîmes le soir du mariage, dans le train même M. F. m'avoua brutalement qu'il ne m'avait épousée que pour mon argent – en outre lorsque nous fûmes arrivés à l'hôtel, il me dit non moins effrontement [*sic*] : tu admireras ma délicatesse, je n'ai pas voulu la chambre du 1. étage, parce que, il y a quelques jours j'y suis venu coucher avec une femme, et j'ai choisi une chambre au 2[97]. » Le soir de leur mariage, en 1899, Marguerite Q., âgée de dix-huit ans, annonce à Édouard T., trentre-deux ans, qu'elle refusera toute relation sexuelle, car « elle ne l'aime pas », qu'« elle ne l'a jamais aimé » et qu'elle ne s'est « mariée [que] pour avoir sa liberté de sortir seule parce que sa mère ne voulait pas lui laisser l'indépendance qu'elle aurait souhaitée »[98].

Enfin, nombreuses sont les révélations sur l'existence d'amants ou de maîtresses le soir même du mariage. En 1884, Abel K. convie au dîner de noces sa maîtresse, « une femme qu'on appelait Nana [...] qu'il avait parié d'amener », et la tutoie en public. Son épouse Solange G. résume la suite :

> Lorsque nous fûmes seuls il me dit qu'il était fatigué et qu'il ne ferait rien ce même soir. [...] J'attribue la non consommation du mariage au manque d'affection de Mr. K. pour moi ; il avait une maîtresse qu'il adorait, ensuite il semblait toujours fatigué. [...] J'ai trouvé que la conduite de Mr. K. était extraordinaire et que le but du mariage n'était pas atteint[99].

La séparation de corps, prononcée le 4 décembre 1884, est convertie en divorce le 13 avril 1892 : les causes retenues contre le mari sont entre autres l'abandon et l'adultère. D'autres époux avouent qu'ils ont un amant ou une maîtresse au début de la nuit de noces, car ils entendent lui rester fidèles. L'évocation d'une autre personne dans la chambre conjugale est à l'origine d'une cruelle désillusion pour le conjoint. Marguerite G. rapporte les mots que lui a adressés son mari Étienne E. lors de leur première nuit en 1901 avant de se refuser à elle, invoquant son amour pour une autre : « J'ai commis un crime, je n'en commettrai pas un second... [...] elle est là entre nous deux... Elle m'a dit que tu ne seras jamais ma femme : elle ne le veut pas. Tu seras ma femme aux yeux du monde, ma femme de nom, mais pas davantage[100]. » Certains conjoints ne se limitent pas à ces déclarations désagréables, et vont jusqu'à rejoindre la personne aimée au cours de la nuit, en gage de fidélité suprême. En 1890, un professeur du lycée de Bayonne, Ludovic G., âgé de trente ans, quitte « le soir même du mariage » la chambre d'hôtel où se trouve son épouse Marie F., âgée de vingt-deux ans, pour « passer une partie de la nuit avec une jeune ouvrière de Bayonne, avec qui il avait contracté une liaison illicite »[101]. Un autre époux installe dès la nuit de noces sa maîtresse dans une chambre d'hôtel voisine à l'Aigle noir, à Fontainebleau[102].

Les cas de désertion conjugale précoce concernent aussi les femmes, plutôt quand elles s'unissent avec des hommes jeunes et de situation modeste. Jean Bosq, obligé par ses parents à se marier à l'âge de seize ans avec Rose Courdurier, écrit au cardinal Caprara en 1804 après avoir été éconduit par sa femme qui a fugué dès la première nuit avec son amant[103]. Une autre affaire porte sur le mariage malheureux d'Édouard F. avec Sophie H. en 1899. L'épouse est beaucoup plus riche que son mari et a déjà un enfant hors mariage. Selon les témoignages, elle change considérablement d'attitude après le passage à la mairie. Elle reproche à son mari « d'être rustre, gauche, campagnard, sans éducation[104] » et lui déclare, juste avant la bénédiction nuptiale : « Je ne vous aime pas ; vous me déplaisez », avant de passer le reste de la journée aux côtés de son cousin, nommé R., à qui elle donne des « baisers très affectueux ». Durant la nuit, elle s'éclipse de la chambre nuptiale, pour aller dans la chambre de R. Quand les juges interrogent les témoins sur la responsabilité des époux dans la séparation, certains d'entre eux pointent le comportement scandaleux et la rudesse de l'épouse. Mais d'autres voient la situation autrement, comme le propriétaire-fermier Jean-Pierre B. Au lieu d'accabler uniquement l'épouse, celui-ci considère que le dysfonctionnement existe aussi parce que le mari n'a pas su réagir de façon appropriée, échouant à séduire sa femme et à éconduire son rival. Par ailleurs, la formulation des questions posées aux témoins laisse penser que les juges ecclésiastiques eux-mêmes considèrent que le comportement du mari est anormal : « Croyez-vous qu'il fût de taille à supporter toutes ces avanies sans protester autrement que par des larmes, et qu'il ait manqué du courage élémentaire pour obtenir justice ? » Dans cette affaire, la femme domine nettement l'homme dans la relation conjugale, que ce soit au niveau de son caractère ou de sa situation financière ; mais si c'est elle qui semble agir sans respecter les exigences de la morale, les commentaires chargent surtout l'homme, car il n'est pas parvenu à s'imposer virilement et à prendre le dessus sur son épouse dès le début de leur mariage.

Le refus du devoir conjugal

La consommation du mariage dès le premier soir est une règle dont certaines personnes s'affranchissent. Dans les causes matrimoniales canoniques ouvertes pour non-consommation, l'abstention sexuelle volontaire est décrite comme une situation inhabituelle, par rapport à laquelle les époux doivent se justifier. Le refus de la dimension sexuelle de l'union, l'antipathie vis-à-vis du conjoint, dans les cas où les époux disent avoir été contraints à l'alliance par leurs parents, l'indifférence ou le manque d'affection dans le cadre d'un mariage arrangé sont les raisons – non exclusives les unes des autres – invoquées le plus fréquemment : l'obligation de l'intimité physique devient alors une épreuve insurmontable.

Lorsque l'amour est absent de part et d'autre, il arrive que les conjoints s'accordent dès le premier soir pour faire chambre à part. Dans *L'Immoraliste* (1902), André Gide met en scène le mariage de Michel, le narrateur, avec Marceline, une femme qu'on lui a présentée et qu'il épouse sans affection. Les époux préfèrent garder leurs distances car ils ne se connaissent pas assez, et ne s'aiment pas encore : « Le soir même de nos noces nous couchions dans mon appartement de Paris, où l'on nous avait préparé deux chambres[105]. » Cette configuration peu commune apparaît aussi dans les témoignages de nuits de noces réelles, qui contredisent l'apparente unanimité sur l'obligation du lit partagé. Dans le cadre judiciaire, les époux ont intérêt à prétendre avoir fait chambre à part pour convaincre de l'impossibilité ou du refus du rapprochement physique. Au début du XIXe siècle, le ministère de la Justice reçoit des lettres de couples qui ont contracté des mariages dans le but d'échapper à la conscription sous l'Empire, et qui tentent par la suite de faire annuler civilement leur mariage[106]. Les époux expliquent avoir pris garde de signifier publiquement leur mariage blanc à la communauté en ne faisant pas suivre le passage à la mairie d'une cérémonie à l'église, de festivités et surtout de cohabitation.

Mais les procès ecclésiastiques de la fin du XIXe siècle contiennent des témoignages qui soulignent le conflit autour de l'absence de cohabitation, la plupart du temps subie par un seul des deux conjoints. La nuit de noces dans des chambres séparées est plus aisément prouvable quand elle a lieu à l'hôtel, grâce aux registres de l'établissement. Marie V. insiste sur l'incongruité du choix de Camille W. d'avoir expressément retenu deux chambres différentes pour leur première nuit en 1893, au Grand-Hôtel de Bruxelles[107]. Un mari dépité s'attarde sur le fait anormal d'avoir passé sa nuit de noces, en 1905, dans une chambre éloignée de celle de sa femme, Madeleine H., qui avait tenu à s'occuper elle-même de la réservation à l'hôtel du Palais d'Orsay[108].

Le rejet du rapport sexuel se manifeste par des comportements qui varient selon le sexe des époux et déclenche des réactions qui soulignent la différenciation genrée des attentes en ce qui concerne la sexualité conjugale. Le premier devoir de la bonne épouse, qui est de suivre son mari pendant la nuit de noces et de répondre à ses témoignages d'affection – ou du moins de les accepter –, est inégalement suivi. Il n'est pas rare que la pudeur, la timidité ou encore la peur de la défloration à venir freinent momentanément des femmes pourtant désireuses d'entrer dans le mariage et heureuses à l'idée de vivre avec leur époux. Il semble peu étonnant que ces réticences soient plus fortes encore dans les cas très fréquents d'unions arrangées ou de mariages de convenance. Marie Lafarge raconte dans ses *Mémoires* (1841) s'être enfermée dans sa chambre, mue par la « peur plus grande et plus intime du tête-à-tête nocturne », et avoir écrit à son mari qui se montrait pressant une lettre pour lui signifier clairement son refus, prétextant des pensées adultères pour le décourager[109]. Dans les procédures judiciaires qui allèguent un mariage forcé, nombreuses sont les épouses qui expliquent ne pas avoir réussi à tenir tête à leurs parents mais avoir trouvé la force de résister à leur mari. En 1857, Caroline Duvallon fait rédiger plusieurs factums à l'occasion d'une action pour annuler son mariage civil. Elle dit avoir été traînée, en 1855, à la mairie puis à l'église par ses parents, qui ont exercé sur elle toutes sortes de pressions, et n'avoir appris que pendant la nuit de noces en quoi consistait la consommation du mariage : sa « résistance [...] éclata dans toute sa violence. Prières, menaces, tout fut inutile[110] ». Le mari, Guays Destouches, qui ignorait les circonstances dans lesquelles l'union avait été préparée, a alors quitté « la chambre nuptiale [pour] regagner l'hôtel où il était descendu[111] ».

Il arrive aussi que de jeunes hommes soient contraints par leur famille au mariage, et n'aient aucune envie de se rapprocher de leur épouse le soir venu. Mais, contrairement aux femmes, ils n'insistent pas autant auprès des juges sur l'absence de leur consentement. Il est en effet moins admis qu'un homme s'avoue soumis à l'autorité parentale, ce qui serait perçu comme un manque de virilité ou un signe de faiblesse de la part d'un mari censé incarner une figure d'autorité. Ce sont plutôt les femmes délaissées qui font la démarche pour se séparer d'eux.

Les façons de se refuser à son conjoint diffèrent aussi selon le sexe. Les femmes sont amenées à revendiquer explicitement leur froideur et leur répugnance pour l'acte physique qui doit en principe s'opérer. Cette attitude est dictée par le fait que, dans le cadre du modèle virginal, il est habituel qu'elles ne montrent pas de désir et qu'elles soient embarrassées à l'idée de se rapprocher de leur époux. Pour signifier leur fin de non-recevoir, elles ne peuvent donc se contenter d'être passives, auquel cas elles sont amenées à subir le devoir conjugal, en raison du rapport de force à la fois moral et physique entre le mari et la femme. On l'a vu, beaucoup racontent qu'elles n'ont pu s'y soustraire, soit parce qu'elles étaient dans un état de prostration qui leur ôtait toute capacité de résistance, soit parce qu'elles ne pouvaient se dérober en raison de contraintes physiques ou morales, ou encore parce qu'elles n'imaginaient pas pouvoir désobéir. Mais certaines parviennent à refuser. Les unes trouvent un prétexte, comme Madeleine H. :

> En me mariant, je savais ce que je faisais et je connaissais les droits que mon mari acquérait par là-même sur moi ; je n'avais pas alors l'intention de m'opposer à ce qu'il en usât ; mais, le mariage fait, je l'ai dit déjà, mon indifférence pour monsieur Jean de G. se changea en aversion et j'imaginai ce prétexte de mes règles pour l'éloigner de moi[112].

D'autres montrent leur répugnance à de tels rapprochements en verbalisant ses motifs ou en la manifestant physiquement : pleurs, cris, dérobades. Gabrielle P. évoque les souvenirs douloureux de sa nuit de noces, en 1890, avec Léon V., à qui on l'a obligée à s'unir :

> C'était à l'Hôtel continental vers deux heures du matin, ma mère m'aida à me déshabiller, puis se retira. J'étais tellement émue, que je ne sais pas du tout ce qui s'est passé ; du moins je ne sais rien de précis. Je me souviens seulement que j'ai pleuré, toute la nuit. J'avais, depuis huit ou neuf mois, une vraie répugnance pour monsieur V.
> Je crois me rappeler que Mr V. s'approcha de moi, voulut m'embrasser ; mais énervée comme je l'ai dit plus haut, je crois me rappeler que je me montrai récalcitrante[113].

Elle se voit rappeler son devoir d'obéissance et sa position d'infériorité par son mari, qui toutefois ne l'oblige pas à se prêter au devoir conjugal : « Il me dit, c'est la seule parole qui me soit restée distinctement : "je suis ton maître" mais il me laissa tranquille. Mr V. dormit profondément tandis que je ne fis que sommeiller et pleurer[114]. » Le fait qu'il s'endorme sans difficulté tandis qu'elle trouve péniblement le sommeil révèle l'absence de communication entre les époux et la différence d'état d'esprit dans lequel chacun aborde la relation conjugale. Dans un autre procès, à propos d'un mariage qui a eu lieu en 1891, on apprend qu'Eugénie F. a tenté de dissuader son mari d'amorcer tout rapprochement en lui faisant croire qu'elle était enceinte d'un autre, pour le dégoûter tout à fait. Son mari, Léon K., raconte :

> Au retour à la maison, nous prîmes un repas. Vers deux heures, les parentes de Mlle F. nous accompagnèrent à notre chambre, et comme ils s'apprêtaient à nous laisser seuls, elle déclara que ses parents en tout cela l'avaient forcée, qu'elle continuait de me détester, qu'il n'y aurait jamais de relation entre nous, que c'était peine inutile d'insister, que jamais elle ne vivrait avec moi. Elle alla jusqu'à affirmer, je ne l'ai pourtant pas cru, qu'elle était dans

> une situation intéressante. C'était pour m'éloigner qu'elle parlait de la sorte, et non pour m'accuser[115].

L'épouse ne reste pas dans la chambre nuptiale, se réfugie dans une autre pièce puis s'évade par une fenêtre, au moyen de deux draps du lit noués ensemble.

Quand c'est le mari qui souhaite s'abstenir, les choses sont bien différentes, puisque, comme le rappelle Alain Corbin, « c'est à l'homme qu'incombe la conduite des actes conjugaux[116] ». Il ne s'expose pas au viol, rarement aux protestations de son épouse, et la question de l'absence de consentement sexuel ne se pose pas pour lui de la même façon. La plupart du temps, les maris peuvent se contenter de ne pas agir, sans avoir à s'expliquer. Aux juges qui veulent savoir si le cocher Yves P. a agi de façon à engager un rapport conjugal dès le premier soir, en 1891, Léontine Q. répond : « Le soir du mariage, Monsieur P. s'est montré extrêmement froid à mon égard. Il s'est assis sur une chaise et y a passé la nuit sans même se déshabiller. Il était du reste un peu en état d'ébriété à la suite du dîner. De mon côté je n'ai rien dit, j'ai trouvé étonnante son attitude[117]. » Plusieurs procédures conservées au Vatican montrent que les maris rétifs choisissent une solution radicale pour couper court aux interactions conjugales de la nuit de noces : s'endormir au plus vite. Une épouse résume sa nuit de noces, en 1891, en une phrase : « Il a simulé une indisposition, faisant semblant de vomir, s'est mis au lit, et lorsque j'y ai été moi-même, il a soufflé la lampe et s'est endormi[118]. » Une autre, mariée en 1895, rapporte : « Mon mari a arrangé ses petites affaires, puis il a pris la *Revue des Deux mondes*, s'est couché, s'est mis à lire en me tournant le dos[119]. » Une autre encore insiste sur la tristesse que lui a causée durant sa nuit de noces, en 1897, l'attitude de son mari Louis G. :

> La 1e nuit, il n'y a eu aucune tentative de la part de mon mari pour accomplir le devoir conjugal. Lorsque j'essayai de lui témoigner mon affection par des marques de tendresse, il ne répondit pas à mes avances [...] et il ajouta encore : « J'espère que vous allez bien dormir ». Je passai la nuit à pleurer tandis que lui dormait d'un profond sommeil[120]...

La manœuvre dilatoire consistant à se réfugier dans le sommeil est un procédé masculin : le refus de la conjugalité se traduit une fois encore par l'affectation d'une certaine indifférence chez les hommes, alors que les femmes contrariées réagissent davantage en pleurant et éprouvent des difficultés à s'endormir. Cette attitude est en général mal vue : le mari pressé de dormir, alors qu'il a dans son lit une jeune femme, ne se conforme pas au rôle viril qu'il devrait en principe jouer dans le contexte d'une nuit de noces. La situation, considérée comme grotesque, est exploitée au théâtre et dans les dessins d'humour, qui s'appuient sur le procédé de l'inversion des normes : désintérêt pour la relation sexuelle de la part du mari qui ne veut que dormir ; étonnement, voire frustration de l'épouse délaissée.

Il est plus rare qu'un homme avance explicitement son refus de consommer le mariage. Dans ce cas, il profite de l'autorité que lui confère son statut de mari, à qui l'épouse doit obéissance, pour présenter ses vues. Le professeur François V., catholique très pratiquant, évite son épouse dès la nuit de noces, en 1870. Sa femme Éléonore F. restitue aux juges la teneur du « sermon de curé » qu'il lui délivre à cette occasion :

> Maintenant je dois vous prévenir que dans le mariage il existe certains liens qui rendent l'homme semblable à la bête. De ces choses-là, il ne sera jamais question entre nous. Je vous défends d'ailleurs de ne jamais parler de ce que je viens de dire à vos parents et aux miens. Je suis désormais votre seul maître[121].

Au cours de son procès qui a lieu une vingtaine d'années après le mariage, elle explique qu'elle n'a « jamais insisté sur [ses] droits » : « Je ne l'aurais pas osé. J'avais peur de lui. » La Congrégation du Concile accorde la dispense pour *matrimonium ratum et non consummatum*, ce qui permet à l'épouse de se remarier religieusement par la suite.

Les conjoints qui essuient le refus expriment leurs frustrations et présentent l'absence de consommation comme une faute : ils n'avancent pas l'argument du besoin ou de l'envie de vivre une sexualité épanouie, rappelant plutôt la légitimité de leur souhait de se conformer à leur devoir et de fonder une famille, but premier du mariage catholique, et mobilisant en priorité les normes conjugales qui mettent en avant la différenciation sexuelle des rôles de chacun dans le mariage.

Les hommes accueillent la résistance féminine diversement : certains passent outre et imposent la relation sexuelle (voir chapitre 5) ; mais d'autres décident de ne pas faire usage de la force, en revendiquant leur volonté de ne pas violer leur épouse, comme Charles I. qui, lors de sa nuit de noces en 1904, se refuse à brusquer Henriette G. :

> Le bal terminé, nous rentrâmes, ma femme et moi, dans le petit appartement que nous avions loué et meublé. Elle se plaignait

> d'avoir froid et j'allumai le feu, je lui fis une tasse de thé [...] Quelques instants après elle m'invita à venir me coucher. Je me couchai près d'elle, dans le même lit ; mais toujours par délicatesse et discrétion, je ne lui demandai rien. Il n'y eut entre nous aucun rapprochement, aucun rapport, aucune caresse, je ne l'embrassai même pas. J'avais constaté qu'elle n'aimait pas ce témoignage de tendresse. Nous dormîmes ainsi côte à côte jusqu'à huit heures du matin. [...] Elle regrettait, disait-elle, de m'avoir épousé ; elle ne pouvait pas me rendre heureux ; elle était trop jeune pour les devoirs et les responsabilités du mariage. Je m'efforçai de la consoler, de la calmer, lui disant que je saurais l'attendre, et qu'avec le temps elle se ferait certainement à une existence si nouvelle pour elle[122].

Une femme de l'entourage de l'épouse estime que « Mr I. s'est conduit en honnête garçon » et que « beaucoup à sa place n'auraient pas usé de la même douceur : il n'y a eu ni consommation du mariage ni essai de consommation ». Si Henriette concède que son mari « s'est montré discret » dès le premier soir, sa mère Blanche ne comprend pas bien l'attitude trop bienveillante de son gendre, qui aurait dû, selon elle, davantage presser sa fille : « Elle s'exprima clairement et vivement sur ce point, disant qu'il aurait dû corriger sa femme et la prendre de force », déclare un autre témoin, qui pense lui aussi que le mari « exagéra la délicatesse ». Lorsque les juges demandent à Charles d'expliquer pourquoi il n'a pas mieux réclamé des droits, il souligne l'importance qu'il accorde au consentement de son épouse :

> J'insiste sur le point principal : jamais je n'ai demandé à ma femme l'accomplissement du devoir conjugal ; je n'ai rien dit, rien fait qui pût lui faire comprendre que je désirais qu'elle m'accordât ce que j'avais le droit de demander. Elle-même n'a pas dit un mot, n'a pas fait un geste qui pût m'encourager à user de mon droit.

Cette préoccupation de ne pas profiter du droit marital se retrouve dans l'affaire qui oppose Marguerite J., mariée en 1879 contre son gré à l'âge de dix-sept ans, et le colonel d'artillerie Auguste de F., alors âgé de trente-six ans[123]. Face à sa jeune épouse éplorée qui refuse de lui parler, de le regarder et de l'embrasser, celui-ci n'insiste pas : « Je n'ai pas voulu user ni abuser de mon droit de mari parce qu'elle était trop jeune. Je n'ai pas voulu abuser de ma force physique, j'aurais regardé cela comme une sorte de viol. » Il désigne cependant ce « premier refus » de la nuit de noces comme la cause déterminante de l'inimitié à long terme dans le couple : « Comme cette résistance n'a rien de flatteur pour le mari, il en est résulté tout de suite un éloignement qui a abouti à la mésintelligence et définitivement à la rupture. » Ces témoignages montrent que, dans le dernier quart du XIXe siècle, le consentement sexuel féminin est parfois pris en considération par certains hommes dans le cadre de la relation conjugale. Ce peut être le signe d'une sensibilité du mari qui ne souhaite pas s'imposer par la force et qui estime que la réciprocité du désir est essentielle ; ou il peut aussi s'agir d'un argument mobilisé *a posteriori* par le mari dans le cadre de la procédure judiciaire, qui lui permet de garder la tête haute en ne passant pas pour un homme faible qui n'a pas su s'imposer, mais pour un homme magnanime et galant.

Les réactions des épouses face au refus du mari sont plus homogènes. La plupart du temps, dans un contexte de procédure judiciaire, elles incriminent le conjoint qui n'a pas engagé le rapport conjugal. L'homosexualité – que les archives ne permettent pas de vérifier – ou plus largement l'« immoralité » du mari sont fréquemment avancées, bien souvent de façon gratuite : c'est un moyen aisé de le discréditer au tribunal. D'autres allèguent une impuissance que le mari refuserait de reconnaître et ferait passer pour une fatigue passagère, une indifférence à la sexualité ou un souhait de vivre chastement pour des raisons religieuses – mais là encore il n'est pas possible de vérifier les intentions de chacun. L'abstention masculine fait l'objet de fortes réprobations de la part des épouses, y compris quand c'est à leur demande que le mari n'a guère insisté : une stratégie pour obtenir la séparation est alors d'avancer que le mari a fait preuve de mauvaise volonté, ou n'a pas réussi à assumer son rôle et à s'imposer sexuellement. Laure P., vingt-neuf ans, tourne en ridicule l'initiative de Gilbert W., quarante-quatre ans, qui entreprend de lui lire de la poésie durant leur nuit de noces, en 1876, sans doute pour instaurer une progressivité dans les rapprochements et ne pas imposer directement l'acte sexuel : « Il ne m'a rien proposé en fait de devoir conjugal dès la première nuit, ni depuis. Il m'a lu des vers sur l'amour, c'est tout. Il ne m'a pas demandé autre chose et je n'ai eu rien à lui refuser[124]. » En cela, certaines femmes s'appuient sur les discours qui invalident la virilité de l'homme qui ne veut ou ne peut pas accomplir l'acte sexuel. Rares sont celles qui savent gré à leur mari de ne pas les avoir forcées à accomplir le devoir conjugal, comme Alice K., mariée en 1900 à Jules F. : « Mr F. a toujours eu une attitude très respectueuse à mon endroit sur ce point là. Il n'a jamais tenté d'user de ses droits par force contre ma volonté. Il me disait seulement : Tu finiras par te décider : et je ne me suis jamais décidée[125]. »

Ainsi, les hommes comme les femmes accusent l'autre de ne pas être dans son rôle. Mais l'expression du refus du devoir conjugal ne revêt pas les mêmes formes en fonction des sexes, notamment en raison de la différence de perception de leur attitude par leurs proches selon qu'ils sont un homme ou une femme. Le plus souvent, les femmes n'hésitent pas à revendiquer leur refus de la consommation du mariage : elles se posent avant tout comme des victimes de leurs parents puis de leur mari le soir venu. Dans cette insoumission à l'ordre patriarcal, certains peuvent voir une indocilité condamnable, d'autres une forme de courage. Il n'en est pas de même quand ce sont les hommes qui rejettent le devoir conjugal : leur manque d'intérêt est pris pour un défaut de virilité qui perturbe l'ordre établi, et les avilit aux yeux de la société.

L'entrée dans la chambre nuptiale est un moment décisif dans la construction ou la dislocation du lien conjugal. Les étapes du rapprochement, entre les adieux à la famille et le début de la consommation du mariage, sont parfois rapides, mais les quelques minutes ou heures qui séparent ces deux bornes sont vécues intensément. Il s'agit à la fois de jauger l'état d'esprit de son conjoint, d'engager les premiers échanges verbaux qui manquent souvent de fluidité, d'abandonner sa pudeur, tout en étant submergé personnellement par des émotions, qui transparaissent parfois, et par des pensées intimes, qui ne sont pas toutes communicables. Quand la désillusion survient avant même la consommation, la réussite de la vie conjugale semble déjà menacée. C'est du moins ainsi que les témoignages qui sont parvenus jusqu'à nous mettent en scène les premières interactions de la nuit de noces, presque toujours décrites négativement. Au-delà du biais que constituent les archives judiciaires, ils révèlent une logique anthropologique plus générale : le rituel matrimonial, même dans sa dimension intime et personnelle, a son importance, et exige l'accomplissement graduel de petits rapprochements, pas à pas. Leur absence ou au contraire leur enchaînement trop rapide sont problématiques et engendrent du malaise ou des frustrations durables.

À la jonction de la vie de célibataire et de la vie de personne définitivement mariée, ce court entre-deux paraît donc déterminant. De la capacité des deux individus à créer une intimité commune dépend la suite immédiate, non moins importante : le moment paroxystique de la première relation sexuelle.

Chapitre 7

Dans le lit des époux

> « Ah ! maintenant tu voudrais bien savoir ce qui se passa. Tu te demandes : lorsque le marié et sa jeune épouse sont au lit, qu'est-ce qu'ils font ? »
>
> A. Bonnet, *Une nuit de noces. Sensations d'une jeune mariée*, 1894[1].

Vient l'heure de la consommation du mariage. Concrètement, qu'arrive-t-il une fois la porte de la chambre nuptiale fermée ? Dans quel état d'esprit les époux arrivent-ils dans le lit nuptial ? Comment procèdent-ils et comment interagissent-ils ? Dans quels cas en viennent-ils à raconter ce qui s'est ou ne s'est pas passé ?

La littérature religieuse, les études médicales et les manuels conjugaux prescrivent la façon dont les époux doivent se comporter et mentionnent les gestes et les attitudes à proscrire. Ils façonnent un imaginaire de la « première fois » auquel participent également les productions fictionnelles : dans ces écrits, la nuit de noces peut, selon les auteurs ou autrices, apparaître soit comme une nuit de félicité où corps et âmes vibrent à l'unisson, soit comme une nuit décevante, ratée, voire cauchemardesque. Cet ensemble de textes participent largement à construire culturellement, moralement et scientifiquement un « cadre[2] », défini par des normes et des principes auxquels les époux se réfèrent, afin de régler leur conduite. Or, comme on a pu le voir précédemment, le cadre de la nuit de noces au XIXe siècle a ceci de particulier qu'il est en grande partie défini par les hommes, et porté à la connaissance des hommes avant tout. Les femmes doivent ainsi s'y conformer au moment où elles le découvrent, ce qui ne manque pas d'entraîner des difficultés et des incompréhensions. Les manuels préviennent les hommes de cette situation asymétrique et leur offrent des conseils pour en déjouer les écueils, afin que la réalisation de l'acte sexuel ne crée pas de tensions rédhibitoires dans le couple.

Quant aux procédures matrimoniales, elles ne permettent pas nécessairement de savoir ce qui s'est réellement passé dans le lit nuptial : les époux et leurs témoins s'expriment sous serment mais orientent toutefois leurs dépositions afin d'obtenir ce qu'ils souhaitent à l'issue du procès. La distorsion du temps, l'expérience acquise depuis et leur situation conjugale malheureuse changent aussi sans doute la façon dont ils construisent leurs témoignages et se remémorent leur première fois. Mais par le double point de vue qu'elles restituent – la version de l'homme et celle de la femme –, les archives éclairent la différence de perception d'une même expérience par les deux membres du couple.

On s'intéressera ici à plusieurs aspects du premier corps à corps entre les époux : tout d'abord, la façon dont l'imaginaire de la défloration dramatise et fétichise la nuit de noces dans l'esprit des maris ; ensuite, le *modus operandi* que les époux sont invités à suivre pour consommer le mariage, mais qui s'écarte parfois des normes prescrites, soit qu'ils se livrent à des pratiques sexuelles dites « contre nature », c'est-à-dire non conformes à la morale ou à la religion, soit qu'ils se révèlent incapables d'accomplir la consommation telle que le droit canonique le prévoit ; enfin, leur sortie de la chambre nuptiale à la fin de la nuit.

Imaginaire de la défloration nuptiale

Deux gravures datant du début du XIXe siècle représentent un jeune couple bourgeois, d'abord lorsqu'il entre dans le lit nuptial au début de la nuit de noces (« Le coucher de la mariée »), puis lorsqu'il en sort, le lendemain matin (« Le lever de la mariée »). La confrontation des deux images permet d'imaginer ce qui s'est passé entre-temps : la perte de la virginité, symbolisée dans la seconde image par le « pucelage », un petit coquillage univalve à la forme et au nom suggestifs, que l'époux tient dans sa main.

Le Coucher de la mariée. Gravure, 22,4 × 27,8 cm, éd. Genty, s.d. (collection du MuCEM).
« La jeune mariée hésite à se coucher, mais son époux la supplie de ne point pleurer, la mère de la mariée, par de justes leçons, finit par lui faire entendre la raison, lui faisant connaître le bonheur de la vie dont elle va jouir, dans les bras de son Mari. »

Cet avant/après souligne les multiples changements émotionnels, physiques et relationnels que la consommation du mariage est censée occasionner. Il est au cœur de nombreuses représentations de la nuit de noces, à la fois dans les fictions, les images, et dans la littérature non fictionnelle comme les écrits médicaux, les manuels conjugaux ou les essais sur le mariage et la vie sexuelle. Un des traits marquants de ces sources est l'idée que la nuit de noces constitue un bouleversement incomparable. La fusion des corps aurait pour effet de transformer individuellement les époux et de faire évoluer la nature de la relation entre eux deux. La littérature a parfois mis en scène la transfiguration du mari qui, une fois arrivé dans le lit nuptial, se change en bête féroce, laissant libre cours à ses pulsions sans égards pour la jeune épouse, comme Julien dans *Une vie* (1883) de Guy de Maupassant. Mais la majorité des textes qui traitent de la dimension

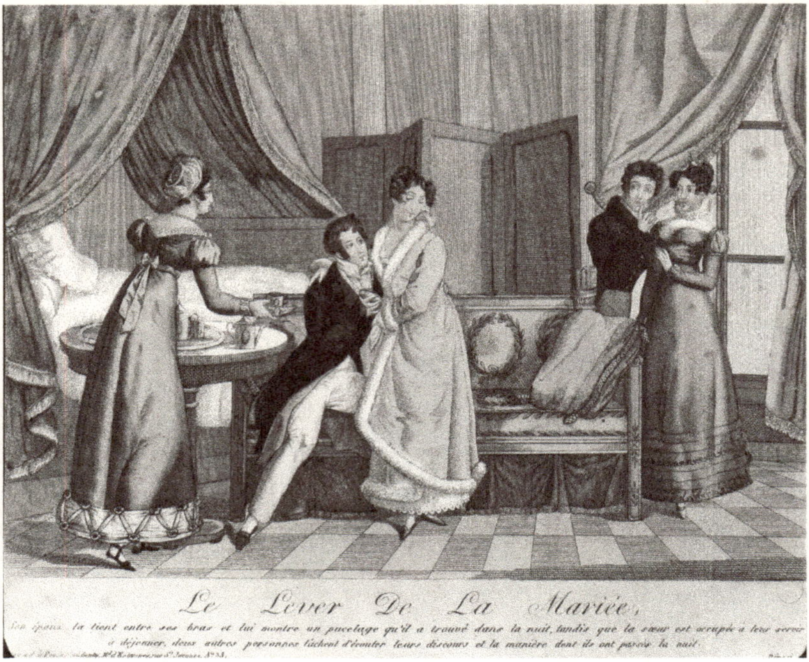

***Le Lever de la mariée*. Gravure, 22,5 × 27,3 cm, éd. Genty, s.d. (collection du MuCEM).**
« Son époux la tient entre ses bras et lui montre un pucelage qu'il a trouvé dans la nuit, tandis que la sœur est occupée à leur servir à déjeuner, deux autres personnes tâchent d'écouter leurs discours et la manière dont ils ont passés [*sic*] la nuit. »

sexuelle de la nuit de noces se préoccupent surtout de ses effets sur l'épouse, qui serait affectée par une métamorphose profonde et irréversible[3]. La jeune fille y est décrite comme un être inachevé, incomplet, qui ne trouve sa véritable raison d'être que dans le mariage, à partir du moment où son époux, par le premier contact sexuel, la déflore et fait d'elle une femme – *sa* femme, dont il marque le corps et l'esprit d'une empreinte indélébile. Ce discours se nourrit de représentations sur la nuit, associée au merveilleux et au surnaturel : la culture populaire regorge d'histoires et de personnages qui, des loups-garous à Cendrillon, montrent la prégnance d'un imaginaire de la nuit comme moment privilégié des métamorphoses[4]. Mais il ne s'adosse pas seulement à des croyances irrationnelles ou à de préjugés hérités des siècles passés : il se fonde aussi sur des notions et des études qui ont une prétention scientifique. Ces représentations sont perceptibles jusque dans les propos des époux ou de leurs proches tenus devant les tribunaux quand ils sont amenés à s'exprimer sur la première relation sexuelle du couple.

Les auteurs – essentiellement masculins – insistent d'abord sur l'enjeu de la virginité féminine, censée avoir été conservée jusqu'au premier soir des noces, et sur sa perte, qui scelle le mariage. La défloration renvoie à un acte qui n'affecte que la femme. Dans son manuel d'éducation adressé aux filles, le journaliste et écrivain Alexandre Weill fait la démonstration d'une inégalité naturelle et sociale entre les époux, fondée en partie sur le fait que seules les femmes sont altérées anatomiquement par le premier rapport sexuel :

> Apprends donc que par le mariage la jeune fille change de nature, mais que l'homme ne subit pas la même loi. [...] Une vierge est une personne dont le physique n'a subi aucune atteinte par l'amour charnel. Ce mot est dérivé du latin *vir* (homme), parce que semblable à l'homme, son corps n'a éprouvé aucun changement. Mais une vierge n'est pas une femme[5].

Pétri par ces représentations, le mari cherche des signes de la transformation qu'il est censé induire par la défloration pour constater, *a posteriori*, la pureté de celle qu'il a épousée. Mais rien de plus difficile que de repérer ces indices avec certitude. Les critères les plus fréquemment évoqués sont la perception par l'époux de l'étroitesse du vagin de sa femme, de la douleur qu'elle semble éprouver et du saignement lié à la rupture de l'hymen[6]. Pourtant, tout au long du XIXe siècle, les travaux en gynécologie ne cessent de répéter leurs mises en garde sur le fait que les femmes vierges ne présentent pas nécessairement ces symptômes au cours du premier rapport sexuel[7]. Certains hymens, particulièrement souples et résistants s'étendent sans se déchirer ; d'autres au contraire, très fragiles, peuvent se rompre sans saigner ; enfin, l'absence congénitale d'hymen chez certaines femmes existe également.

En dépit de ces rappels, dont la fréquence peut être comprise comme un signe d'inefficacité du discours médical à déconstruire ces préjugés, l'association entre perte de la virginité et écoulement du sang reste toujours prégnante dans les esprits, même dans les milieux très éduqués. Dans son *Cours de médecine légale* sur le mariage, le médecin légiste Paul Brouardel raconte avoir été désigné comme expert au cours d'un procès intenté par une femme rouée de coups par son mari dans la cabine de train dans laquelle ils avaient passé leur nuit de noces. L'époux, pourtant médecin de profession, avait ensuite expliqué son accès de colère par la trop grande aisance du premier acte sexuel : « L'hymen corolliforme avait facilement permis le rapprochement et [il] prétendait que sa femme n'était pas vierge[8]. »

Mais même ces discours médicaux qui se désolent de l'obsession des maris obnubilés par la non-virginité féminine restent empreints de conceptions morales qui valorisent les femmes réellement vierges : leurs propos portent sur l'injustice que subissent celles qui sont accusées à tort de ne pas l'être, et ne visent pas à dénoncer la stigmatisation des femmes qui ont eu des expériences sexuelles avant le mariage et qui souffrent à cet égard de préjugés sociaux et moraux. Cela dit, la virginité n'apparaît pas comme un critère indispensable pour tous : certains hommes ne l'exigent pas, pour peu qu'ils soient informés de la situation avant l'union et/ou qu'ils en obtiennent une compensation financière.

La recherche des preuves de la virginité féminine par les maris est contrariée par la crainte de l'emploi de subterfuges pour la simuler. L'auteur du *Conjugalisme* (1823) évoque le recours à la chirurgie hyménéale d'une femme ayant réussi à tromper son mari sur ce point grâce à des « sutures ingénieuses » qui avaient réparé les « portes du temple de l'hymen »[9]. D'autres procédés sont décrits par les auteurs de manuels conjugaux : feindre la douleur ou utiliser des eaux de toilette raffermissantes achetées chez le parfumeur ou le pharmacien[10]. Dans *L'Amour conjugal* (1882), une réactualisation du *Tableau de l'Amour conjugal* de Nicolas Venette (1686), Michel Villemont en délivre quelques-uns, non pour dénoncer la duplicité féminine, mais au contraire aider les épouses qui voudraient se prémunir, à tort ou à raison, de la susceptibilité de maris peu éclairés. Il préconise l'utilisation de « lotions astringentes » à base de vinaigre, de glands ou de prunelles sauvages, ou encore l'emploi de sang d'agneau introduit dans le vagin le premier soir des noces. Ces méthodes baroques de Nicolas Venette sont surtout reproduites pour le plaisir de la lecture et ne sont sans doute pas suivies telles quelles à la fin du XIXe siècle. Cependant, cette fascination pour la virginité nourrit un marché en pleine expansion : des brochures proposent des recettes « pour paraître toujours vierge », des publicités vantent les mérites d'une « poudre destinée à la préparation d'une liqueur virginale, dont les effets, prise en injection, sont véritablement merveilleux » et qui donnerait l'« illusion complète d'une reconstitution parfaite »[11]. Les techniques pour simuler la virginité sont aussi données, au début du xxe siècle, dans des ouvrages progressistes destinés aux femmes : dans le manuel néomalthusien *Préservation et éducations des sexes* (1912), Miss Suzie réaffirme le droit des femmes à avoir des relations sexuelles avant le mariage, mais vient en aide à celles qui seraient confrontées à l'étroitesse d'esprit de leur mari durant la nuit de noces :

> L'homme exige que l'hymen, cette membrane fragile barrant l'entrée des organes, soit intact au jour du mariage, et que l'effusion de sang que provoque sa déchirure vienne lui apporter la preuve qu'il possède une vierge authentique ! Qu'il est facile de le tromper !! Une jeune femme quelque peu habile dans l'art de la simulation peut, lorsqu'elle le veut, en appliquant la recette suivante, se donner une vraisemblance de virginité en raffermissant la chair de ses organes et en rendant à ceux-ci l'étroitesse spéciale aux vierges.
>
> Pour cela, comme l'indique le Dr Debay, elle prendra quotidiennement avec le bock, pendant une semaine, une grande injection d'eau froide additionnée de teinture de benjoin fort concentrée (alcoolé benzoïque à 90°), essuiera ensuite les parties génitales avec un linge et les saupoudrera de poudre d'amidon à l'intérieur et à l'extérieur.
>
> La femme peut aussi extraire le jus de trois ou quatre citrons et le mêler avec de l'alun en poudre à l'eau de l'injection, dans la proportion de 15 grammes d'alun par litre d'eau bouillie. Il faut de plus frictionner d'un quartier de citron les petites et les grandes lèvres. Le tanin est également adopté pour les injections astringentes, à la dose de 10 grammes par litre d'eau. Puis, au soir voulu, avant de se mettre au lit, la femme se placera au fond du vagin une petite vessie de baudruche très mince, remplie de sang de pigeon. Lors du sacrifice nuptial, l'écoulement de ce sang s'échappant sur le linge donnera au nouvel époux l'illusion d'avoir été l'initiateur !
>
> On voit par là quelle peut être la valeur de l'indice « hymen », dont l'absence inopportune est la cause de tant de complications et de malheurs dans l'existence d'une infinité de couples[12] !

Les sources attestant de l'utilisation de ces procédés manquent. Mais dans les procédures canoniques, certaines questions des juges ecclésiastiques sur l'éventualité de l'usage de quelque « remède spécial[13] » laissent penser que des femmes fortunées faisaient effectivement appel à des médecins pour donner l'illusion de la virginité, par exemple grâce à une reconstruction chirurgicale de l'hymen[14], soit pour faire face à l'injonction de la virginité dans le lit nuptial pendant la nuit de noces, soit plus tard pour leurrer l'expert médical chargé dans le cadre de la séparation d'établir si le mariage avait été consommé. Par exemple, devant la suspicion d'un hymen artificiel chez une riche héritière qui demande une dispense pour non-consommation de son mariage, le docteur Bucquoy rassure les juges, en écrivant que, dans ce cas précis, « une virginité factice ne peut pas être admise. Madame de Q. nous a présenté une virginité authentique et réelle[15] ».

Face à l'impossibilité de se fier à des signes qui peuvent être absents, faux ou insuffisants, notamment en raison de la possible dissociation entre virginité anatomique et pureté morale, le sage docteur Marrin conseille d'abandonner cette vaine recherche : « Croyez-moi, jeunes époux, vous avez d'assez nombreuses et charmantes occupations pendant cette première nuit que vous passez avec votre femme, sans qu'il soit nécessaire d'y joindre la recherche d'un rébus dont l'explication est pour vous insoluble[16]. » Mais d'autres auteurs confortent les maris dans leurs préjugés en leur suggérant d'étendre le périmètre de leurs investigations au lieu de la limiter à la zone génitale. Ils s'appuient sur la croyance selon laquelle la défloration donnerait lieu à des changements plus importants, qui affecteraient tout à la fois le physique, la physionomie, la physiologie et la personnalité de l'épouse. Au début du XIXe siècle, le naturaliste Julien-Joseph Virey résume ainsi cette idée : « Le changement de la fille en femme ne consiste pas seulement dans la défloration, dans la rupture de la membrane hymen ; il y a pour toute l'économie une transformation manifeste[17]. » Les changements constatés sont fondés sur des oppositions binaires entre l'avant et l'après nuit de noces, et concerneraient à la fois la beauté, le teint, l'odeur, la voix et la corpulence : « Cette fille pâle et languissante deviendra dégourdie, rubiconde ; sa timidité se changera en mâle assurance, en hardiesse, au besoin. […] Cette jolie voix argentine et flûtée prendra un ton plus plein et même rauque ; cette transpiration douce ou inodore acquiert une odeur qui peut être aperçue par un sens très délicat[18]. »

Charles François Menville de Ponsan, dans son *Histoire médicale et philosophique de la femme* (1845), constate aussi l'augmentation de l'« énergie du système circulatoire sanguin », qui rend les muscles plus forts et fait disparaître la prédominance lymphatique du tempérament, descriptions reprises ensuite par le manuel *L'Amour dans le mariage*, du docteur Rhazis, en 1909[19].

Beaucoup de brochures et de manuels se plaisent ainsi à répertorier des croyances qui ne sont plus d'actualité, mais c'est moins pour dénoncer les préjugés masculins sur l'absence de pureté morale des femmes non vierges, que pour opposer des procédés anciens, considérés comme farfelus, à d'autres, présentés comme plus fiables. C'est par exemple ce que fait Pierre Garnier dans *Le Mariage dans ses devoirs* (1879). Après avoir recensé une série de « moyens superstitieux[20] » remontant à l'Antiquité, il conseille au futur mari de « laisser de côté les préoccupations relatives à la virginité physique que la tradition vulgaire a perpétuées jusqu'ici » et suggère « des données bien plus sûres et décisives pour apprécier la pureté et la continence que l'incertitude des signes physiques » directs de la défloration : il suffirait de repérer chez la demoiselle l'existence d'« un certain vernis virginal du teint, une candeur, un *je ne sais quoi*, aussi difficile à expliquer que facile à distinguer, dans ses habitudes et ses manières, ses coutumes, son langage, ses relations domestiques et sociales, que l'observateur le moins perspicace peut toujours observer et remarquer »[21].

Parmi les discours médicaux qui imputent les changements radicaux affectant la femme à un agent clairement identifié, son mari, la théorie de l'« imprégnation spermatique » contribue à renforcer le rôle primordial qui lui est conféré. Le corps féminin tout entier retirerait de nombreux bienfaits de la semence masculine qui l'imprègne. À cette assertion très ancienne, reprise au début du XIXe siècle par Julien-Joseph Virey, pour qui l'action du sperme masculiniserait le corps et le caractère de la femme[22], s'ajoute à partir de la seconde moitié du siècle une nouvelle théorie médicale qui va plus loin encore : comme le montrent les travaux d'Anne Carol, la « télégonie », également désignée par les expressions éloquentes d'« hérédité indirecte » ou même d'« infection maritale », connaît son âge d'or entre les années 1860 et 1920[23]. S'appuyant en partie sur des conceptions dont certaines remontent à l'Antiquité, cette théorie prétend que tous les enfants que porte une femme, quel que soit leur géniteur masculin, hériteront des traits du premier partenaire sexuel de leur mère. Elle confère à celui qui dans le même temps déflore et féconde le pouvoir de marquer de manière indélébile son corps, ainsi que toute la descendance de celle-ci, quels que soient les hommes qu'elle rencontre sexuellement par la suite. La première action spermatique serait donc déterminante, comme l'explique par exemple l'accoucheur des hôpitaux Alphonse Boissard : « Ainsi donc, la femelle vierge est marquée, dès la première conception, d'un signe indélébile, d'une empreinte permanente ; [...] on pourrait presque dire que c'est le sceau, la marque de fabrique que lui imprime le premier fécondateur[24]. »

La télégonie dramatise l'enjeu de la défloration. Ses promoteurs, qui confortent le mari dans son rôle d'agent transformateur de l'épouse, modifiée dans sa matrice, son esprit, et jusque dans le patrimoine biologique qu'elle transmettra à ses enfants, ne proviennent pas de l'arrière-garde de la médecine qui aime à ressasser les préjugés sur la virginité et la défloration : ils sont à la pointe des travaux sur l'hérédité et la génération. Ces idées sont ensuite diffusées dans des cercles plus larges qui les accueillent favorablement et les diffusent dans des essais ou des romans[25]. Jules Michelet écrit dans ses essais *L'Amour* et *La Femme*, à la fin des années 1850, de longs développements sur l'imprégnation, qui consacre biologiquement la femme comme création et propriété de son mari : « par la vie commune, par la fécondation, l'imprégnation et la métamorphose profonde qui l'accompagne, *il a fait cette femme*[26] ». Ces conceptions ne font toutefois pas l'unanimité et suscitent un certain scepticisme, par exemple de la part de la féministe Louise Vallory qui ironise sur les propos de Michelet et les pouvoirs qu'il prête au mari : « La femme n'est plus elle, mais le pâle reflet de son mari, au moral comme au physique ; il va peut-être, qui sait ? changer la couleur de ses cheveux, et de brune la rendre blonde, s'il est blond[27]. »

Les discours sur l'irrémédiable métamorphose féminine consécutive à la défloration ouvrent deux lectures opposées du devenir de la femme dans le mariage : l'accomplissement ou l'avilissement. La transformation nuptiale peut d'abord être envisagée de façon bénéfique et heureuse : la nuit de noces est alors décrite comme une épreuve certes douloureuse mais nécessaire pour que la vierge ignorante et inachevée cède la place à la femme, qui ne peut s'épanouir qu'en accédant à la condition d'épouse et de mère de famille. La bonne santé féminine dépend de la pénétration hétérosexuelle et procréative, qui apparaît comme une délivrance, après une période de continence qui ne doit pas se prolonger trop longtemps : il apaise les désirs trop vifs, et prémunit d'un grand nombre de maladies qui menacent la vieille fille ou la religieuse, comme la chlorose, l'hystérie, la mélancolie ou la nymphomanie... Dans son *Hygiène et physiologie du mariage* (1848), Auguste Debay prétend ainsi que la perte de la virginité est une renaissance pour la femme qui entame une seconde vie, plus riche, plus saine et plus entière :

> Croire que la virginité conserve la fraîcheur du teint et les divers attraits du corps est une funeste erreur dont les vieilles filles sont les victimes. Une fille qui reste vierge après avoir atteint le développement complet de son physique ne tarde pas à être assaillie d'une foule d'indispositions, d'éruptions cutanées, de vapeurs, etc., mortelles ennemies de sa beauté. Sa fraîcheur décroît, ses charmes se fanent et sa santé s'altère à mesure qu'elle tarde à remplir le but de la nature. Au contraire, la femme mariée, surtout celle qui a conçu, puise une nouvelle fraîcheur, une santé brillante dans les plaisirs dont la vierge est sevrée[28].

Mais la transformation féminine peut au contraire être considérée négativement : la nuit de noces est alors associée à la chute et à la flétrissure, en raison de la perte de la virginité, mais aussi de l'accès à la connaissance sexuelle qui peut être vécue comme un avilissement, notamment quand la relation sexuelle n'est pas consentie. Dans *La Femme de trente ans* (1842) d'Honoré de Balzac, Julie d'Aiglemont, jeune mariée, décrit à son amie la dégradation physique et morale immédiatement ressentie après sa nuit de noces : « Cette soirée fera ton désespoir, Louisa. Dans ce temps, tu étais jeune, belle, insouciante, sinon heureuse ; un mari te rendra, en peu de jours, ce que je suis déjà, laide, souffrante et vieille[29]. »

Juste avant l'épreuve

Peu nombreux sont les textes et les images qui abordent frontalement la question centrale, mais secrète, de la relation sexuelle qui est censée se produire au cours de la nuit de noces. Des romans l'évoquent, sans toutefois s'attarder sur le détail des pratiques. La littérature réaliste de la seconde moitié du XIXe siècle met plus crûment en scène la confrontation des corps mais sans aller jusqu'à décrire avec précision les modalités du coït. Les écrits pornographiques détaillent l'apparence des organes génitaux, l'enchaînement des postures et les soubresauts des corps, qui n'ont que peu à voir avec ce qui se passe réellement dans une chambre nuptiale. Les manuels d'hygiène conjugale indiquent ce que doit être une nuit de noces « normale », du moins aux yeux des médecins. Quant aux procédures judiciaires, elles apportent un contrepoint intéressant, en évoquant des cas identifiés comme inhabituels mais qui révèlent aussi en creux les normes et les attentes déçues. Cet éventail de sources disparates permet d'esquisser les contours de la première rencontre charnelle des époux, telle qu'elle était prescrite et telle qu'elle a pu se dérouler parfois.

Lorsqu'ils traitent des aspects concrets de la consommation du mariage, les romans et les manuels ont ceci en commun qu'ils scénarisent le récit qu'ils offrent à leurs lecteurs. Ils ne réduisent pas leurs descriptions à une analyse sèche du coït : ils campent le décor de la chambre nuptiale, font le portrait physique et psychologique des protagonistes et détaillent leurs interactions. L'incipit de *La Petite Bible des jeunes époux* (1885) s'attarde sur la pièce dans laquelle se retrouvent les époux, décrit leurs vêtements, imagine les paroles qu'ils s'échangent, avant de prescrire les différentes étapes du rapprochement physique, les gestes et leur distribution dans l'espace et le temps[30]. Comme bien d'autres auteurs de manuels conjugaux, le docteur Montalban inscrit le rapport sexuel propre à la nuit de noces « dans une sorte de dramaturgie », un « script culturel », tel qu'il est analysé par John Gagnon, en ce qu'il spécifie « les objets appropriés, les buts et les qualités désirables des relations entre soi et l'autre » mais précise aussi « les moments et les lieux, les séquences de gestes et de propos et surtout ce que l'acteur et [sa ou son partenaire] sont censés ressentir »[31].

La scène primanoxiste est la confrontation de deux personnages, le mari et la femme qui, conformément à l'ordre hétérosexuel dans lequel ils se placent, se présentent l'un à l'autre comme deux êtres intrinsèquement différents sur le plan physique et moral. Le docteur Caufeynon, au début du XXe siècle, énonce avec assurance ce que doivent être les comportements masculins et féminins pendant le premier coït, en insistant sur les actions du mari, déterminantes :

> La jeune femme et son mari se retirent après la pénible journée de noce. La mariée est sincèrement candide et naïve, supposons-le du moins, elle va s'abandonner toute à celui en qui elle a pleine confiance, bien qu'elle sente d'une façon confuse qu'il va lui apprendre des choses nouvelles. Elle n'est pas très rassurée cependant, mais à tout prendre son rôle est des plus simples, étant purement passif.
> Le rôle du mari est plus embarrassant et plus difficile. [...] L'homme ne ménage pas seulement les organes, il ménage aussi la susceptibilité de la femme. La femme qui, dans sa candeur

> naïve, a déjà une peur exagérée de l'inconnu, est sensible à ces procédés, heureuse de la déférence que l'homme, même aux prises avec la passion, veut lui accorder ; elle se prête d'autant mieux aux exigences de l'amour qu'elle les comprend davantage. Il faut l'initier lentement, progressivement, au nouveau rôle qu'elle ignore et qu'elle doit remplir, à la pratique du mariage. De cette première nuit, ses sens et son esprit garderont peut-être un souvenir qui ne s'effacera plus, il dépend du mari que ce souvenir soit bon ou mauvais[32].

À l'image du mariage qui repose sur une association où chacun a des devoirs et des droits, l'union sexuelle exige, dès la première fois, une distribution des rôles qui reflète plus largement la place des hommes et des femmes dans la société. L'homme, actif, a l'initiative du rapport sexuel, ainsi que la prérogative sur les gestes effectués : c'est une façon de démontrer sa puissance virile et sa capacité à exercer la responsabilité de chef de famille. Il est doublement le « maître », qui éduque et domine sa femme, mais doit se montrer prévenant et rassurant avec son « élève ». Quand le mari ne prend pas les devants, la situation devient problématique puisque l'épouse ne peut être qu'en situation d'attente. Marie-Louise F., en 1893, déplore le fait que son mari n'ait pas de lui-même entrepris concrètement la consommation : « Dès la première nuit il m'avertit que quand je désirerais avoir des rapports conjugaux avec lui, je devrais lui demander. Le procédé me parut naturellement étrange ; élevée comme je l'ai été, je ne pouvais guère songer à faire une demande de ce genre[33]. »

À partir du moment où le mari entame le rapprochement, le devoir de l'épouse est de se prêter de bonne grâce à cette relation sexuelle, puisque la réussite de l'épreuve est doublement conditionnée à la justesse des gestes de l'un et à l'obéissance de l'autre : « Toutes sortes de bonheurs [...] se réaliseront certainement, si elle est bonne, fidèle, prévenante et soumise[34] ». Si elle ignore ce qu'il fera exactement, elle sait au moins que c'est à lui d'amorcer l'acte conjugal. Les questions posées à ce propos par les juges ecclésiastiques aux maris sont révélatrices de ces normes : « Veuillez-nous dire comment s'est passée la première nuit qui a suivi le mariage. Avez-vous manifesté le désir et la volonté d'user de vos droits de mari ? Comment votre femme a-t-elle répondu à vos avances[35] ? »

Le passage à la sexualité conjugale implique pour les épouses de changer radicalement de comportement, notamment dans le domaine des attitudes corporelles à l'égard de l'autre sexe : ainsi, alors qu'elles ont incorporé certaines attitudes de rigidité et de fermeture dans les postures (par exemple des jambes) depuis l'enfance, elles doivent au contraire rendre subitement leur corps ouvert et accessible. Quand l'épouse résiste aux avances masculines, la situation est jugée problématique. L'indocilité féminine est un ressort comique tout au long du siècle. Armide de Beausire, dans *Le Cocu* (1831) de Paul de Kock, est qualifiée de « perfide » par son mari qui ne se remet pas de sa conduite : « Une femme qui m'a pincé, mordu, égratigné la nuit de nos noces, lorsque j'ai voulu... Vous entendez[36] ?... » Des cartes postales de la Belle Époque inversent aussi les rôles en figurant une mariée bien plus imposante physiquement que son mari, qui semble doublement redouter et sa femme et le corps à corps qui s'annonce davantage comme une confrontation que comme une fusion. Dans les procédures canoniques, plusieurs récits décrivent de telles nuits de noces. Marguerite Q. et Édouard T., médecin de son état, se marient en 1899, à l'âge de dix-huit ans et trente-deux ans respectivement. Le mari raconte avoir été « captivé par la beauté plastique de Mademoiselle Q. », avant de bien vite déchanter :

> Notre union a été des plus malheureuses. Me mariant pour avoir un intérieur familial et des enfants qui réjouissent cet intérieur, dès la première nuit des noces, du six au sept février à l'hôtel Terminus, à Nancy, j'essayai en vain de consommer le mariage : je me heurtai à un refus total, tant de la volonté bien arrêtée de mon épouse qu'à sa force musculaire contre laquelle je fus impuissant. Depuis cette première et vaine tentative [...] à diverses reprises, selon mon droit et suivant les circonstances favorables, usant de tous les raisonnements affectueux et de toute mon adresse médicale, je tentai la consommation du coït ; chaque fois, comme une lionne en furie, elle bondissait hors de son lit et me rejetait loin d'elle[37].

Il insiste sur le fait qu'il était facile à son épouse « de résister car elle était d'une taille et d'une force herculéenne » et que par ailleurs elle n'aurait contracté ce mariage « que pour se couvrir d'une devanture qui lui permit sa vie d'aventures romanesques et de reine des salons » ; en sa qualité de médecin, il établit un diagnostic comme si elle était une de ses patientes, considérant qu'il a affaire à une hystérique onaniste atteinte de vaginisme. Les juges ecclésiastiques accordent à Édouard T. la dispense pour non-consommation, tout comme ils la concèdent à Charles Q., âgé de vingt-six ans en 1892 au moment de son mariage, parce qu'il n'a pas réussi à s'approcher de Césarine F., âgée alors de seize ans : « Elle était plus forte que moi, et m'écartait[38]. » Dans ces affaires, les maris et leurs témoins se posent en victimes d'épouses violentes, dépourvues de douceur, instables psychologiquement, incapables de recevoir des témoignages de tendresse et d'y répondre.

Une autre façon de contrevenir à l'ordre établi est au contraire pour les femmes d'aller au-devant des initiatives du mari. Deux affaires conservées aux Archives apostoliques du Vatican le montrent bien : dans la première, Angélique de H., âgée de vingt ans au moment de son mariage en 1889, paraît très empressée de remplir son devoir d'épouse. Xavier de J. raconte la scène : « En rentrant de l'Église, nous sommes montés, ma femme et moi, dans sa chambre, et ma femme m'a demandé immédiatement l'accomplissement du devoir conjugal. » Le mari, accusé d'impuissance, est défendu par son père, qui blâme plutôt Angélique pour son tempérament sexuel hors norme : « La jeune femme a obligé mon fils à remplir ses devoirs d'époux. Elle a demandé maintes fois l'accomplissement du devoir conjugal, et avec une vivacité extrême !! [...] Les exigences de sa femme, son caractère, les scènes qu'il avait à essuyer [...] ont altéré sa santé. Il a failli en mourir[39]. » Dans une autre affaire, la conduite fougueuse de la jeune Amélie W., dix-sept ans au moment de sa nuit de noces, en 1887, est utilisée comme argument par le mari, Pierre de F., âgé de trente ans, et ses témoins, pour la montrer sous un mauvais jour. On raconte même que « le soir de ses noces, elle disait [...] en faisant certains préparatifs, qu'elle comptait consommer son mariage même avant d'être arrivée au terme du voyage[40] ». Les conduites actives féminines, qu'elles expriment l'absence ou l'existence du désir, sont discréditées moralement et pathologisées[41]. Le désir féminin est un impensé de la nuit de noces : il n'y a pas sa place, sauf s'il répond à une sollicitation du mari, auquel cas il sert surtout à confirmer son aptitude virile à parvenir à ses fins.

Dans les manuels conjugaux, les choses sont censées se dérouler sereinement, si, d'une part, des sentiments d'affection sont partagés et si, d'autre part, chacun respecte son rôle. Mais il est bien rare que, hors des textes normatifs, la réciprocité de la joie, du désir et de l'impatience qui précéderaient immédiatement le premier acte conjugal soit évoquée. Le récit du paysan Jean-Marie Déguignet, qui raconte dans ses *Mémoires* (1868) sa première nuit avec Marie-Yvonne, qu'il qualifie de « bonheur suprême », fait exception : « Oui, quand deux êtres se trouvent ainsi pour la première fois, deux êtres jeunes et vigoureux poussés l'un vers l'autre par les mêmes sentiments et les mêmes besoins débordants, le moment est réellement sublime[42]. » Mais la grande majorité des sources – y compris fictionnelle – insiste plutôt sur l'appréhension qui étreint les époux. Les caricaturistes représentent la peur féminine, mais, en s'appuyant sur le ressort comique de l'inversion des normes et des rôles masculins et féminins, ils proposent également des scènes où le mari semble plus contrarié que sa femme de l'acte sexuel à venir : dans une carte postale intitulée *Crainte légitime*, le lecteur associe d'abord le titre à l'émotion bien compréhensible de l'épouse dont les yeux baissés et la main portée au visage pourraient traduire la peur ou la gêne. Son attitude est dessinée de manière ambiguë et on ne tarde pas à s'apercevoir, à la lecture du dialogue entre le mari et la belle-mère qui lui donne les derniers conseils d'usage, que la « crainte légitime » est celle du mari, dont l'âge avancé pourrait expliquer la peur d'une défaillance sexuelle. Plus largement, cette scène montre qu'on fait reposer la réussite ou l'échec de la nuit de noces sur les seules capacités viriles de l'homme.

Les dépositions judiciaires amènent les époux à mettre des mots sur leurs sentiments et leurs sensations. Bien qu'il y ait des exceptions[43], de nombreux témoignages soulignent l'appréhension que l'acte inspire aux femmes. La jeune Marguerite J., mariée en 1879 à l'âge de dix-sept ans, explique combien elle a été submergée par une peur qui l'a paralysée, au moment où son mari s'est approché d'elle : « Quand il voulut agir en mari, j'ignorais tout ce qui allait m'arriver, je m'étais presque évanouie de terreur sous le regard dur et la volonté de cet homme devant lequel je n'étais encore qu'une pauvre petite fille tremblante de peur et de dégoût. Oh pouvoir me sauver, je ne sais où[44] !!... »

Même les témoignages plutôt positifs évoquent la peur féminine. C'est le cas de cette lettre écrite par un homme séparé de son épouse pendant la Grande Guerre. Alors qu'il n'est pas encore démobilisé, l'officier Albert Viard s'adresse le 3 avril 1919 à Léa, lui remémorant avec tendresse ses craintes de jeune fille lors de leur nuit de noces : « Tu craignais ton seigneur et maître, n'étant pas encore habituée à sa voix et à ses yeux que tu n'osais regarder. Tu te voyais croquée par le loup, désirant l'être vite et craignant en même temps de l'être. C'était très compliqué, hein, ma gosse. Tu en ris, maintenant, c'est sûr[45]. »

Crainte légitime. **Carte postale, s.d. (collection particulière).**
« La belle-mère – Allons, bonsoir, mon gendre, et tâchez d'en sortir. / Lui – C'est pas de sortir qui me gêne !! »

Les hommes peuvent eux aussi être affectés au moment de l'épreuve. Selon son père qui en témoigne devant le juge ecclésiastique, Jules P. perd ses moyens devant la nouveauté de l'acte à accomplir, lors de sa nuit de noces en 1899 : « Mon fils est d'une grande impressionnabilité. On devine qu'au premier rapprochement il a dû se sentir impressionné et très nerveux[46]. » Des études médicales expliquent l'impuissance « relative et temporaire » de la nuit de noces par les violentes émotions éprouvées dans le lit nuptial, la préoccupation du mari d'être à la hauteur, le sentiment de culpabilité de ne pas arriver vierge dans le lit nuptial[47], la crainte de mal s'y prendre et de blesser son épouse[48] ou la gêne à se sentir observés en un pareil moment en raison de la proximité des parents. À cette liste, le docteur Roubaud ajoute le problème de l'« impuissance sympathique », qui résulte de la perte passagère du désir en raison d'un sentiment amoureux trop grand :

> Au milieu de cette confusion étrange, de cette tension exagérée de tous les ressorts de la vie, l'âme n'exerce plus qu'un empire douteux, qu'une puissance tremblante ; si tout à coup elle est inondée d'un bonheur longtemps caressé, si elle est éblouie par l'apparition inattendue d'une félicité prochaine, elle se noie elle-même dans une immensité de joies et de voluptés, abandonnant à leur délire, sans gouvernail et sans boussole, toutes les forces de l'organisme[49].

Après cette envolée, il précise que ce « phénomène étrange » n'est pas rare, et a même touché un « des acteurs les plus distingués de Paris, [qui] éprouva cet accident la première nuit de ses noces, bien qu'il eût antérieurement des rapports avec la femme qu'il épousait »[50]. Si les médecins rassurent en expliquant que l'émotivité nuptiale peut aussi bien toucher les hommes que les femmes, dans les faits elle est mieux tolérée chez les femmes car cela ne les empêche pas de rester dans le rôle qu'on attend d'elle, tandis qu'elle rend impossible la consommation du mariage quand elle affecte les hommes.

Le corps à corps

Sylvie Chaperon a montré que les manuels conjugaux codifient le coït « en une gestuelle normative, appuyée sur la physiologie et les lois naturelles[51] ». L'époux doit d'abord prodiguer des paroles et les premiers gestes d'affection – caresses, baisers –, mais, hormis P. de Bourgogne qui indique qu'ils doivent être tendres mais « sans apparence de débauche[52] », les manuels se dispensent de les décrire plus avant, s'abritant derrière l'autorité d'un illustre prédécesseur, Ambroise Paré, dont un texte est très souvent cité au XIXe siècle – l'ancien français et le vocabulaire désuet mettant sans doute à distance les gestes audacieux qui sont décrits :

> L'homme étant couché avec sa compagne et épouse, la doit mignarder, chatouiller, caresser et émouvoir, s'il trouvait qu'elle fût dure à l'éperon ; et le cultivateur n'entrera dans le champ de nature humaine à l'estourdy, sans que premièrement n'aye fait ses approches, qui se feront en la baisant, maniant ses petits mamelons, afin qu'elle soit esprise des désirs du mâle (qui est lors que la matrice lui frétille), afin qu'elle prenne volonté et appétit d'habiter et faire une petite créature de Dieu et que les deux semences se puissent rencontrer ensemble ; car aucunes femmes ne sont pas si promptes à ce jeu que les hommes[53].

Dans son journal, Mireille de Bondeli évoque cette phase de rapprochement, marquée par la « nouveauté de certains gestes » et facilitée par l'affection que les époux éprouvaient déjà l'un pour l'autre : « J'ai trouvé cela étrange et (dirais-je le mot ?) un peu dégoûtant. Mais j'avais confiance en toi, et je croyais aussi que mon initiation consistait en cela, jusqu'au moment où tu as dit : “Il faut se coucher", et tu as murmuré : "Ce ne sera bien plus terrible"[54]. » Les attouchements doivent mener à ce qui constitue l'essentiel de l'épreuve sexuelle, c'est-à-dire le coït : « Puis, lorsqu'elle sera consentante, [le mari] saura accomplir sans hâte excessive, avec une adresse réfléchie, le sacrifice inévitable qui ouvrira la porte des intimités parfaites[55] », écrit le docteur Bourgogne. Les manuels d'hygiène conjugale décrivent les différences anatomiques et physiologiques de l'homme et de la femme et insistent sur l'hygiène du rapport sexuel et l'importance de présenter des organes génitaux sains et performants. À cet effet, l'arrêt des pratiques sexuelles solitaires est conseillé[56] : un jeune homme qui se livre à la masturbation risque d'arriver complètement épuisé au mariage, de manquer de la vigueur nécessaire pour déflorer son épouse, de ressentir moins de plaisir ou d'éjaculer précocement, comme l'écrivent les médecins anglais R. et L. Perry dans *L'Ami discret*, traduit en français en 1854 :

> Imaginez-vous la position d'un jeune homme dans un tel état, que des circonstances portent à former une liaison matrimoniale, et qui se trouve appelé à changer ses habitudes vicieuses contre les joies pures d'un lit nuptial ! [...] Le mari éprouvant peut-être une émotion nouvelle mais puissante, essaie de remplir le principal but de son union. Les passions sont enflammées au plus haut degré ; chaque faculté semble éprouver la sensation d'une douce extase ; mais hélas ! au moment où il veut déchirer le voile virginal de son épouse, une émission spontanée a lieu, son feu se refroidit, l'excitation si forte, il y a un moment, disparaît, et les fonctions animales se paralysent et deviennent impropres à remplir le but pour lequel ils ont été excités [*sic*][57].

L'onanisme serait également néfaste pour les femmes qui s'y adonnent, car, sans doute jamais mieux servies que par elles-mêmes, elles développent ensuite, selon Charles François Menville de Ponsan, une indifférence pour les « plaisirs légitimes de l'hymen[58] ». Enfin, les médecins alertent sur les dangers de la journée du mariage : la nourriture riche du festin des noces, qui affaiblit l'organisme trop sollicité par la digestion, doit être évitée, de même que les boissons alcoolisées, qui amoindrissent la capacité sexuelle. L'impuissance qui en résulterait serait certes passagère mais inévitablement mal perçue par l'épouse. En revanche, on l'a vu précédemment, certains médecins évoquent la possibilité de donner à boire aux femmes pour vaincre leurs réticences[59].

Les manuels insistent peu sur la préparation sexuelle des femmes. Georges Surbled précise que c'est le devoir des « mères sages et prévoyantes » de « préparer leurs filles à ce premier acte de la vie conjugale par des bains de siège fréquemment renouvelés, par des lotions, des émollients, etc. »[60]. Il s'agit de disposer la zone génitale à la défloration, en amollissant la chair, afin que l'hymen soit moins résistant et que le vagin puisse s'élargir facilement. Le docteur Ernest Monin préconise en outre des « onctions huileuses » comme la « glycérine [et la] vaseline [...] sur les organes génitaux »[61], usage confirmé par les archives judiciaires : « Mon mari, à un moment donné, vint dans le lit que j'occupais, il m'invita à mettre de la vaseline, resta à côté de moi deux minutes environ, pour me dire un peu plus tard : "C'est comme ça qu'on attrape des enfants"[62] », raconte Marie Z., à propos de sa nuit de noces passée au Grand Hôtel en 1903.

Pour la mise en rapport des organes sexuels, les médecins recommandent aux maris d'agir avec une grande douceur, mais en même temps avec promptitude : le coït doit être efficace, rapide et complet[63]. Mais peu de manuels indiquent comment procéder concrètement. Le docteur Bourgogne, au début des années 1910, expose plus précisément que ses confrères les gestes à effectuer, conseillant patience et mesure au début, mais ordonnant au moment crucial une pénétration, qui, inévitablement douloureuse, doit être brève et assurée : « L'effort doit porter à la partie postéro-inférieure de la vulve, entre les petites lèvres préalablement écartées, et non pas en avant à la hauteur du clitoris ou du méat urinaire. [...] Généralement la première tentative d'introduction franche, vigoureuse et en bonne place suffit à déchirer l'hymen[64]. » On peut cependant douter de l'efficacité pédagogique de cette description qui pèche par son excès de technicité.

De plus, il faut se représenter la difficulté des couples à effectuer les bons gestes alors que la chambre est plongée dans l'obscurité. Certaines sources suggèrent, en creux, que le coït se déroule dans le noir[65] : il s'agirait d'un égard que le mari doit à sa femme pour ménager sa pudeur, tandis que l'éclairage serait plutôt réservé aux relations extra-conjugales ou prostitutionnelles. Les causes matrimoniales qui évoquent les conditions d'éclairage rapportent toujours une « obscurité absolue », dont personne ne s'étonne, mais qui justifie le fait que les épouses peinent à rendre clairement compte des pratiques effectuées, d'autant plus que nombre d'entre elles n'ont aucune idée de la conformation de l'appareil génital masculin. Cela plonge Marie de T. dans une certaine perplexité lors de sa nuit de noces, en 1868 :

« Je sentais un corps visqueux et mou que j'ai cru longtemps être une petite éponge avec laquelle il me mouillait la jambe, sans que j'ai [*sic*] pu m'expliquer pourquoi, et je n'osai pas le demander[66]. » Marie de G., en 1885, fait le même constat : « Je n'ai jamais rien vu, parce que je n'ai jamais regardé. Je n'ai rien senti de raide comme un bâton, comme on m'a dit plus tard que je devais sentir[67]. » La vue du sexe en érection, qui permettrait aux épouses de commencer à comprendre, ne leur est pas offerte. Dans ces affaires, l'absence de révélation du dimorphisme sexuel, pourtant constitutif du rapport hétérosexuel tel qu'il est donné en modèle au XIXe siècle, est au cœur du dysfonctionnement conjugal. L'invisibilité de la différence anatomique entre le féminin et le masculin contribue à nourrir l'angoisse des épouses.

Les travaux d'Yvonne Knibiehler, de Catherine Fouquet et de Sylvie Chaperon montrent que les médecins du XIXe siècle se font plus discrets et évasifs sur les positions sexuelles qu'au temps de Nicolas Venette[68]. Le docteur Montalban se risque à quelques indications en préconisant la position horizontale, l'homme au-dessus de la femme, la seule conforme à la religion et à la morale, mais adopte quelques précautions de langage : « Quelle position plus favorable choisir ? Ici je pourrais me lancer à perte de vue dans une digression plus libertine que savante [...]. Je me contenterai de dire : la meilleure est la position classique, *illa sub, ille super* [« Elle dessous, lui dessus »][69]. » De même, rares sont les témoignages qui s'appesantissent sur les postures, comme Marie de P. qui précise que, lors de sa nuit de noces en 1869, son mari l'a disposée à plat ventre, si bien qu'elle étouffait, la tête dans l'oreiller[70], ou comme Franc L. qui déplore que sa femme, « au lieu d'écarter les jambes et les cuisses, [...] les serrait fortement l'une contre l'autre, se tenant même le plus souvent sur le côté », ce qui a rendu impossible l'intromission[71].

La première nuit n'est pas le moment de révélation du plaisir sexuel. Le docteur Bourgogne donne les raisons pour lesquelles il est « absolument rare que la vierge éprouve une jouissance physique véritable pendant les premiers rapports » :

> La première c'est que la déchirure de l'hymen est presque toujours fort pénible et parfois atrocement douloureuse ; la seconde, c'est que la nouveauté et l'étrangeté de la sensation vénérienne elle-même est telle, pour la jeune mariée, qu'elle lui paraît plus voisine de la douleur que du plaisir. Enfin et surtout, les sens de la jeune fille

> sont souvent à peine éclos : ils ont besoin d'être éduqués et de se développer progressivement pour atteindre bientôt leur perfection. Ce qui lui plaît surtout, ce sont les caresses et les baisers du début, bien plus que la sensation particulière qui marque le spasme final[72].

Les médecins s'attardent d'autant moins sur l'orgasme qu'au XIXe siècle il est désormais prouvé qu'il n'est pas nécessaire à la procréation[73].

Selon les normes de l'époque, l'éjaculation masculine dans le vagin, indispensable pour que le mariage soit considéré comme consommé, marque le dénouement de l'acte sexuel. Les manuels précisent que, le premier soir, il n'est nul besoin de réitérer la manœuvre, au risque d'épuiser le mari et surtout d'aggraver les souffrances de l'épouse ou de la blesser : « Il peut arriver qu'un jeune mari, après avoir défloré sa femme, se croit naïvement obligé de lui prouver sa vigueur par des ardeurs prolongées ou maintes fois répétées et pense ainsi lui être agréable. En quoi il se trompe complètement[74] », affirme le docteur Bourgogne. Du reste, les récits de nuits de noces marquées par plusieurs coïts d'affilée, à l'instar de celles de Louis XV et Marie Leszczynska ou de Victor Hugo et Adèle Foucher (voir chapitre 1), ne sont pas fréquents. Pour Louise de J., qui cherche à se défaire de son mariage, contracté à Nantes en 1897, la façon dont se sont déroulées ses « premières relations conjugales » est significative « du dérangement cérébral et de la folie » qui affecteraient son mari Jacques de Q. :

> Elles furent [...] d'une brutalité sans exemple, au cours de la première journée des noces. Elles furent invraisemblables. Il ne les exigea pas moins de quinze fois pendant cette nuit, puis six fois par vingt-quatre heures, au moins pendant un mois, et jamais moins de deux fois. Tout cela n'est pas étonnant, du reste, puisqu'il ne ressentait aucune fatigue. Les relations, de son côté, étaient sans émission ; elles duraient, quelquefois, de quinze à vingt minutes[75].

Le docteur Paul Moreau « de Tours », spécialiste des « aberrations du sens génésique[76] », examine le mari et conclut à un cas de « folie érotique[77] » qui autorise par la suite la nullité pour vice du consentement. Dans d'autres cas, ce sont des maris accusés d'impuissance qui affirment qu'ils ont consommé plusieurs fois le mariage dès la nuit de noces. Alphonse H., marié en 1896, se fait très insistant sur ses premiers succès, tant sur la quantité des rapprochements que sur leur qualité :

> Ma femme s'est prêtée sans aucune difficulté à l'accomplissement du devoir conjugal. Elle y prenait un plaisir tel, que le rapprochement avait lieu jusqu'à quatre fois !!! dans les vingt-quatre heures !!! [...] En d'autres termes, il y a eu introduction complète !! du membre viril, mais non émission intérieure. [...] J'ai dit à mon père que le mariage avait été consommé, et comme il me faisait remarquer que, peut-être ému, j'avais pu ne pas bien m'en rendre compte, j'ai insisté en me servant de cette expression caractéristique : *J'ai consommé le mariage jusqu'à la garde*[78].

Son épouse Germaine E. semble pourtant ne pas avoir vécu les choses de la même façon. Les médecins légistes arbitrent en procédant à un examen médical qu'elle accepte de subir : ils constatent alors l'intégrité de l'hymen et se disent absolument sûrs de l'absence de consommation. Dans une autre affaire, Maurice H., un rédacteur du *Journal des débats* accusé d'impuissance par sa femme, se montre d'abord très réticent à participer aux « conversations odieuses » qu'impose la procédure matrimoniale canonique, mais se rend finalement devant le juge ecclésiastique pour déclarer :

> J'ai consommé le mariage plus de cent fois. Par conséquent il n'y a pas à parler de tentatives. Mes relations ont été complètes, normales, réitérées, quatre fois dès la première nuit. Et le lendemain, si j'avais appris que j'avais l'espoir d'être père, je n'aurais éprouvé aucune surprise. [...] Je suis obligé en faux contre les affirmations de ma femme. Le mariage a été consommé, je l'ai dit. Je le répète. Ma femme est fixée sur ce point, comme moi. Elle ne peut avoir aucune illusion de jeune fille ou de jeune femme plus ou moins ignorante[79].

Ici encore, ces protestations de virilité outrées ne convainquent ni les médecins ni les juges, et la dispense est accordée.

Des pratiques sexuelles non conformes

Les juges ecclésiastiques attendent des époux des explications détaillées, afin de déterminer si, parmi les gestes effectués, certains au moins correspondent à la consommation du mariage. Dans le cas de l'absence de pénétration puis d'éjaculation du pénis dans le « vase » féminin, et même s'il y a eu d'autres pratiques sexuelles, les canonistes considèrent que les formes prescrites font défaut et délivrent la dispense *super matrimonium ratum et non consummatum.* Le tri qu'opèrent les hommes d'Église entre bonnes et mauvaises pratiques sexuelles est un argument de la critique anticléricale qui y voit une ingérence anormale dans l'intimité des couples, un voyeurisme qui débouche sur une vision restrictive de la sexualité conforme. Ferdinand V., interrogé dans les années 1900, finit par répondre au juge : « Mais qu'est-ce que cela vous regarde ? [...] Moi, je ne reconnais pas l'autorité de l'Église... je m'en moque...[80] » ; tandis que Bonaventure W. blâme son épouse pour l'inconvenance dont elle a fait preuve quand elle a osé se confier à ses parents : « Je suis étonné et profondément peiné que dans une famille aussi chrétienne que prétend l'être Madame G. on ait soulevé pareille question[81]. »

Les époux et leurs témoins sont invités à décrire soigneusement ce qui s'est passé. Mais souvent, par gêne, certains se contentent de formules vagues, comme le père d'Angélique de H. qui déclare que le soir du mariage, en 1889, son gendre « n'avait rempli aucun de ses devoirs conjugaux », « qu'il voulait se livrer sur elle à des actes contre nature » et qu'il « avait simulé la tentative de consommation après s'être livré sur sa femme à des actes ignobles, et à des excitations contre nature », qui ne sont pas décrits plus avant[82].

Ces actes « contre nature » peuvent renvoyer aux pratiques non procréatives ou aux positions sexuelles considérées comme fantaisistes. Ce n'est qu'après une discussion avec sa tante Camille que Marie A., mariée en 1893, comprend que les rapports qu'elle a eus avec son mari n'ont pas pu entraîner une grossesse. Plusieurs années plus tard, mieux instruite, elle raconte – fort pudiquement – sa nuit de noces lors du procès canonique :

> La première nuit, Mr O. s'est montré affectueux, mais sans tendresse. Les relations n'ont pas été, je crois, ce qu'elles auraient dû être. Je crois que Monsieur O. a voulu s'amuser de moi. Quant à moi, j'étais disposée à faire tout ce qu'exigerait mon devoir de femme. Je ne savais d'ailleurs pas exactement en quoi consiste la consommation du mariage, je ne suis même pas sûre de le savoir à présent[83].

Le mot « s'amuser » indique ici le caractère non conforme des actes que l'épouse n'ose décrire. Ailleurs, ils sont désignés par les expressions de « fraudes conjugales » ou d'« onanisme conjugal » (plus rarement par le mot de « sodomie », qui ne renvoie alors pas spécifiquement aux rapports anaux), employées par les théologiens au XIXe siècle pour disqualifier des pratiques qui, comme l'explique Claude Langlois, se distinguent de la masturbation mais ont en commun avec elle un « interdit identiquement transgressé, la semence pareillement répandue dans un acte sexuel qui n'a point sa fin normale[84] », c'est-à-dire l'éjaculation dans le vagin. Il s'agit donc de l'ensemble des actes qui recherchent l'assouvissement du plaisir d'au moins un des partenaires sans être directement liés à la reproduction. Parmi eux figure en premier lieu le coït interrompu, ou retrait, pratique contraceptive bien diffusée dans la population mais condamnée par l'Église, qui la regarde comme une forme de dépravation[85]. Les critiques s'intensifient après les années 1870, dans un contexte de montée des tensions internationales, qui font de la baisse des naissances, en France puis dans le reste de l'Europe, une préoccupation chez les clercs mais aussi dans le débat public[86]. Les condamnations morales se retrouvent dans le discours des médecins, qui sécularisent les interdits religieux en alertant sur les risques que ces pratiques feraient peser sur la santé des époux. Sylvie Chaperon a montré que les actes sexuels désignés comme des fraudes étaient considérés comme provoquant des « maladies génitales graves : métrite aiguë ou chronique, cancer, attaque de nerfs, urétrites, maladies de la prostate, impuissance, etc.[87] ». Ainsi, dans *Des fraudes dans l'accomplissement des fonctions génitales* (1868), le docteur Bergeret reprend à son compte le vocabulaire des théologiens en évoquant des « fraudes » qui font « honte à l'humanité ». Il prend pour exemple cette pauvre « villageoise », victime de son mari depuis sa nuit de noces :

> C'est une belle brune qui a épousé, à vingt-huit ans, un homme de trente ans, à figure abjecte, bestiale, et dont les instincts sont plus bas que ceux de la brute. C'est un paresseux qui, pouvant à peine suffire à sa propre subsistance par son travail, sa principale ressource, a déclaré à sa femme, le soir de leurs noces, qu'il ne voulait point avoir d'enfants ; alors il a mis en usage, dès le début, les pratiques hideuses de la sodomie, n'abordant les organes génitaux qu'à leur entrée et avec beaucoup de crainte. Cette femme, qui était une magnifique paysanne au moment de son mariage, n'a pas tardé à dépérir. Les fonctions de l'estomac se sont perverties : elle vomissait souvent après les repas. Elle est devenue gastralgique, hypocondriaque[88].

Le *coitus interruptus* est rarement signalé dans les archives vaticanes même si on dispose par exemple du témoignage du père de Lucie T., mariée avec Maurice H. en 1898, qui raconte que son gendre « aurait, en cette première nuit, essayé de consommer le mariage, mais se serait borné aux tentatives, et se retirant aurait fini l'acte conjugal dans une serviette[89] ». Les procès canoniques insistent plutôt sur d'autres pratiques. Le cas le plus fréquemment cité est l'utilisation des doigts pour caresser ou déflorer, jugée obscène. Marie de P. affirme qu'il n'y a pas « eu de rapprochements de corps, mais seulement des attouchements avec la main, et le doigt[90] », lors de sa nuit de noces en 1869. Jeanne P. donne des détails sur les premiers gestes de son mari Pierre G. en 1896 :

> Il y avait quelques instants que mon mari était sur moi quand il m'a dit sans entrer dans aucune explication : « Voilà ce qu'est le mariage ! » Après être resté ainsi sur moi pendant une heure mon mari s'est étendu à côté de moi et il a introduit le doigt dans l'organe.
> J'ai alors éprouvé une certaine gêne. Je me suis d'ailleurs bien rendu compte que c'était le doigt qu'il avait introduit. Il me dit alors : « tes parents ont fait ainsi eux-mêmes, et c'est ainsi qu'on fait pour avoir des enfants. »
> Je l'ai cru, ayant confiance en lui d'autant plus que j'étais très-ignorante des choses du mariage[91].

C'est aussi ce qui arrive à Marie-Louise de F., qui s'unit à Ferdinand V. en 1893 : « Les tentatives de consommation du mariage se sont bornées à ceci : mon mari a mis la main sur moi, il m'a même blessée avec son ongle, blessures qui ont amené une inflammation[92]. » Deux jours après le mariage, elle éprouve des « douleurs dans la région génitale ». Le médecin qu'elle consulte par la suite procède alors à un examen médical sur les deux époux, observant chez le mari une « fistule purulente à l'anus » et, chez la femme, « un grand gonflement, un écoulement purulent » qui « avait été causé par les attouchements du mari, dont les doigts devaient être malpropres et infectés par le pus de la fistule ».

Plusieurs affaires sont ainsi menées à la demande d'épouses « abîmées » avec le doigt par des maris impuissants qui soit tentaient de rompre l'hymen pour faire croire à la consommation du mariage, soit voulaient les satisfaire malgré leur incapacité de les pénétrer, à l'instar de Robert de W., qui prétend s'être préoccupé de la frustration sexuelle à laquelle son impuissance exposait sa femme, lors de leur nuit de noces en 1895 :

> Je crois devoir ajouter, voyant ma femme, après ces tentatives infructueuses, dans un tel état de nervosité, je craignais pour sa santé ; je croyais devoir m'imposer alors, et fort péniblement pour moi, l'obligation de pratiquer sur elle des attouchements avec le doigt !?!? qui n'avaient d'autre but, dans mon intention, je l'affirme, que de lui procurer de la satisfaction et de calmer sa surexcitation, que je croyais dangereuse[93] !?!!

Dans d'autres cas, le mari n'est pas impuissant mais veut éviter une éventuelle naissance. Durant leur nuit de noces, en 1897, les attouchements d'André I. et de Mathilde H. se bornent à la manustupration. La mère de l'épouse explique :

> Il la sollicita de chercher comme lui les jouissances de l'acte conjugal sans courir le risque d'avoir des enfants, risque qu'un rapprochement sexuel produirait. Il invita sa femme à le manipuler, lui-même la pénétrant avec ses doigts. Ma fille me racontait tout, elle me fit connaître ces derniers détails. Je lui enjoignis de ne pas se laisser faire, lui disant d'abord que cela n'était pas bien, puis que son mari pouvait la blesser. Il avait prévu l'objection, il assura à sa femme qu'il avait taillé ses ongles en conséquence[94].

Malgré les commentaires fortement désapprobateurs de certains époux, de leurs proches et de médecins, la lecture des manuels conjugaux laisse penser que ces attouchements manuels étaient une pratique considérée comme acceptable si elle était conçue comme un acte préliminaire.

Certains témoignages portant sur les rapports bucco-génitaux, montrent que ceux-ci sont nettement moins bien acceptés. Le médecin légiste Alphonse Vincentelli classe le « coït buccal », parmi les actes « immoraux » et « contre nature que le mari impose à sa femme »[95]. Il ne se préoccupe pas des épouses qui consentent à ces actes par « débauche » et s'intéresse à celles qui ignorent qu'ils ne correspondent pas aux normes de la sexualité conjugale : « Mais si l'épouse est inconsciente et qu'elle subit tout, parce qu'elle croit qu'il faut tout subir de la part d'un mari, sa santé s'altérera peu à peu, et le jour viendra qu'interrogée par sa mère ou par ses compagnes, elle dénoncera naïvement le coupable. » C'est ce qui arrive à Marie J., qui épouse Joseph H. en 1904. Après deux ans de mariage, sujette à des crises nerveuses, elle consulte une femme médecin, mademoiselle Belly, qui, ayant affaire à une femme mariée, ne se doute pas que sa patiente est encore vierge anatomiquement et rompt son hymen en l'auscultant avec un spéculum. Cette découverte est à l'origine d'une procédure de divorce. L'expertise médicale demandée par le tribunal civil de Bordeaux précise que l'union n'a jamais été consommée et que l'époux ne s'était livré sur elle qu'au cunnilingus[96].

Dans d'autres cas, le mari impose une fellation à sa femme, qui se « laisse faire » au nom d'un devoir conjugal dont elle ignore ce qu'il doit recouvrir en principe. C'est ce qu'explique Amélie L., mariée en 1890 avec Jules G. qui, dès la nuit de noces, « se frottait sur elle et avait des pertes, [...] se frottait n'importe où même sur son visage et dans sa bouche... et autres détails trop pénibles » :

> Tout d'abord, j'étais très embarrassée : je ne savais pas exactement ce que je pouvais accepter et ce que je devais refuser. Ma mère m'avait dit qu'une femme ne devait rien refuser à son mari. Quelques jours plus tard, me trouvant avec ma mère j'amenai la conversation sur ce sujet. Le mot même de mariage me faisait tellement horreur que je m'évanouis, mais à force d'instances de la part de ma mère je finis par lui dire ce que demandait Mr G. J'appris ainsi que c'étaient des choses défendues, auxquelles je ne pouvais pas me prêter en conscience, et que j'avais le droit et le devoir de refuser[97].

Mais prouver le coït buccal n'est pas aisé, sauf si « la femme a mordu son mari à la verge » ou « s'il y a eu communication de maladies vénériennes », précise le docteur Vincentelli[98]. C'est justement ce qu'il arrive à l'infortunée Germaine de J., âgée de vingt ans en 1890, au moment de son mariage avec Eugène de K., un ingénieur des Ponts et Chaussées[99]. Deux ans plus tard, souffrante, elle consulte une femme médecin, Anne Louise Bazillac, ancienne sage-femme en chef de l'hôpital de la maternité de Bordeaux. Son diagnostic étonne : « J'ai examiné la bouche de Mme de J. [...] J'ai constaté des plaques muqueuses nettement syphilitiques. J'examinai ensuite les organes génitaux, en me servant du speculum. Je n'ai trouvé absolument aucune trace de maladies syphilitiques. Croyant remarquer dans la jeune mariée des signes de virginité, j'en ai été surprise. »

Germaine ne s'était livrée qu'aux fellations que son mari lui réclamait. Malgré sa répugnance pour cet acte, elle ne s'était pas doutée de son « anormalité » – si on considère les normes de l'époque, qui les proscrivaient dans le cadre des relations conjugales – et ignorait qu'elle avait préservé, d'un point de vue anatomique, sa virginité. Instruite par son médecin, elle devient ensuite capable d'expliquer ce qui s'était joué lors de la nuit de noces :

> En famille on m'avait dit d'accorder à mon mari ce qui [*sic*] me demanderait. Je ne connaissais rien du mariage – *introduxit virilia in os* [« Il a introduit son membre viril dans la bouche »][100] – et comme il était atteint d'une maladie vénérienne, il en est résulté pour moi une maladie de la bouche qui a demandé de grands soins et dont je ne suis pas complètement guérie – *manu etiam tetigit vas muliebre* [« Il a même touché le vase avec sa main »]. Je croyais ces rapports normaux et réguliers – tout s'est borné là cette nuit et dans la suite.

Lors de l'enquête, les proches du couple mettent les mœurs spéciales du mari sur le compte d'un voyage en Extrême-Orient. Cependant, d'autres époux n'ont nul eu besoin d'un séjour lointain pour pratiquer l'« abouchement[101] ». La mère de Jeanne P. raconte ce qu'il est arrivé à sa fille lors de sa nuit de noces avec Pierre G., un sous-bibliothécaire de la Sorbonne, en 1896 :

> Son mari s'étendait bien sur elle, se couchait pour ainsi dire sur elle, l'embrassait avec passion partout, introduisait son doigt, se livrait à de longs attouchements et léchait les parties comme l'aurait fait un chien. Comme ma fille paraissait très-peinée de cela, il lui disait que c'était ainsi qu'il fallait faire pour avoir des enfants. Avec ce mot *avoir des enfants* on aurait tout obtenu de ma fille qui aimait beaucoup les enfants et désirait vivement en avoir[102].

À sa fille qui lui « exprimait combien ces attouchements passionnés lui étaient désagréables », la mère répond « qu'elle avait à supporter son mari, et qu'elle ne devait pas refuser son devoir d'épouse », mais lui précise les limites du devoir conjugal :

> [Je lui répondis] que cependant cela ne voulait pas dire qu'il pouvait, pardonnez-moi ce mot, la tripoter comme il voulait. J'ajoutai : « Dis-lui bien que tu veux être sa femme, mais qu'il n'a pas besoin de tout cela pour être ton mari ; et s'il te demande pourquoi tu lui parles ainsi tu lui diras que c'est moi qui t'ai dit de parler ainsi. »

Dès le lendemain, le mari s'entretient avec sa belle-mère, et se justifie en disant « qu'il fallait être patient, qu'il aimait passionnément [sa] fille et que c'était un excès de passion qui tomberait au bout de quinze jours ». La belle-mère le sermonne alors, en distinguant les actes sexuels légitimes de ceux qu'il n'est pas en droit d'effectuer :

> Je lui répondis alors que Jeanne ayant une grande pudeur, il ne fallait pas s'étonner qu'elle souffrît de toutes ces manœuvres extraordinaires. J'ajoutai encore : « Je vous pardonne, mais vous prenez le mauvais moyen d'attirer votre femme. L'affection viendrait si vous la preniez avec plus de délicatesse. On peut peut-être agir ainsi avec une maîtresse, mais on ne se permet pas cela avec sa femme légitime.

Plusieurs dépositions montrent ainsi la préoccupation de distinguer les actes pratiqués par les épouses légitimes et respectables de ceux qui sont effectués par les femmes de mauvaise vie ; en témoignent par exemple les déclarations du père de Marguerite N., à propos de son gendre Gaston de G. :

> Il a essayé évidemment d'avoir des rapports avec sa femme ; mais il était malade par suite de ses excès antérieurs et pour qu'il pût aboutir à accomplir l'acte conjugal, il aurait fallu que sa femme se prêtât à des manœuvres qui restent le secret des courtisanes. La jeune femme, bien portante, prête à remplir ses devoirs d'épouse et très honnête, ne pouvait pas avoir l'idée de recourir à ces procédés ignobles ; et il est certain que si on lui en eût proposé l'emploi elle se fût récriée avec indignation. [...] Monsieur de G. [...] se montra au tribunal [civil, au moment du divorce] avec une « fille », comme pour nous narguer. Il est extrêmement probable que cette fille lui procurait les satisfactions que sa femme légitime ne lui donnait pas[103].

Ici, le cadre du mariage, chrétien et respectable, est mobilisé par les épouses non comme une contrainte (le devoir conjugal), mais comme une limite aux désirs débordants des maris.

La pénétration anale est considérée comme une déviance plus grave encore. Dans son ouvrage *Les Maladies de l'amour* (1892), le docteur Paul Marrin explique que la sodomie imposée aux jeunes épouses ignorantes n'est pas un cas rare :

> Chose remarquable, c'est principalement dans les rapports conjugaux, et dans les premiers temps du mariage, que la sodomie s'exerce. [...] [U]ne jeune femme qui se marie sans connaître ses

> droits plus que ses devoirs conjugaux, qui a entendu dire qu'elle n'a rien à refuser à son mari, se prête dans son innocence à tout ce que celui-ci exige. [...] [Si] la jeune épouse ne peut ou n'ose raconter ses doutes et ses souffrances à son entourage, elle continue à subir le même attentat, et finit par voir sa santé compromise, sa vie même menacée. Que de cas de sodomie passent ainsi ignorés du public et de la justice, les médecins qui seuls en ont connaissance étant liés par le secret professionnel[104] !

Le professeur Tardieu, évoquant des cas d'« attentat contre nature commis sur une femme par son mari », décrit plusieurs cas de « violence sodomique », comme celui de cette jeune femme âgée de dix-huit ans, mariée en 1853 à un homme « qui dès les premiers jours a abusé d'elle de toutes les manières »[105]. Dans une procédure canonique, Angèle H., mariée à Vichy en 1882 avec Charles T., indique que, le soir même, son mari s'est livré « à des actes que réprouvent avec la même énergie les lois humaines et les lois divines », et qu'elle a lutté pour se refuser « aux plus odieux outrages » : « Il m'a déclaré qu'il voulait agir avec moi comme un garçon et de fait il l'a fait plusieurs fois et une fois avec une grande violence. [...] Il me dit qu'il ne voulait pas avoir d'enfants et que d'ailleurs il lui plaisait mieux d'agir autrement[106]. » De même, Marguerite E. raconte que Gabriel T. « n'a jamais essayé d'être [son] mari selon les règles ordinaires » :

> Mon mari, dès la première nuit, m'a demandé d'être sa femme. [...] Il avait l'air d'une bête, et au lieu de me parler, il me renversa sur le lit, me coucha sur le ventre et voulut essayer de se rapprocher de moi par derrière. J'avais vingt-cinq ans, et sans savoir exactement ce qu'était le mariage, j'éprouvais une telle répulsion jointe à la peur dont je parlais tout à l'heure, que je criai et commençai à me débattre, ce qui détermina une crise nerveuse. Je ne sais au juste ce qui se passait, mais il me semblait que ma tête était prête à éclater[107].

Parmi les autres gestes dits déviants et évoqués dans les procédures canoniques figurent la « satisfaction solitaire devant son partenaire[108] », la tentative de coït sans pénétration en plaçant « son organe dans le pli de l'aine[109] », ainsi que des pratiques relevant de la discipline et de la domination, comme les fustigations que Gilbert W., pour stimuler son désir, fait subir à Laura P. dès la première nuit[110].

Enfin, signalons des pratiques qui ont en commun avec les précédentes d'être considérées comme « antinaturelles », et qui concernent l'utilisation d'objets contraceptifs. Raymond H., que sa femme Laura J. tient pour responsable de la non-consommation de leur mariage, en 1896, l'accuse en retour d'avoir utilisé une éponge qui aurait rendu impossible la pénétration, ce qu'elle nie catégoriquement. Dans une autre affaire, Louis X., en 1902, oblige son épouse, Andrée E., âgée de dix-huit ans, à utiliser un appareil sans lui expliquer à quoi il est véritablement destiné :

> Le soir même du mariage, Mons. X., voyant qu'il avait à faire [*sic*] à une jeune fille très-ignorante des choses du mariage, se doutant que je me récrierais s'il me disait qu'il ne voulait pas d'enfant, il en prit le moyen sans rien me dire. Il m'apporta lui-même un appareil pour faire des injections et des sels de sublimé. Il m'affirma que toutes les femmes propres devaient se servir de cet appareil et, aussitôt que nous eûmes accompli l'acte conjugal, je fis ce qu'il me fit faire, sans me douter que par là même, je détruisais la vie dans le germe. J'étais une petite « oie blanche », je ne me doutais de rien, et je continuai ainsi pendant quelque temps[111].

Pensant effectuer des gestes d'hygiène indispensables, l'épouse s'exécute d'abord, mais quand elle relâche sa pratique, une naissance s'annonce, ce qui ne manque de déclencher la colère de son mari. C'est alors qu'elle découvre la destination contraceptive de ces douches vaginales[112]. En dépit de la diffusion progressive de tels procédés dans la population française, il est cependant peu probable que, pendant la nuit de noces, ils aient été très répandus : le mariage est en principe le moment où les couples sont prêts à fonder une famille ; la limitation des naissances vient plutôt dans un second temps.

L'incapacité de consommer le mariage

Au XIXe siècle et au début du XXe siècle, l'impuissance ne désigne pas seulement comme aujourd'hui l'incapacité masculine à maintenir une érection. Elle recouvre les dysfonctionnements des organes sexuels masculins et féminins qui ne permettent pas d'aboutir à un acte sexuel considéré comme complet, avec trois cas de figure : l'impuissance masculine (impossibilité d'obtenir une érection et/ou une éjaculation), l'impuissance féminine (l'impossibilité d'être pénétrée) ou l'incompatibilité des organes (la situation qui résulte de la mise en rapport d'un pénis trop volumineux avec un vagin trop étroit). Elle inclut aussi une large gamme de situations signalées comme des « aberrations » et des « perversions » par les médecins[113] : la masturbation, le satyriasis (ou « folie érotique »), l'anaphrodisie, l'inversion – c'est-à-dire l'homosexualité –, le sadisme, etc. Ainsi, les hommes à qui il est reproché d'avoir refusé le devoir conjugal ou d'avoir effectué des actes sexuels non conformes sont qualifiés d'« impuissants » par leur épouse ou leurs proches.

La nuit de noces est le moment privilégié de révélation de l'impuissance physique. La tardive découverte d'une défaillance sexuelle à cette occasion est un choc à plusieurs titres. Elle provoque l'altération de la perception que l'intéressé a de son propre corps, voire une crise d'identité puisqu'il ou elle se voit dénier le fait d'être physiquement accompli en tant qu'homme ou en tant que femme. Elle peut également plonger dans la perplexité le conjoint, qui n'est pas toujours en mesure de discerner précisément, chez une personne du sexe opposé, ce qui relève du normal ou du pathologique. À partir du Code civil de 1804, la justice civile ne se préoccupe plus de l'impuissance physique masculine : les « procès pour impuissance », étudiés par Pierre Darmon pour la période de l'Ancien Régime, n'ont plus lieu d'être[114] et seule l'abstention volontaire d'effectuer son devoir conjugal est prise en compte par les juges. La justice religieuse continue cependant à examiner les cas d'impuissance, féminine et masculine. Selon le droit canonique, il suffit que le mariage ait été consommé une seule fois pour qu'il soit indissoluble et, en cas d'impuissance, la dispense pour non-consommation n'est accordée que si elle est absolue et antérieure au mariage : une situation d'impuissance qui survient après une nuit de noces consommée n'est donc pas prise en considération, quand bien même elle est définitive.

Observons d'abord le cas de l'impuissance féminine : elle désigne certaines particularités de conformation de la vulve ou du vagin, ainsi que des affections telles que le vaginisme qui empêchent la pénétration. Après le mariage, les médecins peuvent préconiser des opérations, afin de faciliter l'introduction ultérieure du pénis, par des incisions de l'hymen ou des dilatations vaginales. L'impuissance féminine est traitée par les officialités de façon assez similaire à celle de l'impuissance masculine : si la consommation n'est pas possible, le mariage peut être dissous. En revanche, la justice civile prête davantage attention aux demandes des maris qu'à celles des femmes qui souhaitent se séparer pour cette raison : certaines épouses présentant des anomalies au niveau de la vulve ou du vagin peuvent notamment être qualifiées d'« hermaphrodites », comme le montrent les travaux menés par Gabrielle Houbre sur l'indétermination du sexe à partir de vingt-quatre procédures civiles de nullité de mariage, qui mettent en lumière plusieurs nuits de noces traumatiques, dont celle d'Antoine Darbousse et de Justine Jumas en 1868[115]. L'épouse n'aurait découvert son problème de conformation génitale qu'après que son mari, confronté à l'impossibilité de la pénétrer le premier soir, lui a suggéré une consultation médicale. Un défaut de conformation ne justifie habituellement pas l'annulation d'un mariage, ni même une séparation, mais l'habile avocat d'Antoine Darbousse réussit à présenter l'absence de vagin constatée[116] comme une preuve de l'impossibilité de considérer Justine Jumas comme appartenant au sexe féminin. L'argument convainc le juge qui invalide l'union en vertu de l'article 144 du Code civil, stipulant que le mariage concerne deux personnes de sexe différent (jusqu'en 2013)[117].

Les archives vaticanes rapportent un seul cas où l'épouse est qualifiée d'« hermaphrodite ». Désiré P. se marie avec Adèle H. en 1886, mais, comme il l'explique aux juges ecclésiastiques, la consommation se révèle impossible durant la nuit de noces : « Il en a été ainsi à cause de l'étroitesse de l'organe et parce que ma femme est hermaphrodite [...]. Parce que j'ai constaté sur elle l'existence d'une masse de chair analogue à l'organe viril, dans sa forme extérieure[118]. » Le mari se plaint dès le lendemain matin à son père, sa mère et sa tante. Le tribunal civil de Béthune déclare le mariage « radicalement nul et inexistant », car l'expertise médicale souligne qu'Adèle H. manque « des organes naturels essentiels, constitutifs du sexe féminin », que « les grandes et les petites lèvres et l'ouverture d'un vagin font défaut » et que « le clitoris a l'aspect, le volume et les dimensions d'un membre viril ».

Des cas d'incompatibilité des organes sont également signalés. Les médecins décrivent les difficultés, parfois insolubles, qu'occasionne le rapprochement d'un sexe masculin de grande dimension avec un sexe féminin très étroit. Pendant sa nuit de noces, en 1881, à Bar-le-Duc, le médecin militaire Paul Q. découvre avec « stupeur [et] désarroi », que son épouse Marie G. est un « cas tératologique aussi réel qu'irrémédiable » : « C'était l'anéantissement de toute perspective de famille avec le malheureux être incomplet que j'avais cru prendre pour femme et pour mère des enfants que je désirais tant avoir[119] », déclare-t-il. Cependant, si ses confrères et consœurs confirment l'infirmité de l'épouse, marquée par un « infantilisme des voies génitales » et une

« atrésie excessive du canal vulvo-vaginal », ils considèrent également que le mari présente, de son côté un « développement exagéré du pénis » et un « gland [en] forme de massue » : c'est ainsi la « disproportion des organes masculin et féminin » qui rend la chose impossible. Marie P. et l'ouvrier boulanger Étienne K., pourtant « très-épris l'un de l'autre », font part d'un problème mécanique similaire quand ils se marient en 1881[120]. Le rapport de l'expert explique cette « répulsion [...] par une étroitesse considérable de la vulve, qui ne permettait pas l'introduction d'un membre viril dont la grosseur est – nous l'avons vérifié – bien au-dessus de la moyenne ». Les deux ex-époux finissent par se remarier chacun de leur côté, sans rencontrer de difficultés à nouveau, et Marie G. a le bonheur quelques semaines après son second mariage d'attendre un enfant.

L'impuissance masculine et les problèmes qu'elle occasionne pendant la nuit de noces sont beaucoup plus documentés[121]. Les médecins distinguent l'impuissance absolue et perpétuelle de l'impuissance relative ; en effet, certains problèmes peuvent disparaître avec le changement de partenaire sexuel ; d'autres sont liés au contexte spécifique de la nuit de noces, intimidante et fatigante pour l'époux[122]. Marcel K. explique ainsi à Émilienne G. que s'il n'a pas pu consommer le mariage, en 1882, c'est simplement « par manque de sympathie » pour elle, parce qu'il la « trouvait trop laide »[123]. Ernest P., qui a rencontré la même difficulté, en 1892, énumère aux juges les différentes hypothèses qui expliquent sa contre-performance, uniquement liée selon lui aux circonstances de la première journée du mariage :

> Je tentai le rapprochement, mais soit par suite de fatigue, soit à cause de l'émotion que j'éprouvais et qu'on éprouve toujours en approchant pour la première fois de sa femme, soit aussi à cause du respect qu'inspire naturellement une personne qu'on croit vierge, il n'y eut pas intromission, et je ne pus pas alors consommer le mariage, l'effusion de semence s'étant produite avant même qu'il n'y ait eu intromission[124]...

Des médecins estiment aussi que la défloration met en difficulté les hommes inhabitués à cette tâche ou ceux d'un certain âge qui, sans être complètement impuissants, manqueraient de la vigueur nécessaire pour cet acte particulier. Cette situation fait l'objet de nombreuses plaisanteries dans les écrits satiriques ou grivois et suscite l'intérêt d'auteurs qui écrivent sur les anciennes pratiques occultes de « nouage de l'aiguillette » ou « ligature vénérienne », qui consistaient à rendre le nouveau mari impuissant par des gestes ou l'invocation de paroles magiques[125].

Quand l'impuissance masculine se manifeste au cours de la nuit de noces, il arrive que le mari profite de l'ignorance de son épouse pour lui cacher le problème ou lui faire croire qu'elle en est responsable. Par exemple, en 1890, Jules G. parvient à convaincre sa femme qu'elle est un « phénomène[126] », exige d'elle « qu'elle se prêtât à toute sorte de frottements impurs et dégoûtants » et exerce sur elle des pressions pour qu'elle ne « parle à personne » de la situation[127]. Mais, dans d'autres cas, le mari peut être rejeté par son épouse. La première nuit de Jeanne K., âgée de vingt-quatre ans, et Jules P., âgé de trente-cinq ans, en 1899, les précipite dans la tourmente. C'est à « minuit à peu près » que « commença la mésintelligence qui a duré jusqu'au jour de la séparation »[128]. Jeanne reproche à son mari d'avoir voulu la « porter à des actes de lubricité contraires aux mœurs et aux devoirs du mariage », de lui avoir ensuite aussi proposé « de prendre certains remèdes pour éteindre en [elle] les passions » et de lui avoir dit qu'il lui « laisserait pleine liberté pour aller dans le monde » sans être jaloux. Jules quant à lui en veut à sa femme, qui d'abord s'est montrée froide puis, constatant son incapacité d'accomplir l'acte conjugal, s'est vivement emportée, avant de quitter la chambre nuptiale à cinq heures du matin, « comme une folle, cherchant une voiture pour s'en retourner à la campagne chez la mère ».

Des dizaines d'autres procédures font apparaître le désarroi des maris humiliés par leur femme ou leurs proches. Les amis de Gustave de I., marié avec Georgina de J. en 1895, estiment que le doute sur ses aptitudes sexuelles est permis : ils ne lui ont jamais connu de maîtresse et soupçonnent des « inclinations contre nature[129] ». L'enquête menée sur le passé de Jean de Q., marié à Marie Madeleine P. en 1903, se concentre sur sa cryptorchidie, une anomalie qui ne rend pas visibles ses testicules, et révèle que depuis longtemps ses camarades « le surnommaient le chapon[130] ». Dans ces affaires, la nuit de noces, qui constitue habituellement un « brevet de virilité[131] », est venue infirmer la puissance sexuelle masculine de ces époux, qu'on estime dès lors indignes du mariage.

Au sortir du lit

Les traditionnelles scènes du « lever de la mariée » placent l'épouse au centre de l'attention. Dans *Monsieur de Roberville*, Charles Pigault-Lebrun interrompt la scène du bonheur nuptial des jeunes mariés par l'irruption de la belle-mère du héros au petit matin : « Il sonne. Maman Perceval épiait depuis longtemps le moment du réveil. Sans doute M. de Roberville est passé dans sa garde-robe, et elle se dispose à prodiguer à sa fille ces soins réparateurs que l'expérience a transmis, de génération en génération, aux mamans Perceval[132]. » Mais l'auteur ne délivre pas de plus amples explications sur ces soins auxquels a droit l'épouse pour qu'elle se remette des effets physiques et moraux de la défloration. À partir de la seconde moitié du XIXe siècle, les médecins prennent davantage au sérieux les conséquences de la déchirure de l'hymen ainsi que de la pénétration, qui peuvent occasionner de vives douleurs, impressionner ou blesser, comme le rappelle le docteur Félix Spring dans son *Art d'éviter le divorce* en 1885.

Pour éviter que ces désagréments ne se prolongent et qu'ils ne découragent tout à fait l'épouse, le mari est sommé de ne plus la solliciter sexuellement au cours des jours suivants, afin qu'elle se remette de ses émotions et qu'elle laisse à son corps le temps de cicatriser. « Les organes de ces femmes surmenés n'en peuvent plus ; toujours congestionnés, ils sont incapables de jouir », déplore en 1900 l'essayiste Jean de Valdor : « Les souffrances d'un premier rapport ne sont pas encore finies qu'il faut en subir un second. Ces femmes n'ont cessé de souffrir depuis la première nuit de leur noce jusqu'à leur première grossesse, sans avoir jamais éprouvé une once de plaisir. C'est là leur lune de miel, singulière lune de miel[133]. »

Les médecins recensent les conséquences physiques parfois impressionnantes de la défloration : « perforation de la cloison recto-vaginale », « large déchirure du périnée » ou encore graves hémorragies, allant parfois jusqu'à la mort dans le cas de patientes hémophiles, comme l'explique le docteur Paul Brouardel dans son *Cours de médecine légale*[134]. Le premier coït peut également causer au mari des blessures, comme la rupture de la verge et une grande fatigue physique. Par ailleurs, on l'a vu, les conséquences psychologiques d'une nuit de noces traumatisante peuvent être graves et durables. Signe d'une plus grande considération des souffrances féminines par le corps médical, ou indice de la pathologisation de la sexualité que les médecins se proposent d'encadrer toujours plus, des manuels comme celui du docteur Bourgogne, en 1911, délivrent des remèdes pour calmer les vaginites et les vulvites inhérentes à la nuit de noces, comme des « lavages avec de l'eau bouillie tiède à 45° additionnée d'une cuillerée d'acide borique en paillettes par litre d'eau » ou l'utilisation de talc porphyrisé et d'acide thymique à saupoudrer sur les parties externes[135]. Il est difficile de savoir si ces préconisations, qui semblent peu aisées à mettre en œuvre, étaient suivies.

Les rares témoignages qui existent au sujet de ces soins dans les archives vaticanes sont laconiques. Ils évoquent plutôt le changement des draps et des vêtements : la pudeur amenait parfois à reporter les soins d'hygiène sur la propreté du linge plutôt que sur le corps. Quelques dépositions évoquent la toilette intime recommandée aux jeunes mariées et l'usage d'eau de Cologne – plus diluée qu'aujourd'hui – à cet effet.

La reprise de contact des époux avec l'extérieur marque la fin de la nuit et constitue un moment un peu particulier. La scrutation de cette sortie de la chambre nuptiale souligne le fait que la nuit de noces est toujours, d'une façon ou d'une autre, un rituel encadré socialement. « En théorie, et physiologiquement, le scénario matrimonial pourrait se terminer avec l'accomplissement de l'acte sexuel », écrit Arnold Van Gennep dans *Le Folklore français* ; pourtant, ajoute-t-il, « aux degrés montants doivent correspondre des degrés descendants », et les rites matrimoniaux se prolongent le lendemain des noces, par exemple avec la collation partagée par les mariés et leurs invités. Hors du monde paysan, la privatisation progressive de la nuit de noces limite à un cercle plus restreint l'entourage qui côtoie les époux le jour suivant. Hormis dans le cas du voyage de noces, dont un des buts est justement d'éviter de montrer « à sa famille sa “tête du lendemain”[136] », le couple retrouve ses plus proches parents, ou au moins le personnel de maison, qui reste présent dans les familles les plus aisées.

Quand la consommation a eu lieu sans que les époux aient à trop se plaindre l'un de l'autre, la nuit de noces est en un certain sens considérée comme « réussie ». Ce succès ne se mesure pas tellement à la satisfaction sensuelle des époux, mais à l'effectivité de la pénétration, qui reste l'objectif principal de la première nuit. Mais bien des époux restent discrets sur ce qu'ils ont ressenti. La confrontation des témoignages des époux Brongniart sur leur nuit de noces, consignés en 1800 dans leurs journaux personnels respectifs, montre qu'ils ne s'entretiennent pas directement sur ce qui s'est passé : ils gardent chacun pour eux leurs impressions qu'ils consignent dès le lendemain, le 22 pluviôse (11 février). Alexandre écrit son bonheur : « Elle est charmante. Je trouve en elle la retenue qui doit exister dans une fille de son âge et de son caractère, mais aucun de ces sentiments de pruderie ou de timidité exagérée qui ôte tout le bonheur d'un plaisir partagé[137]. » Son épouse est plus mesurée, et on lit entre les lignes que, si elle s'estime plutôt chanceuse, la nuit de noces a quand même été une épreuve pour elle :

> Mon Dieu, comment peut-on se résoudre à se donner à un être que l'on n'aime – ou du moins que l'on ne connaît – pas assez, pour qu'il possède toutes vos affections ? Ces moments d'émotion, d'embarras doivent être changés alors en des moments de désespoir et d'horreur. Je conçois moins que jamais le mariage de connaissance. Rien au monde ne peut dédommager des sacrifices qu'on fait à un mari, si ce n'est la tendresse la plus vive, la certitude de le rendre heureux et de s'acquérir des droits à sa reconnaissance ; ces assurances seules peuvent donner le courage et la force nécessaires dans ces premiers moments qui sont si pénibles, même lorsqu'on épouse l'homme que l'on chérit le plus tendrement[138].

Sans évoquer explicitement l'acte sexuel, et en restant plutôt sur le registre des émotions, elle relativise les difficultés ressenties, en imaginant ce que cela aurait été si elle n'avait pas aimé l'homme qu'elle épousait : c'est le mariage d'inclination qui permet de ne pas transformer la nuit de noces en viol. Mais ce double témoignage est extrêmement rare, et le journal, même quand il semble « intime », n'est pas le dépositaire des premières réactions du diariste après sa nuit de noces[139]. Pour Déborah Gutermann-Jacquet, « cette discrétion fait signe du caractère sacré du mariage qui interdit toute description de la jouissance des époux » : elle prend l'exemple d'Alfred Dumesnil, qui se marie avec Adèle Michelet le 3 août 1843 et qui a décidé de consigner la fréquence de leurs relations sexuelles en les signalant dans son journal par deux parenthèses se faisant face On sait que la première fois a lieu durant la nuit de noces grâce à la pudique mention : « 4 août, vendredi matin, plus heureux ( ). »

Les époux racontent-ils ensuite à leurs proches la façon dont ils ont passé la nuit ? Ils trouvent sans doute des interlocuteurs auprès de leurs parents, de leurs frères et sœurs, ou d'autres personnes qui inspirent la confiance ou qui savent garder leur secret, comme le médecin ou le prêtre ; mais ces confidences orales laissent peu de traces.

Octave Tassaert, « Un lendemain de noces », *Les Amans et les Époux*, Neuhaus et Osterwald, 1832.
« Eh bien, comment t'en trouves-tu ? /Oh ma bonne amie, ne te marie pas, c'est une horreur. »

Les représentations fictionnelles mettent en scène ces échanges, par exemple par le recours à la narration épistolaire : des épouses écrivent à leur meilleure amie leurs impressions de la veille. Des images aussi figurent ces premières confidences. À propos d'une lithographie d'Octave Tassaert produite pendant l'époque romantique, Gabrielle Houbre a montré que les protestations de l'épouse qui qualifie sa nuit de noces d'« horreur » sont peut-être de pure forme, si on les met en rapport avec « sa pose alanguie », son sein dénudé et son air réjoui, signes de son « épanouissement charnel »[140]. Un siècle plus tard, dans un dessin de la série *Gauloiseries françaises* intitulé *Confidence*, le cartoliste A. P. Jarry représente une jeune femme qui demande si « ça fait du bien ou du mal » à son amie nouvellement mariée. Celle-ci répond : « Je n'en sais rien, j'avais

AP Jarry, *Gauloiseries françaises. Confidence.* Carte postale en circulation en 1905 (collection particulière).
« L'amie. – Fais t'ou du beun ou du mau ?
La jeune mariée. – J'me rappelle point j'avis tellement peur… »

tellement peur. » Mettre en avant sa crainte lui permet de couper court à toute discussion qui pourrait révéler des détails trop intimes : s'agit-il chez la mariée d'une forme de pudeur, ou alors d'une « expression obligatoire des sentiments[141] » dont le sourire gêné révèle la fausseté ? Dans la gravure comme dans la carte postale, le décalage produit entre le texte et l'image suggère une divergence entre ce qui se passe réellement dans l'alcôve et ce qui en est rapporté.

Les archives vaticanes permettent de documenter le délai indiqué par les époux entre leur nuit de noces et le moment où ils décident d'en parler à leurs proches : dans la nuit même, le lendemain, mais aussi parfois des semaines, des mois ou des années plus tard. C'est en premier lieu vers les mères que se confient individuellement les époux comme les épouses. Dans d'autres cas, ils s'épanchent ensemble. André S. explique que, le lendemain du mariage de sa sœur, en 1899, il s'est rendu chez son père, qu'il a « trouvé en pleurs », face aux mariés qui venaient de lui raconter que le mariage n'avait pas été consommé[142]. Mais il arrive aussi que les parents refusent d'être les dépositaires de confidences trop intimes. Alors qu'elle vient de passer une nuit de noces éprouvante avec Pierre G., en 1896, Jeanne P. tente de se confier à sa mère mais ne trouve pas en elle une oreille attentive : « Le lendemain matin, je me suis levée de bonne heure et j'allai trouver ma mère et je l'embrassais en pleurant. Ma mère me dit alors : "Quand on est marié, on ne vient pas embrasser son papa et sa maman ; on est bien content". Je n'osai alors rien dire[143]. »

Quand les époux ne vont pas d'eux-mêmes parler de leur première nuit, celle-ci suscite la curiosité de l'entourage. Il arrive qu'il leur adresse quelques plaisanteries ou des questions directes, mais les convenances préconisent de faire comme si de rien n'était. On l'a vu, les mères trouvent des moyens de comprendre sans recourir à la parole, en se livrant à l'observation discrète des draps. D'autres, comme y invitent les théories sur la métamorphose nuptiale, tâchent de deviner ce qui s'est passé ou non en lisant le visage des époux. Au détour d'une simple phrase sur l'attitude des mariés, Gustave Flaubert suggère que la nuit de noces a été un retentissement pour Charles Bovary, tandis qu'elle a laissé Emma assez indifférente : « C'est lui plutôt que l'on eût pris pour la vierge de la veille, tandis que la mariée ne laissait rien découvrir où l'on pût deviner quelque chose[144]. » La transformation trop visible de Charles et l'absence de toute modification chez Emma est déjà une indication du dysfonctionnement de leur couple.

Ces représentations des effets de la nuit de noces sur le physique perdurent au début du XXe siècle : par exemple, dans *Le Rire* du 14 février 1914, le dessinateur Chas Laborde représente une jeune femme en déshabillé qui se noircit les yeux après la nuit de noces, devant son mari calfeutré sous les draps : un teint frais révélerait aux proches qu'il n'a pas été à la hauteur de leur première nuit, dont les époux ne ressortent manifestement pas épuisés. Lucide sur le manque d'ardeur de son mari, mais soucieuse de le faire paraître sexuellement performant, elle agit en conséquence pour simuler sur son propre corps des signes visibles de l'altération de la défloration. La distribution des rôles actif et passif est ici inversée. La femme, en voulant sauver les apparences et dissimuler la faiblesse maritale, se trahit puisqu'elle révèle ce qu'elle aurait dû en principe cacher : une connaissance de la sexualité, théorique

Chas Laborde, « Après la nuit de noces », *Le Rire*, 14 février 1914 (<https://c.bnf.fr/R4t>).
« – Quoi, vous vous mettez du noir sous les yeux ? – Faut bien ! sans ça, maman se ficherait de vous. »

et peut-être pratique, dont elle maîtrise trop bien les codes. Chas Laborde suggère aussi que les femmes ne sont ni aussi vulnérables émotionnellement, ni aussi ignorantes qu'on voudrait le croire.

Dans les faits, la pratique consistant à scruter le corps des époux après la nuit de noces pour y déceler des changements semble ancrée dans les mœurs. Certains signes sont interprétés à partir d'une sorte de bon sens populaire qui interprète les symptômes de diverses façons : le rougissement peut être attribué à un afflux sanguin consécutif au coït régénérateur ou à la pudeur de la mariée, honteuse de paraître le lendemain devant ses proches qui la toisent du regard. Le teint brouillé s'explique par une altération due à la perte de la virginité, ou alors par la fatigue consécutive à une nuit pendant laquelle le couple a sans doute peu dormi. Un médecin raconte pour la gazette *Le Lyon médical* en 1894 la nuit de noces d'une patiente : dès le lendemain, sa famille avait tout de suite compris que la consommation du mariage n'avait pas eu lieu, immédiatement alertée par la candeur et l'insuffisance de sa réaction, jugées anormales[145]. On retrouve de tels propos dans les dépositions de témoins portées devant les officialités. Anne Elisabeth Bongius, la mère de Marguerite J., dit avoir remarqué une absence anormale de changement chez sa fille, mariée à Auguste de F. en 1879 :

> En conscience je crois que le mariage n'a pas été consommé. Je le crois parce que ma fille a une réserve excessive, et qu'elle avait une horreur profonde pour son mari, et que je ne m'explique pas sans cela l'irritation continuelle que nous constations tous chez Mr. de F. contre sa femme. De plus elle n'a jamais subi du tout la transformation ordinairement très sensible qu'éprouvent les filles après leur mariage ; tout l'ensemble, en un mot, des circonstances, prouve évidemment que la consommation n'a pas eu lieu[146].

Le père de Mathilde H., qui s'est mariée avec André I. en 1897, fait lui aussi une étrange constatation le lendemain de leur nuit de noces : « Quand nous sûmes que les jeunes époux étaient éveillés et levés, nous nous rendîmes dans leur chambre ma femme et moi. [...] Cependant deux faits nous avaient frappés. Notre gendre avait l'aspect d'un homme brisé de fatigue, tandis que rien n'était changé dans l'extérieur de notre fille[147]. » Ce serait ce symptôme qui l'aurait ensuite encouragé à questionner les mariés, quelques jours plus tard – explication qui relève sans doute en partie d'une reconstruction du récit nuptial à destination des juges. Il n'empêche que de ces témoignages une même stratégie émerge : prouver le caractère inhabituel de la nuit en s'appuyant sur le recueil de confidences, mais aussi en soulignant l'existence de preuves physiques moins contestables et plus difficiles à simuler. Elles rappellent la prégnance de l'imaginaire de la transformation nuptiale, nécessairement attendue, et la force des représentations qui font de la nuit de noces un événement paroxystique, qui bouleverse à la fois le corps et l'esprit.

La première interaction nuptiale opère un partage entre les corps conformes et ceux qui ne sont pas à la hauteur de la mission du mariage. Elle permet à chacun de prouver qu'il possède les qualités morales et physiques propres à son sexe : lorsque le mariage est consommé, l'époux s'affirme comme un homme viril et puissant, et l'épouse comme une femme pure et apte à la maternité. La défloration contribue à naturaliser le mariage comme une union sexuelle dissymétrique, qui affecterait différemment les femmes et les hommes sur les plans physique et symbolique. C'est en la subissant que les femmes peuvent accomplir leur destin biologique et que les hommes construisent leur ascendant, qui justifie la place qu'ils occupent dans la société. La nuit de noces est ainsi un rapport de domination et d'interdépendance à la fois : chacun a besoin de l'autre pour se réaliser individuellement, familialement et socialement. Pour Simone de Beauvoir, c'est tout cela qui « transforme l'expérience érotique en une épreuve que chacun s'angoisse de ne pas savoir surmonter, trop empêtré dans ses problèmes pour avoir le loisir de penser généreusement à l'autre[148] ».

À partir du XXe siècle, à l'heure de la « civilisation conjugale » qui « met au centre des préoccupations essentielles l'affectivité et les relations interpersonnelles », la complicité affective et physique dès le premier soir est de mise. La sexualité conjugale doit désormais concrétiser un élan du cœur et des corps, sans lequel il n'y a pas de véritable consentement, mais cet idéal rencontre un obstacle majeur : la persistance des cadres du mariage traditionnel, qui, comme le rappelle Geneviève Fraisse, sont « loin de créer les conditions les plus favorables à l'éveil et à l'épanouissement de l'érotisme féminin[149] ».

Conclusion

Expérience initiatique, épreuve émotionnelle et physique paroxystique, moment de transition sur les plans légal, social, symbolique et anatomique, les quelques heures que la première nuit du mariage représente sont l'objet d'un surinvestissement individuel, social, culturel qui condense les ambivalences de la société du long XIXe siècle.

Dans le cadre d'un mariage qui vient d'être célébré, la nuit de noces s'inscrit dans un ensemble de pratiques et de rites qui entremêlent sphère privée et sphère publique. Elle est caractérisée à la fois par sa grande visibilité – une foule a été conviée à célébrer une union dont l'issue, connue de tous, est sa consommation au cours de la nuit – et son opacité, dans la mesure où la concrétisation du mariage se noue dans l'obscurité de la chambre nuptiale. Simone de Beauvoir résume efficacement la contradiction : « Un homme et une femme sont unis selon les rites symboliques sous les yeux de tous ; mais dans le secret du lit ce sont des individus concrets et singuliers qui s'affrontent[1]. » Le processus de privatisation de la vie familiale promu par les valeurs bourgeoises accentue ces contrastes au mitan du XIXe siècle, qui apparaît comme une période de basculement. Il se traduit par la recherche d'une plus grande intimité et la volonté de mieux soustraire la nuit de noces au regard des proches, et contribue à marginaliser progressivement les rituels nuptiaux populaires du monde paysan. La présence de personnes extérieures au couple est alors limitée aux plus proches, invités à se faire discrets. Les parents, et les mères surtout, continuent toutefois à jouer un rôle déterminant en amont et en aval de la nuit, et parfois même pendant. Ces évolutions ne sont pas uniformes et s'appliquent différemment selon les milieux : par exemple, la pratique de faire commencer le voyage de noces dès la première nuit apparaît dans les familles les plus aisées avant le milieu du XIXe siècle pour ne se banaliser qu'au tournant du XXe siècle dans les classes moyennes.

La valorisation d'un modèle familial resserré sur le couple et la moindre importance de l'accompagnement social par l'entourage au cours de la nuit tendent à réévaluer l'importance de l'acte sexuel qui s'y joue. L'abandon progressif des rites traditionnels, qui avaient pour fonction de mettre en scène et de symboliser la première relation sexuelle du couple, donne à sa réalisation concrète une plus grande centralité. Au fur et à mesure que les pratiques collectives, visibles et bruyantes, se font moins présentes, les pratiques individuelles, cachées, paraissent plus déterminantes, aiguisant en retour l'intérêt et la curiosité. Une opposition plus violente se fait jour entre l'encadrement législatif, religieux, familial, qui enserre le mariage dans un tissu de normes et de principes moraux, et l'isolement dans lequel se retrouvent plongés les époux, livrés à eux-mêmes pour consommer l'union au cours de la nuit.

De ce premier ensemble de remarques, un double constat peut être tiré. D'une part, l'invisibilisation des pratiques de la nuit de noces est compensée par un accroissement des discours formulés à son sujet, qui se concentrent sur ses aspects les plus intimes. Le secret de la nuit de noces est thématisé dans les romans et les essais, détourné dans de nombreuses créations humoristiques et grivoises, voire transgressé dans les textes et les images pornographiques. Les manuels d'hygiène conjugale, surtout, prétendent en dévoiler les mystères, mais les experts ou prétendus tels qui les produisent se posent en arbitres de ce qu'il est légitime et nécessaire de révéler et de ce qui doit rester sous silence. Ils édictent de nouvelles normes nuptiales, à la fois morales et médicales, qui rappellent, par des moyens autres que celui du discours religieux, l'injonction de la consommation du mariage, jamais remise en cause, même si ses modalités sont discutées. Le motif du secret reste le mode d'évocation et d'appréhension privilégié de la nuit de noces jusqu'au début du XXe siècle, même quand tout le monde sait de quoi il retourne.

D'autre part, la privatisation de la nuit de noces a pour effet de changer la nature des relations entre les époux. Les rites nuptiaux collectifs avaient tendance à ériger le couple comme une entité qui se singularise par rapport au reste du groupe. Avec l'« âge d'or du privé[2] », la dimension antagoniste de la nuit de noces se rejoue, mais à l'intérieur du couple, entre les époux, à l'occasion de la relation sexuelle. Les discours qui assimilent la première rencontre conjugale à un affrontement, déjà adoptés par des écrivains dans les années 1830, se font plus nombreux et s'étendent à d'autres genres, comme les manuels d'hygiène conjugale qui insistent sur la nécessité de la cohésion dans le couple, mais qui décrivent la relation d'interdépendance conjugale comme la confrontation nouvelle de deux êtres que tout distingue. Comme le souligne Geneviève Fraisse, « mutualité et réciprocité n'excluent donc pas la dissymétrie entre les sexes », surtout dans le cadre du mariage qui est historiquement la « figure de la domination des hommes et de la subordination des femmes »[3]. La rencontre avec l'altérité et la défloration font de la nuit de noces un lieu de renforcement du dimorphisme sexuel biologique et social, où féminin et masculin sont davantage pensés en opposition que sous l'angle d'une complémentarité. C'est par cette confrontation que les identités sexuelles du mari et de la femme sont confirmées ou invalidées. Les modalités de l'acte sexuel reflètent les rapports de domination entre les femmes et les hommes à l'œuvre dans la société, et les instaurent symboliquement et concrètement dans le couple. Cet affrontement des sexes est conforté en amont par la « socialisation différentielle des deux classes sexuelles[4] », notamment à travers une éducation genrée dès le plus jeune âge, qui prive largement les futures épouses de connaissances sur le corps et la sexualité, et le double standard de la morale sexuelle, qui leur interdit tout accès à l'éveil de la sensualité. Ce conditionnement participe à faire de la première nuit une épreuve avant tout pour les femmes – même si les hommes eux aussi la subissent.

La prescription sociale de la consommation de l'union dès la première nuit entre en conflit avec l'apparition d'une autre injonction soutenue par le succès de la protosexologie pendant la seconde moitié du XIXe siècle : celle qui encourage à faire de la sexualité un lieu d'accomplissement personnel et conjugal, dans le contexte de valorisation du mariage d'amour. L'antagonisme entre l'émergence de ces discours qui exhortent les individus au bonheur et la force d'attentes sociales plus anciennes et ancrées dans les mœurs, comme celle du devoir conjugal, font ressortir avec d'autant plus de force les « jeux malheureux de la sexualité et de l'alliance[5] » évoqués par Michel Foucault dans *La Volonté de savoir*. La nuit de noces est un bon exemple du chevauchement du « dispositif d'alliance », centré sur les stratégies matrimoniales et la parenté, et du « dispositif de sexualité », qui valorise davantage les « sensations du corps », la « qualité des plaisirs » et les impressions qu'elles suscitent chez le sujet[6]. C'est encore plus vrai dans les milieux bourgeois où un hiatus s'opère entre la promotion du mariage d'inclination dans les discours et l'inertie des arrangements matrimoniaux, dans lesquels les intérêts familiaux prédominent. La nuit de noces devient alors le lieu où s'exposent les contradictions de l'institution maritale, déchirée entre l'impératif d'amour, que soulignent le discours théologique comme les productions fictionnelles, et l'impératif de reproduction biologique et sociale. Les images de jeunes couples heureux et impatients de concrétiser charnellement leur élan, qui fleurissent dans les médias à la Belle Époque, renforcent le caractère insupportable ou tragique des nuits de noces qui ne correspondent pas à ces représentations.

Pour toutes ces raisons, la nuit de noces inquiète. Les médecins mettent en garde contre les écueils d'une expérience disharmonieuse. Les écrivains et les penseurs érigent son ratage en emblème de la faillite du mariage. L'échec nuptial compromettrait la bonne marche du couple, mettrait en danger la santé physique et mentale des époux et menacerait l'ordre social. L'impossible fusion des corps, l'inatteignable communion des âmes engendreraient des tensions volontiers décrites comme insurmontables. Cette préoccupation pour les conséquences terribles du fiasco nuptial est davantage exprimée à partir du moment où le droit au divorce est rétabli, avec la loi Naquet, en 1884. La nuit de noces devient alors une cause précoce de la désunion, désormais autorisée.

C'est aussi le nouveau contexte du droit au divorce qui fait émerger la production des récits de nuits de noces dans les causes matrimoniales, portées devant les tribunaux ecclésiastiques par des hommes et des femmes qui espèrent la constatation d'une nullité ou l'obtention d'une dispense, seuls moyens de se remarier à la fois civilement et religieusement par la suite. Les motifs d'un conflit pour un couple en instance de séparation ou déjà séparé ne se réduisent pas nécessairement aux circonstances de la première nuit ; mais les dispositions du droit canonique incitent les époux à s'attarder sur la consommation du mariage. C'est en produisant un récit de nuit de noces malheureuse qu'ils peuvent obtenir satisfaction dans leurs démarches. Mais, au-delà de la motivation à obtenir le droit de se démarier, les fidèles trouvent aussi dans cette possibilité offerte par l'Église une occasion d'évoquer des situations conjugales douloureuses qui ordinairement sont tues. L'institution ecclésiastique qui érige la consommation du mariage et la sexualité conjugale en devoir s'affirme aussi comme celle qui offre aux femmes un espace pour dénoncer des violences conjugales, y compris sexuelles, exprimer leurs souffrances et y mettre fin en étant réhabilitées moralement et socialement par une sentence positive – ce que le divorce civil, mal vu dans l'opinion publique, ne permet certainement pas aussi bien. Les plaignantes ne se présentent pas seulement comme des victimes : leur courage montre leur capacité à refuser la violence de l'ordre conjugal et à se projeter dans une seconde union qui leur convienne davantage. L'augmentation de la production de récits de malheurs nuptiaux est aussi le signe d'une plus forte attente du mariage comme lieu de l'épanouissement conjugal.

Pour que la nuit de noces ne soit plus pensée et vécue comme un problème, les observateurs sociaux du second XIXe siècle et surtout du début du XXe siècle proposent des solutions. L'une, respectueuse de la morale sexuelle prônée par l'Église, passe par le développement d'une éducation théorique qui sensibiliserait davantage les futurs époux aux enjeux de la sexualité conjugale, en encourageant les jeunes gens à faire coïncider leurs désirs avec leurs choix matrimoniaux. Une autre, plus progressiste, consiste à vider la nuit de noces de sa substance, en différant la première relation sexuelle – ce qui n'est envisageable que si les deux époux se connaissent assez bien pour avoir une discussion sur le sujet et tombent d'accord pour la reporter, ou au contraire pour l'accomplir plus tôt, distinguant ainsi l'acte sexuel de l'événement social auquel il est ordinairement associé.

La fin de la Belle Époque marque un tournant. La valorisation de la séduction, l'abaissement du seuil de la pudeur, la lente libéralisation des mœurs, le développement de l'émancipation féminine et le triomphe du mariage d'amour changent la donne. Les représentations de la nuit de noces heureuse du couple « enfin seul » sont presque passées de mode, la description de la nuit de noces comme une expérience traumatisante n'est plus transgressive ; ce qui le devient est de l'évoquer comme un moment qui laisse indifférent. La déconnexion progressive entre la première expérience sexuelle et le mariage affaiblit sa charge rituelle et dissout une partie de ses enjeux ; mais la pression qui pèse sur les jeunes filles pour qu'elles conservent leur virginité jusqu'au mariage persiste bien au-delà des années 1920 et les relations prénuptiales restent longtemps mal perçues. Les pages que Simone de Beauvoir consacre dans *Le Deuxième Sexe* en 1949 à la nuit de noces, encore décrite comme une secousse dont les femmes se remettent difficilement, attestent, au-delà du long XIXe siècle, de la permanence des représentations du fait nuptial comme une épreuve.

Comme le rappelle Agnès Walch pour le XIXe siècle, « l'intensité émotionnelle de la sexualité conjugale, à une époque où le corps des femmes est presque inaccessible, où les pudeurs freinent la sensualité, où les choses du sexe ne sont évoquées qu'avec réticences, est difficilement imaginable aujourd'hui[7] ». Pourtant, sous des formes déniées ou différentes, le double standard de la morale, des normes et des rôles sexuels perdure jusqu'à nous. Cette histoire de la nuit de noces, apparemment révolue, met crûment en lumière des questionnements très actuels sur ce qui est admissible ou souhaitable dans le cadre de la sexualité conjugale. Le consentement dans le couple hétérosexuel fait maintenant l'objet de recherches et de réflexions développées par la critique féministe, les chercheuses et chercheurs en sciences sociales, les artistes, les auteurs et autrices et plus largement par les femmes et les hommes qui se saisissent de ces questions dans le cadre privé. Les discours et les témoignages sur les nuits de noces du passé montrent que ces préoccupations ne sont pas neuves et que le regard que nous portons sur ces réalités n'est pas étranger à celui d'hommes et de femmes qui, à une époque dont les images désuètes exagèrent la distance, prenaient déjà la plume ou la parole pour dénoncer le « viol légal » de la nuit de noces. Les procédures matrimoniales canoniques montrent que ces arguments étaient diffusés dans la société, et que des femmes ont agi pour ne plus subir ce que la domination masculine leur imposait au nom des lois, de la religion et des convenances.

Archives et sources

La transcription des procédures matrimoniales conservées à l'*Archivio Apostolico Vaticano* est soumise à une condition de respect d'anonymat. Pour garantir la confidentialité, j'ai procédé à une anonymisation du nom des époux, désignés par leur prénom (qui n'a été modifié que s'il s'agit d'un prénom reconnaissable) et d'une lettre pour le nom (qui diffère de l'initiale véritable du patronyme d'origine). En cas de nom à particule, celle-ci a été préservée, car elle donne une indication de l'origine sociale des époux. Certaines mentions (comme les titres de noblesse ou certaines fonctions politiques) ont été omises quand elles rendaient possible l'identification. Ces modifications concernent le corps du texte, les notes et les citations. J'ai ajouté la mention de l'année de mariage à chaque cote.

Les sources provenant des Archives apostoliques du Vatican sont donc présentées de la façon suivante :

– Pour les *Positiones* du fonds de la Congrégation du Concile : AAV, *Congr. Concilio*, *Positiones*, année, mois [en italien] et initiales du diocèse de provenance, référence de l'affaire, prénoms des époux [année de mariage]. Exemple : AAV, *Congr. Concilio*, *Positiones*, a. 1901, Magg « B », 3785/34, Césarine F. et Charles Q. [mariage en 1892].

– Pour les *Libri Decretorum* du fonds de la Congrégation du Concile : AAV, *Congr. Concilio*, *Libri Decret.*, numéro du livre, année, référence de l'affaire, prénoms des époux [année de mariage]. Exemple : AAV, *Congr. Concilio*, *Libri Decret.*, n° 247 B, a. 1904, 675/2, Angélique de H. et Xavier de J. [mariage en 1889].

– Pour les *Causae* du fonds du Tribunal de la Rote : AAV, *S. R. Rota*, *Causae*, numéro du carton, année, référence de l'affaire, prénoms des époux [année de mariage]. Exemple : AAV, *S. R. Rota*, *Causae*, n° 85, a. 1915, 434/14, Émilie Q. et Eugène K. [mariage en 1910].

Pour uniformiser la présentation, les archives qui ne proviennent pas du Vatican sont référencées de la même manière, sans l'anonymisation, qui n'est pas requise, et avec la précision du diocèse ou du département de provenance selon les cas :

– Cote de l'archive, année de production de la source, nom des époux [année de mariage], diocèse ou département de provenance. Par exemple : AN, AF/IV/1921, a. 1804, Antoine Teyssier et Jeanne Vergne [mariage en 1800], diocèse de Limoges.

L'orthographe et la grammaire originales des sources, imprimées et manuscrites, ont été conservées dans les citations. En particulier, les diminutions ou graphies fautives de Monsieur en « Mr. » ou « Mons. », de Mademoiselle en « Melle » ont été maintenues telles quelles. Les fautes ponctuelles sont signalées par [*sic*]. Si elles sont nombreuses, la mention [*sic*] est placée en fin de citation.

Dans les citations des procédures matrimoniales canoniques où la validité du mariage est en question, la façon de désigner les épouses n'est pas toujours limpide. Sont employés aussi bien leur nom d'épouse que leur nom patronymique, le titre de « Madame » que celui de « Mademoiselle ». Par exemple, Lucie H., qui a épousé Justin F., peut être désignée par autant de dénominations que « Lucie H. », « Lucie F. », « Madame H. », « Mademoiselle H. », ou « Madame F. ».

Liste des abréviations

AN	Archives nationales
AAV	*Archivio Apostolico Vaticano* – Archives apostoliques du Vatican
BnF	Bibliothèque nationale de France
CNAEF	Centre national des archives de l'Église de France
MuCEM	Musée des Civilisations de l'Europe et de la Méditerranée
Congr. Concilio	*Congregazione del Concilio* – Congrégation du Concile
S. R. Rota	*Sacra Romana Rota* – Rote romaine

Notes

Introduction
(pages 5 à 19)

1 Seuil, Paris, p. 81.

2 Charles Thomas-Caraman [Docteur Montalban en 1885], *La Petite Bible des jeunes époux*, E. Flammarion, Paris, 1906 [1885], p. 1-7.

3 *Ibid.*, p. 5.

4 Cet ouvrage est issu d'une thèse de doctorat en histoire, sous la direction de Dominique Kalifa et de Philippe Boutry, soutenue en 2021 à l'université Panthéon-Sorbonne.

5 La configuration du remariage désamorce en partie les enjeux du sujet. Ce travail porte ainsi sur la nuit de noces dans le cadre d'un premier mariage, sauf mention contraire.

6 Tout au long de la période étudiée, les Françaises se marient en moyenne entre 23,8 ans et 27,6 ans, et les Français entre 24,9 ans et 29,7 ans selon Jacques Houdaille, « Les mariages dans un arrondissement populaire de Paris sous le Second Empire », *Population*, vol. 32, n° 6, 1977, p. 1310, et « Un indicateur de pratique religieuse : la célébration saisonnière des mariages avant, pendant et après la Révolution française (1740-1829) », *Population*, vol. 33, n° 2, 1978, p. 162 ; Agnès Fine et Martine Segalen, « Famille et mariage », *in* Jacques Dupâquier et Maurice Garden (dir.), *Histoire de la population française. 3. De 1789 à 1914*, PUF, Paris, 1988, p. 427.

7 Ce chiffre est obtenu à partir du taux de célibat définitif, c'est-à-dire, selon la définition actuelle de l'Ined, le pourcentage d'individus qui atteignent l'âge de cinquante ans et ne se sont jamais mariés. Avoisinant 10 % pendant le XIXe siècle, le taux de célibat définitif est encore plus faible à la fin de la première moitié du XXe siècle (hormis pendant les périodes de guerre). Jean-Claude Chasteland et Roland Pressat, « La nuptialité des générations françaises depuis un siècle », *Population*, vol. 17, n° 2, 1962, p. 215-240 ; Jean Gaudemet, *Le Mariage en Occident. Les mœurs et le droit*, Cerf, Paris, 1987, p. 417 et p. 438 ; Ghislaine de Feydeau, « Un mariage qui résiste et des enjeux qui changent », *in* Sabine Melchior-Bonnet et Catherine Salles (dir.), *Histoire du mariage*, Robert Laffont, Paris, 2009, p. 660.

8 D'après la *Statistique générale de la France*.

9 Pour une mise au point historique sur ces évolutions institutionnelles : J. GAUDEMET, *Le Mariage en Occident*, *op. cit.*, p. 380-405.

10 Christine BARD, « La révolution sexuelle comme prisme », *in* Sylvie STEINBERG (dir.), *Une histoire des sexualités*, PUF, Paris, 2018, p. 350-353.

11 *Ibid.*, p. 351.

12 L'anthropologie historique des années 1970, qui s'y est intéressée, emploie ces expressions un peu déroutantes de « France d'autrefois », d'« ancienne France » ou de « France traditionnelle ».

13 Un seul ouvrage, très général et sans cadre chronologique ou géographique précis, est pleinement consacré à la nuit de noces : Jane MERRILL et Chris FILSTRUP, *The Wedding Night : A Popular History*, Praeger, Santa Barbara, 2011. Sur la Belgique, Sara TAVARES GOUVEIA, *Au cœur de l'intime. Nuit de noces et lune de miel en Belgique (1820-1930)*, Le Cri, Bruxelles, 2012, ne consacre en réalité que sept pages à l'étude de la nuit de noces en elle-même, le reste abordant de manière plus générale les thèmes de l'éducation ou du couple conjugal.

14 C'est ce qu'Alain CORBIN écrivait à propos de la prostitution dans *Les Filles de noce. Misère sexuelle et prostitution au XIXe siècle*, Flammarion, Paris, 1982 [1978], p. 7.

15 Par exemple : Jean-Louis FLANDRIN, *Les Amours paysannes, XVIe-XIXe siècle*, Julliard, Paris, 1975, et *Familles. Parenté, maison, sexualité dans l'ancienne France*, Hachette, Paris, 1976 ; Martine SEGALEN, *Mari et femme dans la société paysanne*, Flammarion, Paris, 1980, et *Amours et mariages de l'ancienne France*, Berger-Levrault, Paris, 1981.

16 Michel FOUCAULT, *Histoire de la sexualité. 1. La Volonté de savoir*, Gallimard, Paris, 2001 [1976], p. 83.

17 Pauline MORTAS, *Une rose épineuse. La défloration au XIXe siècle en France*, Presses universitaires de Rennes, Rennes, 2017.

18 Je reprends ici les commentaires de Claire-Lise GAILLARD, Irène GIMENEZ et Suzanne ROCHEFORT à propos du travail de la sociologue Marie BERGSTRÖM (*Les Nouvelles Lois de l'amour. Sexualité, couple et rencontres au temps du numérique*, La Découverte, Paris, 2019), dans l'introduction du numéro *Genre & Histoire*, n° 27, printemps 2021, consacré aux liens entre genre et intimité.

19 Voir Dominique KALIFA, *La Culture de masse en France. 1. 1860-1930*, La Découverte, Paris, 2001.

20 Michelle PERROT, « Introduction », *in* Philippe ARIÈS et Georges DUBY (dir.), *Histoire de la vie privée*, t. IV : *De la Révolution à la Grande Guerre*, Seuil, Paris, 1999 [1987], p. 9.

21 Méthode que certains romanciers revendiquent également, par exemple dans le courant naturaliste.

22 Alain CORBIN, « La petite bible des jeunes époux », *in Le Temps, le Désir et l'Horreur. Essais sur le XIXe siècle*, Flammarion, Paris, 1998 [1991], p. 171.

23 Anne-Claire REBREYEND, « Sur les traces des pratiques sexuelles des individus "ordinaires" », *Le Mouvement social*, vol. 207, n° 2, 2004, p. 57-74, § 18.

24 Philippe LEJEUNE, *Le Pacte autobiographique*, Seuil, Paris, 1975.

25 Henri ABRAND, *Aux parents et aux éducateurs. Éducation de la pureté et préparation au mariage (jeunes gens)*, Impr. Aubin, Ligugé, 1927 [1922], p. 26.

26 Les factums sont des mémoires judiciaires, le plus souvent rédigés par un avocat.

27 Du point de vue du droit civil, la nullité diffère de la séparation de corps ou du divorce : la séparation de corps met fin à la vie commune tout en conservant les liens matrimoniaux, le divorce signifie la rupture totale de liens matrimoniaux qui ont existé, tandis que la nullité du mariage civil consiste à considérer rétroactivement que ces liens matrimoniaux n'ont jamais existé.

28 Anne-Marie Sohn, *Du premier baiser à l'alcôve. La sexualité des Français au quotidien (1850-1950)*, Aubier, Paris, 1996, p. 220. Voir également Anne-Marie Sohn, *Chrysalides. Femmes dans la vie privée (XIXe-XXe siècles)*, 2 vol., Publications de la Sorbonne, Paris, 1996.

29 Pour une présentation du fonctionnement de ces procédures matrimoniales aujourd'hui, voir Anne Bamberg, *Procédures matrimoniales en droit canonique*, Ellipses, Paris, 2011.

30 Par exemple, des mentions de nuit de noces apparaissent dans 223 des 274 causes matrimoniales françaises évoquées dans les *Libri Decretorum* de la Congrégation du Concile entre 1880 et 1908, soit dans 81 % des affaires. Voir Aïcha Salmon [Limbada], « La nuit de noces comme cause de la séparation conjugale (second XIXe siècle, France) », *Annales de démographie historique*, vol. 140, n° 2, 2020, p. 205.

31 Le tribunal diocésain est composé d'au moins trois personnes : le *juge official*, qui peut être l'évêque ou une personne qu'il délègue, recherche si le motif allégué pour la demande de nullité ou pour la dispense est fondé ; le *défenseur du lien*, qui exerce un rôle semblable à celui du ministère public, doit soutenir la validité du lien conjugal ; et un *notaire* remplit le rôle de greffier. Pour la procédure en appel, plusieurs tribunaux romains sont compétents ; parmi eux, au XIXe siècle, celui de la Congrégation du Concile et, à partir de 1908, celui de la Rote qui prend en charge les demandes de nullité (consultables jusqu'en 1922), tandis que la Congrégation de la Discipline des Sacrements traite les demandes de non-consommation (non consultables). Les époux et leurs témoins ne se déplacent pas à Rome : c'est la procédure écrite instruite en première instance qui est envoyée.

32 Les archives produites par les officialités après la période révolutionnaire ont le statut d'archives privées : elles sont la propriété de l'Église, qui ne souhaite pas les rendre disponibles à la consultation en France.

33 J'ai consulté, pour les archives de la Congrégation du Concile, les fonds des *Libri Decretorum* (exhaustivement à partir des années 1880, soit 29 volumes de 3 000 à 5 000 pages chacun) et des *Positiones* (ponctuellement, soit 51 cartons). Les volumes annuels des *Libri Decretorum* contiennent l'intégralité des Décrets, qui offrent pour chaque affaire une présentation récapitulant les faits pertinents au regard du droit canonique, des extraits des déclarations des époux, de leurs témoins et des experts et de l'avis des avocats et du défenseur du lien. Les *Positiones* se comptent par milliers et contiennent les procédures dans leur intégralité. Pour les archives de la Rote, j'ai consulté les fonds des *Causae*, qui contiennent les procédures dans leur intégralité (dépouillement exhaustif des 101 causes matrimoniales françaises entre 1908 et 1922). Toutes ces archives sont rédigées en latin, avec quelques mentions en italien, mais les dépositions sont restituées en langue vernaculaire.

34 Le *motu proprio* « *La cura vigilantissima* » du 21 mars 2005, promulgué par Jean-Paul II, a restreint la consultation de certaines archives sensibles, dont les « causes matrimoniales » ; mais en raison de la non-rétroactivité de ces lois, l'accès à ces documents est autorisé quand ils sont antérieurs au 22 janvier 1922, date que Jean-Paul II avait précédemment choisie, en 1985, comme borne chronologique finale de l'ouverture des archives du Saint-Siège.

35 Honoré de Balzac, *Physiologie du mariage, ou Méditations de philosophie éclectique sur le bonheur et le malheur conjugal*, Charpentier, Paris, [1829], 1838, p. 90. Il existe plusieurs éditions (au texte quasi identique) de l'ouvrage ; cette phrase n'apparaît pas dans toutes.

36 Alain Corbin, « La rencontre des corps », *in* A. Corbin (dir.), *Histoire du corps. 2. De la Révolution à la Grande*

Guerre, Seuil, Paris, 2011 [2005], p. 188.

37 Plusieurs facteurs expliquent la prédominance des classes supérieures. Les milieux les plus pauvres ont très rarement recours à l'institution ecclésiastique, notamment par méfiance à l'égard des tribunaux ou méconnaissance de leurs droits. Les plus modestes qui obtiennent la gratuité des frais doivent cependant perdre une journée de travail pour aller témoigner. On peut également faire l'hypothèse que, dans les classes les plus aisées, le mariage religieux dans le cadre d'une seconde union est recherché avec plus d'énergie, car de lui dépend l'insertion des époux dans des réseaux qui requièrent une honorabilité et une respectabilité conférée par la bénédiction nuptiale.

38 C. Bard, « La révolution sexuelle comme prisme », art. cité, p. 350-353.

39 Edoardo Grendi, « Micro-analyse et histoire sociale », trad. de Pierre Savy, *Écrire l'histoire. Histoire, Littérature, Esthétique*, n° 3, 2009 [1977], p. 67-80.

Notes du chapitre 1
(pages 21 à 49)

1 *Journal des débats politiques et littéraires*, 23 avril 1888.

2 Jean-Yves Mollier, « La censure en France au XIXe siècle », *Mélanges de l'École française de Rome*, vol. 121, n° 2, 2009, p. 332.

3 Marcela Iacub, *Par le trou de la serrure. Une histoire de la pudeur publique, XIXe-XXIe siècle*, Fayard, Paris, 2008.

4 Jean-Claude Yon, *Une histoire du théâtre à Paris. De la Révolution à la Grande Guerre*, Aubier, Paris, 2012.

5 Philippe Boutry, « Papauté et culture au XIXe siècle. Magistère, orthodoxie, tradition », *Revue d'histoire du XIXe siècle*, n° 28, 2004, p. 13.

6 Ernest Daudet, *Un amour de Barras. Nuit de noces. Aventure d'émigré. Représailles. Une nuit de Noël. Une matinée de Fouché. Le roman d'un complot*, Paul Ollendorff, Paris, 1895, p. 91-146.

7 Anatole Gerber [Anatole Berger], *Les Deux Commandeurs*, Charles Lachapelle, Paris, 1836, vol. 2, p. 214-230 ; c'est aussi parce qu'il est militaire que Fritz doit abandonner Wanda dans *La Grande-Duchesse de Gérolstein*, l'opéra-comique de Jacques Offenbach (livret d'Henri Meilhac et de Ludovic Halévy, opéra-bouffe créé à Paris au Théâtre des Variétés le 12 avril 1867, Virgin Classics, Paris, 2006 [1867]).

8 René Poupon, *Tragique nuit de noces*, J. Ferenczi et fils, Paris, 1926, p. 6 *sqq.* ; Marcel Priollet, *Infidèle sous le voile blanc*, Tallandier, Paris, 1929, p. 162 *sqq.*

9 Félix Steyne, *Nuit de noces*, Monnier et Cie, Paris, 1887.

10 Guy de Maupassant, « L'Enfant », *Le Gaulois*, 24 juillet 1882.

11 Marcel Priollet, *Enfin seuls ?... Non !...*, Tallandier, Paris, 1934 [1929].

12 Sewrin [Charles-Augustin de Bassompierre], *La Première Nuit de mes noces, traduit du champenois*, 2 volumes, Paris, Mme Masson, 1802.

13 Il s'agit d'un courant de la littérature romantique marqué par l'horreur et l'esthétique gothique. Anthony Glinoer, *La Littérature frénétique*, PUF, Paris, 2009 ; et la thèse de doctorat d'Émilie Pézard, « Le romantisme "frénétique" : histoire d'une appellation générique et d'un genre dans la critique de 1821 à 2010 », Paris-IV, Paris, 2012.

14 Nép[omucène] Lemercier, « Roman de moderne fabrique », *L'Opinion*, 28 mars 1826, n° 87 ; analysé par Émilie Pézard, « "La malédiction de l'univers sera notre bénédiction nuptiale." Le mariage dans le roman frénétique », *in* Stéphane Gougelmann et Anne Verjus (dir.), *Écrire le mariage en France au XIXe siècle*, Presses universitaires de Saint-Étienne, Saint-Étienne, 2017, p. 165-178.

15 Il y a plusieurs variantes mais il s'agit souvent d'une jeune fille morte avant son mariage, qui vient hanter ensuite un jeune homme.

16 Émile ZOLA, *Thérèse Raquin*, Librairie internationale, Paris, 1868 [1867], p. 179-185 ; voir l'analyse de Sophie MÉNARD, « Les fantômes nuptiaux chez Zola », *Romantisme*, n° 149, 2010, p. 97-110.

17 *Revue des lectures*, 15 juin 1927, p. 558 ; réf. citée par J.-Y. MOLLIER, *La Mise au pas des écrivains. L'impossible mission de l'abbé Bethléem au XXe siècle*, Fayard, Paris, 2014, p. 205.

18 Patricia MAINARDI, *Husbands, Wives, and Lovers : Marriage and Its Discontents in Nineteenth-Century France*, Yale University Press, New Haven, 2003 ; Andrew J. COUNTER, *The Amorous Restoration. Love, Sex, and Politics in Early Nineteenth-Century France*, Oxford University Press, Oxford, 2016.

19 François KERLOUÉGAN, « Codes et manuels conjugaux : prescrire, penser, écrire », *in* S. GOUGELMANN et A. VERJUS (dir.), *Écrire le mariage en France au XIXe siècle*, *op. cit.*, p. 90-92, et le chap. 2 « The art of keeping wives faithful : (mis)conduct manuals » de P. MAINARDI, *Husbands, Wives, and Lovers*, *op. cit.*, p. 47-72.

20 Walter BENJAMIN, *Paris, capitale du XIXe siècle. Le Livre des passages*, Cerf, Paris, 1989 [1983].

21 VICOMTE DE S*** [Pierre CUISIN], *Le Conjugalisme, ou l'Art de se bien marier. Conseils aux jeunes gens d'épouser femme jeune, belle et riche ; aux demoiselles de s'unir à un joli homme, bien fait et fortuné. Code de leçons matrimoniales, appuyées de préceptes moraux, d'anecdotes très-curieuses touchant le lien si important du Mariage*, Mansut et Librairie française et étrangère, Paris, 1823, p. VI. Le même ouvrage a également paru sous le titre suivant : *Le Guide des épouseurs pour 1825, ou le Conjugalisme. Étrennes aux futures par un homme qui s'est marié sept fois…*, Librairie française et étrangère, Paris, 1825.

22 Honoré de BALZAC, *Physiologie du mariage*, Garnier Flammarion, Paris, 1968 [1829], p. 83 et 86. Sur le lectorat féminin de la *Physiologie* : Roland CHOLLET, *Balzac journaliste. Le tournant de 1830*, Classiques Garnier, Paris, 2016, p. 246 ; Judith LYON-CAEN, *La Lecture et la Vie. Les usages du roman au temps de Balzac*, Tallandier, Paris, 2006, p. 133-134.

23 George SAND, *Valentine*, Calmann-Lévy, Paris, 1913 [1832], p. 79.

24 Michèle RIOT-SARCEY, *Histoire du féminisme*, La Découverte, Paris, 2015 [2002], p. 24.

25 Clémence BADÈRE, *Une mariée de seize ans*, E. Dentu, Paris, 1876, p. 41-43.

26 [Ernest FEYDEAU], *Souvenirs d'une cocodette écrits par elle-même*, Bibliothèque des curieux, Paris, s.d. [1878], p. 86.

27 Guy DE MAUPASSANT, *Une vie*, Garnier Flammarion, Paris, 2009 [1883], p. 100-106.

28 Alain CORBIN, *L'Harmonie des plaisirs. Les manières de jouir du siècle des Lumières à l'avènement de la sexologie*, Perrin, Paris, 2007, p. 454.

29 JACQUELINE [Caroline RÉMY, dite SÉVERINE], « Nuits de noces », *Gil Blas*, 28 novembre 1890. Référence citée par Monique AUBERT, « La violence faite aux femmes sous la plume d'une femme », *in* Mireille PIAROTAS (dir.), *Regards populaires sur la violence*, Publications de l'université de Saint-Étienne, Saint-Étienne, 2000, p. 23-30.

30 JACQUELINE [Caroline RÉMY, dite SÉVERINE], « L'Éternel masculin. Journal d'une femme – II. Lendemain de noces », *Gil Blas*, 30 août 1892.

31 René CHAUGHI, *Immoralité du mariage*, Publication du Libertaire, Paris, 1898, p. 12.

32 Léon BLUM, *Du mariage*, Albin Michel, Paris, 1990 [1907], p. 80-81.

33 *Ibid.*, p. 204.

34 Élie PRATZ, « Berthe l'anarchiste [feuilleton] », *L'Aurore*, 1er octobre 1913.

35 Victor MARGUERITTE, *La Garçonne*, Flammarion, Paris, 1922, p. 244.

36 Christine BARD a montré les liens complexes entre cette fiction, la figure de la garçonne et les milieux féministes des années 1920 dans *Les Filles de Marianne. Histoire des féminismes. 1914-1940*, Fayard, Paris, 1995, p. 187-209 ; voir également Anne-Marie SOHN, « "*La Garçonne*" face à l'opinion publique : type littéraire ou type social des années 20 ? », *Le Mouvement social*, vol. 80, septembre 1972, p. 3-28.

37 Antoine LILTI, *Figures publiques. L'invention de la célébrité, 1750-1850*, Fayard, Paris, 2014, p. 107.

38 *Ibid.*, p. 115.

39 Edmond et Jules DE GONCOURT, *La Duchesse de Châteauroux et ses sœurs*, Charpentier, Paris, 1879, p. 36.

40 *Ibid.* : « Barbier dit "Le Roi, étant tout déshabillé se jeta dans son lit avec une vivacité extraordinaire. Ils ont été depuis onze heures du soir jusqu'à dix heures du matin". »

41 Edmond DE GONCOURT, *Chérie*, Flammarion/Fasquelle, Paris, 1921 [1884], p. 239.

42 Robert DARNTON, *Le Diable dans un bénitier. L'art de la calomnie en France, 1650-1800*, Gallimard, Paris, 2010, p. 525.

43 Antoine DE BAECQUE, « La défaite du corps du roi. Essai sur l'impuissance de Louis XVI », in *Le Corps de l'histoire. Métaphores et politique (1770-1800)*, Calmann-Lévy, Paris, 1993, p. 45-98 ; R. DARNTON, *Le Diable dans un bénitier*, *op. cit.*, p. 511-518 ; et Aurore CHÉRY, « Entre vertu et impuissance : une mise en scène de la sexualité de Louis XVI au XVIIIe siècle », *in* Agnès WALCH (dir.), *La Médiatisation de la vie privée. XVe-XXe siècle*, Artois Presses Université, Arras, 2012, p. 195-206.

44 A. J. COUNTER, *The Amorous Restoration*, *op. cit.*, p. 241.

45 *Les Femmes galantes des Napoléons, secrets de cour et de palais, illustrés par des lettres et des conversations authentiques*, J. Abelsdorff, Berlin, 1863, fasc. 4, p. 215.

46 A. LILTI, *Figures publiques*, *op. cit.*, p. 107.

47 Selon Leslie MARCHAND, le poète aurait eu durant la nuit un accès de mélancolie, car il s'attristait de donner à son épouse la vue de son pied bot : *Byron : A Portrait*, Pimlico, Londres, 1993 (chap. XIV : « 1815, A fatal marriage »).

48 Octave DE SAINT-ERNEST [Jules Chabot de Bouin], *Physiologie de la première nuit des noces, précédée d'une introduction philosophique, hygiénique et morale*, Terry, Paris, 1846 [1842], p. 19-20.

49 Par exemple : Guy DE MAUPASSANT, *Farce normande*, in *Contes de la bécasse*, E. Rouveyre et G. Blond, Paris, 1883, p. 85-96 ; *L'Enragée*, in *Le Rosier de Madame Husson*, La Librairie moderne, Maison Quantin, Paris, 1888 [1883], p. 71-92 ; *Le Moyen de Roger*, in *Toine*, C. Marpon et E. Flammarion, Paris, 1886 [*Gil Blas*, 3 mars 1885], et Marcel PRÉVOST, « Nuit de noces », *Gil Blas*, 28 novembre 1889 et « Un cas », *La Lanterne*, 17 février 1895.

50 Octave MIRBEAU, « Nuit de noces », in *Amours cocasses. Noces parisiennes*, A.-G. Nizet, Paris, 1995 [1885] (voir la préface de Pierre Michel, p. 163-165).

51 Sur la gauloiserie, voir Marie-Ange FOUGÈRE, « La gauloiserie dans la littérature française de la fin du XIXe siècle », *in* Véronique CNOCKAERT et Sophie PELLETIER (dir.), *Du convenable et de l'inconvenant. Littérature française du XIXe siècle. Cahier Figura*, vol. 40, 2015, p. 17-33.

52 J.-Y. MOLLIER, « La censure en France au XIXe siècle », art. cité, p. 337 ; Annie STORA-LAMARRE, *L'Enfer de la IIIe République, Censeurs et pornographes (1891-1914)*, Imago, Paris, 1990, p. 12.

53 Par exemple : Pedro GARCIAS, « La Pomme de Pâris », *La Lanterne des demoiselles*, n° 35, 1885, p. 5-15 ; RIGOBERT, « L'innocence de Gysèle », *La Vie en culotte rouge*, n° 305, 15 décembre 1907, p. 8 ; Robert DIEUDONNÉ, « Lune de miel (petite comédie extrêmement rapide) », *Le Rire*, 16 mai 1914.

54 Sur la chanson grivoise, voir Marie-Véronique GAUTHIER, *Chanson, sociabilité et grivoiserie au XIXe siècle*, Aubier, Paris, 1992, et A. CORBIN, *L'Harmonie des plaisirs*, *op. cit.*, p. 428-434.

55 PERDICAN, « Les premières », *Le XIXe Siècle*, 17 septembre 1894, à l'occasion de la création de *La Femme de Narcisse*.

56 Concetta CONDEMI, *Les Cafés-concerts. Histoire d'un divertissement. 1849-1914*, Quai Voltaire, Paris, 1992 ; Élisabeth PILLET, « Cafés-concerts et cabarets », *Romantisme*, vol. 22, n° 75, 1992, p. 43-50.

57 Par exemple : E.-Charles CHABOT, *Le Joyeux Chansonnier du jour des noces, chansons spéciales pour fêter à table l'état et la profession des nouveaux mariés et précédées de la physiologie conjugale, pot-pourri*, Desloges, Paris, 1853 ; Simon-François BLOCQUEL, *Le Nouveau Chansonnier de l'hymen, couplets de noces, épithalames, chansons sur les époux et sur le mariage*, Delarue, Paris, 1857 ; *Almanach des chansons de noces*, Delarue, Paris, 1868.

58 Alain VIALA, *La Galanterie. Une mythologie française*, Seuil, Paris, 2019, p. 273.

59 Charles MARTEL, « Le Truc d'Arthur », *Le XIXe Siècle*, 17 octobre 1882.

60 « Une nuit de noces », *Le Rideau artistique et littéraire*, 1905, n° 367, non paginé.

61 Voir la citation en exergue du chapitre.

62 À ce sujet, voir Muriel PLANA et Hélène BEAUCHAMP (dir.), *Théâtralité de la scène érotique du XVIIIe siècle à nos jours dans la littérature, les arts du spectacle et de l'image*, Éditions universitaires de Dijon, Dijon, 2013 ; Lela F. KERLEY, *Uncovering Paris : Scandals and Nude Spectacles in the Belle Époque*, Louisiana State University Press, Baton Rouge, 2017.

63 Sarah GUTSCHE-MILLER, *Parisian Music-hall Ballet, 1871-1913*, Boydell & Brewer, Rochester/Woodbridge, 2015, p. 28.

64 Dominique KALIFA, *L'Encre et le Sang*, Fayard, Paris, 1995, et « Usages du faux. Faits divers et romans criminels au XIXe siècle », *Annales. Histoire, sciences sociales*, vol. 54, n° 6, 1999, p. 1345-1362.

65 « La Mariée d'Asnières », *Revue des grands procès contemporains*, 1896, p. 241-265.

66 « Bulletin judiciaire – L'étoile du bonheur ». – Un beau-père original », *Journal des débats politiques et littéraires*, 21 octobre 1891.

67 Sur les images sur le mariage produites au cours du premier XIXe siècle, voir P. MAINARDI, *Husbands, Wives, and Lovers*, *op. cit.*, p. 73-117 ; Patricia MAINARDI, « Le mariage en caricature », *in* S. GOUGELMANN et A. VERJUS (dir.), *Écrire le mariage en France au XIXe siècle*, *op. cit.*, p. 65-74.

68 Je renvoie à mon article sur la représentation iconographique de la peur éprouvée par les époux pendant la nuit de noces : Aïcha SALMON [LIMBADA], « Des peurs déplacées. Nuits de noces et normes de genre dans les dessins d'humour au début du XXe siècle », *Ridiculosa*, n° 22, 2015, p. 121-135.

69 Par exemple : Georges MÉLIÈS, *Le Coucher de la mariée, ou Triste nuit de noces*, 1899 ; Clément MAURICE, *Le Déshabillé de la mariée*, 1900 ; ou les multiples films *Le Coucher de la mariée* de la maison Pathé frères, comme les films n°s 361 (1901), 1059 (1904), 1638 (1907), 1639 (1907), ou encore *Mariage de raison : Coucher de la mariée*, film n° 397/350 (1897).

70 Frédéric TACHOU, *Et le sexe entra dans la modernité*, Klincksieck, Paris, 2013, p. 192.

71 Patrick DÉSILE, « Pornographies. Un nouveau régime de visibilité, 1893-1913 », *Études théâtrales*, n° 65, 2016, p. 178.

72 Quelques autres exemples : *La Nuit de noce d'Anatole*, film n° 2910, Pathé frères, 1909 ; les films de Georges MONCA comme *Une nuit de noces au village*, film n° 3476, Pathé frères, 1910, ou encore *La Nuit de noces de Rigadin*, film n° 6862, Pathé frères, 1914.

73 Henri BOUSQUET, *Catalogue Pathé des années 1896 à 1914 (1907-1909)*, Éditions Henri Bousquet, Bures-sur-Yvette, 1994-2004, p. 231.

74 Le critique d'art John GRAND-CARTERET a publié des études très riches qui analysent les procédés communément employés par les dessinateurs d'images grivoises. Parmi elles, *Le Décolleté et le Retroussé, un siècle de gauloiserie (1800)*, édition nouvelle, Édition photographique, Paris, 1910.

75 Les représentations de scènes de voyeurisme de nuit de noces explosent au moment même où l'usage du terme de voyeur (qui avait été forgé par le duc de Saint-Simon en 1740 pour qualifier une « personne qui assiste à quelque chose par curiosité ») change pour désigner spécifiquement le fait de jouir de la vue de la nudité ou de rapports sexuels d'autrui. Jean-Luc CACCIALI, « Une perversion du regard : le voyeurisme », *Journal français de psychiatrie*, nº 16, juin 2002, p. 33-34.

76 Par exemple : E. D., *L'Odyssée d'un pantalon*, aux dépens de la Compagnie, Paris, 1889 ; Pierre DU BOURDEL [Pierre MAC ORLAN], *Aventures amoureuses de Mlle de Sommerange, ou les Aventures libertines d'une demoiselle de qualité sous la Terreur*, Sweetgra's, Québec, [en réalité : Jean Fort, Paris], 1910 ; Georges DE LESBOS [Alphonse MOMAS], *Première nuit de noces*, in *Voluptés bizarres*, s.n., Amsterdam, 1893, p. 19-31. Je renvoie à l'ouvrage de [Sarane] ALEXANDRIAN, *Histoire de la littérature érotique*, Payot & Rivages, Paris, 2008, où j'ai trouvé l'essentiel des références citées dans cette section. Voir également le chapitre que Pauline MORTAS consacre à la défloration dans les récits pornographiques dans *Une rose épineuse*, *op. cit.*, p. 283-325.

77 [Anonyme], *Le Tartufe libertin, ou le Triomphe du vice*, Chez le gardien du Temple, À Cythère, 1844, p. 7-43.

78 [Gustave DROZ], *Un été à la campagne. Correspondance de deux jeunes Parisiennes*, s.n., s.l., 1868, p. 215-218. Selon Alexandrian, l'auteur de ce roman censuré par le tribunal correctionnel de Lille par le jugement du 6 mai 1868, et cependant multiplement réédité, ne serait autre que Gustave Droz, l'auteur du plus convenable *Monsieur, madame et bébé*, dont la nuit de noces constitue le cœur de l'ouvrage. S. ALEXANDRIAN, *Histoire de la littérature érotique*, *op. cit.*, p. 215-216. Un autre roman qui relate une simulation de la virginité pendant la nuit de noces : TOMY, *Jeux innocents. Souvenirs de la quinzième année*, Maison Mystère, Paris, 1912, p. 122-125.

79 Un an après, Marcel Prévost reprend à son compte le thème de la « demi-vierge » dans un roman non pornographique à succès, *Les Demi-Vierges*.

80 Catalogue de la maison Richard, reproduit dans Jacques BONHOMME, *L'Art érotique. Livres, gravures, voluptés sensuelles, photographies obscènes*, L'Or du temps, Paris, 1970.

81 A. STORA-LAMARRE, *L'Enfer de la IIIe République*, *op. cit.*, p. 185.

82 Je remercie Nicole Canet, éditrice qui travaille sur les bordels et la photographie artistique, pour cette information.

83 A. STORA-LAMARRE, *L'Enfer de la IIIe République*, *op. cit.*, p. 4.

Notes du chapitre 2 (pages 51 à 90)

1 Émile ZOLA, *Comment on se marie*, Flammarion, Paris, 2012 [1893], p. 17.

2 Henri MICHAUX, « Nuit de noces », in *La nuit remue*, Gallimard, Paris, 1935, p. 207.

3 On emploie au début du XIXe siècle le terme d'« oie » pour qualifier une « personne très sotte, niaise » (*Dictionnaire de l'Académie française*, 6e éd., 1835), mais l'expression « oie blanche » pour désigner une « jeune fille très innocente et élevée à l'ancienne mode » (*Dictionnaire de l'Académie française*, 8e éd., 1932-1935) apparaît vraisemblablement à la toute fin du XIXe siècle : le TLFi (Trésor de la

langue française informatisé) repère pour la première fois son usage dans *Les Demi-Vierges* de Marcel Prévost, qui a popularisé l'expression en 1894.

4 Mathias Girel définit l'agnotologie comme l'« étude des diverses formes de l'ignorance, que celle-ci soit comprise comme une frontière de la connaissance, ou qu'elle soit produite de façon inopinée [...], ou encore que la production d'ignorance soit le but explicitement visé, élément d'une stratégie » (« Agnotologie : mode d'emploi », *Critique*, n° 799, 2013, p. 964-977). Voir Robert N. Proctor et Londa Schiebinger (dir.), *Agnotology : The Making & Unmaking of Ignorance*, Stanford University Press, Stanford, 2008, et en particulier la contribution de Nancy Tuana, « Coming to understand : Orgasm and the epistemology of ignorance » (p. 108-145), qui explore la question du désir et du plaisir sexuel chez les femmes.

5 M. Foucault, *Histoire de la sexualité. 1. La Volonté de savoir, op. cit.*, p. 29-37.

6 Voir Marcel Bernos, Yvonne Knibiehler, Élisabeth Ravoux-Rallo et Éliane Richard, *De la pucelle à la minette. Les jeunes filles de l'âge classique à nos jours*, Messidor, Paris, 1983, notamment le chap. 6 intitulé « Les oies blanches », p. 91-117 ; Louise Bruit Zaidman, Gabrielle Houbre, Christiane Klapisch-Zuber et Pauline Schmitt-Pantel (dir.), *Le Corps des jeunes filles de l'Antiquité à nos jours*, Perrin, Paris, 2001, en particulier le chap. 6 écrit par Jean-Claude Caron, « Jeune fille, jeune corps : objet et catégorie (France, xixe-xxe siècles) » ; et, pour le premier xixe siècle, Gabrielle Houbre, *La Discipline de l'amour. L'éducation sentimentale des filles et des garçons à l'âge du romantisme*, Plon, Paris, 1997, p. 154-195, et *Histoire des mères et des filles*, La Martinière, Paris, 2006, p. 115-152.

7 AAV, *S. R. Rota, Causae*, n° 72, a. 1914, 356/13, Madeleine G. et Stéphane de Q. [mariage en 1903].

8 AAV, *Congr. Concilio, Libri Decret.*, n° 239, a. 1896, 4242/37, Éléonore F. et François V. [mariage en 1870].

9 AAV, *Congr. Concilio, Libri Decret.*, n° 247 B, a. 1904, 4212/2, Lucie K. et Paul H. [mariage en 1896].

10 Sur la virginité : Jean-Pierre Bardet *et al.*, *La Première Fois, ou le Roman de la virginité perdue à travers les siècles et les continents*, Ramsay, Paris, 1981 ; Anke Bernau, *Virgins : A Cultural History*, Granta Books, Londres, 2008 ; Yvonne Knibiehler, *La Virginité féminine, Mythes, fantasmes, émancipation*, Odile Jacob, Paris, 2012 ; Alain Corbin, « Virginitas », *Le Magasin du xixe siècle*, numéro « Sexorama », 2014, n° 4, p. 30-36 ; Alain Cabantous et François Walter, *Les Tentations de la chair. Virginité et chasteté (xvie-xxie siècle)*, Payot et Rivages, Paris, 2020.

11 Alain Corbin, « La relation intime ou le plaisir de l'échange », *in* G. Duby et P. Ariès (dir), *Histoire de la vie privée*, t. IV, *op. cit.*, p. 479.

12 Gabrielle Houbre, « Le xixe siècle », *in* S. Steinberg (dir.), *Une histoire des sexualités, op. cit.*, p. 276-277.

13 Emmanuelle Berthiaud, « "Attendre un enfant". Vécu et représentations de la grossesse aux xviiie et xixe siècles (France) », thèse de doctorat, université de Picardie Jules-Verne, Amiens, 2011, p. 55. Elle indique que cette éducation restrictive aurait conserné « tout au plus 30 % de la population totale ».

14 AAV, *Congr. Concilio, Libri Decret.*, n° 231, a. 1888, 1875/29, Marie de T. et Pierre Q. [mariage en 1868].

15 Jacqueline [pseudonyme de la journaliste Séverine], « Nuits de noces », *Gil Blas*, 28 novembre 1890.

16 G. Houbre, *La Discipline de l'amour, op. cit.*, p. 165.

17 Gabrielle Houbre, « Demoiselles catholiques et misses protestantes : deux modèles éducatifs antagonistes au xixe siècle », *Bulletin – Société de l'histoire du protestantisme français*, vol. 146, janvier-mars 2000, p. 54.

18 Honoré DE BALZAC, *La Femme de trente ans*, Houssiaux, Paris, 1855 [1842], p. 24-25.

19 *Ibid.*

20 Jean-Baptiste-Joseph DE CHANTAL [Jean-Baptiste-Joseph CHAMPAGNAC], *La Civilité des jeunes personnes*, 4e éd., Lecoffre et Cie, Paris, 1850 [1843], p. 116-117.

21 AAV, *Congr. Concilio, Libri Decret.*, n° 244 B, a. 1901, 1268/44, Pauline H. et Albert de V. [mariage en 1892].

22 Félicien CHAMPSAUR, *Sa fleur*, E. Fasquelle, Paris, 1898, p. 43, cité par P. MORTAS, *Une rose épineuse*, *op. cit.*, p. 237.

23 D. KALIFA, *La Culture de masse en France. 1. 1860-1930*, *op. cit.*

24 Agnès WALCH, *La Spiritualité conjugale dans le catholicisme français*, Cerf, Paris, 2002, p. 381.

25 « *At vicissim de puella optima sunt quae referuntur : a piis nobilibusque parentibus, honestissime educata, casta, religionis studiosissima, sana, hilaris, nulla maiori laude extolli posset. Quod quidem et factis ostenditur, nam adeo erat simplex et honesta, ut inito iam matrimonio, sciret quidem, obsequentem viro se esse debere, sed maritalis actus essentiam ignoraret, unamque sacerdotalem benedictionem sufficere ad procreandos filios putaret* » (je traduis). AAV, *Congr. Concilio, Libri Decret.*, nos 231 et 232, a. 1888 et 1889, 193/31, Carolina de T. et Julien L. [mariage en 1888].

26 Martine SEGALEN, « Du village à la ville. La fête de la rosière à Nanterre », *Ethnologie française*, vol. 12, n° 2, 1982, p. 185-194.

27 M. BERNOS, Y. KNIBIEHLER, É. RAVOUX-RALLO et É. RICHARD, *De la pucelle à la minette*, *op. cit.*, p. 145-160 (chap. 8 « Jeunes filles au village ») ; Anne-Marie SOHN, *Chrysalides. Femmes dans la vie privée (XIXe-XXe siècles)*, 2 vol., Publications de la Sorbonne, Paris, 1996, p. 549-633 (chap. 8 « Les jeunes filles et les écueils de la fréquentation ») ; et E. BERTHIAUD, *« Attendre un enfant »*, *op. cit.*, p. 51-54.

28 Pierre RIVIÈRE, *Moi, Pierre Rivière, ayant égorgé ma mère, ma sœur et mon frère... Un cas de parricide au XIXe siècle*, présenté par Michel Foucault, Gallimard/Julliard, Paris, 1994 [1973], p. 92.

29 Yvonne VERDIER, *Façons de dire, façons de faire. La laveuse, la couturière, la cuisinière*, Gallimard, Paris, 1997 [1979], p. 177-195. Son enquête, menée de 1968 à 1975, recueille des témoignages de femmes parfois très âgées dont certaines racontent la vie de leurs aïeules du siècle précédent.

30 L'autrice cite le *Grand dictionnaire universel du XIXe siècle* de Pierre Larousse pour rappeler la corrélation de ce mot avec « l'emploi du terme marquette en droit féodal : le "droit de marquette", mieux connu sous le nom de "droit de cuissage", est ce droit qu'avait le seigneur de partager la couche de la nouvelle mariée la première nuit de ses noces ». *Ibid*, p. 181-187.

31 Olivier SABAROT, « Séduire : agresser ou charmer ? Un aperçu historique », *Ethnologie française*, vol. 43, n° 3, juin 2013, p. 509.

32 Jean-Louis FLANDRIN, *Les Amours paysannes, XVIe-XIXe siècle*, Gallimard, Paris, 1993 [1975] ; Jean-Pierre BARDET, « Deux ou trois choses que je sais d'elles : une approche des relations amoureuses dans la société traditionnelle (vers 1700-1830) », *in* Reynald ABAD, Jean-Pierre BARDET, Jean-François DUNYACH et François-Joseph RUGGIU (dir.), *Les Passions d'un historien. Mélanges en l'honneur de Jean-Pierre Poussou*, Presses de l'université Paris-Sorbonne, Paris, 2010, p. 849, qui montre que certaines régions sont plus tolérantes que d'autres à l'égard des relations prénuptiales suivies de grossesse ; par exemple, pour la Normandie, le pays d'Auge beaucoup plus que le pays de Vernon.

33 Marcel BAUDOUIN, *Le Maraîchinage. Coutume du pays de Mont (Vendée)*, 3e éd., A. Maloine, Paris, 1906.

34 À Paris, au XIXe siècle, le nombre d'enfants nés hors mariage va jusqu'à représenter entre un quart et un tiers des naissances. Sandra BRÉE, « Incidence de la fécondité illégitime sur la fécondité générale à Paris au XIXe siècle », *Espace populations sociétés* [en ligne], n° 1, 2014.

35 Michel FREY, « Du mariage et du concubinage dans les classes populaires à Paris (1846-1847) », *Annales. ESC*, vol. 33, n° 4, 1978, p. 803-829 ; Françoise BATTAGLIOLA, « Mariage, concubinage et relations entre les sexes. Paris, 1880-1890 », *Genèses*, 1995, vol. 18, n° 1, p. 68-96.

36 L. BLUM, *Du mariage*, *op. cit.*, p. 279.

37 Gaston DESCHAMPS, « La vie littéraire – Jeunes filles », *Le Temps*, 17 juin 1894.

38 A.-M. SOHN, *Du premier baiser à l'alcôve*, *op. cit.*, p. 573.

39 AAV, *Congr. Concilio*, *Libri Decret.*, nos 236, 237 et 242, a. 1892, a. 1893 et a. 1899, 4408/34, Adèle H. et Désiré P. [mariage en 1886].

40 AAV, *Congr. Concilio*, *Positiones*, a. 1901, Sett.-Otto. « P », 2574/42, Mathilde H. et André I. [mariage en 1897].

41 AAV, *Congr. Concilio*, *Positiones*, a. 1905, Lugl. « P-Z », 3933/4, Eugénie P. et Marin F. [mariage en 1903].

42 AAV, *Congr. Concilio*, *Libri Decret.*, nos 250 et 253 B, a. 1906 et a. 1908, 2113/5, Marie I. et Victor F. [mariage en 1900].

43 Adélaïde BLASQUEZ, *Gaston Lucas, serrurier. Chronique de l'anti-héros*, Pocket, Paris, 1983 [1976], p. 107.

44 Émile DURKHEIM et Jacques-Amédée DOLÉRIS, *Sur l'éducation sexuelle*, Payot & Rivages, Paris, 2011. En préface, Virginie DE LUCA BARUSSE propose une recontextualisation de ce débat en donnant des jalons de l'éducation sexuelle depuis le début du XIXe siècle.

45 A. CORBIN, « La relation intime ou le plaisir de l'échange », art. cité, p. 472-473, et G. HOUBRE, *Histoire des mères et des filles*, *op. cit.*, p. 115-151.

46 Marie-Amélie DE BOURBON, *Journal. 1800-1866*, Perrin, Paris, 1980, p. 435-436.

47 Marie LAFARGE, *Mémoires de madame Lafarge, née Marie Cappelle [sic]. Écrits par elle-même*, Lévy frères, Paris, 1867 [1841], p. 188. Ce cas est exceptionnel, tant par l'âge de l'autrice (vingt-cinq ans en 1841 quand elle publie ses mémoires), que par sa renommée, puisque l'affaire Lafarge est une des plus célèbres de l'époque. L'accusation d'assassinat portée contre elle détermine en partie la façon dont elle écrit rétrospectivement sur les débuts de leur mariage.

48 Denis BERTHOLET, *Le Bourgeois dans tous ses états. Le roman familial de la Belle Époque*, O. Orban, Paris, 1987, p. 74.

49 Honoré DE BALZAC, *Une fille d'Ève*, édition en ligne : La Bibliothèque électronique du Québec, [1839], p. 21-22.

50 Gustave DROZ, *Monsieur, madame et bébé*, 116e éd., Victor Havard, Paris, 1882 [1866], p. 137-138.

51 *Ibid.*, p. 116-117.

52 G. DE MAUPASSANT, *Une vie*, *op. cit.*, p. 100.

53 MONSIEUR X, « Une nuit de noces », in *Pièces de théâtre*, Impr. Collombon et Brûlé, Paris, 1886, p. 1-22.

54 AAV, *Congr. Concilio*, *Libri Decret.*, n° 239, a. 1896, 229/37, Marie de P. et Joseph de P. [mariage en 1869].

55 AAV, *Congr. Concilio*, *Positiones*, a. 1906, Marz. « P », 4275/5, Anne G. et Paul S. [mariage en 1904].

56 AAV, *Congr. Concilio*, *Libri Decret.*, n° 246 B, a. 1903, 1397/2, Marie K. et Émile F. [mariage en 1901].

57 *Ibid.*

58 H. ABRAND, *Aux parents et aux éducateurs*, *op. cit.*, p. 26.

59 Gabrielle HOUBRE établit cependant une distinction entre les demoiselles innocentes de l'époque romantique et celles de la Belle Époque qui ont une « culture corporelle encore rudimentaire » mais néanmoins plus

développée (« Le XIXe siècle », art. cité, p. 276-281).

60 AAV, *Congr. Concilio, Libri Decret.*, n° 245 B, a. 1902, 147/44, Florence W. et Marin X. [mariage en 1891].

61 AAV, *Congr. Concilio, Libri Decret.*, n° 250, a. 1906, 1674/6, Marguerite N. et Gaston de G. [mariage en 1902].

62 Louise DE L'ESTANG, *Le Voile de l'hyménée. Soulevé d'une façon chaste et morale pour les jeunes filles en âge de se marier*, L. Boudon, Paris, 1903, Introduction.

63 AAV, *S. R. Rota, Causae*, n°s 132 et 145, a. 1919 et a. 1920, 497/15, Jeanne F. et Octave Q. [mariage en 1902].

64 AAV, *Congr. Concilio, Positiones*, a. 1906, Apri. « L-P », 3922/38 et 3667/40, Marguerite J. et Auguste de F. [mariage en 1879].

65 AAV, *Congr. Concilio, Libri Decret.*, n° 231, a. 1888, 1875/29, Marie de T. et Pierre Q. [mariage en 1868].

66 AAV, *Congr. Concilio, Positiones*, a. 1906, Marz. « P », 4275/5, Anne G. et Paul S. [mariage en 1904].

67 AAV, *Congr. Concilio, Positiones*, a. 1906, Apri. « L-P », 3922/38 et 3667/40, Marguerite J. et Auguste de F. [mariage en 1879].

68 AAV, *Congr. Concilio, Libri Decret.*, n°s 237 et 239, a. 1894 et a. 1896, 1675/35, Augustin W. et Berthe Z. [mariage en 1886].

69 AAV, *Congr. Concilio, Libri Decret.*, n° 245 B, a. 1902, 3899/44, Jeanne H. et Joseph W. [mariage en 1899].

70 AAV, *Congr. Concilio, Libri Decret.*, n° 252, a. 1907, 3669/6, Eusèbe H. et Jeanne P. [mariage en 1904].

71 Pietro Gasparri (1852-1934) est à cette époque un juriste spécialiste de droit canonique, et enseigne à la faculté de droit canonique de Paris. Bernard DELPAL, « Pietro Gasparri, professeur à l'Institut catholique de Paris », *Mélanges de l'École française de Rome*, vol. 116, n° 1, 2004, p. 91-107.

72 AAV, *Congr. Concilio, Libri Decret.*, n° 240 B, a. 1897, 4065/38, Aurélie T. et Louis T. [mariage en 1893].

73 AAV, *Congr. Concilio, Libri Decret.*, n° 231, a. 1888, 1875/29, Marie de T. et Pierre Q. [mariage en 1868].

74 AAV, *Congr. Concilio, Libri Decret.*, n° 243 B, a. 1900, 2199/43, Madeleine A. et Antoine G. [mariage en 1895].

75 AAV, *Congr. Concilio, Libri Decret.*, n° 233, a. 1890, 187/32, Marie de G. et Victor F. [mariage en 1885].

76 AAV, *Congr. Concilio, Libri Decret.*, n° 245 B, a. 1902, 147/44, Florence W. et Marin X. [mariage en 1891].

77 AAV, *Congr. Concilio, Libri Decret.*, n° 245 B, a. 1902, 4055/3, Louise V. et Pierre E. [mariage en 1892].

78 AAV, *Congr. Concilio, Libri Decret.*, n° 244 B, a. 1901, Pauline H. et Albert de V., cas 105 [mariage en 1892].

79 *Ibid.*

80 AAV, *Congr. Concilio, Libri Decret.*, n° 246 B, a. 1903, Marie K. et Émile F., cas 118 [mariage en 1901].

81 AAV, *Congr. Concilio, Libri Decret.*, n° 252, a. 1907, 3669/6, Eusèbe H. et Jeanne P. [mariage en 1904].

82 Alexandre WEILL, *Si j'avais une fille à marier* (5e éd.) ; *Si j'avais un fils à élever* (3e éd.), Sauvaitre, Paris, 1891 [1860], p. 10.

83 RIGOBERT, « L'innocence de Gysèle », *La Vie en culotte rouge*, 15 décembre 1907, n° 305, p. 8.

84 « Les gaîtés de la semaine », *Le Journal amusant*, 6 janvier 1929.

85 A.-M. SOHN, *Du premier baiser à l'alcôve*, *op. cit.*, p. 221. Au cours de ses longues recherches dans les archives judiciaires, elle n'a repéré que deux mentions de virginité masculine jusqu'au mariage : l'une concernant un douanier briançonnais marié en 1878, et qui déclare que, « avant son mariage, il n'aurait connu aucune femme », l'autre un journalier de Brive, marié à vingt et un ans, qui « n'a jamais connu d'autres femmes » et « s'est donné vierge » à son épouse.

86 AAV, *Congr. Concilio, Libri Decret.*, n° 248 B, a. 1905, 2422/4, Louise H. et Robert de W. [mariage en 1895].

87 *Ibid.*

88 AAV, *Congr. Concilio, Positiones*, a. 1906, Sett. « P », 264/3, Germaine de P. et Alfred G. [mariage en 1895].

89 AAV, *Congr. Concilio, Libri Decret.*, n°s 247 B et 250, a. 1904 et a. 1906 ; et *Positiones*, a. 1906, Sett. « P », 264/3, Germaine de P. et Alfred G. [mariage en 1895].

90 AAV, *Congr. Concilio, Positiones*, a. 1906, Lugl. « N-P », 1438/6, Charlotte de K. et Alphonse de V. [mariage en 1905].

91 AAV, *Congr. Concilio, Libri Decret.*, n° 253 B, a. 1908, 1355/7, Marie V. et Camille W. [mariage en 1893].

92 AAV, *Congr. Concilio, Libri Decret.*, n° 240 B, a. 1897, 4228/38, Lucie H. et Justin F. [mariage en 1893].

93 AAV, *Congr. Concilio, Positiones*, a. 1905, Giug. « O-P », Marguerite Z. et Henri H. [mariage en 1904].

94 H. DE BALZAC, *Physiologie du mariage*, *op. cit.*, p. 94.

95 Déborah GUTERMANN, « France. La part sombre de l'initiation sexuelle : une histoire d'amour maudite dans le premier XIXe siècle », *in* Véronique BLANCHARD, Régis REVENIN et Jean-Jacques YVOREL (dir.), *Les Jeunes et la sexualité. Initiations, interdits, identités (XIXe-XXIe siècle)*, Autrement, Paris, 2010, p. 43. L'historienne développe l'exemple d'Adélaïde Rubin de Méribel, victime d'un viol, à travers l'étude de lettres envoyées à son fiancé Auguste d'Yvrande au tout début du siècle (1808) : « Adélaïde, en perdant sa virginité, perd aussi son honneur, la respectabilité des jeunes filles tenant autant à leurs mœurs qu'à l'ignorance dans laquelle elles doivent être maintenues jusqu'au mariage en matière d'amour et de rapports charnels ».

96 Yvonne KNIBIEHLER, « Corps et cœurs », *in* Geneviève FRAISSE et Michelle PERROT (dir.), *Histoire des femmes en Occident, IV. Le XIXe Siècle*, Perrin, « Tempus », 2002 [1991], p. 411 ; Fabienne CASTA-ROSAZ, *Histoire du flirt. Les jeux de l'innocence et de la perversité, 1870-1968*, Grasset, Paris, 2000.

97 Témoignage de Louise G., amie de l'épouse. AAV, *Congr. Concilio, Libri Decret.*, n° 253 B, a. 1908, 1355/7, Marie V. et Camille W. [mariage en 1893].

98 Témoignage du docteur Edmond M. *Ibid.*

99 AAV, *Congr. Concilio, Libri Decret.*, n° 244 B, a. 1901, 5243/43, Jeanne K. et Jules P. [mariage en 1899].

100 Anne MARTIN-FUGIER, *La Bourgeoise. Femme au temps de Paul Bourget*, Grasset & Fasquelle, Paris, 1983, p. 61-66.

101 AAV, *Congr. Concilio, Libri Decret.*, n° 233, a. 1890, 6000/32, Susanne T. et Louis H. [mariage en 1880].

102 AAV, *Congr. Concilio, Libri Decret.*, n° 241, a. 1898, 2927/35, Camille V. et Florent de A. [mariage en 1890].

103 AAV, *Congr. Concilio, Positiones*, a. 1906, Genn. « L-P », Maurice K. et Suzanne L. [mariage en 1904].

104 AAV, *Congr. Concilio, Libri Decret.*, n° 234, a. 1891, 1005/30, Oscar du Z. et Sophie de F. [mariage en 1865].

105 AAV, *Congr. Concilio, Positiones*, a. 1905, Dice. « N-P », 1673/5, Alice G. et Louis F. [mariage en 1902].

106 Rebecca ROGERS, *Les Bourgeoises au pensionnat. L'éducation féminine au XIXe siècle*, trad. de Céline GRASSER, Presses universitaires de Rennes, Rennes, 2007, p. 113-143.

107 A. MARTIN-FUGIER, *La Bourgeoise*, *op. cit.*, p. 64-65 ; Arlette FARGE et Christiane KLAPISCH-ZUBER (dir.), *Madame ou mademoiselle ? Itinéraires de la solitude féminine, XVIIIe-XXe siècle*, Montalba, Paris, 1984.

108 AAV, *Congr. Concilio, Libri Decret.*, n° 252, a. 1907, 667/6, Gabriel de V. et Andrée de F. [mariage en 1905].

109 O. DE SAINT-ERNEST [J. CHABOT DE BOUIN], *Physiologie de la première nuit des noces*, *op. cit.*, p. 20.

110 *Catéchisme à l'usage des grandes filles qui souhaitent se marier. Instruction à laquelle elles doivent se conformer si elles*

veulent trouver promptement un bon parti, Librairie populaire des villes et des campagnes, Paris, 1848 [1841], [non paginé].

111 *Instruction pour les grandes filles qui souhaitent se marier, et à laquelle elles doivent se conformer si elles veulent trouver promptement un bon parti*, R. Ruel aîné, Paris, 1853 [1828], [non paginé].

112 A. Weill, *Si j'avais une fille à marier*, *op. cit.*, p. 5-7.

113 « Le Courrier du Figaro. Réponses. Instruction des filles », *Le Figaro. Supplément littéraire du dimanche*, 7 janvier 1893.

114 Baronne Staffe, *Mes secrets*, G. Havard fils, Paris, 1896, p. 341-342.

115 Marcel Prévost, *Mademoiselle Jaufre*, A. Lemerre, Paris, 1889, p. 219-220.

116 Marcel Prévost, *Les Demi-Vierges*, Mémoire du livre, Paris, 2001 [1894]. Sur la notion de « semi-virginité », voir Peter Cryle, *The Telling of the Act : Sexuality as Narrative in Eighteenth and Nineteenth Century France*, University of Delaware Press, Associated University Presses, Newark-Londres-Cranbury, 2001, p. 239-242.

117 Jules Bois, *L'Ève nouvelle*, E. Flammarion, Paris, 1896, p. 364.

118 Docteur Rhazis, *L'Amour dans le mariage*, De Porter, Paris, 1909, p. 59.

119 Chatelaine, « Nuit de noces », *La Petite Caricature. Journal de contes joyeux*, 9 septembre 1898, p. 4.

120 A.-M. Sohn, *Du premier baiser à l'alcôve*, *op. cit.*, p. 224.

121 Dominique Grisoni, « Le xxe siècle. Les preuves des corps », *in* J.-P. Bardet *et al.*, *La Première Fois*, *op. cit.*, p. 114.

Notes du chapitre 3
(pages 91 à 124)

1 L'écrivaine écrit à son frère alors qu'il prévoit de marier sa fille Léontine. George Sand, *Correspondance*, tome 6, Classiques Garnier, Paris, 2018 [1969], p. 43.

2 Doctor Helvétius, *Sécurité complète en amour. Impuissance et stérilité vaincues*, F. Montel, Paris, 1897, p. 9.

3 Je me suis appuyée ici sur un corpus de 130 manuels traitant des rapports amoureux ou conjugaux entre les femmes et les hommes, sur une période allant de 1799 à 1930. Sur les manuels conjugaux, voir en particulier A. Corbin, « La petite bible des jeunes époux », art. cité ; et les deux premiers chapitres de Sylvie Chaperon, *Les Origines de la sexologie (1850-1900)*, Payot, Paris, 2012 [2007], p. 17-62.

4 Alain Corbin insiste sur la « pesée du catholicisme sur les représentations et les usages du corps » dans le chapitre « L'emprise de la religion », *in* A. Corbin (dir.), *Histoire du corps. 2*, *op. cit.*, p. 53.

5 Docteur Rauland [Félix Roubaud], *Le Livre des époux. Guide pour la guérison de l'impuissance, de la stérilité et de toutes les maladies des organes génitaux*, Impr. de Pillet fils aîné, Paris, 1862 [1852], p. 2.

6 Parmi les nombreux dictionnaires de médecine écrits au xixe siècle, voir par exemple les *Dictionnaire des sciences médicales* de Panckoucke, *Dictionnaire de médecine* d'Adelon *et al.*, *Dictionnaire encyclopédique des sciences médicales* de Dechambre. À propos de ces publications, voir Clyde Plumauzille, « Élaborer un savoir sur la sexualité : le *Dictionnaire des sciences médicales* (1812-1822) », *Clio. Femmes, genre, histoire*, 2010, vol. 31, p. 111-132.

7 Yvonne Knibiehler, « Les médecins et "l'amour conjugal" au xixe siècle », *in* Paul Viallaneix et Jean Ehrard (dir.), *Actes du colloque Aimer en France, 1760-1860*, tome II, Association des publications de la Faculté des lettres et sciences humaines de Clermont-Ferrand, Clermont-Ferrand, 1980, p. 357-376.

8 Y. Knibiehler, « Corps et cœurs », art. cité, p. 403.

9 Anne Carol, « Le genre face aux mutations du savoir médical : sexes et

nature féminine dans la fécondation (XVIe-XIXe siècles) », *in* Luc CAPDEVILA, Sophie CASSAGNES, Martine COCAUD, Dominique Godineau, François ROUQUET et Jacqueline SAINCLIVIER (dir.), *Le Genre face aux mutations. Masculin et féminin, du Moyen Âge à nos jours*, Presses universitaires de Rennes, Rennes, 2002, p. 83-92.

10 Yvonne KNIBIEHLER, « Les médecins et la “nature féminine” au temps du Code civil », *Annales. ESC*, août 1976, vol. 31, n° 4, p. 824-845 ; Yvonne KNIBIEHLER et Catherine FOUQUET, *La Femme et les Médecins. Analyse historique*, Hachette, Paris, 1983.

11 S. CHAPERON, *Les Origines de la sexologie (1850-1900), op. cit.*

12 Delphine GARDEY et Iulia HASDEU, « Cet obscur sujet du désir », *Travail, genre et sociétés*, vol. 34, n° 2, 2015, p. 76. Voir également Sylvie CHAPERON, « De l'anaphrodisie à la frigidité : jalons pour une histoire », *Sexologies*, vol. 16, n° 3, juillet 2007, p. 189-194.

13 S. CHAPERON, *Les Origines de la sexologie (1850-1900), op. cit.*, p. 167-183.

14 Sur les études médicales sur l'hymen : P. MORTAS, *Une rose épineuse, op. cit.*, p. 69-128.

15 Georges CUVIER, « Hymen », in *Dictionnaire des sciences médicales*, Panckoucke, Paris, 1818, vol. 23, p. 98.

16 S. CHAPERON, *Les Origines de la sexologie (1850-1900), op. cit.*, p. 17-36.

17 *Ibid.*

18 *Ibid.*, p. 23-24.

19 Sur les initiations masculines : Gabrielle HOUBRE, *La Discipline de l'amour. L'éducation sentimentale des filles et des garçons à l'âge du romantisme*, Plon, Paris, 1997, p. 109-153.

20 *Ibid.*, p. 109. Voir aussi A. CORBIN (dir.), *Histoire de la virilité. 2. Le Triomphe de la virilité. Le XIXe siècle*, Seuil, Paris, 2011 ; Anne-Marie SOHN, *« Sois un homme ! » La construction de la masculinité au XIXe siècle*, Seuil, Paris, 2009 ; et André RAUCH, *Le Premier Sexe. Mutations et crise de l'identité masculine*, Hachette, Paris, 2000.

21 Ernest MONIN, *L'Hygiène des sexes*, Octave Doin, Paris, 1890, p. 96-97.

22 Félix SPRING, *L'Art d'éviter le divorce. Conseils aux nouveaux mariés, ainsi qu'aux époux désireux de conserver ou de rétablir, chez eux, la bonne harmonie conjugale. Essai physiologique*, 2e éd., s.n., Genève, 1885, p. 34-36.

23 *Ibid.*, p. 6-15.

24 L. BLUM, *Du mariage, op. cit.*, p. 52-53.

25 C. THOMAS-CARAMAN [DOCTEUR MONTALBAN en 1885], *La Petite Bible des jeunes époux, op. cit.*, p. II.

26 P. DE BOURGOGNE, *Le Mariage. Conseils médicaux d'hygiène pratique*, 4e éd., Vigot frères, Paris, 1919 [1911], p. 52.

27 Michel BOURGAS, *Le Droit à l'amour pour la femme*, Vigot frères, Paris, 1923 [1914], p. 9.

28 S. CHAPERON, *Les Origines de la sexologie (1850-1900), op. cit.*, p. 24-28.

29 Au début du XXe siècle, les néomalthusiens (qui diffèrent des malthusiens et ne se réclament pas de Malthus) prônent la contraception pour émanciper les femmes. Voir notamment Anne COVA, *Féminismes et néo-malthusianismes sous la IIIe République : « La liberté de la maternité »*, L'Harmattan, Paris, 2011.

30 Louis SERAINE, *De la santé des gens mariés, ou Physiologie de la génération de l'homme et hygiène philosophique du mariage*, F. Savy, Paris, 1865, p. 5.

31 F. SPRING, *L'Art d'éviter le divorce, op. cit.*, p. 5.

32 Pierre GARNIER, *Le Mariage dans ses devoirs, ses rapports et ses effets conjugaux au point de vue légal, hygiénique, physiologique et moral.* Traduction nouvelle, refondue, corrigée et augmentée de *l'Higiene del matrimonio* [de Pedro Felipe MONLAU], 10e éd., Garnier frères, Paris, s.d. [1879], p. XI-XII.

33 *Ibid.*, p. 229.

34 C. THOMAS-CARAMAN [DOCTEUR MONTALBAN en 1885], *La Petite Bible des jeunes époux, op. cit.*, p. 54.

35 Sur « la science déviée de sa mission », voir Emmanuel PIERRAT, *Le Livre des livres érotiques*, Chêne, Paris, 2007, p. 126-127.

36 On peut notamment citer aux éditions Charles Offenstadt à Paris les ouvrages suivants, signés du « Docteur Caufeynon » [Jean Fauconney], qui tous évoquent la consommation du mariage : *Hygiène et régénération. Sécurité en amour, hygiène de la beauté, soins intimes, régénération des organes, recettes et procédés*, 1902, p. 25 et 28 ; *Le Mariage et son hygiène*, 1903, p. 21-30, 48-49, 68-70 ; *L'Hermaphrodisme. Bi-sexués, féminins, infantiles, viragos, hommes à mamelles*, 1903, p. 27-40 ; *La Virginité. L'hymen – Défloration*, 1903, p. 21, 25-26, 36-37, 42 et 96 ; *La Perversion sexuelle*, 1903, p. 19. Les frères Offenstadt publient également à la même adresse, mais sous d'autres noms d'éditeurs comme la Société parisienne d'édition, des ouvrages similaires sous le nom de Jean Fauconney ou d'autres pseudonymes comme « Jaf » ou « Docteurs Jaf et Caufeynon ».

37 Docteur Du Queyras [François Rozan], *Nouvelle physiologie du mariage, ou De l'ignorance du mari et des déceptions de l'épouse*, Arnauld de Vresse, Paris, 1866, p. 38.

38 *L'Ami des femmes* date de 1864 mais la préface a été écrite postérieurement. Alexandre Dumas fils y alterne propos empathiques à l'égard des femmes et considérations misogynes.

39 L. Blum, *Du mariage*, *op. cit.*, p. 45-46.

40 Thomas Bouchet, *Les Fruits défendus. Socialismes et sensualité du XIX*[e] *siècle à nos jours*, Stock, Paris, 2014, p. 145 *sqq.*

41 Yvonne Knibiehler, « L'éducation sexuelle des filles au XXe siècle », *Clio, Femmes, genre, histoire*, n° 4, 1996, p. 3.

42 L. de l'Estang, *Le Voile de l'hyménée*, *op. cit.*

43 Charles Grimaud, *Aux mères et à leurs grandes jeunes filles, futures épouses*, 18e éd., P. Téqui, Paris, 1923, p. 215.

44 C. Bard, *Les Filles de Marianne*, *op. cit.*, p. 40-42 ; Claude Zaidman, « Madeleine Pelletier et l'éducation des filles », *Les Cahiers du CEDREF*, n° 15, 2007, p. 265-281.

45 Madeleine Pelletier, *L'Éducation féministe des filles*, Syros, Paris, 1978 [1914], chap. 4.

46 Sur la virginité militante : C. Bard, *Les Filles de Marianne*, *op. cit.*, p. 38-42 et 219-223 ; Y. Knibiehler, « L'éducation sexuelle des filles au XXe siècle », art. cité, p. 4.

47 C. Bard, *Les Filles de Marianne*, *op. cit.*, p. 223-234.

48 M. Bernos, Y. Knibiehler, E. Ravoux-Rallo et E. Richard, *De la pucelle à la minette*, *op. cit.*, p. 234.

49 P. Mortas, *Une rose épineuse*, *op. cit.*, p. 246.

50 *Étrennes aux jeunes femmes qui veulent être heureuses dans leur ménage, et donner à l'État des Enfans sains et robustes, précédées d'un calendrier pour la présente année*, Chez le marchand de nouveautés, Paris, 1806.

51 Emmanuel Clément, *Guide des gens mariés*, Librairie de Jules Taride, Paris, 1873, p. 7-8.

52 « Bibliographie », *L'Intransigeant*, 2 mars 1884.

53 Miss Suzie, *Préservation et éducation des sexes*, A. Moreau, Chaville, 1912, p. 6.

54 *Ibid.*, p. 45-48.

55 Jules Michelet, *La Femme*, Flammarion, Paris, 1981 [1859], p. 227.

56 Félix-Archimède Pouchet, *Théorie positive de l'ovulation spontanée et de la fécondation des mammifères et de l'espèce humaine, basée sur l'observation de toute la série animale*, J. Baillière, Paris, 1847.

57 A. Corbin, « La relation intime ou le plaisir de l'échange », art. cité, p. 500.

58 S. Chaperon, « De l'anaphrodisie à la frigidité : jalons pour une histoire », art. cité, p. 189-194.

59 Auguste Lutaud, *Du vaginisme, ses causes, sa nature, son traitement, suivi d'une Leçon clinique de M. le professeur Lorain*, G. Masson, Paris, 1874, p. 3.

60 Peter Cryle et Alison M. Moore, *Frigidity*, Palgrave Macmillan, Basingstoke, 2011, p. 70 et 267 ;

Peter Cryle, « Vaginismus : a Franco-American story », *Journal of the History of Medicine and Allied Sciences*, vol. 67, 2010, p. 71-93. James Marion Sims est connu pour être le père de la gynécologie américaine et le chirurgien de l'impératrice Eugénie, mais aussi pour l'absence d'éthique dans ses expérimentations violentes sur des femmes non consentantes et pendant ses consultations.

61 A. Lutaud, *Du vaginisme*, *op. cit.*, p. 66.

62 *Ibid.*, p. 64.

63 C'est ce que les médecins constatent encore aujourd'hui : des femmes qui déclarent aimer leur partenaire et être désireuses d'avoir des relations sexuelles peuvent être confrontées au vaginisme dont les causes semblent parfois extérieures au partenaire sexuel.

64 Docteur Caufeynon [Jean Fauconney], *Le Mariage et son hygiène*, *op. cit.*, p. 72-73.

65 AAV, *Congr. Concilio*, *Libri Decret.*, n° 241, a. 1898, 1255/30, Anne Marie N. et Pierre Joseph H. [mariage en 1891].

66 AAV, *Congr. Concilio*, *Positiones*, a. 1906, Apri. « L-P », Catherine de P. et Maurice d'E. [mariage en 1902].

67 AAV, *Congr. Concilio*, *Libri Decret.*, n° 252, a. 1907, 3669/6, Eusèbe H. et Jeanne P. [mariage en 1904].

68 F. Spring, *L'Art d'éviter le divorce*, *op. cit.*, p. 13-14.

69 Paul Moreau « de Tours », *Des aberrations du sens génésique*, s.n., Paris, 1887, p. 186-187.

70 « Triste lendemain de noces », *La Lanterne*, 2 août 1888. Michel Bourgas évoque ce cas dans *Le Droit à l'amour pour la femme*, *op. cit.*, p. 88.

71 AAV, *Congr. Concilio*, *Libri Decret.*, n° 247 B, a. 1904, 5384/2, Gabrielle J. et Louis H. [mariage en 1902].

72 AAV, *S. R. Rota*, *Causae*, n° 85, a. 1915, 434/14 et 520/15, Émilie Q. et Eugène K. [mariage en 1910].

73 Jules Guyot, *Bréviaire de l'amour expérimental. Méditations sur le mariage selon la physiologie du genre humain*, Marpon et Flammarion, Paris, 1882, p. 134.

74 Alexandre Mayer, *Des rapports conjugaux considérés sous le triple point de vue de la population, de la santé et de la morale publique*, Baillière et fils, Paris, 1860 [1857].

75 P. de Bourgogne, *Le Mariage*, *op. cit.*, p. 66-67.

76 AAV, *Congr. Concilio*, *Libri Decret.*, n° 250, a. 1906, 1674/6, Marguerite N. et Gaston de G. [mariage en 1902].

77 Paul Brouardel, *Cours de médecine légale de la faculté de médecine de Paris. Le Mariage*, s.n., Paris, 1900, p. 49. Le pediculipubis est le « pou du pubis », communément appelé « morpion ».

78 Sur l'eugénisme, la peur de la dépopulation et de la dégénérescence, voir les travaux d'Anne Carol, et en particulier *Histoire de l'eugénisme en France. Les médecins et la procréation. XIX*e*-XX*e *siècle*, Seuil, Paris, 1995, et « Médecine et eugénisme en France, ou le rêve d'une prophylaxie parfaite (XIXe-première moitié du XXe siècle) », *Revue d'histoire moderne et contemporaine*, vol. 43, n° 4, 1996, p. 618-631.

79 Jean-Louis Fischer, « La callipédie, ou l'art d'avoir de beaux enfants », *Dix-huitième siècle*, vol. 23, 1991, p. 141-158.

80 Vicomte de S*** [Pierre Cuisin], *Le Conjugalisme, ou l'Art de se bien marier*, *op. cit.*, p. 14-15.

81 Anne Verjus, « De l'art de faire des enfants d'esprit », *in* Marcel Bernos et Michèle Bitton (dir.), *Femmes, familles, filiations : société et histoire. En hommage à Yvonne Knibiehler*, Publications de l'Université de Provence, Aix-en-Provence, 2004, p. 51-60.

82 Hervé Guillemain, « Les débuts de la médecine catholique en France. La Société médicale Saint-Luc, Saint-Côme et Saint-Damien (1884-1914) », *Revue d'histoire du XIX*e *siècle*, n° 26-27, décembre 2003, p. 227-258, § 27.

83 P. Brouardel, *Cours de médecine légale de la faculté de médecine de Paris. Le Mariage*, *op. cit.*, p. 47.

84 Pierre Barbet, *La Préparation du jeune homme au mariage par la chasteté*, J.-B. Baillière & fils, Paris, 1930 [1922], p. 4.

85 AAV, *Congr. Concilio, Libri Decret.*, nos 245 B et 247 B, a. 1902 et a.1904, 5703/2, Ludivine P. et Hippolyte Q. [mariage : s.d.].

86 Gustave Téry, *Les Divorcés peints par eux-mêmes, Mille et une confessions*, Arthème Fayard, Paris, s.d. [1908], p. 195. Voir Aïcha Salmon [Limbada], « Misères de la vie conjugale à la Belle Époque. Un courrier des lecteurs du *Matin* sur le divorce (1908) », *Revue historique*, vol. 3, n° 683, 2017, p. 619-650.

87 Michel Foucault, *Histoire de la sexualité. 4. Les Aveux de la chair*, Gallimard, Paris, 2018.

88 Claude Langlois, *Le Crime d'Onan. Le discours catholique sur la limitation des naissances, 1816-1930*, Les Belles lettres, Paris, 2005, p. 74.

89 A. Walch, *La Spiritualité conjugale dans le catholicisme français*, *op. cit.*, p. 347.

90 A. Corbin, *L'Harmonie des plaisirs*, *op. cit.*, p. 266-267 ; il reprend ici sans la citer les observations de A. Walch, *La Spiritualité conjugale dans le catholicisme français*, *op. cit.*, p. 384-385.

91 A. Corbin, *L'Harmonie des plaisirs*, *op. cit.*, p. 279-285 ; C. Langlois, *Le Crime d'Onan*, *op. cit.*, p. 35-36.

92 Caroline Muller, *Au plus près des âmes et des corps. Une histoire intime des catholiques au XIXe siècle*, PUF, Paris, 2019.

93 Sur la question de la procréation et de la limitation des naissances chez les catholiques : Martine Sevegrand, *Les Enfants du bon Dieu. Les catholiques français et la procréation au XXe siècle*, Albin Michel, Paris, 1995 ; C. Langlois, *Le Crime d'Onan*, *op. cit.*

94 Joseph Hoppenot, *Petit catéchisme du mariage*, s.n., Paris, 1900, p. XII-XIII, cité par A. Walch, *La Spiritualité conjugale dans le catholicisme français*, *op. cit.*, p. 384-385.

95 *Ibid.*

96 P. Barbet, *La Préparation du jeune homme au mariage par la chasteté*, *op. cit.*, p. 43.

97 *Ibid.*, p. 24-25.

98 *Ibid.*, p. 7-8.

99 A. Walch, *La Spiritualité conjugale dans le catholicisme français*, *op. cit.*, p. 391-395.

100 Sur l'action de Jean Viollet en faveur d'une pastorale catholique sur le mariage, voir notamment Martine Sevegrand, *L'Amour en toutes lettres. Questions à l'abbé Viollet sur la sexualité, 1924-1943*, Albin Michel, Paris, 1996.

101 Jean Viollet, « Sur l'Éducation de la Pureté », *La Mère éducatrice. Revue mensuelle d'éducation morale, familiale et humaine*, janvier 1926, p. 59-62.

102 Ce passage est extrait d'une note de Jean Viollet dans *L'Éducation de la pureté et du sentiment*, Éditions familiales de France, Paris, 1953 [1925], p. 66-67, et cité par M. Sevegrand, *L'Amour en toutes lettres*, *op. cit.*, p. 38.

103 H. Abrand, *Aux parents et aux éducateurs*, *op. cit.*, p. 26.

104 P. Barbet, *La Préparation du jeune homme au mariage par la chasteté*, *op. cit.*, p. 38-39.

105 Sur la sexualité des jeunes pendant l'entre-deux-guerres : A.-M. Sohn, *Du premier baiser à l'alcôve*, *op. cit.*, et *Chrysalides*, *op. cit.* ; Anne-Claire Rebreyend, *Intimités amoureuses. France, 1920-1975*, Presses universitaires du Mirail, Toulouse, 2008 ; Ludivine Bantigny et Ivan Jablonka (dir.), *Jeunesse oblige. Histoire des jeunes en France, XIXe-XXIe siècle*, PUF, Paris, 2009 (en particulier l'article de Christine Bard, « La jeunesse de la Garçonne »).

106 Vérine [Marguerite Lebrun], *Un problème urgent. L'Éducation des sens*, Association du mariage chrétien, Paris, 1928.

Notes du chapitre 4
(pages 125 à 169)

1 Marcellin Camboulives, *L'Homme et la Femme à tous les âges de la vie. Étude hygiénique, médicale, physiologique, sociale et morale*, C. Marpon et E. Flammarion, Paris, 1890, p. 261.

2 Arnold Van Gennep, *Les Rites de passage*, Picard, Paris, 1981 [1909], en particulier le chap. 7, « Les fiançailles et le mariage », p. 165-208.

3 L'usage du mot primanoxisme n'est pas répandu en dehors des travaux de Pierre Gordon, *L'Initiation sexuelle et l'évolution religieuse*, PUF, Paris, 1946, et *La Nuit des noces. Vieilles coutumes nuptiales, leur signification, leur origine*, Dervy, Paris, 1951.

4 Signalons particulièrement les trois folkloristes Arnold Van Gennep, Paul Sébillot et Émile Nourry (qui écrit aussi sous le pseudonyme de Pierre Saintyves). Voir Laurent Le Gall, « La galerie folkloriste des années 1880-1914 : discipline en devenir et modernité régressive », *in* Claire Barel-Moisan, Aude Déruelle et José-Luis Diaz (dir.), *Le XIXe siècle au futur. Penser, représenter, imaginer l'avenir au XIXe siècle, Actes du VIIe congrès de la SERD*, [en ligne], 2018.

5 Michelle Perrot, « Introduction », *in* P. Ariès et G. Duby (dir.), *Histoire de la vie privée*, t. IV, *op. cit.*, p. 9.

6 Arnold Van Gennep, *Le Folklore français. 1. Du berceau à la tombe*, Robert Laffont, Paris, 1998 [1943-1946], p. 436-456.

7 Pour Arnold Van Gennep, le folklore urbain existe mais « ne se présente que sous forme de fragments non coordonnées, de *miettes* » (*ibid.*, p. 52). Il détaille longuement ce que sont les « milieux folkloriques » dans sa préface, p. 41-55.

8 Maurice Garden, Hervé Le Bras et Jacques Dupâquier, « La dynamique de la population française (1801-1914) », in *Histoire de la population française. 3*, *op. cit.*, p. 129-136.

9 *Règles et usages à observer le jour du mariage, par les fiancés, par les parents et les invités. Précédés de tout ce qu'il importe de connaître dans la question du mariage*, P. Plédran, Nantes, 1885, p. 81-82.

10 Y. Verdier, *Façons de dire, façons de faire*, *op. cit.*, p. 288-289. Elle est plus explicite dans un autre article qui décrit un repas de noces en Normandie : « Au milieu du plat on dresse une belle carotte entourée de persil – le symbolisme est manifeste », Yvonne Verdier, « Repas bas-normands », *L'Homme*, vol. 6, n° 3, 1966, p. 100.

11 Par exemple : *12 monologues comiques et grivois à dire après un repas de noces*, Éditions Jean Picot, Paris, s.d.

12 Jean-Baptiste Champfleury, *Chansons populaires des provinces de France*, Bourdilliat, Paris, 1860, p. 153-154.

13 Vicomte de S*** [P. Cuisin], *Le Conjugalisme ou l'Art de se bien marier*, *op. cit.*, p. 218.

14 A. Van Gennep, *Le Folklore français. 1*, *op. cit.*, p. 451-453.

15 Henri d'Alméras, *Le Mariage chez tous les peuples*, Schleicher frères, Paris, 1903, p. 136.

16 *Ibid.*, p. 477-478.

17 Nicole Belmont, « La fonction symbolique du cortège dans les rituels populaires du mariage », *Annales ESC*, vol. 33, n° 3, juin 1978, p. 650-655.

18 A. Van Gennep, *Le Folklore français. 1*, *op. cit.*, p. 477.

19 *Ibid.*, p. 480.

20 M. Lafarge, *Mémoires de madame Lafarge, née Marie Cappelle…*, *op. cit.*, p. 188.

21 A. Van Gennep, *Le Folklore français. 1*, *op. cit.*, p. 480.

22 Y. Verdier, *Façons de dire, façons de faire*, *op. cit.*, p. 251.

23 A. Van Gennep, *Le Folklore français. 1*, *op. cit.*, p. 485.

24 « Rôties portées à des mariés », *L'Intermédiaire des chercheurs et curieux*, n° 349, 25 novembre 1882, p. 697-698.

25 A. VAN GENNEP, *Le Folklore français. 1*, *op. cit.*, p. 486 ; Y. VERDIER, *Façons de dire, façons de faire*, *op. cit.*, p. 290.

26 A. VAN GENNEP, *Le Folklore français. 1*, *op. cit.*, p. 503-527.

27 A. VAN GENNEP, *Les Rites de passage*, *op. cit.*, p. 199.

28 Martine SEGALEN, « L'Europe des rites de mariage au XIXe siècle », *in* S. MELCHIOR-BONNET et C. SALLES (dir.), *Histoire du mariage*, *op. cit.*, p. 829-833.

29 M. FOUCAULT, *Histoire de la sexualité. 1. La Volonté de savoir*, *op. cit.*, p. 53.

30 Prosper MÉRIMÉE, *La Vénus d'Ille*, Garnier Flammarion, Paris, 2007 [1837], p. 51.

31 George SAND, *La Mare au diable*, Quantin, Paris, 1899 [1846], p. 140 (Appendice, « Les noces de campagne »).

32 *Ibid.*, p. 178 (Appendice, « Le chou »).

33 Gustave FLAUBERT, *Madame Bovary*, Gallimard, « Folio », 2001 [1857], p. 78.

34 *Règles et usages à observer le jour du mariage, par les fiancés, par les parents et les invités*, *op. cit.*, p. 75.

35 M. LAFARGE, *Mémoires de madame Lafarge, née Marie Cappelle…*, *op. cit.*, p. 194-195.

36 Il s'agit de la phrase suivante : « La coutume, générale à Paris autrefois, de porter le vin chaud aux mariés, est tombée peu à peu dans l'oubli, et dans le monde riche notamment par l'institution à partir du XIXe siècle des voyages de noces en Italie et dans le Midi. » A. VAN GENNEP, *Le Folklore français. 1*, *op. cit.*, p. 489.

37 Anne MARTIN-FUGIER, « Les rites de la vie privée bourgeoise », *in* G. DUBY et P. ARIÈS (dir), *Histoire de la vie privée*, t. IV, *op. cit.*, p. 217-223 ; Alex LASCAR, « Apprêts et cérémonies du mariage : réalisme, satire et symbolisme dans le roman français (1825-1850) », *Revue d'histoire littéraire de la France*, vol. 111, 2011, p. 213-228.

38 BARONNE STAFFE, *Règles du savoir-vivre dans la société moderne. Usages du monde*, 122e éd., G. Havard fils, Paris, 1897 [1889], p. 83.

39 Voir Martine SEGALEN, « L'invention d'une nouvelle séquence rituelle de mariage », *Hermès*, n° 43, 2005, p. 159-168. Cet article s'intéresse, pour la fin du XXe siècle, au rejet de certains rites matrimoniaux considérés comme rétrogrades et au développement de nouveaux rites, comme l'enterrement de vie de jeune fille.

40 A. VAN GENNEP, *Le Folklore français. 1*, *op. cit.*, p. 484-485.

41 Andràs ZEMPLÉNI, « Initiation », *in* Pierre BONTE et Michel IZARD (dir.), *Dictionnaire de l'ethnologie et de l'anthropologie*, PUF, Paris, 1991, p. 375-377.

42 Claire DÉMAR, *Ma loi d'avenir Ma loi d'avenir. 1833.* Ouvrage posthume, au bureau de la Tribune des femmes, Paris, 1834, p. 29-30.

43 Sur le mariage chez les saint-simoniens, voir Philippe RÉGNIER, « Le mariage chez et selon les saint-simoniens : entre réforme et abolition », *in* S. GOUGELMANN et A. VERJUS (dir.), *Écrire le mariage en France au XIXe siècle*, *op. cit.*, p. 209-230.

44 Sur le continuum entre mariage et prostitution, voir PAOLA TABET, *La Grande Arnaque. Sexualité des femmes et échange économico-sexuel*, trad. de Josée CONTRERAS, L'Harmattan, Paris, 2004.

45 G. SAND, *Valentine*, *op. cit.*, p. 75.

46 Ernest LEGOUVÉ, *Histoire morale des femmes*, 5e éd., Librairie académique Didier et Cie, Paris, 1869 [1853], p. 119.

47 JACQUELINE [C. RÉMY, dite SÉVERINE], « L'Éternel masculin. Journal d'une femme – II. Lendemain de noces », art. cité.

48 Olivier PERRIN, *Galerie des mœurs, usages et costumes des Bretons de l'Armorique*, L.-P. Dubray, Paris, 1808.

49 Aïcha SALMON [LIMBADA], « Enfin seuls », *in* Marie-Paule CAIRE-JABINET (dir.), *De la séduction. Cartes postales de la Belle Époque et des Années folles*, Bleu autour, Saint-Pourçain-sur-Sioule, 2016, p. 145-155.

50 Ces informations sont disponibles sur le site internet du musée bordelais Goupil.

51 Régine Bigorne, « La maison Goupil & Cie et la bourgeoisie », in *La Maison Goupil et l'Italie. Le succès des peintres italiens à Paris au temps de l'impressionnisme, catalogue de l'exposition présentée au Musée des beaux-arts de Bordeaux (24 octobre 2013-2 février 2014)*, Silvana Editoriale, Milan, 2013, p. 57-67.

52 Aline Ripert et Claude Frère, *La Carte postale. Son histoire, sa fonction sociale*, Éditions du CNRS, Paris, 1983.

53 Stick, « Premières nuits », *Le Frou-Frou*, n° 115, décembre 1902.

54 Richard O'Monroy, *La Nuit de noces*, in *L'Irrésistible Amour*, C. Lévy, Paris, 1909, p. 316.

55 Marcel Priollet, *Drame nuptial (Les Deux Copines, n°2)*, J. Ferenczi, Paris, 1949 [s.d.], p. 178.

56 Michelle Perrot, *Histoire de chambres*, Seuil, « Points Histoire », 2013 [2009], p. 69. Sur la chambre à coucher, voir également Pascal Dibie, *Ethnologie de la chambre à coucher*, Métailié, Paris, 1990 ; Guillaume Garnier, *L'Oubli des peines. Une histoire du sommeil (1700-1850)*, Presses universitaires de Rennes, Rennes, 2013, p. 265-338.

57 Ce choix est encore couramment pratiqué de nos jours en France : l'immense majorité des couples, même catholiques, n'attend pas la nuit de noces pour avoir des relations sexuelles. Une grande partie d'entre eux cohabitent avant le mariage, mais il est fréquent qu'ils passent symboliquement leur nuit de noces hors du domicile conjugal. Voir Daphné Le Roux, « Le mariage est-il encore un passage ? La transformation du couple dans le mariage catholique contemporain en France », *Sigila*, vol. 40, n° 2, 2017, p. 149-158, § 16.

58 Michel Foucault, « Des espaces autres » (conférence de 1967 publiée en 1984), in *Dits et écrits II, 1976-1988*, Gallimard, Paris, 2001, p. 1575-1576.

59 Victor Daniel Boissonnet, *Dictionnaire alphabético-méthodique des cérémonies et des rites sacrés. Tome 1*, Publications de l'abbé Migne, Paris, 1847, p. 251 ; H. d'Alméras, *Le Mariage chez tous les peuples*, *op. cit.*, p. 75.

60 Émile Chénon, *Recherches historiques sur quelques rites nuptiaux*, L. Larose et L. Tenin, Paris, 1912, p. 75-87.

61 Docteur Bertin, « La bénédiction du lit nuptial », *La Chronique médicale*, n° 17, 1910, p. 348-349.

62 Adrien Coriveaud, *Le Lendemain du mariage. Étude d'hygiène*, Baillière, Paris, 1884, p. 10.

63 M. Priollet, *Infidèle sous le voile blanc*, *op. cit.*, p. 191.

64 Marcel Priollet, *Une nouvelle nuit de noces (Trompée… au seuil de la chambre nuptiale !…, n° 6)*, J. Ferenczi, Paris, 1951 [1921], p. 152.

65 Sur les enjeux de genre dans l'aménagement de la chambre nuptiale, voir Aïcha Salmon [Limbada], « Au seuil de l'intimité conjugale : la chambre nuptiale à la Belle Époque », *Genre & Histoire* [En ligne], n° 27, printemps 2021.

66 É. Zola, *Thérèse Raquin*, *op. cit.*, p. 178.

67 Manuel Charpy, « Le théâtre des objets. Espaces privés, culture matérielle et identité bourgeoise. Paris, 1830-1914 », thèse de doctorat, université François-Rabelais, Tours, 2010, p. 234.

68 M. Segalen, « L'Europe des rites de mariage », art. cité, p. 832.

69 Pierre Loti, *Pêcheur d'Islande*, Calmann-Lévy, Paris, 1886, p. 291.

70 G. Droz, *Monsieur, madame et bébé*, *op. cit.*, p. 135-136.

71 R. O'Monroy, *La Nuit de noces*, *op. cit.*, p. 316.

72 A. Van Gennep, *Le Folklore français. 1*, *op. cit.*, p. 493. Voir aussi A. Van Gennep, *Les Rites de passage*, *op. cit.*, p. 19-34 et p. 165-208.

73 Par exemple : G. Cuvier, « Hymen », art. cité, p. 98 ; J. Morel de Rubempré, *Le Nouveau Lavater complet ou Réunion*

de tous les systèmes pour étudier et juger les hommes et les jeunes gens…, Terry, Paris, 1842, p. 98 ; Docteur Caufeynon [J. Fauconney], *La Virginité*, *op. cit.*, p. 40.

74 L'usage de cette métaphore est ancien. On peut penser par exemple à la fente du mur à travers laquelle les amants Pyrame et Thisbé se parlent, chez Ovide ou plus tard chez Théophile de Viau.

75 Charles Rabou, *Le Ministère public*, in *Contes bruns*, A. Guyot, Paris, 1832, p. 365-366.

76 H. de Balzac, *Physiologie du mariage*, *op. cit.*, p. 185 (dix-septième méditation).

77 *Dictionnaire de l'Académie française*, Paul Dupont, Paris, 1835, p. 33.

78 AN, AF/IV/1919, a. 1802, Chrétien-Auguste de Lamoignon et Marie Henriette d'Augerville d'Aurcher [mariage en 1784], diocèses de Paris et Bayeux. Le demandeur est le fils de Chrétien-François de Lamoignon (garde des Sceaux, en 1787, il est notamment à l'origine de l'édit de Versailles qui donne aux personnes non catholiques l'accès à un état-civil).

79 G. Droz, *Monsieur, madame et bébé*, *op. cit.*, p. 142.

80 M. Perrot, *Histoire de chambres*, *op. cit.*, p. 80.

81 C. Thomas-Caraman [Docteur Montalban en 1885], *La Petite Bible des jeunes époux…*, *op. cit.*, p. 29.

82 AAV, *Congr. Concilio*, *Positiones*, a. 1907, Giug. « A-B », 950/7, Clélie T. et Fernand F. [mariage en 1896].

83 « *Siquidem coniuges, a prima nuptiarum nocte, communione thalami coniugalem vitam foverunt* » (je traduis). AAV, *Congr. Concilio*, *Libri Decret.*, n° 244 B, a. 1901, et *Positiones*, 1901, Sett.-Otto « P », 2574/42, Mathilde H. et André I. [mariage en 1897].

84 AAV, *Congr. Concilio*, *Libri Decret.*, n° 244 B, a. 1901, 5243/43, Jeanne K. et Jules P. [mariage en 1899].

85 AAV, *Congr. Concilio*, *Libri Decret.*, n° 244 B, a. 1901, et *Positiones*, 1901, Sett.-Otto. « P », 2574/42, Mathilde H. et André I. [mariage en 1897].

86 AAV, *Congr. Concilio*, *Libri Decret.*, n° 240 B, a. 1897, 2195/40, Delphine Z. et Léon H. [mariage en 1894].

87 Honoré de Balzac consacre dans sa « théorie du lit » quelques pages aux « deux lits jumeaux » : « C'est l'invention la plus sotte, la plus perfide et la plus dangereuse qui soit au monde. Honte et anathème à qui l'imagina ! » Il précise que leur usage est d'autant plus « pernicieux » qu'il concerne les jeunes époux. *Physiologie du mariage*, *op. cit.*, p. 188 *sq.*

88 AAV, *Congr. Concilio*, *Libri Decret.*, n° 242, a. 1899, 1302/42, Gabrielle P. et Léon V. [mariage en 1890].

89 AAV, *Congr. Concilio*, *Libri Decret.*, n° 234, a. 1891, 1005/30, Oscar du Z. et Sophie de F. [mariage en 1865].

90 Cité par M. Perrot, *Histoire de chambres*, *op. cit.*, p. 64.

91 M. Foucault, « Des espaces autres », art. cité, p. 1579.

92 Serge Grafteaux, *Mémé Santerre. Une vie*, Éditions du Jour, Paris, 1975, p. 78-81.

93 X. Egapel [Constant Lepage], *Soixante ans de la vie d'un prolétaire*, Librairie Léon Vanier, Paris, 1900, p. 193-194. Référence citée par Vincent Gourdon, « Les grands-parents en France, du XVIIe au XXe siècle », thèse de doctorat, université Paris-IV, 1998, p. 483.

94 Sur l'ingérence des parents dans les affaires de leur fille, voir Yannick Ripa, « Quand le XIXe siècle inventa la “belle-doche” », *in* Yannick Ripa (dir.), *L'Étonnante Histoire des belles-mères*, Belin, Paris, 2015, p. 29-32 ; et Vincent Gourdon, *Histoire des grands-parents*, éd. revue et augmentée, Perrin, Paris, 2012 [2001], p. 273-280.

95 AAV, *Congr. Concilio*, *Libri Decret.*, n°s 237 et 239, a. 1894 et a. 1896, 1675/35, Augustin W. et Berthe Z. [mariage en 1886].

96 AAV, *Congr. Concilio, Libri Decret.*, n° 246 B, a. 1903, 1397/2, Marie K. et Émile F. [mariage en 1901].

97 *Ibid.*

98 *Ibid.*

99 AAV, *Congr. Concilio, Libri Decret.*, n° 243 B, a. 1900, 570/42, Élisabeth N. et Honoré X. [mariage en 1881].

100 AAV, *Congr. Concilio, Libri Decret.*, n° 253 B, a. 1908, 1772/6, Jean de G. et Madeleine H. [mariage en 1905].

101 AAV, *Congr. Concilio, Libri Decret.*, n° 242, a. 1899, 5422/42, Marie H. et Jean Q. [mariage en 1894].

102 AAV, *Congr. Concilio, Libri Decret.*, n° 244 B, a. 1901, 3585/34, Césarine F. et Charles Q. [mariage en 1892].

103 A. Van Gennep, *Le Folklore français. 1*, *op. cit.*, p. 493.

104 M. Perrot, *Histoire de chambres*, *op. cit.*, p. 99.

105 AAV, *Congr. Concilio, Libri Decret.*, n° 240 B, a. 1897, 2195/40, Delphine Z. et Léon H. [mariage en 1894].

106 AAV, *Congr. Concilio, Libri Decret.*, n° 244 B, a. 1901, et *Positiones*, 1901, Sett.-Otto. « P », 2574/42, Mathilde H. et André I. [mariage en 1897].

107 P. Brouardel, *Cours de médecine légale de la faculté de médecine de Paris. Le Mariage...*, *op. cit.*, p. 407.

108 « *Avevo dato instruzioni alla cameriera per cambiare la biancheria del letto nelle mattina seguente al matrimonio. Questa mi disse che non era stato necessario* » (je traduis). AAV, *Congr. Concilio, Libri Decret.*, n°s 231 et 232, a. 1888 et 1889, 193/31, Carolina de T. et Julien L. [mariage en 1888].

109 AAV, *Congr. Concilio, Libri Decret.*, n° 240 B, a. 1897, 487/38, Amélie L. et Jules G. [mariage en 1890].

110 Courtepaille [Edmond Dardenne Bernard], *Anthologie hospitalière et latinesque. Recueil de chansons de salle de garde anciennes et nouvelles, entre-lardées de chansons du Quartier latin, fables, sonnets, charades, élucubrations diverses, etc.*, t. I, Chez Bichat, porte-à-porte, Paris, 1911, p. 262-263.

111 *La Complainte des lits*, in *Les Chansons gaillardes de la vieille France. Série n° 1*, chanson interprétée par Trémolo au Théâtre des Deux Ânes, 1931. Disponible à l'écoute sur le site <gallica.bnf.fr>. Merci à Marie Goupil-Lucas-Fontaine pour cette référence.

112 Sur le voyage de noces au xixe siècle : Sylvain Venayre, « L'avènement du voyage de noces (xixe-xxe siècle) », *in* S. Melchior-Bonnet et C. Salles (dir.), *Histoire du mariage*, *op. cit.*, p. 774.

113 Louis Nyer, *Guide pour se marier devant l'état civil, à l'église et chez le notaire, ou Instructions élémentaires sur le contrat de mariage, précédées d'un questionnaire sur le cérémonial que les époux doivent observer depuis la publication des bans jusqu'aux visites des noces inclusivement...*, G. Sandré, Paris, 1858, p. XVIII.

114 Victor Hugo, *Les Misérables*, t. V, *Jean Valjean*, livre 6 « La nuit blanche », Émile Testard, Paris, 1890 [1862], p. 344.

115 Sur la démocratisation du voyage de noces pour les ménages plus modestes : Sylvain Venayre, *Panorama du voyage, 1780-1920. Mots, figures, pratiques*, Les Belles lettres, Paris, 2012, p. 452.

116 P. de Bourgogne, *Le Mariage*, *op. cit.*, p. 69 *sq.*

117 G. de Maupassant, *Farce normande*, *op. cit.*, p. 85-96.

118 Il s'agit d'une expression d'André Billy, cité par Jean Pommier, « Le thème de la femme mal mariée chez Balzac, Mérimée et Flaubert », *Amis de Flaubert*, n° 19, 1961, p. 16.

119 Eugène Guinot, « La lionne », in *Les Français peints par eux-mêmes. Encyclopédie morale du dix-neuvième siècle*, t. II, Léon Curmer, Paris, 1840, p. 9-10. Le TLFi définit la lionne, au xixe siècle, comme « une femme qui remporte de nombreux succès mondains » ou encore « une femme au goût exagéré pour la toilette, aux mœurs libres ».

120 Voir également le récit pornographique de la nuit de noces en train dans

Vicomtesse de Saint-Luc, *Autour du mariage de Paulette ou un bon ménage moderniste. Souvenirs de Mme la vicomtesse de Saint-Luc*, G. Lebaucher, Montréal, 1893, p. 22-24.

121 P. M. U., « Le Rire de la semaine », *Le Rire*, 6 décembre 1913.

122 Paul Brouardel, *Cours de médecine légale de la faculté de médecine de Paris. Le Mariage…*, *op. cit.*, p. 195-196.

123 AAV, *Congr. Concilio, Libri Decret.*, n° 252, a. 1907, 667/6, Gabriel de V. et Andrée de F. [mariage en 1905].

124 AAV, *Congr. Concilio, Libri Decret.*, n° 247 B, a. 1904, 5384/2, Gabrielle J. et Louis H. [mariage en 1902].

125 AAV, *Congr. Concilio, Libri Decret.*, n° 243 B, a. 1900, 1111/11, Amélie W. et Pierre de F. [mariage en 1887].

126 « […] quelques grands hôtels des États-Unis ont ce qu'on appelle *the Bride-Room* (l'appartement de la mariée). C'est une chambre magnifiquement et voluptueusement meublée, où l'or, la soie, les broderies, le velours, les dentelles, se marient harmonieusement dans un demi-jour tranquille et paresseux. On la loue cent piastres pour vingt-quatre heures aux nouveaux mariés qui désirent y passer leur première nuit de noces. » Marie Fontenay, « Étude de mœurs. Récits, types et mœurs de l'autre monde. La vie dans les hôtels, dans les boardings et sur les steamboats aux États-Unis », *La Presse littéraire*, juillet 1854, p. 510.

127 Eugène Labiche, *Le Petit Voyage. Pochade en 1 acte*, Librairie dramatique, Paris, 1868.

128 Caroline Duméril (épouse Mertzdorff), « Lundi 28 juin 1858 », *correspondancefamiliale.ehess.fr* [En ligne], Correspondance familiale, 1850-1859, 1858. Je remercie Danièle Poublan pour cette référence.

129 AAV, *Congr. Concilio, Libri Decret.*, n° 232, a. 1889, 5110/39, Antoinette S. et Ghislain de I. [mariage en 1888].

130 Gustave Téry, « Les mystères du divorce dévoilés par nos lecteurs », *Le Matin*, 2 mars 1908.

131 Auguste-Adolphe, « Une nuit de noces », *La Vie en culotte rouge*, n° 30, 9 juillet 1902, p. 9-10.

132 Henri Kéroul et Albert Barré, *Une nuit de noces. Vaudeville en trois actes*, Folies-Dramatiques, Paris, 1904 ; sur le même thème, voir aussi par exemple Louis Autigeon, *Une nuit de noces*, pièce bouffe créée à Paris à la Gaîté-Montparnasse le 10 avril 1906, Pierre Paris & Cie, Paris, 1907.

133 Luc Dorsan [Georges Simenon], *Nuit de noces*, Prima, Paris, 1926, p. 4-14 (*Nuit de noces*) et p. 15-31 (*Doubles noces*).

134 Pick-Me-Up, « Le Rire de la semaine », *Le Rire*, 15 octobre 1910.

135 V. du Claux, « Le voyage de noces (étude d'hygiène) », *La Revue générale*, 1885, p. 135.

136 Anne Carol, « L'expérience ferroviaire. Culture somatique et voyages en train au XIXe siècle », *in* Serge Granger (dir.), *Histoire par corps. Chair, posture, charisme*, Presses universitaires de Provence, Aix-en-Provence, 2012, p. 88.

137 Propos du docteur Guéneau de Mussy cités dans A. Coriveaud, *Le Lendemain du mariage*, *op. cit.*, p. 22.

138 Robert Lacasse, *Hygiène de la grossesse. Conseils pratiques aux jeunes mères*, F. Fourier & Cie, Paris, 1912, p. 112.

139 P. de Bourgogne, *Le Mariage*, *op. cit.*, p. 69 *sq.*

140 « Société médicale du IXe arrondissement. – Séance du 8 novembre 1900. Pathogénie et prophylaxie des génitalites féminines post-matrimoniales, par le Dr. F. Guiard (Suite et fin) », *La Semaine gynécologique*, 1901, p. 33-34.

141 *Ibid.*

142 L. Grellety, *Le Mariage, ses charmes et ses devoirs*, *op. cit.*, p. 184.

143 V. du Claux, « Le voyage de noces (étude d'hygiène) », art. cité, p. 133-135.

144 P. de Bourgogne, *Le Mariage*, *op. cit.*, p. 69 sq.

145 « Le Courrier du Figaro. Réponses. Voyage de noces », *Le Figaro.*

Supplément littéraire du dimanche, 1er juillet 1893.
146 *Ibid.*
147 *Ibid.*
148 Fox-Trott, « Les Gaîtés de la semaine. Honneur à la science. Le huitième art. Un péril social. Ivresses ferroviaires. La France aux Français. », *Le Journal amusant*, 5 mai 1923.
149 Emmanuel Fureix et François Jarrige, *La Modernité désenchantée. Relire l'histoire du XIXe siècle*, La Découverte, Paris, 2015.
150 Lynn Hunt, « Révolution française et vie privée », *in* P. Ariès et G. Duby (dir.), *Histoire de la vie privée*, t. IV, *op. cit.*, p. 19-46.
151 Simone de Beauvoir, *Le Deuxième Sexe. 2. L'Expérience vécue*, Gallimard, Paris, 1976 [1949], p. 278.

Notes du chapitre 5 (pages 171 à 208)

1 Paul Margueritte, *Adam, Ève et Brid'oison*, E. Flammarion, Paris, 1920 [1919], p. 100-101.
2 Jack Goody, *L'Évolution de la famille et du mariage en Europe*, trad. de Marthe Blinoff, Armand Colin, Paris, 1985 [1983] ; Marta Madero, *La Loi de la chair. Le droit au corps du conjoint dans l'œuvre des canonistes (XIIe-XVe siècle)*, Publications de la Sorbonne, Paris, 2015.
3 Jean-Baptiste Bouvier, *Dissertatio in sextum Decalogi praeceptum et Supplementum ad Tractatum de matrimonio*, Monnoyer, Le Mans, 1827, 2.1 « L'empêchement par impuissance. Notions préliminaires ». Sur les travaux de monseigneur Bouvier et leur réception, voir C. Langlois, *Le Crime d'Onan*, *op. cit.*
4 AAV, *Congr. Concilio, Libri Decret.*, n° 233, a. 1890, 2235/30, Angèle H. et Charles T. [mariage en 1882].
5 AAV, *Congr. Concilio, Libri Decret.*, n° 236, a. 1892, 1218/39, Alexandre G. et Jeanne Q. [mariage en 1886].
6 *Ibid.*, témoignage de Jeanne Q., l'épouse.
7 AAV, *Congr. Concilio, Libri Decret.*, n° 242, a. 1898, 1256/41, Marie Louise K. et Urbain V. [mariage en 1894].
8 AAV, *Congr. Concilio, Libri Decret.*, n° 252, a. 1907, 3111/6, Hélène Q. et Paul de X. [mariage en 1901].
9 Gabrielle Houbre, « "Un individu d'un genre mal défini." L'hermaphrodisme dans les procès en nullité de mariage (France, XIXe siècle) », *Rue Descartes*, vol. 95, n° 1, 2019, § 13.
10 AAV, *Congr. Concilio, Positiones*, a. 1899, Genn. « P », 1875/41, Marthe J. et Paul F. [mariage en 1891].
11 Séverine Blenner-Michel, « L'autorité épiscopale dans la France du XIXe siècle », *Histoire@Politique*, n° 18, 2012, p. 62-78.
12 Aïcha Salmon [Limbada], « Le problème du remariage religieux. Étude de suppliques adressées au cardinal Caprara en France au début de la période concordataire », *Bulletin de correspondance hellénique moderne et contemporain* [En ligne], n° 1, 2019.
13 Ce chiffre ne tient compte que des procédures en seconde instance arrivées au Saint-Siège. En l'absence de la possibilité de consulter les archives en France, il est difficile d'estimer le nombre de requêtes déposées en première instance et qui n'aboutissent pas.
14 Les époux Martin ont été béatifiés le 19 octobre 2008 à Lisieux, puis canonisés à Rome le 18 octobre 2015, pour l'exemplarité de leur vie de couple.
15 Sur le devoir conjugal au XIXe siècle, voir A.-M. Sohn, *Chrysalides*, *op. cit.*, p. 780-790 ; C. Langlois, *Le Crime d'Onan*, *op. cit.*, p. 93-95.
16 C. Langlois, *Le Crime d'Onan*, *op. cit.*, p. 82.
17 Voir C. Muller, *Au plus près des âmes et des corps*, *op. cit.*, p. 171-176.
18 AAV, *Congr. Concilio, Libri Decret.*, n° 231, a. 1888, 1875/29, Marie de T. et Pierre Q. [mariage en 1868].

19 AAV, *Congr. Concilio, Libri Decret.*, n° 236, a. 1896, 1259/38, Marie de K. et Robert de Q. [mariage en 1873].

20 Dans les procédures au civil, qui concernent plus fréquemment des personnes issues de milieux plus modestes, les termes employés pour désigner l'acte sexuel peuvent être plus imagés, moins châtiés, plus variés : voir A.-M. SOHN, *Du premier baiser à l'alcôve*, *op. cit.*, p. 11-37.

21 AAV, *S. R. Rota, Causae*, n° 156, a. 1921, 620/18, Julia F. et Xavier R. [mariage en 1913].

22 C'est le « nouvel idéal d'une fusion entre consentement sexuel, consentement amoureux et consentement matrimonial » : Irène THÉRY, *Moi aussi. La nouvelle civilité sexuelle*, Seuil, Paris, 2022, p. 106.

23 AAV, *Congr. Concilio, Libri Decret.*, n° 233, a. 1890, 187/32, Marie de G. et Victor F. [mariage en 1885].

24 Victoria VANNEAU, « "La justice au bord du lit conjugal !" Approche historique et juridique du viol conjugal, XIXe-XXe siècles », *in* Patrick CHARIOT (dir.), *Le Viol conjugal*, CNRS éditions, Paris, 2019, p. 83.

25 Alphonse VINCENTELLI, *Essai sur l'intervention du médecin légiste dans les cas de séparation de corps et de divorce. Précédé de notions très succinctes sur la séparation de corps au point de vue de la loi*, Montpellier, 1884, p. 37.

26 Louis SERAINE, *De la santé des gens mariés, ou Physiologie de la génération de l'homme et hygiène philosophique du mariage*, F. Savy, Paris, 1865, p. 131 et 134.

27 C. LANGLOIS, *Le Crime d'Onan*, *op. cit.*, p. 80-81.

28 AAV, *Congr. Concilio, Libri Decret.*, n° 247 B, a. 1904, 3994/2, Marie A. et Paul O. [mariage en 1893].

29 AAV, *Congr. Concilio, Libri Decret.*, n° 241, a. 1898, 160/41, Louise R. et Charles P. de G. [mariage en 1896].

30 Geneviève FRAISSE, *Du consentement. Suivi d'un épilogue inédit : Et le refus de consentir ?*, Seuil, Paris, 2017 [2007].

31 AAV, *Congr. Concilio, Libri Decret.*, n° 237, a. 1894, 287/37, Marie H. et Ernest P. [mariage en 1892].

32 AAV, *Congr. Concilio, Libri Decret.*, n° 247 B, a. 1904, 4212/2, Lucie K. et Paul H. [mariage en 1896].

33 A. CORIVEAUD, *Le Lendemain du mariage...*, *op. cit.*, p. 10.

34 AAV, *Congr. Concilio, Libri Decret.*, n° 234, a. 1891, 5261/32 et 3793/37, Caroline P. et Charles Q. [mariage en 1887].

35 G. FRAISSE, *Du consentement*, *op. cit.*, p. 18.

36 La cérémonie nocturne apparaît au XVIIe siècle. Denise TURREL, « Les mariages de nuit : les rituels nuptiaux dans les villes du XVIIe siècle », *Dix-septième siècle*, vol. 244, n° 3, juillet 2009, p. 523-533.

37 A. VAN GENNEP, *Le Folklore français. 1*, *op. cit.*, p. 342.

38 Alain CABANTOUS, *Histoire de la nuit. XVIIe-XVIIIe siècle*, Fayard, Paris, 2009, p. 82-83.

39 J. GAUDEMET, *Le Mariage en Occident*, *op. cit.*, p. 384.

40 Sur la coexistence nouvelle des mariages civil et religieux au début du XIXe siècle : A. SALMON [LIMBADA], « Le problème du remariage religieux », art. cité.

41 Jean DUBRULLE, *Des droits du mari sur la personne de la femme. Étude de législation*, A. Marescq aîné, Paris, 1879, p. 157-158.

42 AAV, *S. R. Rota, Causae*, n° 78, a. 1914, 236/11, Madeleine F. et Antoine F. [mariage en 1891].

43 AAV, *S. R. Rota, Causae*, n° 48, a. 1912, 128/10, Émilie A. et Frédéric Z. [mariage en 1899].

44 Cependant des sources attestent du fait que les protestants respectent aussi l'attente du mariage religieux, même s'ils ne le considèrent pas comme un sacrement : par exemple, Mireille de Bondeli se marie civilement le 9 mars 1909 mais ne quitte sa famille pour dormir avec son mari que le 10 mars, une fois après avoir reçu la bénédiction nuptiale au temple. D. BERTHOLET,

Le Bourgeois dans tous ses états, *op. cit.*, p. 73.

45 AAV, *S. R. Rota, Causae*, n° 48, a. 1912, 128/10, Émilie A. et Frédéric Z. [mariage en 1899].

46 P. GARNIER, *Le Mariage dans ses devoirs*, *op. cit.*, p. 128.

47 *Règles et usages à observer le jour du mariage, par les fiancés, par les parents et les invités*, *op. cit.*, p. 12 ; Antoine PROST, « Mariage, jeunesse et société à Orléans en 1911 », *Annales ESC*, vol. 36, n° 4, 1981, p. 695.

48 S. GRAFTEAUX, *Mémé Santerre*, *op. cit.*, p. 78-81.

49 Jean Girard de VILLETHIERRY, *La Vie des gens mariés, ou les obligations de ceux qui s'engagent dans le mariage. Prouvées par l'Écriture, par les Saints Pères et par les Conciles*, Chez Savoie, libraire, Paris, 1781 [1695], p. 96.

50 Pierre SAINTYVES, « Les trois nuits de Tobie ou la continence durant la première ou les premières nuits du mariage », *Revue anthropologique*, n° 44, 1934, p. 266-296 : il montre que cette coutume ne se limite pas à la France et que l'abstinence rituelle qui consiste à reporter la nuit de noces existe partout et à toutes les époques, bien avant l'écriture de la Bible (par exemple déjà en Inde prébrahmanique).

51 Dans ses *Instructions générales en forme de catéchisme*, François-Aimé Pouget déplorait déjà en 1702 « qu'on ne recommande plus aux nouveaux époux les nuits de Tobie ». Voir A. WALCH, *La Spiritualité conjugale dans le catholicisme français*, *op. cit.*, p. 304.

52 P. SAINTYVES, « Les trois nuits de Tobie ou la continence durant la première ou les premières nuits du mariage », art. cité, p. 293-295.

53 A. VAN GENNEP, *Le Folklore français. 1*, *op. cit.*, p. 482.

54 *Ibid.*, p. 483.

55 P. DE BOURGOGNE, *Le Mariage*, *op. cit.*, p. 57.

56 AAV, *Congr. Concilio, Libri Decret.*, n° 240 B, a. 1897, 3298/40, Valentine L. et Edmond P. [mariage en 1877].

57 Julien-Joseph VIREY, *De la femme sous ses rapports physiologique, moral et littéraire*, Crochard, Paris, 1823, p. 166.

58 Scarlett BEAUVALET-BOUTOUYRIE, *La Démographie de l'époque moderne*, Belin, Paris, 1999, p. 144-145.

59 Pierre CONDIS et Michel ANDRÉ, *Dictionnaire de droit canonique et des sciences en connexion avec le droit canon*, t. II, 3e éd., Hippolyte Walzer, Paris, 1901, p. 585.

60 Agnès FINE et Martine SEGALEN, « Famille et mariage », art. cité, p. 424-425.

61 A. VAN GENNEP, *Le Folklore français. 1*, *op. cit.*, p. 338.

62 A. PROST, « Mariage, jeunesse et société à Orléans en 1911 », art. cité, p. 696-697.

63 *Ibid.*, p. 701 ; J. HOUDAILLE, « Un indicateur de pratique religieuse, art. cité, et « La nuptialité sous la Révolution et l'Empire », *Population*, vol. 37, n° 1, 1982, p. 160-167.

64 A. VAN GENNEP, *Le Folklore français. 1*, *op. cit.*, p. 341.

65 BARONNE STAFFE, *Règles du savoir-vivre dans la société moderne*, *op. cit.*, p. 58.

66 J'emploie ici l'expression « mariage tardif » au sens où l'entendent les historiens démographes pour désigner les mariages contractés après l'âge de vingt-cinq ans, et non comme les essayistes et médecins du XIXe siècle qui qualifient de « tardif » un mariage contracté par des personnes dites âgées (au-delà de quarante-cinq ans pour l'homme et de trente-cinq ans pour la femme, estime par exemple Auguste DEBAY dans son *Hygiène et physiologie du mariage. Histoire naturelle et médicale de l'homme et de la femme mariés, dans ses plus curieux détails ; Hygiène spéciale de la femme enceinte et du nouveau-né*, 29e éd., E. Dentu, Paris, 1862 [1848], p. 5).

67 Louis HENRY et Jacques HOUDAILLE, « Célibat et âge au mariage aux XVIIIe et XIXe siècles en France. II. Âge au premier mariage », *Population*, vol. 34, n° 2, 1979, p. 403-442 ; J. HOUDAILLE,

« Un indicateur de pratique religieuse », art. cité, p. 162, et « Les mariages dans un arrondissement populaire de Paris sous le Second Empire », art. cité, p. 1310. A. FINE et M. SEGALEN, « Famille et mariage », art. cité, p. 427.

68 Gabriel LE BRAS, « Le mariage dans la théologie et le droit de l'Église du XIe au XIIIe siècle », *Cahiers de civilisation médiévale*, vol. 11, n° 42, 1968, p. 195.

69 La majorité matrimoniale est quant à elle fixée à vingt et un ans, âge en dessous duquel le mariage est soumis à l'autorisation parentale.

70 Le mariage précoce des jeunes filles concerne surtout les milieux aristocratiques au XVIIIe siècle et encore plus au XIXe siècle. Jean-Pierre BARDET, « Qui étaient ces jeunes filles qui se mariaient jeunes ? », *in* Jean-Pierre BARDET, Jean-Noël LUC et Isabelle ROBIN-ROMERO (dir.), *Lorsque l'enfant grandit. Entre dépendance et autonomie*, Presses de l'université Paris-Sorbonne, Paris, 2003, p. 33-54, et Stéphane MINVIELLE, « Le mariage précoce des femmes à Bordeaux au XVIIIe siècle », *Annales de démographie historique*, vol. 111, n° 1, 2006, p. 159-176.

71 Auguste DEBAY, *Hygiène et physiologie du mariage*, s.n. Paris, 1848, p. 4-5.

72 E. LEGOUVÉ, *Histoire morale des femmes*, *op. cit.*, p. 77.

73 *Ibid.*, p. 78-80.

74 A. MAYER, *Des rapports conjugaux considérés sous le triple point de vue de la population, de la santé et de la morale publique*, *op. cit.*, p. 271-283.

75 Georges-Auguste MORACHE, *Le Mariage. Étude de socio-biologie et de médecine légale*, Félix Alcan, Paris, 1902, p. 49. Il s'appuie sur une étude de Jacques BERTILLON indiquant que la mortalité des jeunes de moins de vingt et un ans est huit fois plus élevée chez les personnes mariées que les personnes célibataires (« Mariage », in *Dictionnaire encyclopédique des sciences médicales*, t. LVI1, 1872).

76 Sur les charivaris, voir Jacques LE GOFF et Jean-Claude SCHMITT (dir.), *Le Charivari. Actes de la table ronde organisée à Paris, 25-27 avril 1977*, EHESS/Mouton, Paris, La Haye, New York, 1981 ; A. VAN GENNEP, *Le Folklore français. 1*, *op. cit.*, p. 527-540.

77 AN, BB/24/872, n° 15137, Charivari donné à l'occasion d'un mariage, à Saint-Cirq-Bel-Arbre, commune de Souillaguet (Lot), du 13 au 17 avril 1879.

78 J. MICHELET, *La Femme*, *op. cit.*, p. 225.

79 Cathy MCCLIVE, « Engendrer le tabou. L'interprétation du Lévitique 15, 18-19 et 20-18 et de la menstruation sous l'Ancien Régime », *Annales de démographie historique*, n° 125, octobre 2013, p. 166. Parmi ses autres travaux sur le sang féminin, voir notamment *Menstruation and Procreation in Early Modern France*, Ashgate, Farnham, 2015.

80 Thérèse MOREAU, « Sang sur : Michelet et le sang féminin », *Romantisme*, vol. 11, n° 31, 1981, p. 152-153 ; Élise THIÉBAUT, *Ceci est mon sang. Petite histoire des règles, de celles qui les ont et de ceux qui les font*, La Découverte, Paris, 2017.

81 Jean-Yves LE NAOUR et Catherine VALENTI, « Du sang et des femmes. Histoire médicale de la menstruation à la Belle Époque », *Clio. Femmes, genre, histoire*, n° 14, 2001, p. 207-229, § 6.

82 A. DEBAY, *Hygiène et physiologie du mariage*, *op. cit.*, p. 80.

83 A. CORBIN, *L'Harmonie des plaisirs*, *op. cit.*, p. 278 ; ABBÉ A. L., *De l'ovulation spontanée de l'espèce humaine dans ses rapports avec la théologie morale*, C. Peeters, Louvain, 1873.

84 A.-M. SOHN, *Du premier baiser à l'alcôve*, *op. cit.*, p. 90-92.

85 Robert MICHELS, « La morale des fiançailles », *L'Humanité nouvelle*, octobre 1906, p. 92.

86 Séverin ICARD, *La Femme pendant la période menstruelle. Étude de psychologie morbide et de médecine légale*, Paris, F. Alcan, 1890, p. 36.

87 E. MONIN, *L'Hygiène des sexes*, *op. cit.*, p. 80. L'expression de *Horses guards*,

comme celle des « Anglais qui ont débarqué », renvoie aux règles.

88 A. VAN GENNEP, *Le Folklore français. 1*, *op. cit.*, p. 482.

89 AAV, *Congr. Concilio, Libri Decret.*, n° 233, a. 1890, 187/32, Marie de G. et Victor F. [mariage en 1885].

90 AAV, *Congr. Concilio, Libri Decret.*, n° 241, a. 1898, 160/41, Louise de R. et Charles de H. [mariage en 1896]. La procédure canonique explicite les propos évasifs du mari : « *quia menstruam fluxum Aloysia tum patiebatur* » / « Louise ayant souffert alors du flux menstruel » (je traduis).

91 AAV, *Congr. Concilio, Libri Decret.*, n°s 241 et 242, a. 1898 et a. 1899, 1851/40, Raphaël H. et Gabrielle T. [mariage : s.d.].

92 CNAEF, 1 CO/90 (« Jean Viollet, Cas de conscience, 1936-1951 »). Lettre de J. L. du 26 janvier 1937 [mariage en 1921].

93 AAV, *Congr. Concilio, Positiones*, a. 1906, Genn. « L-P », Maurice K. et Suzanne L. [mariage en 1904].

94 Paul MARRIN, *Le Mariage théorique et pratique. Son hygiène, ses avantages, ses devoirs, ses misères*, Ernest Kolb, Paris, 1890, p. 154.

95 Adam RACIBORSKI, *De la puberté et de l'âge critique chez la femme, au point de vue physiologique, hygiénique et médical, et de la ponte périodique chez la femme et les mammifères*, J.-B. Baillière, Paris, 1844, p. 133-134.

96 J. MICHELET, *La Femme*, *op. cit.*, p. 225-226.

97 Une vingtaine d'années plus tard, Adam RACIBORSKI nuance ses propos (rejetant son erreur sur Félix Pouchet) dans son *Traité de la menstruation, ses rapports avec l'ovulation, la fécondation, l'hygiène de la puberté et de l'âge critique*, Baillière et fils, Paris, 1868, p. 117.

98 Robert Fancourt BARNES, *Traité théorique et clinique d'obstétrique médicale et chirurgicale, traduit et annoté par le docteur A.-E. Cordes*, G. Masson, Paris, 1886 [1884], p. 140.

99 Jean DE VALDOR, *Le Vrai Féminisme*, A. Savaète, Paris, 1900, p. 63-64

100 Voir Valérie REY-ROBERT, *Une culture du viol à la française*, Libertalia, Paris, 2020, p. 30-48.

101 Cité *ibid.*, p. 43.

102 S. DE BEAUVOIR, *Le Deuxième Sexe. 2*, *op. cit.*, p. 148.

103 Auguste DEBAY, *La Vénus féconde et callipédique*, E. Dentu, Paris, 1871, cité par P. MORTAS, *Une rose épineuse*, *op. cit.*, p. 123-124.

104 E. MONIN, *L'Hygiène des sexes*, *op. cit.*, p. 97.

105 S. DE BEAUVOIR, *Le Deuxième Sexe. 2*, *op. cit.*, p. 148.

106 Jean d'HERBENOIRE, *L'Art de se faire aimer. 1 000 conseils d'amour à l'usage des amants, des fiancés et des époux*, H. Daragon, Paris, 1913, p. 20.

107 D. BERTHOLET, *Le Bourgeois dans tous ses états*, *op. cit.*, p. 75-76.

108 AAV, *Congr. Concilio, Positiones*, a. 1899, Genn. « P », 1875/41, Marthe J. et Paul F. [mariage en 1891].

109 AAV, *Congr. Concilio, Libri Decret.*, n° 252, a. 1907, 3375/6, Charles I. et Henriette G. [mariage en 1904].

110 Sur le vocabulaire de la défloration dans les romans : D. GRISONI, « Le XXe siècle. Les preuves des corps », art. cité, p. 35-39 ; P. MORTAS, *Une rose épineuse*, *op. cit.*, p. 306-314 (qui limite pour ce point son corpus aux écrits pornographiques).

111 Alexandre DUMAS, *L'Homme-femme. Réponse à M. Henri d'Ideville*, 19e éd., M. Lévy frères, Paris, 1872, p. 37-38.

112 P. LOTI, *Pêcheur d'Islande*, *op. cit.*, p. 288-291.

113 Mathilde LEÏCHLÉ, « Brève histoire des images et imaginaires du viol au XIXe siècle », carnet de recherche en ligne *Malaises dans la lecture*, <https://malaises.hypotheses.org/1078>.

114 Sur le thème du viol nuptial dans les romans, voir Léa BUISSON, « La nuit de noces : des savoirs prénuptiaux à l'initiation », Savoirs des femmes, automne 2013, <http://savoirsdesfemmes.org/public_html/wp-content/uploads/2013/08/Buisson_Le%C3%ACa-Savoirs-des-femmes-

Automne-2013.pdf> ; P. MORTAS, *Une rose épineuse*, *op. cit.*, p. 266-275.

115 G. SAND, *Valentine*, *op. cit.*, p. 79.

116 Georges VIGARELLO, *Histoire du viol, XVIe-XXe siècle*, Seuil, Paris, 2000 [1998].

117 P. MORTAS, *Une rose épineuse*, *op. cit.*, p. 194-204.

118 Le viol entre époux est reconnu dans des arrêts de la Cour de cassation à partir des années 1900 dans certains cas (par exemple : des pratiques sexuelles qui sont perçues comme anormales) ; mais ce n'est que depuis la loi du 4 avril 2006 que le Code pénal punit expressément le viol entre conjoints, et seulement depuis la loi du 9 juillet 2010 que la référence à une présomption de consentement des époux à l'acte sexuel est supprimée. Voir P. CHARIOT (dir.), *Le Viol conjugal*, *op. cit.*

119 É. ZOLA, *Comment on se marie*, *op. cit.*, chap. 1.

120 E. DE GONCOURT, *Chérie*, *op. cit.*, p. 238.

121 Ambroise TARDIEU, *Étude médico-légale sur les attentats aux mœurs*, J.-B. Baillière, Paris, 1862 [1857], p. 46.

122 A. CORIVEAUD, *Le Lendemain du mariage*, *op. cit.*, p. 15.

123 Voir la citation mise en exergue de ce chapitre.

124 C'est moins vrai de la justice civile : à partir du moment où les époux ont prononcé « oui » à la mairie, la demande de nullité de l'union pour absence de consentement n'aboutit pas, sauf si une expertise médicale confirme l'altération complète du jugement de l'époux ou de l'épouse au moment de la cérémonie à la mairie.

125 Claude LANGLOIS montre, en s'appuyant sur les écrits du sulpicien Labrunie, que le mot « viol » est employé par les théologiens du XIXe siècle dans un sens restrictif pour désigner le « commerce avec une fille qui était demeurée vierge », hors du cadre du mariage : *Le Crime d'Onan*, *op. cit.*, p. 68.

126 AAV, *Congr. Concilio*, *Libri Decret.*, n° 248 B, a. 1905, 3774/5, Isaure T. et Rodolphe P. [mariage en 1892].

127 AAV, *Congr. Concilio*, *Libri Decret.*, n° 237, a. 1894, 2308/37, Madeleine H. et Maurice J. [mariage en 1884].

128 AAV, *S. R. Rota*, *Causae*, n° 105, a. 1915, 498/15, Madeleine X. et Alphonse F. [mariage en 1900].

129 AAV, *Congr. Concilio*, *Libri Decret.*, n° 240 B, a. 1897, 363/40, Stéphanie G. et James T. [mariage en 1882].

130 AAV, *S. R. Rota*, *Causae*, n° 156, a. 1921, 620/18, Julia F. et Xavier R. [mariage en 1913].

131 AAV, *Congr. Concilio*, *Libri Decret.*, n° 252, a. 1907, 3669/6, Eusèbe H. et Jeanne P. [mariage en 1904].

132 AAV, *S. R. Rota*, *Causae*, n° 32, a. 1911, 134/10, Léonie T. et Émile V. [mariage en 1898].

133 G. VIGARELLO, *Histoire du viol, XVIe-XXe siècle*, *op. cit.*, p. 155-162.

134 AAV, *S. R. Rota*, *Causae*, n° 57, a. 1913, 87/09, Élise V. et Ernest G. [mariage en 1886].

135 AAV, *Congr. Concilio*, *Positiones*, a. 1906, apri. « L-P », 3922/38 et 3667/40, Marguerite J. et Auguste de F. [mariage en 1879].

136 AAV, *S. R. Rota*, *Causae*, n° 12, a. 1910, 54/09, Catherine E. et Georges F. [mariage en 1875].

137 Sur les ambiguïtés du consentement sexuel, voir Manon GARCIA, *La Conversation des sexes. Philosophie du consentement*, Climats, Paris, 2021.

138 AAV, *S. R. Rota*, *Causae*, n° 12, a. 1910, 54/09, Catherine E. et Georges F. [mariage en 1875].

139 AAV, *Congr. Concilio*, *Libri Decret.*, nos 236, 237 et 242, a. 1892, a. 1893 et a. 1899, 4456/42, Adèle H. et Désiré P. [mariage en 1886].

140 *Code de droit canonique* (1917). Canon n° 1082 : « § 1. Pour qu'il puisse y avoir consentement matrimonial, il faut au moins que les contractants n'ignorent point que le mariage est une société permanente entre l'homme et la femme qui sert à procréer des enfants. »

Notes du chapitre 6 (pages 209 à 248)

1 *Op. cit.*, p. 100-101.

2 G. DROZ, *Monsieur, madame et bébé*, *op. cit.* : « Une nuit de noces », p. 116-133, et « Le cahier bleu », p. 134-154.

3 Sur la large palette d'états affectifs auxquels renvoient les émotions, les sentiments et les affects : Quentin DELUERMOZ, Emmanuel FUREIX, Hervé MAZUREL et M'hamed OUALDI, « Écrire l'histoire des émotions : de l'objet à la catégorie d'analyse », *Revue d'histoire du XIXe siècle*, vol. 47, n° 2, mars 2014, p. 155-189, et l'entretien accordé par Alain CORBIN à la revue *Écrire l'histoire*, n° 2 « Émotions », automne 2008, p. 109-114.

4 E. FUREIX et F. JARRIGE, *La Modernité désenchantée*, *op. cit.*, p. 135.

5 AAV, *S. R. Rota, Causae*, n° 45, a. 1912, 209/11 et 297/12, Félix V. et Julie W. [mariage en 1900].

6 J. MICHELET, *La Femme*, *op. cit.*, p. 221.

7 La cohabitation intergénérationnelle subsiste inégalement au XIXe siècle, mais plus à la campagne qu'en ville. V. GOURDON, *Histoire des grands-parents*, *op. cit.*, p. 65-104.

8 J. MICHELET, *La Femme*, *op. cit.*, p. 219.

9 V. GOURDON, *Histoire des grands-parents*, *op. cit.*, p. 279.

10 Adeline DAUMARD, « Affaire, amour, affection : le mariage dans la société bourgeoise au XIXe siècle », *Romantisme*, vol. 20, n° 68, 1990, p. 35.

11 Hans MEDICK et David Warren SABEAN (dirs.), *Interest and Emotion : Essays on the Study of Family and Kinship*, Cambridge University Press, Cambridge, New York, 1984 ; Anne VERJUS et Denise Zara DAVIDSON, *Le Roman conjugal*, Champ Vallon, Seyssel, 2011.

12 Jean-Claude BOLOGNE, *Histoire du mariage en Occident*, Hachette littératures, « Pluriel », Paris, 2005 [1996], p. 354.

13 AAV, *S. R. Rota, Causae*, n° 148, a. 1920, 645/19, Madeleine de J. et Georges R. [mariage en 1897].

14 AAV, *S. R. Rota, Causae*, n° 105, a. 1915, 498/15, Madeleine X. et Alphonse F. [mariage en 1900].

15 AAV, *Congr. Concilio, Libri Decret.*, n° 233, a. 1890, 2235/30, Angèle H. et Charles T. [mariage en 1882].

16 AAV, *S. R. Rota, Causae*, n° 27, a. 1911, 177/10, Renée V. et Paul F. [mariage en 1898].

17 AAV, *Congr. Concilio, Positiones*, a. 1907, Giug. « A-B », 950/7, Clélie T. et Fernand F. [mariage en 1896].

18 AAV, *Congr. Concilio, Positiones*, a. 1906, apri. « L-P », 3922/38 et 3667/40, Marguerite J. et Auguste de F. [mariage en 1879].

19 AAV, *S. R. Rota, Causae*, n° 78, a. 1914, 236/11, Madeleine F. et Antoine F. [mariage en 1891].

20 AAV, *S. R. Rota, Causae*, n° 105, a. 1915, 498/15, Madeleine X. et Alphonse F. [mariage en 1900].

21 Damien BOQUET et Didier LETT, « Les émotions à l'épreuve du genre », *Clio. Femmes, Genre, Histoire*, vol. 47, n° 1, 2018, p. 12.

22 En ce qui concerne les causes matrimoniales conservées au Vatican étudiées ici, les femmes engagent la procédure dans 82,5 % des cas (notons qu'en cas de souhait commun des époux de se séparer, et que dans les cas où les maris sont à l'origine de la séparation, il arrive souvent que ce soient les femmes qui déposent officiellement la demande). Le fait que ce soient les épouses qui entreprennent majoritairement les démarches pour se séparer de leur mari s'inscrit dans la longue durée : Francis Ronsin a montré comment, pendant la Révolution française, la légalisation du divorce avait déjà entraîné beaucoup plus de demandes de femmes que d'hommes. Francis RONSIN, *Les Divorciaires. Affrontements politiques et conceptions du mariage dans la France du XIXe siècle*, Aubier, Paris, 1992.

23 Sur l'« économie des larmes » et leur répartition genrée, voir Clémentine VIDAL-NAQUET, « "Te reverrai-je ?" Le lien conjugal pendant la Grande Guerre », thèse de doctorat, EHESS, Paris, 2013, p. 33-42, à propos des couples séparés au début de la Première Guerre mondiale.

24 D. BOQUET et D. LETT, « Les émotions à l'épreuve du genre », art. cité, § 1. Cependant cette partition genrée n'est pas si tranchée au tout début du XIXe siècle.

25 AAV, *Congr. Concilio, Libri Decret.*, n° 225, a. 1882, Pierre de F. et Julie de G. [mariage en 1862].

26 AAV, *Congr. Concilio, Positiones*, 1901, Sett.-Otto. « P », 2574/42, Mathilde H. et André I. [mariage en 1897].

27 *Ibid.* Extrait du jugement définitif lors de la procédure de divorce datant du 5 mars 1900.

28 Notons que les juges ecclésiastiques n'appréhendent pas l'épilepsie de la même manière que les médecins. Les épileptiques, au même titre que les possédés et les fous, ne peuvent par exemple pas accéder à l'ordination (Hervé GUILLEMAIN, *Diriger les consciences, guérir les âmes*, La Découverte, Paris, 2006, p. 45-76 et 294) ; cependant, dans les causes matrimoniales, les juges ne portent pas de jugement sur l'épilepsie en elle-même : ils s'attachent surtout à établir la consommation du mariage ou son absence et n'interdisent pas aux épileptiques de se marier.

29 AAV, *Congr. Concilio, Positiones*, a. 1888, « O-P », 3360/31, Marie F. et Victor U. [mariage en 1887].

30 AAV, *Congr. Concilio, Libri Decret.*, n° 252, a. 1907, 947/7, Joseph L. et Émilie V. [mariage en 1902].

31 Jean PONTAS, *Dictionnaire de cas de conscience, ou Décisions, par ordre alphabétique, des plus considérables difficultés touchant la morale et la discipline ecclésiastique, tirées de l'Écriture, des conciles*, Migne, Montrouge, 1847 [début du XVIIe siècle].

32 Au sujet des conceptions prénuptiales : E. BERTHIAUD, *« Attendre un enfant »*, *op. cit.*, p. 580-581.

33 A.-C. REBREYEND, *Intimités amoureuses*, *op. cit.*, p. 163.

34 Déborah GUTERMANN-JACQUET, *Les Équivoques du genre. Devenir homme et femme à l'âge romantique*, Presses universitaires de Rennes, Rennes, 2012, p. 289-302 ; A. WALCH, *La Spiritualité conjugale dans le catholicisme français*, *op. cit.*, p. 363-372.

35 AAV, *Congr. Concilio, Libri Decret.*, n°s 237 et 239, a. 1894 et a. 1896, 1675/35, Augustin W. et Berthe Z. [mariage en 1886].

36 *Les Usages du monde, le savoir-vivre et la politesse chez soi, en visite, en soirée, au théâtre... suite de conférences par un homme du monde. Suivi du Guide pour la danse du cotillon*, T. Lefèvre, Paris, 1880, p. 136.

37 R. MICHELS, « La morale des fiançailles », art. cité, p. 92.

38 La pratique du flirt émerge en France au cours du dernier quart du XIXe siècle. Voir F. CASTA-ROSAZ, *Histoire du flirt*, *op. cit.* ; ainsi que Jean-Claude BOLOGNE, *Histoire de la conquête amoureuse*, Seuil, Paris, 2007, p. 278-289.

39 L. BLUM, *Du mariage*, *op. cit.*, p. 125.

40 S. GRAFTEAUX, *Mémé Santerre*, *op. cit.*, p. 81.

41 AAV, *Congr. Concilio, Positiones*, a. 1906, apri. « L-P », 3922/38 et 3667/40, Marguerite J. et Auguste de F. [mariage en 1879].

42 M. CAMBOULIVES, *L'Homme et la Femme à tous les âges de la vie*, *op. cit.*, p. 261.

43 L. GRELLETY, *Le Mariage, ses charmes et ses devoirs*, *op. cit.*, p. 187.

44 AAV, *Congr. Concilio, Positiones*, a. 1899, Genn. « P », 1953/42, Marthe J. et Paul F. [mariage en 1891].

45 AAV, *Congr. Concilio, Libri Decret.*, n° 226, a. 1883, Madeleine d'E. et Auguste de P. [mariage en 1875].

46 AAV, *Congr. Concilio, Libri Decret.*, n° 236, a. 1892, 5639/36, Marthe V. et Gaétan G. [mariage en 1892].

47 AAV, *Congr. Concilio, Positiones*, a. 1907, giug. « A-B », 950/7, Clélie T. et Fernand F. [mariage en 1896].

48 Bibliothèque du Muséum national d'histoire naturelle, Ms 3358, « Alexandre Brongniart, Journaux de voyage et journaux intimes, 1792-1802 ». Je remercie Anne Verjus qui m'a communiqué la transcription de ces archives.

49 *Ibid.*

50 Bibliothèque municipale de Rouen, Fonds Montbret, Ms 1014. *Livre de Cécile*, 61 p. La retranscription de certains extraits du journal est disponible dans Philippe LEJEUNE, « Journaux en famille : les Coquebert de Montbret », *Lalies*, n° 28, 2008, p. 189-203.

51 Sylvie STEINBERG, « De la Renaissance aux Lumières », *in* S. STEINBERG (dir.), *Une histoire des sexualités, op. cit.*, p. 245.

52 Correspondance personnelle de Zélie Guérin. Lettre du 4 mars 1877 adressée à sa fille Pauline. Lettre citée dans Stéphane-Joseph PIAT, *Histoire d'une famille. La famille de sainte Thérèse de l'Enfant-Jésus, Louis et Zélie Martin, Marie, Pauline, Léonie, Céline, Thérèse*, Pierre Téqui, Paris, 1997 [1945], p. 37.

53 D. BERTHOLET, *Le Bourgeois dans tous ses états, op. cit.*, p. 74-78.

54 Sur l'« instrument de civilisation » qu'est l'habit de nuit, voir Norbert ELIAS, *La Civilisation des mœurs*, trad. de Pierre KAMNITZER, Calmann-Lévy, Paris, 1973 [1939], p. 345-360, et G. GARNIER, *L'Oubli des peines, op. cit.*, p. 217-260, § 83-84.

55 Anne CAROL, « La nudité au XIXe siècle », *Rives méditerranéennes*, 2008, n° 30, p. 25-37, § 25.

56 Théo CRITT [Théodore CAHU], *L'Art de se faire aimer par son mari*, E. Rouveyre et G. Blond, Paris, 1884, p. 17-31.

57 S. GRAFTEAUX, *Mémé Santerre, op. cit.*, p. 78-81.

58 G. DROZ, *Monsieur, madame et bébé, op. cit.*, p. 142.

59 R. O'MONROY, *La Nuit de noces, op. cit.*, p. 317.

60 G. DROZ, *Monsieur, madame et bébé, op. cit.*, p. 136-137.

61 Paul DE KOCK, *Physiologie de l'homme marié*, J. Laisné éditeur, Paris, 1841, p. 74-76.

62 Par exemple : Lucien DELORMEL et [Léon] GARNIER, *La Nuit de noces d'Aglaé*, monologue, Répertoire moderne, Paris, 1894 ; Alphonse GRAMET, *La Nuit de noces de Beauflandet*, livret de Georges Touzé et de Marguerite Prud'homme, opérette créée à Paris au Bijou-Concert, s.n., 1897.

63 R. MICHELS, « La morale des fiançailles », art. cité, p. 93. Sur la culture vestimentaire de la nuit de noces, voir Aïcha LIMBADA, « Déshabillage nuptial. Les vêtements de la nuit de noces, France, XIXe siècle », *Modes pratiques*, n° 5, avril 2023, p. 322-333.

64 P. BROUARDEL, *Cours de médecine légale de la faculté de médecine de Paris. Le Mariage, op. cit.*, p. 375.

65 Charles FORMENTIN, « Mademoiselle Geslin ma femme », *L'Écho de Paris*, 1er juillet 1893, p. 3. Sur cette affaire, voir chap. 1

66 AAV, *Congr. Concilio, Libri Decret.*, n° 248 B, a. 1905, 4353/4, Louise de J. et Jacques de Q. [mariage en 1897].

67 AAV, *Congr. Concilio, Libri Decret.*, n° 244 B, a. 1901, 5243/43, Jeanne K. et Jules P. [mariage en 1899].

68 AAV, *Congr. Concilio, Libri Decret.*, n°s 237 et 239, a. 1894 et a. 1896, 1675/35, Augustin W. et Berthe Z. [mariage en 1886].

69 *Ibid.*

70 Voir à ce sujet la sous-partie intitulée « Mariage "avec tache" et coureurs de dot » dans le chap. 6, « Prendre en main son destin matrimonial », *in* Claire-Lise GAILLARD, « "Célibataire épouserait jeune fille avec dot." Histoire du marché de la rencontre en France (XIXe-XXe siècles) », thèse de doctorat, Université Paris 1 Panthéon-Sorbonne.

71 François Kerlouégan consacre un chapitre à l'importance de la représentation des corps malades et difformes dans la littérature romantique qui fleurit à la même période : *Ce fatal excès du désir*, Champion, Paris, 2006, p. 223-303.

72 Vicomte De S*** [P. Cuisin], *Le Conjugalisme, ou l'Art de se bien marier*, *op. cit.*, p. 15-25.

73 Lucien Delormel et Léon Garnier, *Ma nuit de noce*. Chansonnette comique, mise en musique par Jules Deschaux, À la Chanson française, Paris, 1886.

74 AAV, *Congr. Concilio, Libri Decret.*, n° 230, a. 1887, Pauline de K. et Ignace de W. [mariage en 1881].

75 Gustave Téry, *Les Divorcés peints par eux-mêmes, mille et une confessions*, Fayard, Paris, s.d. [1908], p. 150 et p. 31.

76 P. Brouardel, *Cours de médecine légale de la faculté de médecine de Paris. Le Mariage*, *op. cit.*, p. 375.

77 AAV, *Congr. Concilio, Libri Decret.*, n° 243 B, a. 1900, 877/43, Jeanne V. et Louis G. [mariage en 1897].

78 Augustin Jacob Landré Beauvais, « Des signes tirés des odeurs », dans *Séméiotique, ou traité des signes des maladies*, J. A. Brosson, Paris, 1813, p. 372 ; réf. citée par Jean-Alexandre Perras et Érika Wicky, « La sémiologie des odeurs au XIXe siècle : du savoir médical à la norme sociale », *Études françaises*, vol. 49, n° 3, 2013, p. 125-126.

79 *Ibid.*

80 Myriam Harry, *La Vie de Jules Lemaître*, Flammarion, Paris, p. 73-77. Je remercie Sarah Huguet pour cette référence.

81 Érika Wicky montre l'influence de l'éducation religieuse de certaines jeunes filles de la bourgeoisie sur l'hygiène corporelle dans son article « Parfum de bonté et odeur de sainteté. Les enjeux de l'olfaction dans l'éducation religieuse des jeunes filles au XIXe siècle », *Arts et Savoirs*, n° 11, 2019 [En ligne].

82 AAV, *Congr. Concilio, Positiones*, a. 1904, Lugl. « S », 3465/42, Albert N. et Berthe Q. [mariage en 1894].

83 *Ibid.*

84 J.-A. Perras et É. Wicky, « La sémiologie des odeurs au XIXe siècle », art. cité, p. 127.

85 AAV, *Congr. Concilio, Libri Decret.*, n° 242, a. 1899, 5422/42, Marie H. et Jean Q. [mariage en 1894].

86 Claire-Lise Gaillard, « Oscillations et réaffirmations du genre dans les petites annonces de *l'Intermédiaire Discret*, 1921-1939 », *Genre & Histoire*, n° 21, 2018. Elle étudie également cette question dans le chapitre 7, « Choix et séduction du conjoint », de sa thèse « "Célibataire épouserait jeune fille avec dot." Histoire du marché de la rencontre en France (XIXe-XXe siècles) », *op. cit.*

87 Vicomte de S*** [P. Cuisin], *Le Conjugalisme, ou l'Art de se bien marier*, *op. cit.*, p. 23-24.

88 À ce sujet, voir A. Salmon [Limbada], « La nuit de noces comme cause de la séparation conjugale (second XIXe siècle, France) », art. cité.

89 « Tribunal correctionnel », *Journal des débats politiques et littéraires*, 14 février 1853. Sur les violences conjugales au XIXe siècle, voir les travaux de Victoria Vanneau : « Justice pénale et "violences conjugales" au XIXe siècle. Enquête sur les avatars judiciaires d'une catégorie de violence », *in* Bruno Lemesle, Michel Nassiet, Pascale Quincy-Lefebvre, Antoine Follain et Éric Pierre (dir.), *La Violence et le judiciaire, du Moyen Âge à nos jours. Discours, perceptions, pratiques*, Presses universitaires de Rennes, Rennes, 2008, p. 149-159 ; et *La Paix des ménages. Histoire des violences conjugales, XIXe-XXIe siècle*, Anamosa, Paris, 2016.

90 P. Brouardel, *Cours de médecine légale de la faculté de médecine de Paris. Le Mariage*, *op. cit.*, p. 35.

91 AN, AF/IV/1918, a. 1804, Nicolas Sagazan et Henriette Costes [mariage en 1792], diocèse de Cahors.

92 AN, AF/IV/1918, a. 1803, époux Lefevre [mariage en 1792], diocèse de Vannes.

93 AAV, *Congr. Concilio, Libri Decret.*, n°s 250 et 252, a. 1906 et 1907., 4117/5, Louis Z. et Henriette L. [mariage en 1905].

94 *Ibid.*

95 AN, BB/15/205, registre B3, n° 1643, a. 1816, Marianne Eustache et Célestin Sauclières [mariage en 1813], département de l'Hérault. Il s'agit ici d'une requête d'annulation de mariage, alors que le droit au divorce est aboli.

96 Voir également à ce sujet : Jennifer Heuer, « "Réduit à désirer la mort d'une femme qui peut-être lui a sauvé la vie". La conscription et les liens du mariage sous Napoléon », *Annales historiques de la Révolution française*, n° 348, 2007, p. 25-40.

97 AAV, *S. R. Rota, Causae*, n° 78, a. 1914, 236/11, Madeleine F. et Antoine F. [mariage en 1891].

98 AAV, *Congr. Concilio, Positiones*, a. 1906, Lugl. « N-P », 997/5, Édouard T. et Marguerite Q. [mariage en 1899].

99 *Ibid.*

100 AAV, *Congr. Concilio, Libri Decret.*, n° 246 B, a. 1903, 2879/1, Marguerite G. et Étienne E. [mariage en 1901].

101 « *La sera stessa delle nozze il signor G. lungi a compiere i doveri coniugali, lesciata sola l'oratrice nella camera di un albergo poco conveniente dove l'aveva costretta ad alloggiare, andò a passare une parte della notte probabilmente presso una giovane operaia di Bajona, colla quale aveva contratto un illeciteo* » (Je traduis). AAV, *Congr. Concilio, Libri Decret.*, n° 238, a. 1895, 379/38, Marie F. et Ludovic G. [mariage en 1890].

102 AAV, *Congr. Concilio, Libri Decret.*, n° 241, a.1898, 3553/41, Ève F. et Henri X. [mariage en 1889].

103 AN, AF/IV/1920, a. 1804, Baptiste Bosq et Rose Courdurier [mariage : s.d.], diocèse de Montpellier.

104 AAV, *Congr. Concilio, Positiones*, a. 1907, Genn. « A-B », 4444/5, Édouard F. et Sophie H., cas 153 [mariage en 1899].

105 André Gide, *L'Immoraliste*, Mercure de France, Paris, 1902, p. 97-102.

106 Voir la sous-série AN, BB/15, Ministère de la Justice – Dispenses pour mariage, et en particulier les cartons 205 et 206, « demandes en annulation de mariage, 1814-1815 ».

107 AAV, *Congr. Concilio, Libri Decret.*, n° 253 B, a. 1908, 1355/7, Marie V. et Camille W. [mariage en 1893].

108 AAV, *Congr. Concilio, Libri Decret.*, n° 253 B, a. 1908, 1772/6, Jean de G. et Madeleine H. [mariage en 1905].

109 M. Lafarge, *Mémoires de madame Lafarge, née Marie Cappelle [sic]*, *op. cit.*, p. 199.

110 *Consultation pour Mme Caroline Destouches, née Duvallon, demanderesse [en nullité de mariage], contre M. Guays Destouches, défendeur*, Impr. A. Guyot et Scribe, Paris, 1857, p. 3.

111 *Ibid.*

112 AAV, *Congr. Concilio, Libri Decret.*, n° 253 B, a. 1908, 1772/6, Jean de G. et Madeleine H. [mariage en 1905].

113 AAV, *Congr. Concilio, Libri Decret.*, n° 242, a. 1899, 1302/42, Gabrielle P. et Léon V. [mariage en 1890].

114 *Ibid.*

115 AAV, *S. R. Rota, Causae*, n° 32, a. 1911, 122/10, Léon K. et Eugénie F. [mariage en 1891].

116 A. Corbin (dir.), *Histoire de la virilité, 2*, *op. cit.*, p. 23.

117 AAV, *Congr. Concilio, Positiones*, 1906., Sett. « P », 5582/1, Léontine Q. et Yves P. [mariage en 1891].

118 AAV, *Congr. Concilio, Libri Decret.*, n° 247 B, a. 1904, 1443/3, Clara Q. et Joseph R. [mariage en 1891].

119 AAV, *Congr. Concilio, Positiones*, a. 1906, Sett. « P », 264/3, Germaine de P. et Alfred G. [mariage en 1895].

120 AAV, *Congr. Concilio, Libri Decret.*, n° 243 B, a. 1900, 877/43, Jeanne V. et Louis G. [mariage en 1897].

121 AAV, *Congr. Concilio, Libri Decret.*, n° 239, a. 1896, 4242/37, Éléonore F. et François V. [mariage en 1870].

122 AAV, *Congr. Concilio, Libri Decret.*, n° 252, a. 1907, 3375/6, Charles I. et Henriette G. [mariage en 1904].

123 AAV, *Congr. Concilio, Positiones*, a. 1906, apri. « L-P », 3922/38 et 3667/40, Marguerite J. et Auguste de F. [mariage en 1879].

124 AAV, *Congr. Concilio, Libri Decret.*, n° 237, a. 1894, 758/34, Laure P. et Gilbert W. [mariage en 1876].

125 AAV, *Congr. Concilio, Libri Decret.*, n° 244 B, a. 1901, 693/1, Alice K. et Jules F. [mariage en 1900].

Notes du chapitre 7 (pages 249 à 293)

1 A. Bonnet, Paris, 1894, p. 4.

2 Erving GOFFMAN, *Les Cadres de l'expérience*, trad. par Isaac Joseph, Michel Dartevelle et Pascale Joseph, Minuit, Paris, 1991 [1974].

3 Aïcha SALMON [LIMBADA], « Nuptial metamorphosis : masculine perspectives on the transformation of women during their wedding night in nineteenth-century France », *French History*, vol. 32, n° 3, 2018, p. 368-386.

4 En ce qui concerne des fictions sur la métamorphose pendant la nuit de noces, voir en particulier deux récits fantastiques de Prosper Mérimée, *La Vénus d'Ille* (1837) et *Lokis* (1869).

5 A. WEILL, *Si j'avais une fille à marier*, *op. cit.*, p. 10. Précisions ici néanmoins qu'Alexandre Weill ne tient pas à justifier l'inégalité entre les sexes, qu'il déplore, mais qu'il considère qu'une jeune fille doit tenir compte des croyances, des valeurs et des pratiques de la société dans laquelle elle se trouve, et agir en fonction, c'est-à-dire en se conformant à elles.

6 Sur la façon dont la représentation des fluides corporels et notamment l'écoulement du sang renvoie à une inégalité entre le masculin et le féminin : Françoise HÉRITIER, *Masculin/féminin. La pensée de la différence*, Odile Jacob, Paris, 1996, p. 234.

7 Voir P. MORTAS, *Une rose épineuse*, *op. cit.*, p. 300-314.

8 P. BROUARDEL, *Cours de médecine légale de la faculté de médecine de Paris. Le Mariage*, *op. cit.*, p. 197.

9 VICOMTE DE S*** [P. CUISIN], *Le Conjugalisme, ou l'Art de se bien marier*, *op. cit.*, p. 279.

10 P. MARRIN, *Les Maladies de l'amour. Préservation, hygiène, traitement*, E. Kolb, Paris, 1892, p. 154-155.

11 DOCTOR-BRENNUS, *Amour et sécurité*, E. Goussard, Melle, 1893, p. 94. Il s'agit sans doute davantage ici d'un produit adressé à un public masculin qui fantasmerait sur la défloration dans le cadre d'une relation sexuelle avec une partenaire dont il sait qu'elle n'est plus vierge, que d'un produit dont se muniraient des femmes pour tromper leur mari pendant la nuit de noces.

12 MISS SUZIE, *Préservation et éducation des sexes*, *op. cit.*, p. 49-50.

13 AAV, *Congr. Concilio, Libri Decret.*, n° 238, a. 1895, Madeleine de F. et Théodore de V. [mariage en 1882].

14 L'hyménoplastie est encore pratiquée aujourd'hui. Voir notamment Barkahoum FERHATI, « Les clôtures symboliques des Algériennes : la virginité ou l'honneur social en question », *Clio. Femmes, genre, histoire*, vol. 26, n° 2, 2007, p. 169-180.

15 AAV, *Congr. Concilio, Libri Decret.*, n° 234, a. 1891, 392/34, Eugénie W. et Louis de Q. [mariage en 1887].

16 P. MARRIN, *Les Maladies de l'amour*, *op. cit.*, p. 154-155.

17 J.-J. VIREY, *De la femme sous ses rapports physiologique, moral et littéraire*, *op. cit.*, p. 97.

18 *Ibid.*, p. 97-99.

19 C. F. MENVILLE DE PONSAN, *Histoire médicale et philosophique de la femme, considérée dans toutes les époques principales de sa vie, avec tous les changements qui surviennent dans son physique et son moral, avec l'hygiène applicable*

à son sexe et toutes les maladies qui peuvent l'atteindre aux différents âges, t. I, J.-B. Baillière et fils, Paris, 1858 [1845], p. 337-338 ; Docteur RHAZIS, *L'Amour dans le mariage*, *op. cit.*, p. 70.

20 Par exemple, il évoque parmi ces signes l'insensibilité au feu, le changement de la mensuration du cou, l'ouverture des narines, la façon de marcher, en citant des traditions de la Rome primitive et Catulle. P. GARNIER, *Le Mariage dans ses devoirs*, *op. cit.*, p. 200-201.

21 *Ibid.*, p. 202.

22 J.-J. VIREY, *De la femme sous ses rapports physiologique, moral et littéraire*, *op. cit.*, p. 98 et 195.

23 Je m'appuie largement pour le développement qui suit sur l'article d'Anne CAROL, « La télégonie, ou les nuances de l'hérédité féminine », *Rives méditerranéennes*, n° 24, 2006, p. 11-21.

24 Georges-David-Frédéric BOISSARD, *Réflexions sur le projet de loi relatif au sacrilège et sur l'idée de prescrire par une loi la célébration religieuse du mariage…*, impr. de J. Smith, Paris, 1824, p. 79, cité par A. CAROL, « La télégonie, ou les nuances de l'hérédité féminine », art. cité, § 34.

25 Anne Carol cite diverses œuvres d'Émile Zola, de Léon Bloy ou de Jules Barbey d'Aurevilly, *ibid.*, § 15-17 et 23.

26 Jules MICHELET, *L'Amour*, Hachette, Paris, 1861 [1858], p. 346.

27 Louise VALLORY, *Madame Hilaire, précédé d'une Réponse à L'Amour de M. Michelet*, 2e éd., E. Dentu, Paris, 1859, p. IX.

28 A. DEBAY, *Hygiène et physiologie du mariage*, *op. cit.*, p. 15. Ces propos sont repris presque mot pour mot en 1873 dans E. CLÉMENT, *Guide des gens mariés*, *op. cit.*, p. 19.

29 H. DE BALZAC, *La Femme de trente ans*, *op. cit.*, p. 87.

30 C. THOMAS-CARAMAN [Docteur MONTALBAN en 1885], *La Petite Bible des jeunes époux*, *op. cit.*, p. 4.

31 Michel BOZON et Alain GIAMI, « Présentation de l'article de John Gagnon », *Actes de la recherche en sciences sociales*, n° 128, 1999, p. 70.

32 Docteur CAUFEYNON [J. FAUCONNEY], *Le Mariage et son hygiène*, *op. cit.*, p. 24-27.

33 AAV, *Congr. Concilio*, *Positiones*, a. 1903, Apri « P », 3088/42, Marie-Louise F. et Ferdinand V. [mariage en 1893].

34 M. CAMBOULIVES, *L'Homme et la Femme à tous les âges de la vie*, *op. cit.*, p. 261.

35 AAV, *Congr. Concilio*, *Positiones*, a. 1906, Apri « L-P », Catherine de P. et Maurice d'E. [mariage en 1902].

36 Paul DE KOCK, *Le Cocu*, Barba, Paris, 1850 [1831], p. 22.

37 AAV, *Congr. Concilio*, *Positiones*, a. 1906, Lugl « N-P », 997/5, Édouard T. et Marguerite Q. [mariage en 1899].

38 AAV, *Congr. Concilio*, *Positiones*, a. 1901, Magg « B », 3785/34, Césarine F. et Charles Q. [mariage en 1892].

39 AAV, *Congr. Concilio*, *Libri Decret.*, n° 247 B, a. 1904, 675/2, Angélique de H. et Xavier de J. [mariage en 1889].

40 AAV, *Congr. Concilio*, *Libri Decret.*, n° 243 B, a. 1900, 1111/11, Amélie W. et Pierre de F. [mariage en 1887].

41 D. GARDEY et I. HASDEU, « Cet obscur sujet du désir », art. cité, p. 73-92 ; Sylvie CHAPERON, *La Médecine du sexe et les femmes. Anthologie des perversions féminines au XIXe siècle*, La Musardine, Paris, 2008.

42 Jean-Marie DÉGUIGNET, *Mémoires d'un paysan bas-breton*, Arkae, Ergué-Gabéric, 2017, p. 320.

43 AAV, *Congr. Concilio*, *Positiones*, a. 1899, Genn. « P », 3553/41, Ève F. et Henri X. [mariage en 1889] : « Je me suis mise la première au lit : ne sachant pas ce que c'était le mariage à cause de l'éducation extrêmement réservée que j'avais toujours reçue. Je n'avais ni appréhension, ni même beaucoup d'émotion. »

44 AAV, *Congr. Concilio*, *Positiones* a. 1898 et 1906, Apri. « L-P », 3667/40, et 3922/38, Marguerite J. et Auguste de F. [mariage en 1879].

45 Albert VIARD, *Lettres à Léa. 1914-1919*, choisies et présentées par Bruno Viard, Éditions de l'Aube, La Tour-d'Aigues, 2010, p. 152, lettre du 3 avril 1919, citée par C. VIDAL-NAQUET, *« Te reverrai-je ? »*, *op. cit.*, p. 382-383.

46 AAV, *Congr. Concilio, Libri Decret.*, n° 242, a.1899, 3276/42, Henriette K. et Jules P. [mariage en 1896].

47 Jules DÉJERINE et Emmanuel GAUCKLER, *Les Manifestations fonctionnelles des psychonévroses, leur traitement par la psychothérapie*, Masson, Paris, 1911, p. 95-96.

48 Ernest MONIN, *L'Impuissance virile (son traitement rationnel)*, Le François, Paris, 1928, p. 35.

49 F. ROUBAUD, *Traité de l'impuissance et de la stérilité chez l'homme et chez la femme*, J.-B. Baillière et fils, Paris, 1872, p. 444.

50 *Ibid.*, p. 445.

51 S. CHAPERON, *Les Origines de la sexologie (1850-1900)*, *op. cit.*, p. 39.

52 P. DE BOURGOGNE, *Le Mariage*, *op. cit.*, p. 57.

53 Par exemple : Docteur CAUFEYNON [J. FAUCONNEY], *Le Mariage et son hygiène*, *op. cit.*, p. 26 ; J. GUYOT, *Bréviaire de l'amour expérimental*, *op. cit.*, p. 148 ; Doctor HELVÉTIUS, *Sécurité complète en amour, impuissance et stérilité vaincues*, F. Montel, Paris, 1897, p. 115 ; P. MARRIN, *Le Mariage théorique et pratique*, *op. cit.*, p. 148.

54 D. BERTHOLET, *Le Bourgeois dans tous ses états*, *op. cit.*, p. 74.

55 P. DE BOURGOGNE, *Le Mariage*, *op. cit.*, p. 55.

56 Voir à ce sujet : Anne CAROL, « Les médecins et la stigmatisation du vice solitaire (fin XVIIIe-début XIXe siècle) », *Revue d'histoire moderne et contemporaine*, vol. 49, n° 1, 2002, p. 156-172 ; A. CORBIN, *L'Harmonie des plaisirs*, *op. cit.*, p. 152-172.

57 R. et L. PERRY, *L'Ami discret, ouvrage pratique sur l'anatomie et la physiologie des organes générateurs et leurs maladies…*, Hermann, Paris, 1854, p. 76.

58 C. F. MENVILLE DE PONSAN, *Histoire médicale et philosophique de la femme*, t. II, *op. cit.*, p. 62.

59 Voir chap. 5.

60 Cité par J. DE VALDOR, *Le Vrai Féminisme*, *op. cit.*, p. 65.

61 E. MONIN, *L'Hygiène des sexes*, *op. cit.*, p. 92.

62 AAV, *Congr. Concilio, Libri Decret.*, n° 250, a. 1906, 4342/4, Marie Z. et Alfred H. [mariage en 1903].

63 A. CORBIN, « La relation intime ou le plaisir de l'échange », art. cité, p. 500.

64 P. DE BOURGOGNE, *Le Mariage*, *op. cit.*, p. 59.

65 A. CORBIN, « La relation intime ou le plaisir de l'échange », art. cité, p. 500.

66 AAV, *Congr. Concilio, Libri Decret.*, n° 231, a. 1888, 1875/29, Marie de T. et Pierre Q. [mariage en 1868].

67 AAV, *Congr. Concilio, Libri Decret.*, n° 233, a. 1890, 187/32, Marie de G. et Victor F. [mariage en 1885].

68 Y. KNIBIEHLER et C. FOUQUET, *La Femme et les Médecins*, *op. cit.*, p. 164 ; S. CHAPERON, *Les Origines de la sexologie (1850-1900)*, *op. cit.*, p. 43.

69 C. THOMAS-CARAMAN [pseud. : DOCTEUR MONTALBAN en 1885], *La Petite Bible des jeunes époux*, *op. cit.*, p. 7.

70 AAV, *Congr. Concilio, Libri Decret.*, n° 239, a. 1896, 229/37, Marie de P. et Joseph de Q. [mariage en 1869].

71 AAV, *Congr. Concilio, Libri Decret.*, n°s 244 B et 246 B, a. 1901 et a. 1903, 4673/41, Franc L. et Théodora S. [mariage en 1899].

72 P. DE BOURGOGNE, *Le Mariage*, *op. cit.*, p. 60.

73 A. CORBIN, « La rencontre des corps », art. cité, p. 156-157.

74 P. DE BOURGOGNE, *Le Mariage*, *op. cit.*, p. 61-62.

75 AAV, *Congr. Concilio, Libri Decret.*, n° 248 B, a. 1905, 4353/4, Louise de J. et Jacques de Q. [mariage en 1897].

76 P. MOREAU « DE TOURS », *Des aberrations du sens génésique*, *op. cit.*

77 Sur l'érotomanie, la nymphomanie, le satyriasis et le priapisme, voir le chapitre intitulé « Petit catalogue des aberra-

tions et autres perversions sexuelles » *in* S. CHAPERON, *Les Origines de la sexologie (1850-1900)*, *op. cit.*, et particulièrement les p. 109-111.

78 AAV, *Congr. Concilio*, *Libri Decret.*, n° 250, a. 1906, 1674/5, Germaine E. et Alphonse H. [mariage en 1896].

79 AAV, *Congr. Concilio*, *Positiones*, a. 1901, Sett.-Otto « O-P », 148/44, Lucie T. et Maurice H. [mariage en 1898].

80 AAV, *Congr. Concilio*, *Libri Decret.*, n° 242, a. 1899 et *Positiones*, a. 1903, Apri « P », 3088/42, Marie-Louise F. et Ferdinand V. [mariage en 1893].

81 AAV, *Congr. Concilio*, *Libri Decret.*, n° 248 B, a. 1905, 1731/4, Louise G. et Bonaventure W. [mariage en 1895].

82 AAV, *Congr. Concilio*, *Libri Decret.*, n° 247 B, a. 1904, 675/2, Angélique de H. et Xavier de J. [mariage en 1889].

83 AAV, *Congr. Concilio*, *Libri Decret.*, n° 247 B, a. 1904, 3994/2, Marie A. et Paul O. [mariage en 1893].

84 C. LANGLOIS, *Le Crime d'Onan*, *op. cit.*, p. 46.

85 Y. KNIBIEHLER, « Corps et cœurs », art. cité, p. 412-413 ; C. LANGLOIS, *Le Crime d'Onan*, *op. cit.*, p. 31-42 et 88-89.

86 Claude LANGLOIS, « Histoires recomposées : la sexualité conjugale entre Révolution et Vatican II », in *Le Continent théologique*, Presses universitaires de Rennes, Rennes, 2016, p. 231.

87 S. CHAPERON, *Les Origines de la sexologie (1850-1900)*, *op. cit.*, p. 58-59.

88 Louis-François-Étienne BERGERET, *Des fraudes dans l'accomplissement des fonctions génératrices. Dangers et inconvénients pour les individus, la famille et la société. Troisième édition revue et augmentée du rapport présenté à la Société de médecine de Strasbourg*, J. Baillière et fils, Paris, 1870 [1868], p. 13.

89 AAV, *Congr. Concilio*, *Positiones*, a. 1901, Sett.-Otto « O-P », 148/44, Lucie T. et Maurice H. [mariage en 1898].

90 AAV, *Congr. Concilio*, *Libri Decret.*, n° 239, a. 1896, 229/37, Marie de P. et Joseph de Q. [mariage en 1869].

91 AAV, *Congr. Concilio*, *Libri Decret.*, n°s 244 B et 245 B, a. 1901 et a. 1902, 3256/43, Jeanne P. et Pierre G. [mariage en 1896].

92 AAV, *Congr. Concilio*, *Positiones*, a. 1903, Apri « P », 3088/42, Marie-Louise F. et Ferdinand V. [mariage en 1893].

93 AAV, *Congr. Concilio*, *Libri Decret.*, n° 248 B, a. 1905, 2422/4, Louise H. et Robert de W. [mariage en 1895].

94 AAV, *Congr. Concilio*, *Libri Decret.*, n° 244 B, a. 1901, et *Positiones*, a. 1901, Sett-Otto « O-P », 2574/42, Mathilde H. et André I. [mariage en 1897].

95 A. VINCENTELLI, *Essai sur l'intervention du médecin légiste dans les cas de séparation de corps et de divorce*, *op. cit.*, p. 28.

96 AAV, *Congr. Concilio*, *Libri Decret.*, n° 252, a. 1907, 996/6, Marie J. et Joseph H. [mariage en 1904].

97 AAV, *Congr. Concilio*, *Libri Decret.*, n° 240 B, a. 1897, 487/38, Amélie L. et Jules G. [mariage en 1890].

98 A. VINCENTELLI, *Essai sur l'intervention du médecin légiste dans les cas de séparation de corps et de divorce*, *op. cit.*, p. 28.

99 AAV, *Congr. Concilio*, *Libri Decret.*, n° 239, a. 1896, 5218/38, Germaine de J. et Eugène de K. [mariage en 1890].

100 Le greffier n'a pas jugé bon de retranscrire les contenus d'ordre sexuel et en a résumé certains en latin.

101 Ce terme est employé dans : AAV, *Congr. Concilio*, *Libri Decret.*, n° 252, a. 1907, 3669/6, Eusèbe H. et Jeanne P. [mariage en 1904].

102 AAV, *Congr. Concilio*, *Libri Decret.*, n°s 244 B et 245 B, a. 1901 et a. 1902, 3256/43, Jeanne P. et Pierre G. [mariage en 1896].

103 AAV, *Congr. Concilio*, *Libri Decret.*, n° 250, a. 1906, 1674/6, Marguerite N. et Gaston de G. [mariage en 1902].

104 P. MARRIN, *Les Maladies de l'amour*, *op. cit.*, p. 568-569.

105 A. Tardieu, *Étude médico-légale sur les attentats aux mœurs*, *op. cit.*, p. 171-172, 183.

106 AAV, *Congr. Concilio, Libri Decret.*, n° 233, a. 1890, 2235/30, Angèle H. et Charles T. [mariage en 1882].

107 AAV, *Congr. Concilio, Libri Decret.*, n° 244 B, a. 1901, 3507/43, Gabriel T. et Marguerite E. [mariage en 1895].

108 AAV, *Congr. Concilio, Positiones*, a. 1905, Genn « N-P », 3138/3, Laura J. et Raymond H. [mariage en 1896].

109 AAV, *Congr. Concilio, Libri Decret.*, n° 248 B, a. 1905, 1731/4, Louise G. et Bonaventure W. [mariage en 1895].

110 AAV, *Congr. Concilio, Libri Decret.*, n° 237, a. 1894, 758/34, Laura P. et Gilbert W. [mariage en 1876].

111 AAV, *S. R. Rota, Causae*, a. 1911, n°s 23 et 36, 64/1909, Andrée E. et Louis X. [mariage en 1904].

112 Sur les injecteurs ou irrigateurs : voir Francis Ronsin, *La Grève des ventres. Propagande néo-malthusienne et baisse de la natalité en France (XIXe-XXe siècles)*, Aubier, Paris, 1980, p. 190-207.

113 Je reprends la liste du « Petit catalogue des aberrations et autres perversions sexuelles » dressé dans S. Chaperon, *Les Origines de la sexologie (1850-1900)*, *op. cit.*, p. 105-145.

114 Pierre Darmon, *Le Tribunal de l'impuissance. Virilité et défaillances conjugales dans l'Ancienne France*, Seuil, Paris, 1979, p. 235-237.

115 Parmi les articles de Gabrielle Houbre sur la question, voir : « Un corps sans sexe ? Un procès en nullité de mariage et un verdict confondant dans la France du XIXe siècle », *Corps & Psychisme*, n° 69, 2016, p. 133-142 ; « "Un individu d'un genre mal défini." », art. cité.

116 Ambroise Tardieu, *Consultation médico-légale à l'appui de la demande en nullité de mariage de M. Darbrousse*, Impr. de V. Goupy, Paris, 1870.

117 Gabrielle Houbre indique que, sur les vingt-quatre procédures de nullité qu'elle a étudiées, la nullité de mariage a été prononcée trois fois seulement, et à chaque fois contre les épouses : « Un corps sans sexe ? », art. cité, p. 138.

118 AAV, *Congr. Concilio, Libri Decret.*, n°s 236 et 242, a. 1892 et a. 1899, 4408/34, Adèle H. et Désiré P. [mariage en 1886].

119 AAV, *Congr. Concilio, Libri Decret.*, n° 250, a. 1906, 709/6, Paul Q. et Marie G. [mariage en 1881].

120 AAV, *Congr. Concilio, Libri Decret.*, n° 236, a. 1892, 3060/35, Marie P. et Étienne K. [mariage en 1881].

121 Sur l'impuissance masculine au XIXe siècle, voir notamment A. Corbin, *L'Harmonie des plaisirs*, *op. cit.*, p. 191-211, et « L'injonction de la virilité, source d'anxiété et d'angoisse », *in* A. Corbin (dir.), *Histoire de la virilité. 2*, *op. cit.*, p. 351-368, et les travaux récents de Marie Walin qui s'est intéressée aux causes matrimoniales espagnoles : « Savoirs sur l'impuissance sexuelle en Espagne (années 1780-1910). Contribution à une histoire de l'hétérosexualité », thèse de doctorat, Université Toulouse II Jean-Jaurès, 2021.

122 Voir notamment William Acton, *Fonctions et désordres des organes de la génération chez l'enfant, le jeune homme, l'adulte et le vieillard, sous le rapport physiologique, social et moral* [traduit de l'anglais sur la 3e édition], V. Masson, Paris, 1863, p. 184, et F. Roubaud, *Traité de l'impuissance et de la stérilité chez l'homme et chez la femme*, *op. cit.*, p. 353-363 et 445.

123 AAV, *Congr. Concilio, Libri Decret.*, n° 233, a. 1890, 1004/33, Émilienne G. et Marcel K. [mariage en 1882].

124 AAV, *Congr. Concilio, Libri Decret.*, n° 237, a. 1894, 287/37, Marie H. et Ernest P. [mariage en 1892].

125 Ces procédés, que décrivait le théologien Jean-Baptiste Thiers dans son *Traité des superstitions* à la toute fin du XVIIe siècle, sont répertoriés au tournant du XXe siècle par des ethnologues, des folkloristes et des historiens amateurs.

126 Le mot « phénomène » désigne ici une personne présentant un défaut de conformation physique.
127 AAV, *Congr. Concilio, Libri Decret.*, n° 240 B, a. 1897, 487/38, Amélie L. et Jules G. [mariage en 1890].
128 AAV, *Congr. Concilio, Libri Decret.*, n° 244 B, a. 1901, 5243/43, Jeanne K. et Jules P. [mariage en 1899].
129 AAV, *Congr. Concilio, Libri Decret.*, n° 253 B, a. 1908, 1498/3, Georgina de J. et Gustave de I. [mariage en 1895].
130 AAV, *Congr. Concilio, Libri Decret.*, n° 253 B, a. 1908, 2414/7, Marie Madeleine P. et Jean de Q. [mariage en 1903].
131 Je reprends ici pour l'appliquer à la nuit de noces une expression de Jean-Paul Bertaud dans « L'armée et le brevet de virilité », *in* A. Corbin (dir.), *Histoire de la virilité. 2.*, *op. cit.*, p. 63-79.
132 C.-A. Pigault-Lebrun, *Monsieur de Roberville, ou suite de l'Homme à projets*, in *Œuvres complètes*, t. XIV, J.-N. Barba, 1822-1824, p. 7.
133 J. de Valdor, *Le Vrai Féminisme*, *op. cit.*, p. 66.
134 P. Brouardel, *Cours de médecine légale de la faculté de médecine de Paris. Le Mariage*, *op. cit.*, p. 196-198.
135 P. de Bourgogne, *Le Mariage*, *op. cit.*, p. 68.
136 V. du Claux, « Le voyage de noces (étude d'hygiène) », art. cité, p. 133-135.
137 Bibliothèque du Muséum national d'histoire naturelle, Ms 3358, « Alexandre Brongniart, Journaux de voyage et journaux intimes, 1792-1802 ».
138 Bibliothèque municipale de Rouen, Fonds Montbret, Ms 1014, *Livre de Cécile*, manuscrit, 61 p. Extrait reproduit dans : Philippe Lejeune : « "Et le cahier ?" Journaux en famille : les Coquebert de Montbret », *Lalies*, n° 28, 2008, p. 189-203.
139 D. Gutermann-Jacquet, *Les Équivoques du genre*, *op. cit.*, p. 292.
140 G. Houbre, *La Discipline de l'amour*, *op. cit.*, p. 173.
141 Marcel Mauss, « L'expression obligatoire des sentiments (rituels oraux funéraires australiens) », *Journal de psychologie*, n° 18, 1921, repris dans ses *Essais de sociologie*, Seuil, « Points Essais », Paris, 1971 [1968], p. 81-88.
142 AAV, *Congr. Concilio, Libri Decret.*, n° 244 B et n°246 B, a. 1901 et a. 1903, 4673/41, Franc L. et Théodora S. [mariage en 1899].
143 AAV, *Congr. Concilio, Libri Decret.*, n°s 244 B et 245 B, a. 1901 et a. 1902, 3256/43, Jeanne P. et Pierre G. [mariage en 1896].
144 G. Flaubert, *Madame Bovary*, *op. cit.*, p. 77-79.
145 « Sur les aberrations du sens génital ; l'homme à la perruque », *Lyon médical. Gazette médicale et Journal de médecine réunis*, vol. 76, 1894, p. 584-586.
146 AAV, *Congr. Concilio*, *Positiones* a. 1898 et 1906, Apri. « L-P », 3667/40, et 3922/38, Marguerite J. et Auguste de F. [mariage en 1879].
147 AAV, *Congr. Concilio, Positiones*, a. 1901, Sett-Otto « O-P », 2574/42, Mathilde H. et André I. [mariage en 1897].
148 S. de Beauvoir, *Le Deuxième Sexe. 2*, *op. cit.*, p. 248.
149 G. Fraisse, *Du consentement*, *op. cit.*, p. 127.

Notes de la conclusion (pages 295 à 300)

1 S. de Beauvoir, *Le Deuxième Sexe*, 2, *op. cit.*, p. 253.
2 Michelle Perrot, « Introduction », *in* P. Ariès et G. Duby (dir.), *Histoire de la vie privée*, t. IV, *op. cit.*, p. 9
3 G. Fraisse, *Du consentement*, *op. cit.*, p. 30.
4 Erving Goffman, *L'Arrangement des sexes*, trad. de Hervé Maury, La Dispute, Paris, 2002 [1977].
5 M. Foucault, *Histoire de la sexualité, 1. La Volonté de savoir*, *op. cit.*, p. 146.
6 *Ibid.*, p. 140-143.
7 A. Walch, « De l'âme sensible à l'avènement scientifique des émotions », art. cité, p. 222.

Remerciements

Mes premiers remerciements vont à Bruno Auerbach des Éditions La Découverte, pour la confiance et le temps qu'il m'a accordés, et pour sa relecture avisée. C'est grâce à lui que ce livre voit le jour. Merci beaucoup également à Carole Lozano pour ses conseils et son accompagnement.

Sylvain Venayre m'a encouragée à m'engager dans le doctorat et à choisir pour sujet la nuit de noces ; je l'en remercie vivement. J'exprime aussi ma gratitude et mon respect à Dominique Kalifa et Philippe Boutry, qui m'ont fait l'honneur de diriger mes recherches, et auprès de qui j'ai beaucoup appris.

Je dois beaucoup à la direction et au personnel des Archives apostoliques du Vatican, tout particulièrement à Alejandro Mario Dieguez dont l'aide a été déterminante, ainsi qu'à l'École française de Rome, qui m'a offert d'excellentes conditions de travail pendant mes séjours en Italie, et continue à m'accompagner dans mes projets actuels.

Inès Anrich, Anne Carol, Anne-Emmanuelle Demartini, Pierre-Marie Delpu, Michaël Gasperoni, Vincent Gourdon, Antoine Guichard, Augustin Guillot, Ulrike Krampl, Judith Lyon-Caen, Jeanne Moisand, Clyde Plumauzille, Isabelle Poutrin, Isabelle Robin, Mathilde Rossigneux-Méheust, Nathalie Sage-Pranchère, Stéphanie Sauget et Stéphanie Soubrier m'ont lue et m'ont fait part de leurs remarques d'historien·ne·s avec beaucoup de pertinence et de générosité, y compris, pour certain·e·s qui se reconnaîtront, dans les moments les plus critiques : merci !

Pour leur amitié, leurs encouragements ou l'aide qu'ils et elles ont pu m'apporter, je salue chaleureusement Mouna Ait Omar, Antoine Aubert, Fabien Archambault, Lou de Barbarin, Anne Bastin, Thibault Bechini, Élisabeth Bruyère, Marie-Paule Caire-Jabinet, Hélène Castelli, Maddalena Cataldi, Jean-François Chauvard, Camille Cléret, Morgan Corriou, Charles Davoine, Johann Defer, Romain Enriquez, Arnaud Fossier, Éric Fournier, Claire-Lise Gaillard, Gautier Garnier, Elsa Génard, Oury Goldman, Marie Goupil-Lucas-Fontaine, Zoé Grumberg, Jeanne Henry, Augustin Jomier, François Lavie, Anatole Le Bras, Clara Lefèvre, Thomas Le Roux, Ismaël Limbada, Claire Maligot, Maxime Martignon, Thibault Miguet, M'hamed Oualdi, Martino Oppizzi, Jean-Alexandre Perras, Adèle Pichon, Nicolas Picard, Élise Poiraudeau, Cléo Rager, Catherine Rezaei, Solène Rivoal, Benoît Roques, Mathieu Rosenbaum, Matthieu Scherman, Jean Sénié, Renaud Soler, Alexandra Sotirakis, Julien Vincent et Érika Wicky ; ainsi que celles et ceux avec qui j'ai eu le plaisir d'échanger dans les bibliothèques et les cafés de Paris, de Tours et de Rome. J'ai aussi une pensée amicale pour mes collègues, étudiant·e·s et élèves, ancien·ne·s et actuel·le·s., du collège, de l'université et de l'EFR.

Merci enfin à Neïlah Limbada, Gildas Morin, Claire Nioche et Noah Yung-Hing qui chacun·e à leur manière me témoignent leur affection et leur soutien.

Table

#lisez! engagé
www.lisez.com

Cet ouvrage est imprimé
sur du papier issu de forêts
gérées durablement.

CPI
BUSSIÈRE

Composition Facompo, Lisieux.
Achevé d'imprimer par CPI Bussière
à Saint-Amand-Montrond (Cher).

Dépôt légal du 1er tirage : septembre 2023
Suite du 1er tirage (2) : septembre 2023
Numéro d'imprimeur : 2074010
Imprimé en France